高职高专"十三五"规划教材
辽宁省职业教育改革发展示范校建设成果

会计信息化

周晓娟　主编

化学工业出版社

·北京·

本书以工作过程为导向，按照工学结合课程模式设置教学内容，让学生在完成职业任务的过程中，掌握相关知识和技能，提高学生学习的兴趣和完成工作任务的成就感。全书共十三个项目及附录，内容包括：会计信息化系统概述、企业资源计划中的会计信息系统、会计软件应用的基本过程、账务处理软件运行的基本过程、会计报表软件运行的基本过程、工资软件运行的基本过程、固定资产软件运行的基本过程、应付款管理系统运行的基本过程、应收款管理系统运行的基本过程、采购管理系统运行的基本过程、销售管理系统运行的基本过程、库存管理系统运行的基本过程、存货核算系统运行的基本过程以及会计信息化案例资料。本书将全国信息化工程师（ERP认证）考证内容列入教学内容，力争做到课证内容统一，提高考证通过率，从而确保"双证制"有效实施。

本书可作为高等职业院校开设会计信息化课程的教学用书，也可作为会计从业资格考试以及用友ERP认证参考用书，还可供欲掌握财务软件应用的人员自学使用。

图书在版编目（CIP）数据

会计信息化/周晓娟主编. —北京：化学工业出版社，2018.10（2025.7重印）

高职高专"十三五"规划教材

ISBN 978-7-122-32918-9

Ⅰ.①会… Ⅱ.①周… Ⅲ.①会计信息-财务管理系统-高等职业教育-教材 Ⅳ.①F232

中国版本图书馆CIP数据核字（2018）第199151号

责任编辑：满悦芝　王淑燕　　　　　文字编辑：李　曦
责任校对：王　静　　　　　　　　　装帧设计：张　辉

出版发行：化学工业出版社（北京市东城区青年湖南街13号　邮政编码100011）
印　　装：北京科印技术咨询服务有限公司数码印刷分部
787mm×1092mm　1/16　印张22½　字数588千字　2025年7月北京第1版第5次印刷

购书咨询：010-64518888　　售后服务：010-64518899
网　　址：http://www.cip.com.cn
凡购买本书，如有缺损质量问题，本社销售中心负责调换。

定　　价：69.80元　　　　　　　　　　　　　　　　　　　　版权所有　违者必究

序

世界职业教育发展的经验和我国职业教育的历程都表明，职业教育是提高国家核心竞争力的要素之一。近年来，我国高等职业教育发展迅猛，成为我国高等教育的重要组成部分。《国务院关于加快发展现代职业教育的决定》、教育部《关于全面提高高等职业教育教学质量的若干意见》中都明确要大力发展职业教育，并指出职业教育要以服务发展为宗旨，以促进就业为导向，积极推进教育教学改革，通过课程、教材、教学模式和评价方式的创新，促进人才培养质量的提高。

盘锦职业技术学院依托于省示范校建设，近几年大力推进以能力为本位的项目化课程改革，教学中以学生为主体，以教师为主导，以典型工作任务为载体，对接德国双元制职业教育培训的国际轨道，教学内容和教学方法以及课程建设的思路都发生了很大的变化。因此开发一套满足现代职业教育教学改革需要、适应现代高职院校学生特点的项目化课程教材迫在眉睫。

为此学院成立专门机构，组成课程教材开发小组。教材开发小组实行项目管理，经过企业走访与市场调研、校企合作制定人才培养方案及课程计划、校企合作制定课程标准、自编讲义、试运行、后期修改完善等一系列环节，通过两年多的努力，顺利完成了四个专业类别20本教材的编写工作。其中，职业文化与创新类教材4本，化工类教材5本，石油类教材6本，财经类教材5本。本套教材内容涵盖较广，充分体现了现代高职院校的教学改革思路，充分考虑了高职院校现有教学资源、企业需求和学生的实际情况。

职业文化类教材突出职业文化实践育人建设项目成果；旨在推动校园文化与企业文化的有机结合，实现产教深度融合、校企紧密合作。教师在深入企业调研的基础上，与合作企业专家共同围绕工作过程系统化的理论原则，按照项目化课程设计教材内容，力图满足学生职业核心能力和职业迁移能力提升的需要。

化工类教材在项目化教学改革背景下，采用德国双元培育的教学理念，通过对化工企业的工作岗位及典型工作任务的调研、分析，将真实的工作任务转化为学习任务，建立基于工作过程系统化的项目化课程内容，以"工学结合"为出发点，根据实训环境模拟工作情境，尽量采用图表、图片等形式展示，对技能和技术理论做全面分析，力图体现实用性、综合性、典型性和先进性的特色。

石油类教材涵盖了石油钻探、油气层评价、油气井生产、维修和石油设备操作使用等领域，拓展发展项目化教学与情境教学，以利于提高学生学习的积极性、改善课堂教学效果，对高职石油类特色教材的建设做出积极探索。

财经类教材采用理实一体的教学设计模式,具有实战性;融合了国家全新的财经法律法规,具有前瞻性;注重了与其他课程之间的联系与区别,具有逻辑性;内容精准、图文并茂、通俗易懂,具有可读性。

在此,衷心感谢为本套教材策划、编写、出版付出辛勤劳动的广大教师、相关企业人员以及化学工业出版社的编辑们。尽管我们对教材的编写怀抱敬畏之心,坚持一丝不苟的专业态度,但囿于自己的水平和能力,不妥和疏漏之处在所难免。敬请学界同仁和读者不吝指正。

盘锦职业技术学院 院长
2018 年 9 月

前言

本书重点突出企业 ERP 系统财务软件实践操作技能训练，具有很强的实践应用性。通过本教材的学习，读者可以熟悉企业财务科实施会计信息化的基本工作步骤与工作内容，掌握会计信息化系统软件的主要功能及实践操作技巧，懂得计算机在会计实务中的应用，懂得计算机如何代替人工进行建账、记账、算账、报账的系列工作过程，理解手工会计系统与会计信息化系统的异同之处，使学生具备财经专业所需的会计信息化软件操作技能。

本书以学生职业能力和职业道德培养为核心，以就业为导向，以工学结合为途径，以能力培养为目标，构建以会计岗位典型工作任务为主线、"教、学、做"一体化的职业能力课程体系的总体设计理念，以工作过程为导向，按照工学结合课程模式设置教学内容，突出工作任务与教学内容相对接，让学生在完成职业任务的过程中，掌握相关知识和技能，提高学生学习的兴趣和完成工作任务的成就感。本书的特色体现于以下几个方面：

① 本书以工作过程为主线，以能力为本位，项目化教材设计，应用模块化教学方法，使会计专业知识与技能充分整合，形成教、学、做一体化的工学结合教学模式。

② 本书依据模块化编写思路，以知识单元为单一模块，使其具有系统独立性，以财务系统与供应链系统为群组模块，使其具有业务融通性，具有大赛的适用性。

③ 课证相融。将全国信息化工程师（ERP 认证）考证内容列入教学内容，力争做到课证内容统一，提高考证通过率，从而确保"双证制"有效实施。

④ 岗证结合。充分发挥工学结合的作用，基于会计信息化工作过程的系统化设计，充分体现课程教学与会计信息化工作的一致性，以工作能力为本位，充分体现了能力培养的主导思想。

本书可作为高等职业院校开设会计信息化课程的教学用书，也可作为会计从业资格考试以及用友 ERP 认证参考用书，还可供欲掌握财务软件应用的人员自学使用。

本书由盘锦职业技术学院周晓娟担任主编，具体分工如下：项目一～项目七、项目十三、会计信息化案例资料项目一由周晓娟编写，项目八由王利娜编写，项目九由刘佳编写，项目十、项目十二由耿一丁编写，会计信息化案例资料项目二、会计信息化案例资料项目三由刘雅漫编写，全书由周晓娟负责拟定编写提纲和对全书进行总纂修改、定稿。

在本书的编写过程中，我们参考了国内外许多专家和学者的著作，在此向相关作者表示感谢。同时东北财经大学窦洪波、沈阳用友新道有限公司杨晓楠、中国联合网络通信有限公司盘锦市分公司孙亚宁、辽河油田钻探总公司苏莉在教材编写的过程中给予了很大的指导与帮助，在此谨向他们表示深深的谢意！

由于编者的知识水平和社会实践有限，加之编写时间仓促，书中疏漏之处在所难免，恳请读者给予批评指正，以利今后修改和补充。

编　者

2018 年 8 月

目 录

项目一 会计信息化系统概述 / 1
    任务一　会计信息化系统 ·· 1
    任务二　会计信息化概述 ·· 5
    任务三　会计信息系统开发方法 ·· 9
    任务四　会计软件种类与选择 ·· 14
    任务五　会计信息化系统内部控制（管理）制度 ··· 15

项目二 企业资源计划中的会计信息系统 / 27
    任务一　企业资源计划（ERP）系统 ·· 27
    任务二　ERP系统环境下的会计信息系统 ·· 29
    任务三　ERP系统中的会计信息系统与其他子系统的联系 ··························· 31

项目三 会计软件应用的基本过程 / 33
    任务一　会计软件操作基本过程 ·· 33
    任务二　会计软件运行前准备的基本过程——计算机系统配置 ····················· 34
    任务三　会计软件运行的基本过程 ··· 36

项目四 账务处理软件运行的基本过程 / 44
    任务一　账务处理软件的系统初始化 ·· 44
    任务二　账务处理软件的日常运行 ··· 48
    任务三　账务处理软件的特定处理 ··· 56

项目五 会计报表软件运行的基本过程 / 58
    任务一　报表软件的系统初始化 ·· 58
    任务二　报表软件的日常运行 ··· 67
    任务三　报表软件的特定处理 ··· 70

项目六 工资软件运行的基本过程 / 74
    任务一　工资软件的系统初始化 ·· 74

任务二　工资软件的日常运行 ·· 79
　　任务三　工资软件的特定处理 ·· 84

项目七　固定资产软件运行的基本过程 / 87
　　任务一　固定资产软件的系统初始化 ·· 87
　　任务二　固定资产软件的日常运行 ··· 93
　　任务三　固定资产软件的特定处理 ·· 100

项目八　应付款管理系统运行的基本过程 / 102

项目九　应收款管理系统运行的基本过程 / 103

项目十　采购管理系统运行的基本过程 / 104
　　任务一　采购管理系统功能概述 ··· 104
　　任务二　采购管理系统初始设置 ··· 109
　　任务三　采购管理系统日常业务处理 ··· 115
　　任务四　采购管理系统期末处理 ··· 132

项目十一　销售管理系统运行的基本过程 / 134
　　任务一　销售管理系统功能概述 ··· 134
　　任务二　销售系统初始设置 ··· 136
　　任务三　销售管理系统日常业务处理 ··· 141
　　任务四　销售管理系统期末处理 ··· 161

项目十二　库存管理系统运行的基本过程 / 165
　　任务一　库存管理系统功能概述 ··· 165
　　任务二　库存管理系统初始设置 ··· 167
　　任务三　库存管理系统日常业务处理 ··· 173
　　任务四　库存管理系统期末处理 ··· 189

项目十三　存货核算系统运行的基本过程 / 192

附录　会计信息化案例资料 / 193
　　附录项目一　盘锦万工科技有限公司2016年1月份财务经济业务处理 ············ 193
　　附录项目二　盘锦万工科技有限公司2016年1月份财务＋供应链经济业务处理 ········· 237
　　附录项目三　会计信息化综合模拟实训 ·· 268

参考文献 / 350

项目一

会计信息化系统概述

任务一　会计信息化系统

一、数据与信息

1. 数据

一般认为，数据是描述客观实体属性的符号。

例如，"某职工的基本工资是 105 元"，其中"职工"是一个客观实体，"基本工资"是该实体的一个属性，"105 元"就是属性值。一个实体可能有若干个属性，则需要用若干个数据来表达不同的属性值。仍以实体"职工"为例，我们可以用数据"0201"来表示某职工"所在部门编号"这一属性的值；用数据"张三""5""ZG"（助工）和"07/26/1973"来分别表示属性姓名、工龄、职称和出生日期的值。

应当注意的是，信息科学中所称的"数据"不等同于"数值"。从上述定义可以看出，构成数据必须具备三要素，即实体、属性及属性值，如前例中，仅说"105 元"是没有意义的，只有具备了三要素，才是一个完整的数据。其次，描述数据并不一定依靠数字，如"某职工性别是男"，这也是一个数据。

2. 信息

什么是信息？目前有很多定义，一般可以这样认为：经过加工后对人们有用的数据称为信息。信息是经过加工处理后，对客观世界产生影响的数据。

数据多指原始的、未经加工的，而信息一般是指加工后输出的、有用的。在会计学数据处理中，数据经过加工处理后成为会计信息。会计信息往往又成为后续处理的会计数据。通常情况下，会计数据和会计信息并无严格界限，会计数据可以认为是会计信息。

二、系统

1. 系统的含义

系统是由若干个相互联系、相互制约的部分组成，并且具有特定目标和功能的有机整体。

2. 系统构成的基本要素

系统由一些基本要素（也称基本环节）构成。无论是技术系统还是社会系统，无论系统构成的具体内容和形式如何不同，都可以抽象为输入、处理、输出和反馈控制四个基本要素或基本环节。

(1) 输入　是指系统为产生预期的输出所需要的条件和要求。一台机床为加工出零件需要输入毛坯、动力和其他辅助材料等；学校为培养出合格的人才需要资金、消耗材料、教材等各种输入；信息系统为输出预期的信息需要输入各种原始数据等。

(2) 处理　是指为产生预期的输出而对输入进行的各种加工和变换。处理可以是对物质的形态或性能的加工变换，也可以是对数据的加工变换，也可二者兼而有之。

(3) 输出　是指对输入进行处理后产生的结果，也是人们构建该系统所期望产生的成果。

(4) 反馈控制　是系统的控制部件，它检测系统的实际输出量，经一定的处理后返回到系统的输入端作为处理部分的另一个输入，以便实现对系统运行状态的调整。由输入、处理和输出三个要素构成的系统是最基本的系统，由于缺乏必要的调整和控制作用，这样的系统是不完善的。引入反馈控制这一要素后，系统将处于受控的状态，从而能大大提高系统的性能。

根据系统构成所包含的基本环节的不同，系统可以区分为开环系统和闭环系统两大类。那种只包括输入、处理和输出这三个环节的系统为开环系统，而不仅包括输入、处理、输出环节，还包括反馈控制环节的系统称为闭环系统。

3. 系统的特征

(1) 目标性　是指系统是有一定的目标。系统是建立者为了达到某种目标而调集各种资源（人、财、物等），按一定的结构组织起来的。例如建立工厂是为了生产某些社会需要的产品，创办学校是为了培养社会需要的各种专门人才，建立一条生产线是为了提高生产效率等，这些目标称为系统目标。

(2) 边界性　是指系统具有边界。系统边界将空间区分为系统内部和外部两个不同的领域，边界以内属于系统，边界之外称为环境。任何一个实际的系统总是在一定的环境中存在的，因此系统必定会通过边界与环境发生物质或信息的交换；系统从环境得到某些物质或数据，称为系统的输入；系统给予环境某些物质或信息，称为系统的输出。

(3) 整体性　是指系统是一个整体。系统由若干个既相互联系又相互制约的部分所组成，每个组成部分称为子系统。这些子系统虽然各自承担不同的任务，但通过它们之间的相互衔接和配合，使系统构成一个整体，共同实现系统目标。

(4) 相关性　是指构成系统的各部分是相关的。组成系统的各子系统是相关的，它们之间存在着各种物质或信息的交换关系，称为物质流或信息流。正是通过这些流，各子系统才形成一个整体，也正是通过这些流，各子系统才能前后衔接、相互配合，联合起来构成整个系统的功能，实现系统的总体目标。

(5) 层次性　是指系统是分层次的。系统可以进一步细分为子系统，子系统本身也可以看作一个系统，也有其本身的目标、边界、输入和输出，也同样可以划分为更细一级的子系统，这些子系统之间也存在各种物质、信息的交换关系从而构成一个整体。

(6) 动态性　是指系统是动态的。随着时间的推移，系统不断地进行输入、处理和输出，因而系统不是静止的，而是处于不断运动的状态；另一方面，系统自身的特性、参数以及环境的具体情况也是随时间而变化的，因此一个已研制好的系统应随着内外情况的变化而进行必要的修改和调整。

三、信息系统

信息系统是对数据进行处理的系统。具体说信息系统就是对数据进行输入、存储、加工、传输和输出的系统。简单地说，输入的是数据，经过加工处理，输出的是信息的系统称为信息系统。信息系统具有五个基本功能。

1. 数据收集和输入

信息系统所需要的各种原始数据不会自然而然地集中在一起，因此首先要将这些分散在各处的数据集中起来，经过整理和记录，转换成信息系统所需要的格式，通过某种可接受的方式输入到信息系统。

2. 数据存储

数据存储是指对输入数据的存放和保管，以供系统长期使用。数据存储的介质可以是纸张、磁盘、光盘等。

3. 数据加工

输入信息系统的数据经过加工处理后，才能变成有用的信息。数据加工的范围很广，从简单的排序、归并直到各种复杂的优化、预测和决策等。数据加工能力的强弱是衡量信息系统性能优劣的一个重要方面。

4. 数据传输

信息系统往往分布在不同的空间并具有不同的使用者。为了用户使用信息的方便，就存在数据传输的问题，而且在数据收集和输入的过程中也存在数据传输的问题。

5. 信息输出

信息系统的数据输出就是为用户提供所需要的信息。信息输出是信息系统功能的外部表现形式，也是系统与用户间的界面，信息系统数据输出的好坏，直接影响系统的功能和质量。

从广义上讲，在计算机没有出现以前，就已经存在信息系统。由于计算机具有极高的运算速度，很强的信息加工能力和存储能力，它与通信技术的结合使得信息的传输能力产生新的突破，各种输入、输出设备的出现较好地解决了数字和文字（包括汉字）的输入和输出问题，因而成为当代最先进的信息处理工具，产生了计算机信息系统。

四、会计信息系统

1. 企业管理信息系统

为了了解会计系统，从系统的观点应首先了解企业系统。企业可以被认为是一个系统，这个系统可以分为生产经营系统和管理信息系统。

企业作为一个系统，主要具有五项基本资源，即人、设备、物资、资金、技术。企业这五项资源是不断流动的，这就形成了物质流，如人员的调入、学习、工作、调动、调出；设备的购建、调动、使用、维护、报废；材料采购入库、加工制成产品、产品的发出销售；资金的筹集、运用、耗费、回收、分配；产品的设计、试验、工艺制订等。这些物质流就构成了企业的生产经营系统。

为了合理地组织和利用企业的基本资源，促使物质流进行合理的流动，实现企业的目标，就必须加强对物质流的管理。但是对物质流的管理是通过信息处理来进行的，这就使企业派生出了第六项资源，即信息。而且企业的信息也是处于不断的流动之中，从而形成了信息流。信息流是伴随着物质流而产生和流动的，它可以反映物质流，如伴随着物资的流动有材料入库和出库单等，这些伴随着物质流而产生的信息流就构成了信息系统。

企业管理信息系统就是对企业生产经营活动的大量数据进行收集、加工、传递、存储和输出，为管理人员提供有用信息的系统。管理人员利用这些信息对企业的生产经营活动进行预测、决策、计划、组织、指挥、协调和控制，以达到企业预期的目标。现代管理信息系统都是以电子计算机作为技术手段的，所以通常的管理信息系统指的是电算化的管理信息系统。

企业管理信息系统具有多方面的内容，企业管理信息系统中包括供应、生产、销售、会计、人事、技术、设备等。会计系统则是企业管理信息系统的一个子系统，而且是企业管理信息系统的一个重要子系统，其重要性主要表现在会计子系统具有综合性强和涉及面广的特点，并且与企业管理信息系统中的其他子系统均存在着信息交换关系。一方面，企业其他子系统的人、设备、技术、供应、生产、销售等活动都以货币的形式反映到会计子系统中来，这样使会计子系统从其他各个子系统获得大量的数据，同时可以反映其他子系统的管理状况；另一方面，会计子系统通过自身的数据处理和管理工作，又可以为其他子系统提供必要的信息，从而影响和促进其他子系统的管理。如供应子系统采购活动必然要反映到会计子系统中来，供应子系统向会计子系统提供采购计划、采购合同、购货发票、收料单等数据，这样会计子系统就可以反映其管理状况；会计子系统经过材料核算与管理，则可以向供应子系统提供采购成本超支或节约、资金使用情况等信息，从而影响和促进供应子系统的管理。

2. 会计信息系统

会计是一个以货币为计量单位，按照一定的原则和程序，采用一定的方法和手段，对特定的部门或单位的经济活动进行核算与监督的系统。

会计作为一个系统具有双重含义：即一方面它是一个管理系统，另一方面它同时又是一个信息系统，二者是相辅相成，密切结合的。有时从信息处理的角度，强调其数据处理的功能，将会计系统称为会计信息系统，但这并不排斥会计系统具有管理功能；同样，有时从管理的角度，强调其管理的功能，将会计系统称为管理活动或财务管理系统，即会计管理系统，但这也并不排斥会计系统具有数据处理功能。会计管理是利用会计信息来进行的，会计系统在履行管理功能过程中，同时也进行数据处理工作，即在管理过程中同时对数据进行收集、加工、传递、存储、输出等处理工作；同样，会计系统也是在执行数据处理功能过程中，同时进行管理工作，即通过对各种数据处理并利用其产生的信息来实现管理的预测、决策、计划、组织、指挥、协调和控制等具体职能。会计的管理功能是对会计基本职能中监督职能的发展和广义的认识；会计的数据处理功能是对会计基本职能中核算职能的发展和广义的认识。

会计系统的结构可以按对象划分。会计的对象是资金及其运动，从动态角度看，它包括资金的筹集和运用、资金的耗费、资金的收入和分配；从静态角度看，包括资产、负债、所有者权益、收入、成本、利润。会计系统的结构在实际工作中通常按会计对象的内容划分为账务处理子系统、材料子系统、工资子系统、固定资产子系统、成本子系统、产品利润核算子系统、应收应付款子系统、会计报表子系统等。

会计系统的结构可以按基本功能划分。会计是一个系统，会计系统具有两项基本职能，即会计核算与会计监督。会计这两项基本职能实际上就是会计系统的基本功能。会计系统的结构可以按基本功能划分，包括会计信息系统（会计核算系统）和会计管理系统（会计控制系统，会计监督系统）。

会计核算就是以货币为计量单位，对经济活动进行完整、连续、系统地记录、计算、分类、汇总、报告，为管理提供有用的信息。从广义的角度上说，会计核算这一基本职能实际上就说明会计是一个信息系统，它主要是对财务数据进行处理，为管理提供信息。从这一广义的认识角度出发，会计核算这一基本职能随着会计的发展可以具体分为：事前核算，即预测分析、决策分析、编制计划及制订定额；事中核算，即日常核算，日常核算主要是对已发生的经济业务进行核算，也就是通常所说的记账、算账、报账；事后核算，即财务分析，财务分析主要是对经济业务进行事后的完成情况分析。但是目前习惯上将会计的日常核算称为会计核算，这种认识是对会计核算职能最基本的认识，实际上是一种狭义的认识，严格地说对会计核算的广义认识才是比较完整和准确的。

会计监督是以价值的形式，对经济活动加以限制、促进、指导和考核，使之符合规定的要求，达到预期的目的。同样，从广义的角度上说会计监督这一基本职能实际上就是说明会计是一个管理系统，它主要是对财务活动进行有关的控制，实现提高经济效益的目的。从这一广义的认识角度出发，会计监督这一基本的职能随着会计的发展可以具体分为：事前监督，即预测、决策、计划、组织；事中监督，即指挥、控制；事后监督，即调节。

会计的这两项职能是相辅相成，密切结合的。核算是基础，监督需要核算，是在核算中进行监督，也是在监督中进行核算。监督与核算只是在理论上进行的一种抽象划分，实际工作中二者是紧密结合在一起进行的。正因为核算与监督的上述关系，所以我们才从广义的认识角度上说：会计系统具有双重含义，一方面是一个信息系统，另一方面它同时也是一个管理系统。

会计系统的结构可以按手段划分。包括电算化会计和手工会计。以计算机作为主要技术手段的会计称为电算化会计，而以手工处理为主要技术手段的会计相对来说就称为手工会计。

任务二　会计信息化概述

一、会计信息化的含义

会计信息化一词是一个简略的提法，它是对"电子计算机在会计中的应用"的简称。1981年在中华人民共和国财政部、原中华人民共和国第一机械工业部和中国会计学会支持下，由第一汽车制造厂和中国人民大学联合发起，在长春第一汽车制造厂召开了"财务、会计、成本应用计算机专题讨论会"，在这次讨论会上正式将"电子计算机在会计中的应用"简称为"会计信息化"。随着会计信息化的发展，"会计信息化"一词已被人们广泛接受，但是已经成为有特定含义的概念。会计信息化是一项将计算机技术应用于会计实践的系统工程。

1. 会计信息化是会计现代化的重要内容

会计信息化一词中的"化"字使人联想到"工业自动化""四个现代化"，随着科学技术的发展和计算机的推广及应用，会计离不开计算机技术，会计信息化就是实现电子计算机在会计领域中的应用，以计算机为技术手段帮助人们完成会计核算与监督工作。实质上会计信息化是会计手段的现代化，它是会计现代化的重要内容，它可以促进会计对象现代化、会计人员现代化、会计职能现代化、会计理论现代化等会计的全面现代化。会计信息化是一个发展的概念，在不同时期，衡量会计信息化水平有着不同的标准。

2. 会计信息化是一项系统工程

会计信息化不仅仅是以计算机作为技术手段，不能等同于会计使用算盘、计算器，计算机的使用不仅可以使会计实务发生变化，而且也可以使会计理论发生变化。会计信息化不是简单地将会计手工核算内容放入计算机中,利用计算机代替人工进行记账、算账、报账及其他数据处理,而是将充分发挥人的主观能动性,集中精力研究和分析数据,充分发挥会计的职能,加强管理,提高经济效益。

会计信息化首先是一项工程。工程是将一定的科学知识、原理应用于实践的一系列工作过程的总称。工程包括硬工程和软工程。工程的主要特征是：第一,具有一定的实施对象,即工程对象,如基建工程的建筑物；第二,它运用一定的科学知识和技术手段及方法；第三,它是由一系列工作组成,即往往由若干相互联系的工作组成。会计信息化是一项工程,因为它符合工程的特点,它的工程对象就是会计实际工作。它必须运用多方面的科学知识和手段,如计算机、会计等方面的知识和手段,它也是由一系列的工作内容组成的。

会计信息化是一项系统工程。系统工程是一门综合性工程技术,它是从系统的整体性观点出发,把工程对象作为一个系统对待,运用系统的思想、方法、程序、组织及各种技术,使工程及工程对象从总体达到最优效率的目标。

系统工程的特点是：将工程对象看作是一个系统；将技术手段、方法系统化,即运用系统的思想、组织、程序、技巧和方法对工程对象进行规划、研究、分析、设计、实现和运行,将工作过程化,将工作方式系统化。

系统工程的工作程序一般包括：形成目标及规划、系统分析、系统设计、系统实现、系统转换、系统运行及维护。

会计信息化是一项系统工程具体表现在：它的工程对象——会计实务是一个系统,它运用系统的观点将会计系统分解成若干组成部分；将技术手段、方法、工作过程系统化,即采用系统的思想、进行系统的组织、运用系统的方法,将工程区分成若干个工作阶段——系统分析、系统设计、系统实施等。

会计信息化含义有广义的会计信息化和狭义的会计信息化。广义的会计信息化是从系统工程的角度,是指将电子计算机技术应用于会计实践的系统工程,包括系统（软件）的开发、系统的操作与运行使用、系统的维护与管理。狭义的会计信息化从计算机应用的角度,是指会计软件应用的具体工作,只包括系统（软件）的操作与运行使用。

二、手工会计系统与会计信息化系统的关系

1. 手工会计系统与电算会计系统的联系（共同点）

(1) 系统目标相同　无论是手工会计系统还是电算会计系统,其目标是都要提供真实可靠的会计信息,加强管理,参与经营决策,提高经济效益。

(2) 都要遵守有关会计法规　无论是手工会计系统还是电算会计系统,都要遵守有关会计法规,如会计法、会计准则等。

(3) 都要保存会计档案　无论是手工会计系统还是电算会计系统,都要保存会计档案,如会计凭证、会计账簿、会计报表以及其他会计资料。

(4) 都要遵循基本的会计理论与方法　无论是手工会计系统还是电算会计系统,都要遵循基本的会计理论与方法,如资产等于负债加所有者权益,有借必有贷、借贷必相等,编制资产负债表、利润表、现金流量表、所有者权益变动表等会计报表。

(5) 数据处理的基本功能相同　无论是手工会计系统还是电算会计系统,都具有五项数据处理的基本功能,即数据收集和输入、数据存储、数据加工、数据传输、输出。

2. 手工会计系统与电算会计系统的区别

(1) 使用的工具不同　手工会计系统使用的工具是算盘、计算器、纸张。电算会计系统

使用的工具是电子计算机。

(2) 信息存储载体不同 手工会计系统的信息主要以纸张为载体进行存储。电算会计系统的信息除了部分必要的以纸张为载体进行存储之外，主要以磁性材料（硬盘、移动硬盘、U盘等）为载体进行存储。

(3) 记账规则不同 手工会计系统账簿记录的错误采用划线更正法，总账与明细账采用平行登记，大多数单位采用科目汇总表会计核算程序，登记总账必须依据编制的科目汇总表。电算会计系统不能采用划线更正法，总账与明细账不采用平行登记，可以采用多种会计核算程序，而且编制科目汇总表不是登记总账的必经程序。

(4) 岗位人员不同 手工会计系统会计部门一般设置若干手工会计工作岗位。如设置工资、材料、固定资产、成本等岗位用于专门的业务核算，设专人负责记账、编制报表工作。电算会计系统会计工作岗位的设置不同，如需设置电子计算机硬件、软件及操作人员，要求会计人员即懂会计又懂计算机应用。

(5) 内部控制方式不同 电算化会计系统相对于手工会计系统的内部控制方式发生了变化。取消了有些控制措施，如平行登记、账证核对、账表核对等；加强了有关控制措施，如输入人和审核人不能是同一个人，未经审核不能记账等；增加了新的控制措施，如设置操作人员口令与权限、数据备份等。

三、会计信息化的发展

1. 会计信息化发展的基本阶段

会计信息化发展的基本阶段主要经历了单项处理阶段、综合处理阶段、管理信息系统阶段，目前正朝着决策支持系统方向发展。

(1) 单项处理阶段 利用计算机代替人工成批处理大量数据。基本特征是：程序简单，程序和数据相互不独立，无数据管理。如账簿登记、科目汇总。

(2) 综合处理阶段 利用计算机控制某一管理子系统。基本特征是：程序已构成一个系统，以文件来实现一定的数据管理、程序和数据相互独立，使用比较灵活。如工资核算、账务处理。

以上两阶段称为电子数据处理阶段，简称"EDP"（electronic data processing）。

(3) 管理信息系统处理阶段 利用计算机控制整个管理系统的信息，统一处理和调节信息流程。管理信息系统（management information system，MIS）基本特征是：以文件和小型数据库作为数据管理的软件支持，数据共享性提高，容量增大。此时将会计系统开发成为具有管理功能的软件，且与其他管理子系统有机结合形成完整管理信息系统。

(4) 决策支持系统处理阶段 在管理信息系统的基础上，建立了完整的数据管理系统和数据模型库，为决策者提供决策方案。决策支持系统（decision support systems，DSS）基本特征是：数据冗余度减到最小，数据可以无限扩张，有分布式终端，构造网络。如管理会计系统，各种经济模型等。

2. 我国会计信息化的发展过程

(1) 1978～1988年，自行研发与自行应用阶段 在这个阶段，大部分企事业单位还是手工记账。一些企业自主开发财务软件，然后在内部推广应用，但不是软件商品化的方式。这一阶段主要是探索，各个行业都在积累经验，但同时造成了大量重复劳动。

(2) 1988～1998年，商品化财务软件开发与推广阶段 1988年是一个转折，标志性的事件就是出现了商品化的软件公司。

(3) 1998～2008年，会计信息系统与企业信息系统融合阶段　1997年，中国软件行业协会财务及企业管理软件分会在北京召开了一次发布会，主题叫"向ERP进军"，吹响了由财务管理向企业管理转型的号角，这又是一个标志性事件。

(4) 从2008年开始，会计信息化向标准化与国际化发展阶段　2008年，我国会计信息化委员会暨可扩展商业报告语言（extensible business reporting language，XBRL）中国地区组织成立，这是中国会计信息化发展史上又一个新的里程碑。财政部提出，力争通过5～10年乃至更长一段时间的努力，建立起我国的会计信息化管理体系。

3．会计信息系统的发展趋势
① 向网络化方向发展；
② 向会计信息系统与管理信息系统融合方向发展；
③ 向与电子商务相结合发展；
④ 向会计信息系统与审计信息系统结合方向发展；
⑤ 向会计决策支持系统方向发展；
⑥ 向人工智能在会计领域应用的方向发展。

四、实现会计信息化的意义

1．减轻财会人员的工作强度，提高会计工作的效率

实现会计信息化后，只要将原始凭证和记账凭证输入电子计算机，大量的数据计算、分类、存储等工作，都可由电子计算机自动完成。不仅可以把广大财会人员从繁重的记账、算账、报账中解放出来，从加班加点中解放出来，而且由于电子计算机的计算速度是手工的几十倍、几百倍，因而大大提高了会计工作的效率，使会计信息的提供更加及时。

2．促进会计工作的规范化，提高会计工作的质量

由于在电子计算机应用中，对会计数据来源提出了一系列规范化的要求，在很大程度上促进解决了手工操作中的不规范、易出错、易疏漏等问题，因此，促使会计基础工作规范化程度不断提高，使会计工作的质量得到进一步的保证。

3．促进工作职能的转变，促进财会人员素质的提高

采用电子计算机后，提高了会计工作效率，财会人员可以有更多的时间和精力参与经营管理，从而促进了会计工作职能的转变。会计信息化的开展，一方面要求广大财会人员学习电子计算机知识，许多财会人员学会了计算机操作，其中一部分财会人员还学会了开发会计软件，一些著名的商品化会计软件就是由财会人员通过自学计算机软件，逐步摸索开发成功的；另一方面，也使财会人员有了脱产学习的机会；这必然使广大财会人员的素质，随着会计信息化的开展而逐步提高。

4．为整个管理工作现代化奠定了基础

根据一些企业统计，会计信息占企业管理信息的60%～70%，而且多是综合性的指标。首先，实现会计信息化后，就为企业管理手段现代化奠定了重要的基础，就可以带动或加速企业管理现代化的实现；其次，行业、地区实现会计信息化后，大量的经济信息资源可以得到共享，通过计算机网络可以迅速了解各种经济技术指标，极大地提高经济信息的使用价值。

5．促进会计自身的不断发展

会计信息化不仅仅是会计核算手段的变革，还必将对会计核算的方式、内容、方法，会

计核算资料的保存，以及会计理论等产生极大的影响，使其进入一个更高的发展阶段。

任务三　会计信息系统开发方法

一、生命周期法

会计信息系统的生命周期，指的是从系统开发任务的提出，经过系统分析、系统设计、系统实施和系统运行维护等几个阶段的全过程。

用会计信息系统的生命周期法开发会计信息系统基本过程包括以下几个方面。

1. 提出系统开发要求

当用户对原有的会计信息系统（手工的或计算机的）感到不能令人满意时，就会提出开发新的信息系统的要求，这是会计信息化系统开发的起点。由于用户对会计信息化系统的了解不多，他们提出的要求可能是不明确的，而且往往缺乏量化标准，作为开发人员应在今后的工作中帮助用户逐步明确这些要求。

系统开发任务的提出主要是初步确定系统开发的目标、要求、内容、方式、时间等。较大的系统开发项目，其系统开发的任务通常以书面形式提出，具体的方式可以是下列几种形式之一：系统开发工作计划、系统开发任务书、系统开发申请书、系统开发委托书。虽然形式是多样的，但其内容是基本一致的。

2. 初步调查

会计信息化系统开发的负责人在接受开发任务后，应对企业情况进行初步调查，以判断企业的开发要求是否可行，为下阶段的可行性分析提供资料。初步调查实践的难度较大，主要凭个人的经验。初步调查的内容包括：企业的目标和任务、企业概况、外部环境、现行系统的概况、新系统的开发条件、对新系统的要求与意见等。

系统的初步调查主要是概括地了解现行系统的情况及其对信息的总需求，为系统的可行性分析及后续详细调查和逻辑设计提供基础资料。初步调查的主要工具是初步调查的提纲，其工作成果是记录调查结果的工作底稿。

3. 可行性分析

在初步调查的基础上，应当对提出的开发项目的可行性进行分析与判断，并将分析结果写成可行性研究报告。可行性研究报告将组织一定的人员进行审定，可行性审核如果获得通过，则项目可以正式进行；如果被否定，则项目就此停止；另一种可能是经审定认为：需要对系统目标做某些修改或等待某些条件满足后，该项目才能正式进行。可行性分析主要从以下几个方面进行。

（1）必要性分析　可行性分析不仅要论证该会计信息化系统的可能性，而且首先要分析其必要性。虽然从总的来看，开发会计信息化系统对于提高管理效率和经济效益是必要的，是实现管理现代化的必然趋势，但这并不意味着对每个用户当前都是必要的，而要分析每个用户的具体情况，对新系统开发的必要性做出实事求是的判断。

（2）技术可行性分析　技术可行性分析是指从技术条件和技术力量两方面来分析会计信息化系统实现的可能性。会计信息化系统的开发涉及会计学、系统工程、计算机技术、通信技术等多种学科和技术，因此在进行技术可行性分析时，应以已经成熟的并已商品化的技术，来论证新系统所需的各种技术要求在当前条件下能否达到。

(3) 经济可行性分析 经济可行性分析就是估算会计信息化系统的开发、运行将消耗的成本和系统建成后可能取得的经济收益，将成本与收益相比较，判断其在经济上是否合算。因此，经济可行性分析包括成本分析和收益分析两个方面。系统的成本包括设备购置费用、系统研制费用、系统运行维护费用等。系统的收益包括直接收益和间接收益。

(4) 组织可行性分析 组织可行性分析是指对一些社会、体制、人的心理等对系统开发有影响的环境因素进行分析，包括社会政治和经济形势的影响分析、用户内外环境的稳定性分析、用户目前的管理状况分析等。

系统的可行性分析主要是分析论证系统开发在技术上、经济上、组织上等方面是否必要和可能，为系统是否进一步开发做出科学的结论。系统的可行性分析主要采用可行性分析的方法，形成系统可行性分析报告。

系统开发的最初这四个步骤是系统开发的第一个阶段，可统称为可行性研究阶段。

4. 详细调查

可行性论证通过后，系统开发进入实质性阶段。此时首先应对企业进行详细调查，以便掌握现行信息系统的详细情况，包括企业的组织机构、管理职能、业务处理过程以及信息处理流程等。详细调查的另一重要目的是掌握现有信息系统存在的缺陷与不足以及可能采取的改进办法，这对于下一步的逻辑设计来讲是十分重要的。

系统的详细调查主要是详细、全面地了解现行系统情况，发现存在的具体问题，为系统的逻辑设计提供资料。系统详细调查的工具及成果有：组织机构图、功能层次图、业务流程图。

5. 系统逻辑设计

在现有系统的现状及存在的问题已经调查清楚的基础上，就可以针对现有系统存在的问题以及用户的要求来设计新系统的逻辑模型。逻辑模型是从信息处理的角度对系统的一种抽象，是指系统能干什么、具有什么样的管理功能以及为完成这些功能所需要的信息处理流程等。提出并最后确定系统逻辑模型的过程，即称为系统逻辑设计。新系统的逻辑模型加上必要的文字说明即构成系统分析报告，该报告也应组织一定人员进行审定。审定的结果同样有三种可能：通过、否定或需要进一步修改。如果是第三种情况，系统开发人员需要重新进行详细调查，并在此基础上对系统逻辑模型做必要的修改，以期再次审查时能获得通过。

系统的逻辑设计主要是确定新系统的目标，建立系统的逻辑模型，形成完整的系统分析报告，为系统设计、程序设计、系统维护提供资料。系统逻辑设计主要工具及成果有：数据流程图、数据字典、处理逻辑的描述方法、规范化技术、完整的系统分析报告。

系统的详细调查和逻辑设计构成了系统开发的第二阶段，称为系统分析阶段。

6. 系统的物理设计

在系统逻辑模型已经得到用户认可的基础上，即可开始考虑所要求的逻辑功能和信息处理流程的具体实现方案，如应用软件采用什么样的总体结构、数据如何组织、计算机如何配置等。这种实现系统逻辑模型的具体技术方案称为系统的物理模型，确定物理模型的过程即称为物理设计。进行物理设计是系统开发的第三阶段，称为系统设计阶段。这一阶段的工作成果是系统设计报告，系统设计报告的讨论是和用户的又一次交流。审定通过后，将按报告提出的技术方案来具体实现新系统。

系统设计包括总体设计和详细设计。总体设计主要是确立系统的总体结构，说明系统的构成以及它的组成部分之间的关系。系统总体设计主要包括下列内容：系统的结构设计，采用的主要工具及产生的成果是系统结构图；系统配置设计，采用的主要工具及产生的成果是系统配置平面图，硬件、软件需求明细表。系统的详细设计主要是在系统总体设计的基础上，确定及说明系统和内部的各有关细节，系统的详细设计主要包括下列内容：数据库及数据文件设计，主要工具及产生的成果是数据库设计说明书或数据文件设计说明书；代码设计，其主要工具及产生的成果是代码设计说明书；人机接口设计，主要工具及产生的成果是输入格式、输出格式、屏幕（人机对话）格式清样；模块设计，主要工具及产生的成果为模块设计说明书；系统安全保密设计，其产生的成果为系统安全保密设计说明书，可将其说明书分别附在相应的模块设计说明书、数据文件设计说明书、系统配置图和硬件需求明细表之后。

7. 系统实施

在此之前，系统开发一直停留在计划、讨论上，系统设计报告通过后，即可投入大量的人力、物力和财力按照既定的方案来具体实现这个系统：计算机的购置及安装调试、大量应用程序的编写与调试、原始数据的输入、人员培训等等。这些大量的相互联系又相互制约工作同时展开，需要精心的组织与协调，否则会贻误进度。直到整个系统的调试完成、试运行后，即可交付用户正式使用。这就是系统开发的第四阶段——系统实施阶段。

系统实施就是系统实现，它是以系统设计阶段确定的物理模型——系统设计报告，以及系统分析阶段确定的逻辑模型——系统分析报告为依据，建立一个可交付用户实际运行使用的系统。系统实施文档资料除包括前两阶段所列举的外，还包括系统实施报告。具体主要包括：程序设计说明书（包括框图、清单）；用户操作手册；系统调试记录与报告；人员培训要求与计划；会计信息化系统管理制度；系统维护报告；系统评价与评审报告。

8. 系统的运行、转换、维护

新系统试运行通过、交付用户后，系统开发工作就结束了，会计信息系统进入生命周期的实际使用阶段。信息系统进入实际使用阶段应当进行会计信息系统的转换，系统转换方式有：

(1) 直接转换 直接转换是规定一个时点，在规定的时点停止原有系统的工作，改用新系统继续进行业务处理。

(2) 并行转换 并行转换是指规定一个时间段，在这段时间内原有系统继续正常工作，新系统也开始投入使用，新旧系统同时处理同一业务，以便互相核对并及时发现和纠正新系统存在的问题。

(3) 分段转换 分段转换是指在进行系统转换时，分期分批，逐个子系统甚至是逐个模块进行转换。

系统投入实际运行后，由于种种原因，仍要不断地进行修改，包括修正错误、扩展功能和适应环境的某些变化，这就是系统维护。系统运行若干时间后，当环境的变化对系统提出更高的要求，而修改原有的系统已无法满足这种要求时，新系统的开发要求又提到日程上来了，开始下一轮新的系统开发过程。

会计信息系统的生命周期法开发的基本过程如图 1-1 所示。会计信息系统的生命周期法的特点是：开发过程有明显的阶段性；开发是一个循环过程，不是简单重复而螺旋式地上升，是一个不断发展和提高的过程；用户至上，每一个开发阶段及开发步骤不仅要从用户的需求出发，而且要得到用户的同意。

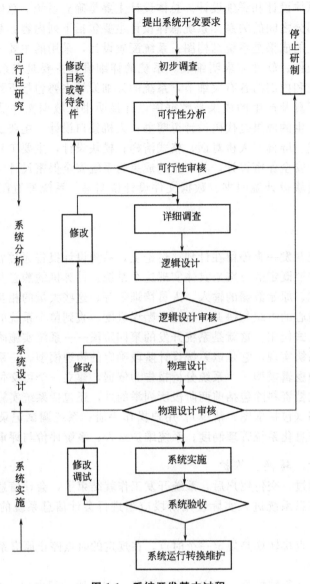

图 1-1 系统开发基本过程

二、原型法

1. 原型法的概念

在获得用户基本需求的基础上，投入少量人力和物力，尽快建立一个原始模型，使用户及时运行和看到模型的概貌和使用效果，并提出改进意见，开发人员进一步修改完善如此循环迭代，直到得到一个用户满意的模型为止。

2. 建立原型法的开发流程

原型法的开发流程如图 1-2 所示。

① 确定初步需求；
② 设计初始原型；
③ 试用和评价原型；

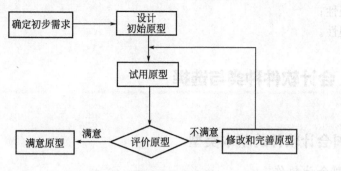

图 1-2 原型法开发流程

④ 修改和完善原型。

原型法具有明显的优点，它的开发周期短，见效快，可以边开发边使用，较适合于开发环境和管理体制多变、系统结构不稳定的情况。

3. 原型法的特点

① 开发过程是一个循环往复的反馈过程，它符合用户对计算机应用的认识逐步发展、螺旋式上升的规律。

② 原型法很具体，使用户能很快接触和使用系统，容易为不熟悉计算机应用的用户所接受。

③ 原型开发周期短，使用灵活，适用于小型软件或管理体制和组织结构不稳定、有变化的软件的开发。

三、面向对象法

1. 面向对象的软件开发方法概述

它能够用计算机逻辑来描述系统本身，包括系统的组成、系统的各种可能状态以及系统中可能产生的各种过程和过程引起的系统状态切换。

面向对象的问题求解就是力图从实际问题中抽象出这些封装了数据和操作的对象，通过定义其属性和操作来表述它们的特征和功能，通过定义接口来描述它们的地位及与其他对象的关系，最终形成一个广泛联系的可理解、可扩充、可维护和更接近于问题本来面目的动态对象模型系统。

2. 面向对象的软件开发过程

面向对象的分析（object-oriented analysis，OOA）、面向对象的设计（object-oriented design，OOD）和面向对象的实现（object-oriented programming，OOP）三个阶段。

(1) 面向对象分析（object-oriented analysis，OOA） 提出 OOA 逻辑模型。

(2) 面向对象设计（object-oriented design，OOD） 设计软件系统应该"怎么做"。在 OOA 模型的基础上进行人机界面设计、系统资源管理功能设计和系统与数据库接口设计，并进一步扩充 OOA 模型。这三部分设计再加上 OOA 逻辑模型，构成了最初的 OOD 物理模型，然后对该模型做进一步的细化设计和验证。

(3) 面向对象实现（object-oriented programming，OOP） 选择一种合适的面向对象的编程语言，如 C++、Object Pascal 或 Java 等，具体编码实现对详细设计步骤所得的公式、图表、说明和规则等软件系统各对象类的详尽描述。

3. 面向对象软件开发方法的优势

① 可重用性；

② 可扩展性；
③ 可管理性。

任务四　会计软件种类与选择

一、我国会计软件的基本类型

1. 核算型会计软件

1996年以前我国会计软件基本属于核算型软件的范畴，主要实现会计账务以及工资、固定资产、应收、应付、存货、成本等业务核算，部分会计软件还具有采购、库存和销售等业务管理功能。

2. 管理型会计软件

我国1996年和1998年先后提出发展管理型会计软件和企业管理软件。管理型会计软件初步实现了财务会计与管理会计融合，现在不少系统的管理会计软件部分已经具有较强的预算管理、资金管理、成本管理、项目管理、财务分析、决策支持功能。

3. 网络财务管理型软件

网络财务管理软件是建立在Internet/Intranet基础上的会计软件，与一般会计软件的区别是通过Internet实现远程处理和支持电子商务，实现事中动态会计核算与网络财务管理。

此外，会计软件按适用范围分，包括专用会计软件、通用会计软件；按运行环境分，包括单用户会计软件、多用户会计软件、网络会计软件。目前我国通用商品化会计软件主要有用友软件和金蝶软件。

二、会计软件取得方式

1. 企业自行开发

这种方式的特点是：系统性、质量性好；实用性强，便于运转；计算机与会计人员配合难度大；计算机人员熟悉业务开发时间较长；在维护运行方面计算中心与财务配合不好。

2. 委托外单位开发

这种开发方式的优点是：系统性强，质量高，开发时间短；实用性强；能与财会部门配合，满足需要。缺点是：系统维护困难，维护依赖性强，需要较高的维护成本。

3. 企业与外单位联合开发

这种方式的特点是：开发由企业和外单位共同进行；力量强，开发周期短；实用性强；便于维护；质量较高；财务、计算中心与外单位配合较难。

4. 购买商品化软件

这种方式的特点是：开发时间少；质量高；实用性取决软件质量；维护视软件本身质量，软件开发单位售后服务及自身计算机技术人员力量。

5. 行业推广软件

这种方式的特点是：实用性较强，有时也难满足特殊需要；质量高低视开发单位水平；

开发时间短；统一维护。

三、商品化会计软件的选择

商品化会计软件的选择应当注意以下事项：
(1) 合法性　是否符合有关政策、法律制度，是否为正版软件。
(2) 适用性　是否适合本企业硬件，是否适合本企业业务规模和特点，是否适合人员条件和基本工作条件。
(3) 通用性　是否可以在企业直接应用，减少二次开发，了解其他用户使用情况。
(4) 先进性　运行效率、保密、方便性、可维护性、可扩充性。
(5) 服务性　是否具有良好的技术培训、软件维护、版本更新等售后服务。
(6) 价格性　价格是否合理，价格不仅包括一次投入的软件价格，还应包括售后服务费用等。

任务五　会计信息化系统内部控制（管理）制度

内部控制制度是一个系统（单位）的内部各个子系统（部门、个人）为了保护财产的安全完整，保证会计及其他数据正确可靠，保证国家有关方针、政策、法令、制度和本单位制度、计划贯彻执行，提高经济效益，利用系统的内部分工而产生相互联系的关系，形成一系列具有控制职能的方法、措施、程序的一种管理制度。

内部控制制度的基本目标是保护财产安全完整；提高数据的正确性、可靠性；贯彻执行方针、政策、法令、制度、计划；是审计的依据之一。

一、会计信息化系统的内部控制制度主要方式

1. 组织控制

组织控制就是在电算化会计系统中划分为不同的职能部门。如可将财务部门下设业务核算部门和计算机部门。

2. 授权控制

授权控制就是规定电算化会计系统有关人员业务处理的权限。如签发支票须经财务主管批准盖章；如记账凭证须经审核人员审核后方可输入计算机等。

3. 职责分工控制

职责分工控制就是规定同一个人不能处理"职责不相容"的业务。如出纳与记账必须实行分管。

4. 业务处理标准化控制

业务处理标准化控制就是规定有关业务处理标准化规程及制度。如可以把各项业务处理方式、方法、要求编成工作手册，以供业务处理时遵照执行。

5. 软件的安全保密控制

软件的安全保密控制就是规定软件维护、保管、使用的规程及制度。如制定软件维护、修改规程。

6. 数据文件的安全保密控制

数据文件的安全保密控制就是规定数据维护、保管、使用的规程及制度。如制定数据备份制度，规定数据使用权限，建立操作运行日志，建立严格的会计档案保管制度等。

7. 运行控制

运行控制包括输入、处理、输入控制三个方面。

(1) 输入控制　输入控制主要对输入数据的真实性、准确性进行控制。如二次输入校验，平衡校验，总数校验等。

(2) 处理控制　处理控制主要对业务处理程序、方法进行控制。如输入计算机中记账凭证未经审核不得记账，已记账凭证不得修改等。

(3) 输出控制　输出控制主要对输出数据的真实性、准确性进行控制。如用已结账数据打印账簿应给予必要的标识。

8. 会计档案管理制度

会计档案管理制度主要是建立和执行会计档案立卷、归档、保管、调阅、销毁等管理制度。

二、会计信息化系统内部控制特点

1. 会计信息化系统构成发生了变化

会计信息化系统从物理结构上看主要包括计算机硬件、软件、机构及人员、数据及规程等。因此，会计信息化系统内部控制必须针对计算机系统的特点，制定有关会计信息化系统中计算机硬件和软件等方面操作、维护和管理制度。

2. 会计工作流程和工作重点发生了变化

实行会计信息化后，会计人员不再需要手工记账、算账和编制报表，输入记账凭证后，凭证通过计算机自动进行核算和编制报表工作；凭证的输入和审核成为日常人机交互操作的主要工作；使用计算机后存货可以采用实际成本计价；对大量的固定资产可以进行个别计提折旧，进行详细的部门核算等；电算化后会计人员将更多地参与企业经营管理和决策。

3. 对会计人员的协作性提出了更高要求

会计软件通常由多个功能模块组成，每个功能模块处理特定部分的会计信息，各功能模块之间通过信息传递相互联系，完成日常会计核算业务，会计人员相互协作完成账务处理、工资核算、材料核算、固定资产核算、成本核算、产成品销售核算、应收应付款核算、存货核算、会计报表生成与汇总等；会计人员将进一步完成会计管理和控制工作，如资金筹集管理、流动资金管理、成本控制、销售收入和利润管理等，帮助决策者制定科学的经营决策和预测；尤其是在网络情况下，会计人员在不同的工作站共同使用同一个会计软件，彼此的凭证传递、交接都是通过计算机进行的，相互之间联系非常紧密，一个操作员出现问题，会影响其他工作的顺利进行。因此要求各会计人员之间必须加强协作，只有这样才能顺利进行会计信息化工作。

4. 内部控制的内容和重点发生了变化

由于计算机自动进行总账和明细账的核对工作，手工条件下的总账、明细账的核对工作可以取消，记账凭证的审核工作变得更加重要和关键。计算机软件开发人员对软件结构和设计非常熟悉，他们有能力进行非正常的数据修改，因此必须限制计算机软件开发人员操作会计软件进行会计核算工作，尤其是不能兼任出纳工作，等等。

5. 会计人员分工和职责发生了变化

实现会计信息化后，会计人员必须操作会计软件才能够进行会计核算工作；其次，会计人员必须改变原有的工作习惯，以适应会计信息化工作的要求；会计信息化工作必须增设一些新的岗位，同时需要减掉一些不适应电算化工作的岗位。这就使会计人员的分工、职责发生了很大变化。

6. 提高了对会计人员素质的要求

一是要求会计人员必须具有一定的计算机应用知识与技能；二是因为会计软件的许多自定义功能，要求会计人员必须精通业务处理，只有这样才能做如定义各种转账公式、数据来源公式、费用分配公式等操作；三是因为解脱会计人员繁杂的计算和抄写工作后，要求会计人员参与企业的经营管理和决策，对会计信息进行综合分析和利用。

7. 会计档案的形式和内容发生了变化

会计信息化的会计档案包括打印输出的各种账簿、报表、凭证和存储在计算机软硬盘及其他存储介质中的会计数据、程序，以及软件开发运行中编制各种文档和资料。许多会计档案存储介质发生了变化。因此，必须严格管理各种形式的会计档案。

三、会计信息化内部控制制度的基本内容

1. 岗位及岗位责任制度

岗位及岗位责任制度主要是规定会计信息化系统岗位设置及人员分工，并明确其职责。目的是为实现电算化会计系统内部控制制度提供组织保证，做到合理分工、责任明确、相互配合、相互制约。

2. 计算机硬件、软件管理制度

计算机硬件、软件管理制度主要是规定会计信息化系统中硬件、软件管理要求。目的是为实现电算化会计系统内部控制制度提供物质保证，做到安全、可靠、高效、经济。

3. 会计软件操作管理制度

会计软件操作管理制度主要是规定会计信息化系统中会计软件操作运行规程。目的是为实现电算化会计系统内部控制制度提出软件运行过程及要求，做到及时、真实、准确、完整地提供会计信息。

4. 会计档案管理制度

会计档案管理制度主要是规定会计信息化系统中资料及数据管理的有关要求。目的是为实现电算化会计系统内部控制制度提出信息管理规定，做到妥善保管、安全完整、充分利用、方便审计。

四、建立会计信息化内部制度应注意的问题

1. 要做到单位领导重视

会计信息化系统涉及单位内部很多部门，而且单位内部各职能部门、会计工作各岗位等方面通常还必须进行必要的调整，包括组织机构的设置和会计信息化岗位设置等。因此，单位领导应当协调单位内各部门共同搞好会计信息化内部管理制度的建设和落

实工作。

2. 要由财务会计部门具体负责

财务会计部门是会计信息化内部管理制度的具体执行和落实部门，因此在各个部门的配合下，财务会计部门应当负责和承担岗位的分工、会计信息化内部管理制度的制定、有关会计人员的调整等工作。

3. 要遵守国家的有关规章制度

如遵守会计法、企业财务通则、企业会计准则、分行业会计制度、分行业财务制度、会计基础工作规范、会计信息化工作规范、会计档案管理办法等。

4. 要适合本单位特点

开展会计信息化工作的单位，应根据本单位管理工作需要、会计核算的特点和手工管理的经验，改善其中不合理部分，制定出适合本单位会计工作管理要求的会计信息化内部管理制度；应该满足本单位当前的实际需要，并考虑今后工作发展的要求；还应根据执行中发现的问题，逐步完善和提高。

5. 要注意其可操作性

要注意制度的合理性、全面性、清晰性，制度应当具体明确、通俗易懂、简便易行、可操作性强，以便会计人员掌握和执行，并能够据以考核会计信息化人员的工作情况。

6. 要学习先进经验

应该参考会计信息化工作开展成功的单位的有关制度，这样可以迅速建立本单位有关制度，少走弯路。

7. 要满足审计要求

计算机在会计工作中的应用对审计工作产生了很大影响，包括改变了审计线索、内部控制和审计的内容等。

8. 要考虑电算化的特点

应加强电算化内部控制的有关内容，及时调整会计核算方法、工作流程和会计工作重点。

9. 要加强人员的协作性

所有操作软件的会计人员都应该有整体配合的精神，紧密合作加强协作。建立了以会计信息化为核心的计算机管理信息系统之后，应该使会计人员认识到在信息资源共享的情况下，会计人员如不密切合作会导致系统发生混乱。

10. 要组织有关人员培训和学习

目的是使会计人员都认识到会计信息化内部管理制度的重要性，理解制度的具体内容，自觉执行内部控制制度。

11. 要有相应的落实措施

会计信息化内部管理制度要达到预期的目的关键是落实，要有制度、有措施，要有责、有权、有利，要定期检查执行情况、严格考核。对于会计信息化内部管理制度执行好的个人和部门，应该给予物质和精神奖励；对于不按照制度执行的个人和部门，要进行批评，对造成损失的应该追究责任。

五、岗位及岗位责任制

1. 会计信息化岗位的划分

实行会计信息化的单位，要建立会计信息化岗位责任制，要明确每个工作岗位的职责范围，切实做到事事有人管，人人有专职，办事有要求，工作有检查，这是建立会计信息化岗位责任制的原则。按照会计信息化的特点，在实施会计信息化过程中，各单位可以根据内部控制制度的要求和本单位的工作需要，对会计岗位的划分进行调整和设立必要的工作岗位。会计信息化后的工作岗位可分为基本会计岗位和电算化会计岗位。

基本会计岗位可分为：会计主管、出纳、会计核算各岗、稽核、会计档案管理等工作岗位。各基本会计岗位与手工会计的各岗位相对应，基本会计岗位必须是持有会计证的会计人员，未取得会计证的人员不得从事会计工作。基本会计工作岗位可以一人一岗、一人多岗或一岗多人，但应当符合内部控制制度的要求。出纳人员不得兼管稽核、会计档案保管和收入、费用、债权债务账目的登记工作。基本会计岗位的会计人员还应当有计划地进行轮换。会计人员还必须实行回避制度。

电算化会计岗位是指直接管理、操作、维护计算机及会计软件系统的工作岗位，实行会计信息化的单位要根据计算机系统操作、维护、开发的特点，结合会计工作的要求，划分会计信息化工作岗位。大中型企业和使用大规模会计信息化系统的单位，电算化可设立如下岗位。

(1) 电算主管　负责协调计算机及会计软件系统的运行工作。要求具备会计和计算机应用知识以及有关的会计信息化组织管理的经验。电算化主管可由会计主管兼任，采用大中型计算机和计算机网络会计软件的单位，应设立此岗位。

(2) 软件操作　负责输入记账凭证和原始凭证等会计数据，输出记账凭证、会计账簿、报表和进行部分会计数据处理工作。要求具备会计软件操作知识，达到会计信息化初级知识培训的水平。各单位应鼓励基本会计岗位的会计人员兼任操作岗位的工作。

(3) 审核记账　负责对已输入计算机的会计数据（记账凭证和原始凭证等）进行审核，以保证记账凭证的真实性、准确性；操作会计软件登记机内账簿，对打印输出的账簿、报表进行确认。此岗位要求具备会计和计算机应用知识，达到会计信息化初级知识培训的水平，可由主管会计兼任。

(4) 电算维护　负责保证计算机硬件、软件的正常运行，管理机内会计数据。此岗位要求具备计算机应用和会计知识，经过会计信息化中级知识培训。采用大中型计算机和计算机网络会计软件的单位，应设立此岗位。此岗位在大中型企业中应由专职人员担任，维护员不应对实际会计数据进行操作。

(5) 电算审查　负责监督计算机及会计软件系统的运行，防止利用计算机进行舞弊。审查人员要求具备会计和计算机应用知识，达到会计信息化中级知识培训的水平。此岗位可由会计稽核人员或会计主管兼任。采用大中型计算机和大型会计软件的单位，可设立此岗位。

(6) 数据分析　负责对计算机内的会计数据进行分析。要求具备计算机应用和会计知识，达到会计信息化中级知识培训的水平。采用大中型计算机和计算机网络会计软件的单位，可设立此岗位。此岗位可由主管会计兼任。

(7) 档案管理　负责磁盘或光盘等数据、程序，打印输出账表、凭证等各种会计档案资料的保管工作，做好数据及资料的安全保密工作。

(8) 软件开发　主要负责本单位会计软件的开发和软件维护工作。由本单位人员进行会计软件开发的单位,设立此软件开发岗位。

基本会计岗位和电算化会计岗位,可在保证会计数据安全的前提下交叉设置。

2. 会计信息化岗位责任制

(1) 电算主管岗位责任制(系统管理员)

① 制订及修改本单位电算化内部管理制度,保证与监督制度执行。

② 负责制订会计信息化总体规划及具体计划,提出软件更新、修改、开发需求报告,组织单位软件系统运行。

③ 负责从整体上协调和管理会计信息系统,会计信息系统运行环境的建立,组织负责本单位会计信息系统的软硬件及网络设备的安装和调试。

④ 负责组织系统验收、评审、转换工作,负责人员培训工作。

⑤ 负责会计人员岗位分工,合理调整人员分工。为每个操作员分工授权并赋予初始口令,保证合理分工,实现内部牵制。对本系统各岗位人员的工作质量进行考评。

⑥ 负责电算化系统的日常管理工作,监督保证电算化系统的正常运行。检查计算机输出账表数据的正确性和及时性。在系统发生故障时,能及时组织有关人员尽快恢复系统的正常运行。

⑦ 负责对会计信息系统的硬件设备和会计软件的运行情况进行定期检查,确保系统的正常运行。

⑧ 负责本系统会计数据的安全性、正确性、及时性和保密性的检查。

⑨ 负责电算化系统硬件、软件、数据修改和更新及调用的审核工作。

⑩ 会计软件不能满足本单位需要时,应与开发软件单位及服务单位联系,进行功能改进。

⑪ 负责对会计信息化工作进行考核与总结。

(2) 软件操作岗位责任制

① 负责对所分管的财务业务中的原始凭证进行审查、汇集的工作,应根据审核后会计凭证(单据)输入有关数据。

② 在输入过程中,对发现的手工会计数据有错误时,应及时向系统管理员或会计主管反映,不得擅自作废或修改(专职会计兼任除外),应予退回更正。

③ 在数据输入完毕后进行自检核对工作,确定无误后交审核员复核。数据输入操作完毕,应进行自检核对,发现输入错误应及时修改。

④ 对审核人员指出的数据输入错误应及时进行修改。

⑤ 严格按照操作程序操作计算机和会计软件,及时做好数据备份。

⑥ 及时进行所分管业务的除记账、结账以外会计数据处理工作,及时按规定打印输出有关会计数据。

(3) 审核记账岗位责任制

① 负责审查核对会计核算初始数据(会计科目、期初数据等),未经审核通过应禁止会计软件投入日常运行使用。

② 负责审核原始凭证的真实性、准确性,对不合乎规定的原始单据不得作为记账凭证依据。

③ 负责审核输入机内会计凭证及数据,对不符合规定凭证(单据)及数据通知或退还有关人员,有关人员更正修改后再进行审核,审核通过后应予以确认。

④ 负责计算机记账工作,记账工作应及时进行,打印出有关账表。

⑤ 负责对打印输出的账簿、报表、单据进行确认签章,保证机内数据与打印输出数据

的一致性。

⑥ 负责结账工作，结账前应检查当期数据是否全部入账和是否正确，不得提前结账，要防止误结账造成不能合理进行各个会计分期核算的错误。

⑦ 审核记账人员不得兼任出纳工作。

⑧ 不得修改操作人员已输入的数据，发现错误应通知输入人员修改。

(4) 电算维护岗位责任制

① 定期检查硬件、软件运行情况。

② 经常对有关设备进行保养，保持机房和设备的整洁，防止意外事故的发生。

③ 负责定期的病毒检查和清理工作。

④ 及时排除会计信息化系统运行中硬件、软件故障。

⑤ 负责会计信息化系统初始化工作，指导操作人员使用硬件及软件。

⑥ 负责调整系统初始化设置。

⑦ 制订硬件、软件使用运行操作规程。

⑧ 对备份数据进行检查核对。

⑨ 系统发生故障而产生数据混乱、丢失时，负责恢复工作。

⑩ 负责会计信息化系统升级换版的调试工作。

⑪ 填制维护记录，连同有关资料交存档案管理人员。

⑫ 不得操作会计软件进行会计业务处理工作。

⑬ 协助电算主管进行系统管理工作。

(5) 会计档案管理岗位责任制

① 负责本系统的备份和打印的各种介质的各类账表、凭证、资料的存档保管工作。

② 审核各种文档是否符合要求，有关档案须经有关人员签章或标明清晰标志方可存档。

③ 做好各类档案、资料的安全保密工作，不得擅自出借。经批准允许借阅的会计资料，应认真进行借阅登记。

④ 按规定期限，向有关人员催交各种有关会计档案资料。

⑤ 可负责空白账表、打印材料、空白磁盘等消耗材料保管发放。

(6) 电算审查岗位责任制

① 监督计算机使用人员是否正确使用有关设备及会计软件，有无违反操作规程现象。

② 监督计算机使用人员是否正确使用自己的口令，有无不使用口令或串用口令现象。

③ 监督操作人员岗位设置及分工是否合理，有无越权使用软件现象。

④ 监督是否按要求进行备份，备份数据是否与机内数据一致。

⑤ 负责定期（每周或每月）对计算机病毒检查，发现病毒应向有关领导汇报。

⑥ 负责定期备份计算机操作使用运行日志，以保存完整软件操作使用记录。

⑦ 发现系统问题或隐患，应及时向会计主管反映，提出处理意见。

(7) 数据分析岗位责任制

① 利用报表功能，对机内数据进行加工，提供各种临时报表。

② 对机内会计数据进行分析，编写财务状况说明书等分析报告。

③ 据有关领导要求，制订适合本单位实际情况的会计资料分析方法和分析模型，提供必要的会计报告。

④ 利用计算机文字表格功能，完成有关的会计报告文件。

(8) 软件开发岗位责任制

① 适应计算机技术发展和会计核算与管理要求进行会计软件开发工作。

② 按规定实施软件的完善性、适应性、正确性维护。
③ 完成软件开发与维护工作，建立相关的文档资料。
④ 不得操作会计软件进行会计业务处理工作。

软件开发岗位还可以细分为：系统分析员、系统设计员、程序设计员。系统分析员主要职责是：了解用户要求、明确系统目标；进行初步调查，提出初步设计方案及开发计划；组织分析论证，提交可行性分析报告；进行详细调查提出逻辑模型；提供上述有关分析资料，编制项目开发总结报告；组织开发工作。系统设计员主要职责是：依据分析员提供逻辑模型进行物理设计；提出具体计算机配置方案，配置各种硬件和系统软件；进行系统结构设计；进行数据库及数据文件设计；进行输入、输出、人机对话、加工模块设计；进行代码设计；提供各种设计资料。程序设计员主要职责是：依据逻辑模型和物理模型进行程序设计；编制程序框图；编制程序和注释程序；调试程序；编制用户操作手册；提交上述各种文档；参加系统验收审核。

上述提到的会计信息化工作岗位划分，是针对使用大规模会计信息化系统的大型单位，对于会计部门的人数比较少和会计业务比较简单的中小型单位，应根据实际需要对上述电算化岗位进行适当合并，可以采取一人兼任多岗。中小单位实行会计信息化后的电算化会计岗位设置，应该注意满足内部牵制制度的要求，如输入操作与审核记账不应是同一个人，可由会计主管兼任电算主管、审核记账、电算审查岗位，可以聘任兼职电算维护人员。

六、会计信息化操作管理制度

1. 各类操作人员上机操作制度

① 禁止非指定人员进入机房及操作使用计算机。
② 严格按操作规程使用硬件。
③ 为每一个操作人员设置密码口令，口令不对严禁使用软件，不得串用口令，注意安全保密，各自的操作口令不得随意泄露，应定期更换操作员的口令。
④ 明确规定上机操作人员对会计软件的操作工作内容和权限，防止操作人员越权使用软件的有关功能。
⑤ 严格按会计业务处理流程及软件的操作功能操作使用软件。
⑥ 未经审核会计数据不得输入计算机。
⑦ 已输入计算机的原始凭证和记账凭证等会计数据未经审核不得登记机内账簿。
⑧ 操作人员离开机房前，应退出会计软件的运行。
⑨ 根据本单位实际情况对各类操作人员上机操作做必要的记载，并由专人保存必要的上机操作记录，上机记录包括操作人、操作时间、操作内容、故障情况等内容。
⑩ 应坚持日常和定期的各项数据备份。正式备份的会计数据，应由指定人员用专用保存柜妥善保存。各种备份的数据均要标明类型、日期及备份人等有关标识。
⑪ 要定期检查计算机病毒。
⑫ 应该避免使用来历不明的软盘和各种非法拷贝的软件，不允许在财务系统计算机上玩游戏、看影碟。
⑬ 发现系统硬件、软件出现故障，不得擅自处理，应及时报告请求处理。
⑭ 不准对机内原始数据（凭证）及账簿和报表数据进行程序外直接修改。
⑮ 在会计软件运行使用过程中，严禁做直接关机操作。
⑯ 不准在操作计算机时，做不利于系统安全的事情，如吸烟、吃零食等。

2. 会计业务处理规程

会计业务处理规程就是运行会计软件进行会计业务处理的基本步骤及要求的规定。不同的会计核算子系统有不同的会计业务处理规程，如工资核算有工资核算的业务处理规程，账务处理有账务处理的业务处理规程。此项内容可以参阅会计核算软件运行的基本过程及方法。但各个会计核算子系统共性的会计业务处理规程包括系统初始化、日常处理数据手工准备、应用软件的日常运行、应用软件特定处理。在会计业务处理规程中不仅应描述业务处理的基本步骤，还应说明业务处理的具体要求。业务处理的基本步骤可以用图示的方法进行描述。

七、计算机硬件管理制度

① 会计信息化系统应配有专门的电子计算机，并且由财务会计部门管理。
② 计算机硬件设备比较多的单位，财务会计部门可单独设立计算机室，并由专人管理。
③ 会计信息化应用的计算机设备应配备不间断电源。
④ 应经常对有关硬件设备进行保养、清洁、检查。发现计算机硬件故障，应及时报告有关领导，请有关技术人员进行维修，严禁非专业人员拆装和修理计算机。
⑤ 对于较大故障的计算机维修和计算机硬件升级，应有一定的记录，并保证会计数据的连续性和安全性。

八、会计信息化软件管理制度

1. 会计信息化软件应用维护管理

① 会计信息化软件的磁盘、光盘和用户操作手册等资料应作为会计档案管理，不得非法复制及外传。
② 会计软件出现运行故障，应利用软件提供的功能进行维护，如数据索引、意外中断处理等，维护应按操作使用说明书进行维护，维护操作必须由系统维护员或指定的人员负责。
③ 会计软件出现非软件本身提供功能所能维护的故障，应报告有关领导，并请软件开发服务单位专业技术人员进行维护，非专业技术人员不得对软件本身设计原因出现的故障进行维护。
④ 软件的维护和升级工作，应具有一定记录，并保证会计数据的连续性和安全性。

2. 会计信息化软件程序维护管理

会计信息化软件程序维护包括：正确性维护，即纠正软件投入使用的过程中暴露出来的问题；完善性维护，即使用过程中发现功能不全或运行效率不高时，在原有基础上进行优化处理；适应性维护，即在应用环境发生变化时，如组织机构调整、产品结构变化、新产品开发、人员变更等情况下，及时地做必要的适应性修正。会计信息化软件程序修改手续如下：

① 提出软件修改请求报告；
② 由有关领导审批请求报告；
③ 原软件程序及数据存档；
④ 实施软件修改；
⑤ 进行软件修改后的试运行；
⑥ 形成新的文档资料；
⑦ 记录软件维护修改情况；

⑧ 将新的软件程序备份、文档资料、维护修改记录存档。

九、会计数据管理制度

① 会计数据必须按规定进行备份。
② 会计数据备份应用会计软件提供的功能进行备份，不得将系统软件完成的会计数据的备份作为正式备份文件。
③ 会计数据备份应使用标签标明备份内容、时间等内容，并使其处于写保护状态。
④ 会计数据日常备份，由软件操作人员保管，不作为会计档案管理。
⑤ 会计数据结账备份，应采用双备份，并作为会计档案分别保存在不同地点，备份盘应定期复制，以防止数据丢失、损坏。
⑥ 备份数据的内容必须完整，应进行一致性和完整性检验。
⑦ 在软件修改、升级和硬件更换过程中，要保证实际会计数据的连续性和安全性。
⑧ 会计信息系统发生意外数据丢失或损坏时应当按规定由维护人员进行数据恢复。
⑨ 健全必要的防治计算机病毒的措施，定期进行系统杀毒，并应及时对杀毒软件进行升级更新。

十、病毒防范管理制度

① 应使用正版杀毒软件；
② 及时升级杀毒软件及病毒库；
③ 建立数据备份制度；
④ 对软件及数据实施必要的保护措施；
⑤ 定期检测计算机系统；
⑥ 实时监测制度等。

十一、网络安全管理制度

① 实施访问权限控制；
② 建立系统防火墙；
③ 安全地使用个人网络口令；
④ 采取必要数据加密措施等。

十二、会计信息化档案管理制度

电算化会计档案管理制度包括会计档案的立卷、归档、保管、调阅和销毁管理制度。制定基层单位的会计档案管理制度，应针对会计信息化系统的特点和依据《会计档案管理办法》和《会计信息化工作规范》进行。

电算化会计档案，包括存储在计算机中的会计数据（以磁性介质或光盘存储的会计数据）和计算机打印出来的书面形式的会计数据。会计数据是指记账凭证、会计账簿、会计报表（包括报表格式和计算公式）等数据，以及会计软件系统开发运行中编制的各种文档、会计程序及其他会计资料。

1. 用U盘、硬盘、光盘等介质存储会计数据的管理要求
① 不再定期打印输出会计账簿，应征得同级财政部门同意；
② 保存期限同《会计档案管理办法》规定的书面形式的会计账簿、报表；

③ 记账凭证、总分类账、现金和银行存款日记账仍要打印输出；

④ 要按照有关税务、审计等管理部门要求，及时打印输出有关账簿和报表；

⑤ 重要会计档案应备双份，并存放在不同地点；

⑥ 采用磁盘、光盘等介质保存会计档案，要定期进行检查，定期进行复制，防止由于介质损坏造成会计档案丢失；

⑦ 大中型企业应采用U盘、硬盘、移动硬盘等介质存储会计数据；

⑧ 存有会计信息的磁性介质及其他介质，在未打印成书面形式输出之前，应妥善保管并留有副本。

2. 打印输出会计数据的管理要求

① 在由原始凭证直接录入计算机并打印记账凭证的情况下，记账凭证上应有录入人员、稽核人员、会计主管人员的签名或盖章。收付款记账凭证还应由出纳人员签名或盖章。打印生成的记账凭证视同手工填制的记账凭证。

② 要先准备好手工填制的记账凭证，录入系统进行处理的情况下，保存手工记账凭证与机制凭证皆可，采用打印输出机制会计凭证代替手工会计凭证，应按规定进行手工审核及签章。

③ 计算机与手工并行工作期间，可采用计算机打印输出的记账凭证替代手工填制的记账凭证，并根据有关规定进行审核及装订成册，作为会计档案保存，并据以登记手工账簿。

④ 总分类账可以用打印输出的"总分类账本期发生额及余额对照表"替代。

⑤ 日记账原则上要求每天打印，每天业务量较少不能满页打印的，可以在满页时打印。

⑥ 明细分类账、总分类账可在满页时打印，也可按月或按季、按年打印，但每年必须打印一次。

⑦ 在保证凭证、账簿清晰的条件下，计算机打印输出的凭证、账簿中表格线可适当减少。

⑧ 按要求打印输出的各种记账凭证，会计账簿、会计报表必须由有关人员签章审核确认，并且装订成册立卷、归档。

⑨ 打印输出书面会计凭证、账簿、报表的，应当符合国家统一会计制度的要求，采用中文或中外文对照，字迹清晰，保存期限按"会计档案管理办法"的规定执行。

3. 会计信息化档案存档要求

① 会计信息化档案要严格按照财政部"会计档案管理办法"等有关规定要求对会计档案进行管理；

② 会计软件及有关全套文档资料，视同会计档案保管，保管期截止该软件停止使用或有重大更改后的五年；

③ 每年形成的会计档案，都应由财务会计部门按照归档的要求，负责整理立卷或装订成册。当年会计档案，在会计年度终了后，可暂由本单位财务会计部门保管一年。期满后，原则上应由财务会计部门编造清册移交本单位档案部门保管；

④ 保存的会计档案应为本单位积极提供利用，向外单位提供利用时，档案原件原则上不得外借；

⑤ 对会计档案必须进行科学保管，做到妥善保管、存放有序、查找方便；

⑥ 对归档的会计资料要检查会计档案有关人员签名或盖章；

⑦ 对电算化会计档案管理要做好防磁、防潮、防尘、防盗、防虫蛀、防霉烂和防鼠咬等工作；

⑧ 严格执行安全和保密制度，会计档案不得随意堆放，严防毁损、散失和泄密；

⑨ 各种会计资料包括打印出来的以及存储在软盘、硬盘、计算机设备、光盘、微缩胶片等会计资料，未经单位领导同意，不得外借和带出单位；

⑩ 经领导同意的借阅会计资料，应该履行相应的借阅手续，经手人必须签字记录，存放在磁性介质上的会计资料借阅归还时，还应该认真检查病毒，防止传染病毒；

⑪ 对于违反会计档案管理制度行为，应该进行检查纠正，情节严重的应当报告本单位领导和财政、审计机关严肃处理。

项目二
企业资源计划中的会计信息系统

任务一　企业资源计划（ERP）系统

一、企业 ERP 系统的概念和特征

ERP 系统（enterprise resources planning）的概念最早是由美国著名的 IT 技术咨询和评估集团加特纳（Gartner Group）于 20 世纪 90 年代提出来的，目前已经得到广泛应用。ERP 系统是指以信息技术为支撑，运用先进的企业管理思想，系统化地集成企业内外各种资源的全方位信息，为企业管理层和员工提供决策支持的强大技术和信息平台。

可以从管理思想、信息技术、管理系统三个层次来阐述 ERP 系统的核心特征：

① 从管理思想上来说，先进的企业管理思想是 ERP 灵魂之所在。

② 从技术上讲，运用先进的信息技术集成企业的各种信息是 ERP 的技术本质特征所在。

③ 从管理系统上来讲，ERP 系统是整合了现代企业管理理念、基础数据、业务流程，包括计算机各种软硬件于一体的非常庞大复杂的企业资源管理系统。

二、ERP 系统的目标、管理对象、构成

1. ERP 系统的目标

涉及企业经营管理和信息支持两个大的方面。第一个目标就是成为一个能够为企业决策提供高质量、充分信息的决策支持系统；第二个目标就是通过 ERP 系统的实施优化企业业务流程，将先进的企业管理思想在企业中实施，从而最终提高企业的管理质量和效率。

2. ERP 系统的管理对象

ERP 系统的管理对象是企业的各种内外资源，从形态上可以划分为物流、资金流、信息流三种形态。

3. ERP 系统的基本功能模块

ERP 系统通用模块如图 2-1 所示。

① 生产控制管理模块。这一模块是企业 ERP 系统的核心所在，也是企业 ERP 最初发展阶段——物料需求计划系统（MRP）的主要内容。

② 物流管理模块。这一模块主要包括销售管理模块和采购管理模块两大部分。

③ 会计核算与财务管理模块。这一模块又包括两大部分：会计核算模块，财务管理模块。

④ 人力资源管理模块。

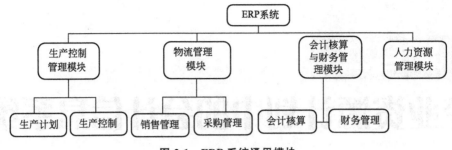

图 2-1 ERP 系统通用模块

三、企业 ERP 系统的作用

大型企业安装 ERP 系统需要花费巨大的投资，可带来的回报却难以精确计量，这首先是因为许多时候 ERP 系统主要以无形的方式来增加收益或者减少支出；其次是因为 ERP 系统对企业经营所产生的改变和影响要经历很长的一段时间，而且难以追踪和量化计算。

① 库存量下降 30%～50%，这是人们说得最多的效益，可以使一般用户的库存投资减少 1.4～1.5 倍。库存周转率提高 50%。

② 延期交货减少 80%。当库存减少并稳定的时候，用户服务的水平提高了，企业的准时交货率平均提高 55%，误期率平均降低 35%。

③ 采购提前期缩短 50%。

④ 制造成本平均降低 12%。

四、企业 ERP 系统的发展历程

1. 20 世纪 60 年代的 MRP 系统

20 世纪 40 年代为解决库存问题，人们提出了订货点法，在 60 年代，随着计算机逐步应用到企业生产过程中，短时间内计算出企业众多物料的订货点成为可能，于是出现了物料需求计划系统（materials requirements planning，MRP）来合理确定订货点、采购批次和时间，有效进行采购和库存管理。

2. 20 世纪 70 年代的闭环 MRP

闭环 MRP 系统（close-loop MRP）。除了物料需求计划，闭环 MRP 系统还包括了生产能力需求计划、车间作业计划和采购作业计划，具备了信息反馈和调整计划的功能，形成一个封闭的、完整的生产计划与控制系统。

3. 20 世纪 80 年代的 MRP Ⅱ

制造资源计划系统（manufacturing resource planning），英文缩写还是 MRP，为了区别需求计划 MRP 而标记为 MRP Ⅱ。

MRP Ⅱ 系统包含了企业内部管理的各个方面，是一个把企业的销售、财务、采购、工程技术等各个子系统都集成在一起的复杂系统。

MRP Ⅱ 系统最大的突破在于实现了物流、资金流和信息流的完全统一，可以说，MRP Ⅱ 系统是一个完整的企业内部信息管理系统。

4. 20 世纪 90 年代的 ERP 系统

传统的企业经营战略是以企业自身为中心的，但 20 世纪 90 年代以来，随着经济全球化和市场国际化的飞速发展，企业所面临的竞争异常激烈，于是以客户为中心，面向整个供应

链成为了企业在新形势下的基本管理理念。面向企业所有内外资源的企业资源计划 ERP 系统也应运而生。

五、ERP 的实施

1．前期工作阶段

① 成立项目小组。
② 领导层及项目组成员培训。
③ 企业管理的分析与诊断。
④ 分析需求，确定目标。
⑤ 软件选型。

2．实施准备阶段

① 数据准备。ERP 的实施是"三分硬件、七分软件、十二分数据"。
② 系统安装调试。
③ 软件原型调试。

有两项工作会贯彻实施的全过程，必须引起高度重视。

一个就是培训工作贯彻始终，包括对领导层、中层管理者、基层操作人员、系统管理员以及程序员的培训。另外一个就是企业最高管理当局必须高度重视 ERP 项目的实施。"ERP 项目就是一把手工程"。

六、ERP 系统在中国的应用与发展

① 20 世纪 80 年代可以称为启动期。提出了"三个 1/3"的论点，即："国外的 MRPⅡ软件 1/3 可以用，1/3 修改之后可以用，1/3 不能用"。
② 1990～1996 年可以称为成长期。它的应用的广度不够，主要是在制造业使用。
③ 从 1997 年起 ERP 系统的应用发展在我国开始进入成熟期。这一时期显著的特点是我国国产的 ERP 系统软件开始崭露头角，成为中小型企业 ERP 软件有力的竞争者，但还无法对高端 ERP 市场产生强烈冲击，这一领域依然由国外软件所垄断，如 SAP 和 Oracle 公司的 ERP 软件。

七、主要的 ERP 软件简介

当前世界上主要的 ERP 系统供应商有德国的 SAP 公司，美国的甲骨文（Oracle）公司、IBM 公司，软件巨头 Microsoft 公司于 2004 年也正式切入 ERP 市场；国内主要的 ERP 供应商有用友集团、金蝶公司、神州数码、和佳公司，ERP 厂商有鼎新、普扬、汉康、艾一、天心等公司。

任务二　ERP 系统环境下的会计信息系统

一、两种环境下的会计信息系统的比较

1．从系统独立性的角度来看

传统的会计信息系统是基于企业财务部门的部门级内部网，它是仅供财会部门使用的封

闭的独立信息系统，独立性很强。但由于ERP系统集成企业范围内所有的业务子系统，那么会计信息系统作为一个核心子系统，与其他业务子系统存在着非常紧密的联系，因而ERP系统环境下的会计信息系统是一个开放的、数据共享性强的信息系统。

2．从会计处理流程的角度来看

在传统会计信息系统环境下，可以说与手工环境的会计处理流程一样。但在ERP环境下，生产活动、销售业务、采购业务等业务信息在由各业务部门输入至各个业务子系统后就会自动进入会计信息系统生成记账凭证、总账和明细账，繁琐的记账录入过程基本消失，在很大程度上改变了会计业务处理流程。

3．从会计职能的角度来看

在传统会计信息系统环境下，大多数企业的产、供、销各个环节与财务部门存在着脱节的现象，在企业形成一个"会计信息孤岛"。

但在ERP系统环境下，会计信息系统作为一个核心子系统，能与其他业务子系统高度集成，业务数据可以在全企业范围内实现完全共享，这样一方面几乎完全消除了会计信息的滞后性，大幅度地提高了会计信息的准确性，会计信息质量有了质的提高，同时增加了进入会计信息系统的业务信息总类和数量；另一方面会计信息系统也不再仅仅局限于简单的财务处理和记录反映功能，而是进一步拓展至控制和决策支持服务领域，大大提高会计信息系统在企业管理中的作用，会计工作的重心也从经济业务的记录与计量转向经济信息的深加工。

二、会计信息数量和质量的极大提升

图2-2大体描述了会计信息通用的加工处理和传递流程，分为三个阶段，即会计信息输入阶段、会计信息加工处理阶段以及会计信息输出阶段。无论在手工会计环境下还是电算化的会计环境下，会计信息都是由业务部门提供原始的经济事项信息，然后传递至会计部门进行会计信息的确认、计量、记录，经加工整理后将最终的会计信息反映至管理当局以供决策或者传递给外部报表使用者，这是任何一种环境都适用的会计信息流程。

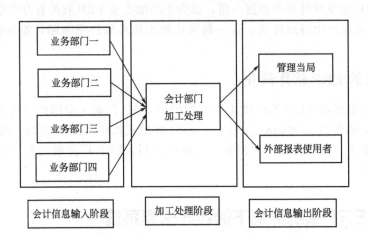

图2-2　会计信息的加工处理和传递流程

1．会计信息的数量和种类增加了许多

ERP系统最大的特点之一就是财务处理和业务活动的统一，它几乎集中了企业全部业务活动的所有数据，几乎包括所有财务信息和非财务信息。

2. 会计信息质量有了很大的提高

及时性和准确性是衡量会计信息质量的两个非常重要的标准。

图 2-2 显示，决定会计信息及时性的时间因素共包括三个阶段的因素：一是企业经济业务发生后，传送至会计部门的时间，我们称之为会计信息输入的时间；二是会计部门在接收到原始的经济业务信息后进行加工处理的时间，我们称之为会计信息加工处理的时间；三是会计信息加工整理后传送至会计信息使用者的时间，我们称之为会计信息输出时间。这三个阶段所占用的时间总和可以看作是衡量会计信息及时性的数量指标。

图 2-2 显示，决定会计信息准确性的因素也有三个：一是业务部门传送给会计部门的业务数据是否准确，包括原始数据是否有错误以及传递过程中是否发生偏差；二是会计信息加工处理过程是否合规合法，是否正确；三是会计信息输出过程是否符合会计准则与制度的要求。

在企业 ERP 环境下，会计信息的及时性和准确性都可以得到很好的保证。ERP 系统的一个核心特征就在于各部门的数据高度集成共享，各部门的业务子系统能无缝连接。随着计算机技术和网络技术的飞速发展，会计数据的采集、处理与输出完全可以做到实时化。届时，不再有月报、年报的概念，只有日报的概念，会计信息的及时性问题得到彻底解决。

三、实现控制和财务决策支持功能

在企业 ERP 环境下，一方面大量的会计凭证由系统自动生成，会计人员只需要编制少量的特殊业务凭证，也就是说会计人员有较多时间来实现会计的其他功能，另一方面企业 ERP 系统的实现使得更多的经济业务信息进入到会计信息系统中来，这样会计人员更有条件为企业对经济进行控制和财务决策提供更加全面的深层次信息。此时，会计活动的起点是业务而非凭证，更注重业务对财务的影响及财务对经济业务的控制。

四、ERP 环境下的会计信息系统的地位

ERP 系统中的会计信息系统从单一的会计核算系统发展成以管理控制和提供决策支持为主的综合决策支持子系统。此时的会计信息系统不再是一个专供企业财会部门使用的部门信息系统，而是一个供整个企业使用的企业级 ERP 系统中的一个核心子系统，从只是单纯对经济业务的记录反映发展到真正参与企业的决策中来，成为企业决策支持系统的重要组成部分。

任务三 ERP系统中的会计信息系统与其他子系统的联系

一、会计部门与其他业务部门的业务联系

图 2-3 描述了简化的企业部门联系情况。可以看出其他职能部门要为会计部门提供各种业务数据：市场营销与销售部门要为会计部门提供销售收入和数量的数据；采购与物料管理部门要提供存货采购成本、数量与库存存货数据信息；生产部门则要提供产成品数量和成本方面的数据，以确定制造产成品的花费（原材料直接成本、车间一般管理费等）；人力资源管理部门则要提供企业员工薪金和福利支出方面的数据。会计部门向企业管理当局和外部利益相关者提供的会计报表的准确性和及时性与各职能部门提供数据的准确性和及时性有着非常紧密的联系。

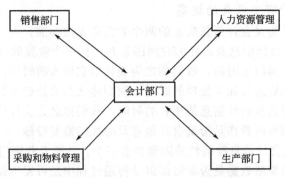

图 2-3　企业各部门与会计部门的联系

二、ERP 系统中的会计信息系统与其他子系统联系

ERP 系统中，各职能部门的数据联系和传递几乎可以在瞬间就完成，而且几乎是零成本的。这是由于 ERP 系统允许在企业范围内所有职能部门使用公用的数据库服务器，采用公用的单一数据库。

项目三

会计软件应用的基本过程

任务一 会计软件操作基本过程

会计应用软件操作基本过程是指软件的进入、使用、退出的基本步骤及方法。会计应用软件操作基本过程包括以下几个步骤。

一、启动系统软件

启动系统软件的基本原则是从外向里启动,其顺序是:接通电源,打开硬件设备(先开外部设备再开主机),选择操作系统。

二、运行会计应用软件

运行会计应用软件的方法有:双击桌面图标,在程序组运行,资源管理器运行,我的电脑运行,开始运行。

三、输入会计应用软件入口参数

输入会计应用软件入口参数,主要是输入:用户名(操作人员姓名),用户口令(密码),日期,账套等参数。

四、显示和选择会计应用软件菜单

会计应用软件的菜单是其软件提供的功能分类及功能模块选项目录。显示菜单有三种方式:弹出式菜单、下拉式菜单、折叠式菜单。菜单按级别可分为一级、二级至若干级菜单,如账务处理子系统一级菜单主要有记账凭证、账簿、银行对账、账务准备、系统维护等,在记账凭证菜单下有记账凭证编制、审核、汇总等二级菜单。

菜单选择可以通过鼠标在不同菜单上移动,然后点击鼠标即可运行所选中的功能模块;菜单选择也可以通过热键和↑↓←→光标键在不同菜单项上移动,然后敲击回车键即可运行所选中的功能模块。

五、功能模块的操作

功能模块是指最底级菜单调用的具体功能单元。功能模块操作界面通常分为以下三个区域。

(1)系统提示区 主要显示系统的当前状态有关信息,如显示系统功能模块的名称、操作对象、操作人员、会计日期、时间等信息。

系统提示区通常显示在屏幕的顶部或底部。

(2) 操作提示区　主要是显示该功能模块所提供的各种数据操作功能，通常是一些图标或文字按钮。如增加、存盘、查询、打印、退出等操作。

操作人员可以选择在操作提示区提供的功能按钮来执行具体的数据操作功能。在各个功能模块操作过程中，操作提示区对于操作人员来说是一个十分重要的操作提示信息。操作人员所有想要执行的数据处理一般都可以通过操作提示区提供的功能得以实现。操作人员必须熟悉和正确使用操作提示区提供的具体数据处理功能。

(3) 数据操作区　主要显示操作的数据对象，如在记账凭证编制功能模块的数据操作区就是一张记账凭证，所有数据操作都在该区进行。数据操作区一般在计算机屏幕的中部。数据操作区通常采用全屏幕操作，如文件头、文件尾、上一行、下一行、上一页、下一页等。

在各个功能模块操作过程中，一般都提供两个最基本的操作功能。

(1) 应用软件的帮助功能（通常可按 F1 键）　该功能提供如何进行具体操作的详细信息，以帮助操作人员正确操作使用该数据处理功能模块。各种应用软件都提供在线帮助，如何操作使用应用软件，阅读帮助是最好的学习方法。

(2) 应用软件的退出功能（有时可按 Esc 键）　该功能可以使操作人员退出该功能模块操作，返回上一级功能操作模块窗口或系统菜单。应用软件使用结束，必须正常退出。

六、退出系统

退出系统基本原则是从里向外退出，其顺序是：先关主机，再关外部设备，切断电源。

关闭主机有软关机和硬关机，软关机是指开始中的关闭计算机，硬关机是直接关闭（长按）主机上的开关按钮。

注意：应当尽量使用软关机，万不得已时方可使用硬关机。

可以用【CtrL＋Alt＋Delete】组合键调用软关机功能。

任务二　会计软件运行前准备的基本过程——计算机系统配置

一、硬件的安装与调试

硬件的安装与调试包括计算机机房的装修；空调、电源等附属设施的安装及调试；主机、显示器、键盘、鼠标、打印机、UPS 等安装调试；网络系统的网络硬件、远程工作站及调制解调器安装与调试等。硬件的安装与调试通常由专业技术人员运行。

二、软件的安装及调试

软件有系统软件和应用软件。

1. 系统软件

系统软件是为了充分发挥硬件的效能和方便人们使用硬件而设计的各种软件。它是由计算机厂家或专门软件人员开发和提供的。它包括：

① 计算机各种语言及汇编程序、编译程序和解释程序。

② 各种支持软件。如编辑程序、诊断程序、调试程序、电子表格等。

③ 操作系统。操作系统是用于管理计算机各种资源（软件、硬件），提高计算机效率的管理程序。它的主要功能是管理处理机、存储器、外部设备、文件及作业。通常其他软件都是在操作系统下运行的。

④ 数据库管理系统。数据库管理系统是面向数据管理的一种技术，它是管理数据库的一组程序。它的主要功能是建立数据库，对数据库中的数据进行输入、修改、排序、检索、合并、删除、复制、输出等多种操作。

2. 应用软件

应用软件是指为解决各类应用问题而编制的各种软件。应用软件是利用系统软件（如高级语言、数据库管理系统等）开发的，它一般是针对某项具体应用性实际任务开发的。应用软件按其适用范围可以分为两类。

① 通用软件。是为了解决某类应用问题而编制的通用程序。它可在一定范围内通用。经过优化、组合的通用软件又称软件包。

② 专用软件。是为解决某一特定应用问题而设计的单独使用的程序。这种软件通常只为单一的用户专门使用。

软件的安装及调试可以由软件提供商协助安装，也可以由用户自行安装。安装软件时需仔细阅读安装使用手册，了解安装的参数；安装软件应当运行安装盘中安装程序，通常安装程序名为 SETUP、INSTALL；一般讲具体按照安装提示的要求进行操作即可完成软件的安装。

安装过程通常要选择安装路径，有时还要进行正版的验证及需要输入软件的序列号等安装参数。运行安装程序通常有以下方法：

① 自动运行；
② 用资源管理器查找运行；
③ 用我的电脑查找运行；
④ 用开始中的运行功能查找运行。

三、会计信息化系统应用人员培训

会计信息化系统应用人员培训主要对会计信息化系统中的有关应用人员进行计算机在会计中应用的有关知识培训。应用人员主要分两类，一类是操作运行人员（也叫操作人员）；一类是维护管理人员。此外会计信息化系统人员还包括开发人员。

四、建立应用会计信息化系统内部管理（控制）制度

应用会计信息化系统内部管理（控制）制度主要包括：
① 岗位分工与岗位责任制；
② 操作管理制度；
③ 硬件、软件管理制度；
④ 会计档案（数据）管理制度，包括系统安全管理制度，如网络安全管理制度、病毒防范管理制度等。

建立会计信息化系统应用内部管理（控制）制度方法：学习国家统一会计制度；学习同类企业的制度；通过网络收集查找有关制度。

五、设置核算单位（建立账套）

设置会计核算单位就是设置会计主体，一般会计软件称为建立账套。设置会计核算单位

就是明确账务处理系统为哪个单位进行核算,并且在计算机系统中建立该单位核算账目。

设置会计核算单位必须输入:核算单位代号(账套号)、核算单位名称(账套名)、建账日期(启用日期)。

设置会计核算单位通常提供增加、修改、删除具体功能;设置会计核算单位允许在一个账建立多个账套,为多家单位进行账务处理核算;一般对已经开始进行核算的单位,不允许删除该会计核算单位。

用友软件是由系统管理员进行设置会计核算单位;并且在系统管理中进行设置会计核算单位,而不在应用平台(各个应用子系统,如总账子系统)中设置。

六、设置操作人员

1. 操作人员的类别

设置操作人员也叫建立用户。操作人员通常分为以下三类。

(1) 系统管理员 通常系统安装后自动进行初始设置,系统管理员主要进行系统管理,通常不进行具体使用操作,他可以管理多套账。

(2) 账套主管 通常由系统管理员设置,主要进行本套账系统管理,可以具体使用操作。

(3) 其他操作人员 按照系统管理员或账套主管的授权,在其授权范围内进行操作。

用友软件系统管理员与账套主管区别是:系统管理员负责整个系统的安全和维护工作,只有以系统管理员身份注册进入,才可以进行账套的管理(包括账套的建立、引入和输出等),以及设置操作员及其权限;账套主管也是由系统管理员指定的,而账套主管只负责所管账套的维护工作,可对所管账套进行修改和所选年度内账套数据的管理(包括账套数据的引入、清空、输出和年末结转),以及对该账套操作员权限的设置。

2. 设置操作人员的操作

设置操作人员就是增加或减少操作人员,为每一个操作人员设置使用本软件的密码,并对操作人员进行分工,以满足会计信息化内部控制制度的要求。设置操作人员操作主要包括以下几个方面。

(1) 设置操作人员及口令 设置操作人员就是增加、修改、删除操作人员。操作人员有的软件称为用户。增加操作人员需输入操作人员代码与姓名,操作人员代码也称操作人员编号,用来标识所设置的操作员,操作员编号、姓名必须输入且唯一。修改操作人员应当查询选定欲删除的操作员,通常不允许修改操作人员代码。删除操作人员当查询选定欲修改的操作员,所设置的操作员一旦被使用,便不能删除。

操作人员口令设置就是为每个操作人员设置密码。操作人员口令设置通常需要输入两次并保持一致。每个操作人员使用会计软件必须输入正确的口令方可进入,操作员口令可在系统登录时由本人自行修改。

(2) 操作人员权限设置 操作人员权限设置是指对允许使用财务软件的操作员规定使用权限。在使用系统之前,应先对操作员进行岗位分工,对指定的操作员进行使用权限控制,防止一些无关人员擅自使用软件。如将张三设置为有权编辑记账凭证、汇总记账凭证、查询账簿、打印账簿;将李四设置为有权审核记账凭证、汇总记账凭证、记账、结账、操作人员管理等。

任务三 会计软件运行的基本过程

会计软件运行的基本过程是指按照会计软件操作基本过程进入会计应用软件,使用会计应用软件，实现会计应用软件具体功能的基本步骤及方法。会计软件运行的基本过程适用于不同的会计软件及不同的子系统运行使用，甚至适用于不同的各种管理软件及其子系统运行使用。会计软件运行的基本过程包括以下几个步骤。

一、会计应用软件的系统初始化

会计应用软件的系统初始化是为会计应用软件的日常运行在开始所做的一些必要的准备工作。也称系统转换或系统上线。

会计应用软件运行的系统初始化的特点是：是运行使用会计应用软件在最开始做的一些工作，是日常运行的前提条件；系统初始化工作往往是一次性的，工作量较大；投入日常运行后，也可能做一些适当的增加和修改。

1. 设置会计应用软件运行有关参数

设置会计应用软件运行有关参数主要是设置软件运行的一些条件和方法。

企业可以根据自身的实际情况进行选择设置有关参数，以确定符合企业个性特点的应用模式。通常会计应用软件越通用，意味着系统内置的可设置参数越多。

(1) 会计应用软件有关参数分类及内容　会计应用软件有关参数包括系统参数和子系统参数。

① 系统参数。系统参数是指应用于各个子系统的共性参数，如总账子系统、工资子系统、固定资产子系统等的共有参数。

如设置记账本位币、设置编码方案、设置存货是否分类、设置数据精度定义等。

② 子系统参数。子系统参数则是不同子系统的个性参数，不同子系统有不同的参数可设，使用不同的子系统应当掌握不同子系统设置参数的内容。

如总账子系统的特有参数有凭证设置、账簿设置、凭证打印设置、预算控制设置、权限设置、会计日历设置、其他设置等。

如工资子系统的特有参数有工资核算类别是一类还是多类设置，是否扣税设置，是否扣零设置等。

(2) 设置会计应用软件运行有关参数的基本功能　设置会计应用软件运行有关参数的基本功能包括：设置与修改、查询、打印。

(3) 设置会计应用软件运行有关参数的操作　设置会计应用软件有关参数通常先设置系统参数，后设置子系统参数。

设置会计应用软件运行有关参数通常是会计应用软件的系统初始化首要任务；但是有些参数设置是与项目代码设置结合进行的，即在项目代码设置时同时设置有关参数，如总账子系统设置会计科目代码时同时设置会计科目是否有数量核算、辅助核算、账簿格式设置等；个别参数设置也可能在项目代码设置之后进行设置，如工资子系统设置工资计算公式需在工资核算项目之后进行。

设置会计应用软件运行有关参数的操作通常采用选择设置和输入设置方式。选择设置是在设置界面所提供的参数进行选择，如记账凭证编号是采用系统编号还是手工编号的选择，如企业所属行业是工业企业，还是商业企业、金融企业等。输入设置是在设置界面的有关文本框中直接输入参数，如金额的小数点位数等。

会计应用软件运行有关参数设置的不正确通常可以在系统初始化阶段甚至在系统初始化之后进行设置修改，但是设置的有关参数使用生效后一般不允许修改。

2. 设置会计应用软件必要的项目代码

代码是代表客观实体或者其属性的一种简略符号。代码通常是由数字、字母或其他符号组成。设置必要的项目代码就是为代码对象进行编码，确定其代码。代码对象可以是客观的实体，如部门、人员；也可以是某一实体的具体属性，如会计科目。设置代码可以使数据的描述标准化，便于计算机识别，节省存储空间，提高处理效率，可以加快输入速度，减少出错率，便于分类、统计、检索等。

(1) 代码设置原则　在现行的会计系统中，一般都存在着一套代码，但是这种代码可能是不完整、不统一、不一定适合计算机处理的。为此，应当在对现系统代码的调查研究基础上，统一规划，对代码进行完善或重新设计。代码设置一般应遵循以下原则。

系统性。即代码要统一规划，综合考虑各方面的使用要求，建立统一的、共同使用的代码。

标准化。即代码向标准化方向靠拢，国家、部门、行业有标准的，一定不要另搞一套。如一级会计科目代码，财政部已有统一标准，企业在会计科目代码设计时，应当采用这一标准。

唯一性。即每个具体的代码能唯一地表示一个实体或属性。

合理性。即能够满足代码使用的客观需要，如能够满足分类、统计、检索等要求等。

扩充性。即留有足够的备用代码位置，以适应编码对象内容不断扩大的需要。

可识性。即代码既要有利于人工使用时的识别和记忆，又要便于计算机识别与处理。

简短性。即在不影响代码的合理性、扩充性的前提下，代码越短越好。

(2) 代码的种类　代码的基本类型有数字码、字母码、汉字简略码、混合码。

数字码就是用阿拉伯数字进行编码。数字码包括：顺序码、区间码、分组码、十进制码。

顺序码是对编码对象从头开始用自然数的顺序连续编码。如小型企业会计凭证的编号通常就是每月按发生的顺序编制的；班级内学生的学号也是顺序码。这种编码的特点是简单、位数少、追加方便，但不表示分类、无法插入新码、删除代码后造成空码。适用于固定的或顺序发生的事物。

区间码是将代码对象按一定标准分成若干区间进行编码。如财政部规定的一级科目代码就是区间码。又如企业内部单位也可以采用区间码：1～10为基本生产部门，11～20为辅助生产部门，21～60为管理部门，61～70为福利部门等。区间码的特点是简单、位数不多、便于插入和删除，可以表示一定的类别，但处理识别不便，空码率较高。

分组码是将代码组成中的若干位分为一组，用每组来表示代码对象某方面特定意义的代码。如会计科目代码可设十一位，前三位表示一级科目，4、5两位表示二级科目，6、7两位表示三级科目，8、9两位表示四级科目，10、11两位表示五级科目。这种代码的特点是比较复杂、位数多、便于插入和删除，便于分类，但空码较多、不便处理。

十进制码是分组码的特例，码中每一位为一组，且是一个十进制的数，每位都是表示代码对象特定意义的代码。这种代码特点同分组码，但每一位只能表示编码对象某一方面类型≤10的情况。

字母码是以字母作为编码对象的代码，字母码可用英文单词缩写或字头表示，也可用汉语拼音或拼音缩写表示等。如"TV"表示电视机，"kg"表示千克，"M"表示男性，"HLJ"表示黑龙江等。这种代码的特点是简单，便于分类、索引，便于记忆与识别，但位数少时易出现重码，位数多时不易起到简化作用。

汉字简略码是以简略汉字作为编码对象的代码。如"沪"表示上海，"收"表示收款凭证等。这种代码的特点是简单，便于分类、索引，便于记忆与识别，但易出现混码，有时不易起到简化作用。

目前很多会计软件对于编码对象项目很少的情况下对项目不进行编码，直接设置项目名称，项目使用是直接选择项目名称，如工资系统里的人员类别。

（3）代码校验位的设置　代码是系统的重要数据，通常作为关键字使用，它的正确与否直接关系到系统的工作质量。为了保证代码的正确性，可以在原有代码基础上加上校验位。校验位是对原有代码进行某种关系运算而得到的，以后在代码使用过程中用这种运算关系可以验证代码的正确性。通常校验位一般是用数学方法计算的，如校验位设计方法可以是先加权求和，然后除模取余或取模与余之差作为校验位。

例如有一种材料原有代码为"101025"，为了保证正确性设计一校验位，其获得方法如下，首先以自然数为权数加权求和

$$1\times1+0\times2+1\times3+0\times4+2\times5+5\times6=44$$

然后除模数 10 得到余数为 4（即 44÷10=4…4），则直接可以用余数 4 为校验位[或用模与余数的差 6(10−4=6) 为校验位]，这时就得到带校验位的代码为 1010254。如果在输入该代码时，若输错其中一位代码，那么利用这个校验位就可以发现代码错误，显然这就提高了代码的正确性。

（4）编码方案设置　编码方案设置属于参数设置。编码方案设置就是设置编码级别及含义，编码分几级，以及每级的长度。如会计科目编码方案可以设置为"42222"，其编码方案含义是会计科目编码设置为分 5 级，一级 4 位，二级 2 位，三级 2 位，四级 2 位，五级 2 位。例如"应交税费"科目部门设置如表 3-1 所示。

表 3-1　科目编码表

科目代码（编号、编码）	科目名称
2221	应交税费
222101	应交增值税
22210101	进项税额
22210102	已交税金
22210103	销项税额
22210104	出口退税
22210105	进项税额转出
222102	应交城建税

（5）会计应用软件项目代码分类及内容　会计应用软件项目代码包括系统项目代码、子系统项目代码。

① 系统项目代码。系统项目代码是指应用于各个子系统的共性项目代码，如总账子系统、工资子系统、固定资产子系统等的共有项目代码。

如设置部门代码、人员代码、产品代码等。

② 子系统项目代码。子系统项目代码则是不同子系统个性项目代码，不同子系统有不同的项目代码可以设置，使用不同的子系统应当掌握不同子系统项目代码设置的内容。

如总账子系统的特有项目代码有会计科目代码、凭证类别代码等。

如工资子系统的特有项目代码有工资项目，人员类别代码等。

设置项目代码内容一般包括：项目代码、项目名称、与项目有关的内容及参数。

(6) 设置项目代码的基本功能　设置项目代码的操作通常包括：增加项目代码、删除项目代码、修改项目代码、查询项目代码、打印项目代码。

(7) 设置项目代码的操作　设置会计应用软件项目代码通常先设置系统项目代码，后设置子系统项目代码。

增加项目代码操作的基本要求：

① 增加项目代码不能重码，即编码要唯一；

② 增加项目代码不能为空；

③ 增加项目代码要符合编码方案；

④ 增加项目代码要体现父子关系，即没有上级不能输入下级；

⑤ 增加项目名称不能为空；

⑥ 根据单位实际管理要求输入项目的有关内容及参数。

修改项目代码操作的基本要求：

① 修改项目代码应当先查询所要修改的项目代码；

② 项目代码不能修改；

③ 项目名称及其有关内容及参数一般可以修改。

删除项目代码操作的基本要求：

① 删除项目代码应当先查询所要修改的项目代码；

② 删除项目代码应当从底级往上删除，即先删除下级，再删除上级；

③ 已经使用的项目代码不能删除。

查询项目代码操作的基本要求：

① 查询项目代码可以采用鼠标或键盘进行全屏幕翻阅查询，如文件头、文件尾、上一行、下一行、上一页、下一页等；

② 查询项目代码可以采用输入查询条件进行搜索定位或过滤查询。

打印项目代码操作的基本要求：

① 打印项目代码应当先查询所要打印的项目代码；

② 打印项目代码可以先进行打印预览；

③ 打印项目代码按要求选择输入有关打印参数即可实施打印。

3．录入会计应用软件的初始数额

(1) 录入初始数额内容

① 录入初始数额的基本内容　录入初始数额的基本内容主要包括会计软件启用期期初及期初之前的金额及数量、有时还包括其他有关内容及参数。

② 不同的子系统有不同的录入初始数额内容　如总账子系统录入初始数额包括：会计科目启用期初金额、数量、外币，年初至启用期初累计借方贷方发生额、数量、外币，及其辅助核算项目金额。

如工资子系统录入初始数额包括：职工代码（编号），职工姓名、参加工作时间、基础工资、各种津贴等工资核算的固定数据。

如固定资产录入初始数额，主要是录入期初固定资产卡片数据，包括：固定资产代码（编号）、固定资产名称、固定资产类别、固定资产原值、固定资产折旧等内容。

(2) 录入初始数额的基本功能　录入初始数额的基本功能包括数据的输入与修改、查询、打印及校验。

(3) 录入初始数额的操作　录入初始数额通常是在设置会计应用软件运行有关参数与设

置必要的项目代码之后进行的，如总账子系统录入会计科目初始数额。

录入初始数额有时是与设置会计应用软件运行有关参数、设置必要的项目代码同时进行的，如工资子系统录入工资卡片初始数额，固定资产录入固定资产卡片初始数额。

录入初始数额的操作通常包括：初始数额的输入与修改、查询、打印，有时还包括数据校验，如录入会计科目的系统余额及试算平衡。

初始数额输入/修改的操作通常采用表格式输入/修改和卡片式输入/修改方式。表格式输入/修改方式是将多条记录的有关数据项目显示在一张表格的表单中进行录入，如总账子系统会计科目（账户）期初数额的录入。卡片式输入/修改方式是将一条记录的有关数据项目显示在有关文本框的表单中进行录入，如固定资产子系统初始固定资产卡片的录入。

二、会计应用软件的日常运行

应用软件日常运行是对有关的会计数据进行例行的处理。日常运行是周而复始的工作，是每个会计周期重复进行的，即在不同的会计期间内执行重复的相同数据处理工作。如账务处理子系统中每个月都需进行凭证的编辑、汇总、审核、记账、查询账簿、打印账簿等等。应用软件日常运行的基本功能如下所述。

1. 手工数据收集与审核

手工数据收集主要是有关人员填制或取得有关数据资料。不同的子系统有不同的手工数据收集的内容，如账务处理子系统收集各种原始凭证或手工填制记账凭证；工资核算子系统中手工编制、取得职工考勤记录、职工增减变动数据、各种扣款单据等资料。

手工数据审核主要是对手工搜集的数据资料正确性进行审查核对，以保证数据资料的真实性、合法性、准确性、完整性，实现会计信息化系统内部控制的要求。如账务处理子系统中手工记账凭证的审核。通常未经审核的手工数据资料不允许输入计算机进行加工处理。

2. 计算机数据处理

应用软件日常运行的计算机数据处理操作主要有以下基本功能。

（1）数据录入 会计软件日常运行的数据录入主要是将经审核后手工数据输入计算机。

不同的子系统有不同数据录入内容，如账务处理子系统录入记账凭证，工资子系统中录入职工考勤记录、职工增减变动数据、各种扣款单据等数据。

会计软件日常运行的数据录入通常包括数据的增加、修改和删除。

会计软件日常运行的数据录入的数据增加操作通常采用表格式数据增加和卡片式数据增加方式。如账务处理子系统录入增加记账凭证数据采用表格式数据增加，如固定资产子系统录入增加固定资产数据采用卡片式数据增加。数据录入的增加数据时通常系统自动进行正确性校验，增加不正确不允许进行保存，数据录入增加完成后通常需选择保存或增加按钮。

会计软件日常运行的数据增加操作，通常采用表格式数据增加和卡片式数据增加方式，数据录入的修改数据时通常系统自动进行与数据增加相同正确性校验，修改不正确不允许进行保存，数据录入修改完成后通常需选择保存或确定按钮。

会计软件日常运行的数据录入的数据删除操作，应当先查询所要删除的数据内容，删除是通常需选择"确定"删除按钮或确定删除"是""否"按钮，防止数据误删。

（2）数据校验 会计软件日常运行的数据校验主要是对录入和加工的数据进行正确性核对。通常数据录入的增加数据时通常系统自动进行正确性校验，增加不正确不允许进行保存。系统除了在数据录入的增加数据时进行正确性校验外，不同的子系统有时还提供单独的数据校验操作，如账务处理子系统中会计凭证审核，会计报表子系统中会计报表数据复核等。

(3) 数据加工 会计软件日常运行中数据加工主要是对已存储于计算机中的数据进行进一步计算、分类、汇总等数据处理，不同的子系统有不同的数据加工内容，如账务处理子系统的记账凭证汇总、记账功能；工资子系统的工资计算、汇总、分配、计算个人所得税、自动生成转账凭证功能；固定资产子系统的固定资产的汇总、计提折旧、自动转账凭证功能。

(4) 数据输出 会计软件日常运行的数据输出主要包括数据的查询和打印。数据查询是在计算机屏幕上显示有关会计数据，如账务处理子系统中记账凭证、科目汇总表、账簿的查询。数据打印主要将有关会计数据在打印机上打印输出，形成纸性介质的书面文件，如工资核算子系统中工资结算单、工资汇总表的打印等。

会计软件日常运行的数据查询项目代码可以采用鼠标或键盘进行全屏幕翻阅查询，如文件头、文件尾、上一行、下一行、上一页、下一页等；可以采用输入查询条件进行搜索定位或过滤查询。

会计软件日常运行的数据打印，应当先查询所要打印的数据；数据打印项目可以先进行打印预览；数据打印按要求选择输入有关打印参数即可实施打印。

不同子系统计算机数据处理对象有不同分类，如总账子系统处理对象有：记账凭证处理、账簿处理、银行对账处理等；工资子系统对象有：人员变动处理、工资结算单处理、工资汇总表处理、分款单处理、计算个人所得税处理、自动转账凭证处理。固定资产子系统对象有：资产增减变动处理、折旧处理、自动转账凭证处理等。

应用软件的日常运行的计算机数据处理操作的以上基本功能往往是按照处理对象分类提供的。如总账子系统处理的记账凭证处理具体包括：记账凭证填制（记账凭证增加、修改、删除、查询、打印、保存、预览、作废、恢复、冲销）、记账凭证审核（记账凭证校验、查询、打印）、记账凭证汇总（记账凭证加工、查询、打印）；如工资子系统工资结算单处理具体包括：个人工资计算数据的输入/修改（录入）、计算、查询、打印等；固定资产子系统的折旧处理具体包括：折旧计算、查询、打印等。

三、会计应用软件的特定处理

会计应用软件的特定处理是在某一特定时点或根据某些特定要求提供操作处理功能。在某一特定时点提供操作处理功能，主要是每个会计周期期末的处理，如月末结账；根据某些特定要求提供操作处理功能，主要包括数据备份、数据恢复等。应用软件的特定处理主要是对会计应用软件的运行起到承上启下或安全保护等作用。应用软件的特定处理通常包括以下几方面。

1. 分期结转

会计应用软件的分期结转，主要是在各个会计期间结束时为下一会计期间会计应用软件的日常运行做一些数据准备工作，如总账子系统的结账操作，工资子系统的期末结转处理操作。

会计应用软件的分期结转起到一个承上启下的作用，本期业务结束即为下一个会计期间业务的开始。如通过总账子系统的结账操作，则结束本月日常运行操作，不允许输入本月记账凭证，并且可以输入下月记账凭证。

2. 数据备份

会计应用软件的数据备份就是将数据进行复制，如用友软件的账套输出就是账套数据备份。备份的目的之一是将另存数据作为会计档案管理；其二是为防止系统内数据遭到偶然破坏而造成数据丢失混乱，作为数据恢复的来源，保证数据的安全。

通常备份有完成某项操作的备份和定期备份，而且有时备份是强制性的，如总账子系统中执行年度结账时要求必须进行强制性备份。

数据备份应当建立数据备份的文件夹，数据备份时通常系统对备份数据进行打包压缩，并要求选择备份的文件夹，数据备份一般需要相应的时间，数据备份完成后系统给出数据备份完成的提示。

3. 数据恢复

会计应用软件的数据恢复就是将备份数据复制回来，如用友软件的账套引入就是账套数据恢复。恢复目的之一是为了进行历史数据查询；其二是当系统数据遭到破坏时，使其恢复到正常运行的状态。

数据恢复时通常要求选择备份的文件夹，并对备份数据进行解压安装，数据备份恢复一般需要相应的时间，数据恢复完成后系统给出数据恢复完成的提示。

4. 其他特定处理

不同的软件或不同的子系统有不同的其他特定处理。如有的软件提供数据整理操作、运行日志管理操作、数据引入操作、数据输出操作、数据升级操作等。

项目四
账务处理软件运行的基本过程

账务处理软件又称账务处理子系统或总账系统。账务处理软件的基本功能包括记账凭证处理、账簿处理；有些软件将银行对账、往来核算与部门核算等辅助核算也列入账务处理软件系统。账务处理软件一般不包括会计报表处理功能。

账务处理软件运行的基本过程包括：账务处理软件的系统初始化、账务处理软件的日常运行、账务处理软件的特定处理。

任务一　账务处理软件的系统初始化

一、设置账务处理软件运行有关参数

（一）参数设置的基本内容

1. 设置系统参数

设置系统参数主要包括：记账本位币具体参数、是否预置科目具体参数、有无外币核算具体参数、编码方案具体参数、数据精度具体参数等。

2. 设置总账子系统参数

设置总账子系统参数主要包括：凭证控制具体参数、账簿控制具体参数等。

（二）设置参数的基本功能

设置参数的基本功能包括：设置与修改。

（三）用友软件账务处理软件设置参数的具体内容与操作

1. 用友软件系统参数设置的具体内容与操作

设置单位信息参数：包括单位名称、单位简称、单位地址、联系电话等，如果有发票业务管理，应将其他相关信息输入完整。

设置核算信息参数：包括本币代码、本币名称、企业类型、行业性质、账套主管、按行业性质预置科目。账套主管的姓名，必须从下拉列表框中选择设置。

设置输入基础信息选项参数：包括存货、客户、供应商是否进行分类核算，有无外币核算。

设置分类编码方案参数：包括科目编码级次、存货分类编码级次、客户分类编码级次、供应商分类编码级次、收发类别编码级次、部门编码级次、结算方式编码级次、地区分类编码级次、成本对象编码级次。

设置数据精度参数：包括存货数量小数位、存货单价小数位、开票单价小数位、件数小数位数、换算率小数位数。

设置用友软件的系统参数的基本操作，通常采用选择设置和输入设置方式。

用友软件的以上系统参数是系统管理员在建立账套时设置的，有些参数设置错误是不能修改的；有些参数设置错误，可以以账套主管身份注册，利用账套修改功能进行修改，也可以在系统应用平台基础设置中进行修改。有个别参数设置财务还可以在系统应用平台设置选项中进行修改。

2. 用友软件总账子系统（账务处理软件）设置参数的具体内容与操作

设置制单控制参数：制单序时控制、资金及往来赤字控制、可以使用其他系统受控科目；若某科目为其他系统的受控科目，允许修改他人填制的凭证、支票控制、制单权限控制到科目。

设置外币核算参数：包括外币核算汇率方式——固定汇率、浮动汇率。

设置凭证控制参数：包括打印凭证页脚姓名、凭证审核控制到操作员、出纳凭证必须经由出纳签字、凭证编号方式是系统编号还是手工编号。

设置往来控制方式参数：包括往来款项由应收系统核算、往来款项由总账系统核算。

设置账簿参数：包括打印位数宽度、明细账（日记账、多栏账）打印输出方式、正式账每页打印行数、凭证、账簿套打、明细账查询权限控制到科目。

设置会计日历参数：包括各会计期间的起始日期与结束日期，以及启用会计年度和启用日期。

设置其他参数：包括数量小数位、单价小数位、本位币精度、部门排序方式、个人排序方式、项目排序方式（在查询项目账或参照项目目录时，是按项目编码排序还是按项目名称排序）。

设置用友软件的总账子系统有关参数的基本操作，通常采用选择设置和输入设置方式。

设置用友软件的总账子系统参数在系统应用平台的"财务会计"—"总账"—"设置"—"选项"中设置。但有些参数只能在此显示，不能在此处设置，如账套名称、单位名称、行业性质、会计主管、会计日历等参数，可以到系统管理中去设置修改。

二、设置账务处理软件必要的项目代码

（一）代码设置的基本内容

1. 系统代码

系统代码主要包括如地区分类、部门档案、职员档案、客户分类、客户档案、供应商分类、供应商档案、付款条件、开户银行、结算方式。

2. 总账子系统代码及参数

总账子系统代码除了包括部门档案、职员档案、供应商档案、客户档案、结算方式、开户银行等系统代码外，主要包括如会计科目、外币种类、记账凭证种类、自定义项目代码。

（1）设置会计科目代码　会计科目代码及参数设置操作的基本内容是设置会计科目代码、名称以及是否有外币、数量核算等有关参数。

会计科目代码设置的基本要求是满足国家的有关规定。目前国家统一会计制度的规定是：只规定了三级科目代码的长度，一级为4位，二级为2位，三级为2位。

各单位可以在国家统一会计制度规定的基础上根据需要进行具体设置。通常可将会计科目代码定为6级，级长分别为4、2、2、2、2、2。

例如国家统一会计制度规定"应交税金"科目设置如表 4-1 所示。

表 4-1 "应交税金"科目

科目级次	科目编号	科目名称
1	2221	应交税费
2	222101	应交增值税
3	22210101	进项税额
3	22210102	已交税金
3	22210103	转出未交增值税
3	22210104	减免税款
3	22210105	销项税额
3	22210106	出口退税
3	22210107	进项税额转出
3	22210108	出口抵税内销产品应纳税额
3	22210109	转出多交增值税
3	222102	未交增值税
2	222103	应交营业税

操作内容：必须设置科目编码、科目名称，还应设置科目其他参数。

(2) 外币设置 操作内容：是设置外币币符、币名以及汇率小数位、折算方式、外币最大误差等，还要选择固定汇率或浮动汇率并输入相应的汇率。目的是为了进行外币核算。

(3) 设置凭证类别 操作内容：输入记账凭证类别，输入每类凭证的限制条件。目的是便于进行记账凭证输入及进行记账凭证输入控制。

(4) 设置其他项目代码 设置其他项目代码，主要是增加辅助核算的内容与灵活性，如设置在建工程项目代码、成本核算项目代码、现金流量表项目代码等。

(二) 设置代码的基本功能

会计科目代码及参数设置操作的基本功能包括：增加、修改、删除、查询、打印。

(三) 用友软件代码及参数设置的具体内容与操作

1. 设置系统代码（内容基本同上）

如结算方式代码及参数设置操作。结算方式代码及参数设置操作的基本内容是设置结算方式代码、结算方式名称，以及是否要进行票据管理参数。设置结算方式代码及参数目的是便于进行银行对账和票据管理。

结算方式代码及参数设置操作的基本功能包括：增加、修改、删除。

增加结算方式代码及参数设置操作，首先设置结算方式编码和名称，如："101"为"现金结算"。其次设置该结算方式下的票据是否要进行票据管理。修改和删除结算方式代码及参数设置，但结算方式一旦被引用，便不能进行修改和删除操作。

2. 设置总账子系统代码

(1) 设置会计科目代码及参数操作

① 增加会计科目代码及参数操作。

第一，增加科目编码和科目名称，基本操作要求同前共性要求。

第二，设置会计科目有关参数。

必须设置的会计科目基本属性参数有：科目类型、账页格式、余额方向。

可以选择设置会计科目其他属性的参数有：

英文名称和助记码可以选择输入。助记码是一个字母码通常用汉语拼音字头，也是为了方便输入和查询。

如果有外币要选择外币核算同时要选择币种，没有币种的话应该增加外币币种代码。

如果有数量核算要选择数量核算并且要输计量单位。

如果有辅助核算要进行辅助核算设置。辅助核算就是在总账、明细账、日记账之外另行平行或更具体登记的辅助账户，用友总账子系统提供部门、职员、供应商、客户、自定义项目辅助核算功能。辅助核算项目可以选其中之一或多个。如利用辅助核算功能可以核算出现金流量表的各项目内容，这时应将库存现金、银行存款、其他货币资金及下属科目选择设置项目核算并且要设置现金流量表项目档案。

日记账设置。库存现金、银行存款、其他货币资金及下属科目要选择为日记账以方便查询打印。

银行存款账设置。银行存款或下属科目应该选择银行账，目的是能够进行银行对账。

② 修改、删除、查询、打印会计科目代码及参数操作。基本操作要求同前共性要求。

第一，会计科目修改时应当注意：代码不能修改，其他项目同增加的要求。

第二，会计科目删除时应当注意：应当原路返回，有金额的不能删除。

(2) 外币种类代码及参数设置操作 外币种类代码及参数设置操作的基本内容是设置币符、币名以及汇率等有关参数。

外币种类代码及参数设置操作的基本功能包括：增加、修改、删除。

增加外币种类代码及参数操作：首先要输入币符（外币代码，字母码）、币名（外币名称），基本操作要求同前共性要求。其次设置外币种类有关参数：如汇率、小数位、折算方式、外币最大误差，固定汇率还是浮动汇率。

(3) 记账凭证类别代码及参数设置操作 记账凭证类别代码及参数设置操作的基本内容是设置记账凭证类别、记账凭证类别代码、记账凭证类别名称，以及每类凭证的限制条件参数。

记账凭证类别代码及参数设置操作的基本功能包括：增加、修改、删除。

增加记账凭证类别代码及参数操作：首先设置记账凭证类别，可以设置为记账凭证不分类，即只有一种记账凭证；也可以设置为多类记账凭证，通常如设置为三类记账凭证，"收款凭证""付款凭证""转账凭证"。其次设置凭证类别代码（汉字简略码）、记账凭证类别名称，如"收"字为"收款凭证""付"字为"付款凭证""转"字为"转账凭证"，基本操作要求同前共性要求。最后设置每类凭证的借方必有、贷方必有、凭证必有、凭证必无、无限制的限制条件参数，如"收款凭证"借方必有"1001、1102、1009"，以便于在记账凭证输入时进行正确性控制。

(4) 自定义项目代码及参数设置操作 用友软件除了提供部门、职员、供应商、客户等代码及参数设置外，还提供了自定义项目代码及参数设置，目的是满足不同单位特殊辅助核算的要求，如设置现金流量表项目代码、在建工程项目代码、成本核算项目代码等。

自定义项目代码及参数设置操作的基本内容是设置自定义项目类别、自定义项目代码、自定义项目名称，以及有关参数。

自定义项目代码及参数设置操作的基本功能包括：增加、修改、删除。

增加自定义项目代码及参数设置操作。首先增加项目大类，要输入大类名称，设置编码方案，输入项目名称；其次选择核算会计科目，即选择在科目设置时设置为项目核算会计科目；最后设置自定义项目类别及具体项目代码、名称，即进行项目分类定义和项目目录设置。

自定义项目代码及参数设置基本操作要求同前共性要求。

三、账务处理软件录入初始数额

1. 账务处理软件初始数额录入的基本内容

账务处理软件初始数额录入的基本内容包括：账套启用日期的期初金额，年初到账套启用日期的期初累计借方发生额、贷方发生额；有时还需输入有关初始数量、外币；有时还需输入辅助核算的初始数额，如年初到期初逐笔账套启用日期的期初金额、借方发生额、贷方发生额。

2. 账务处理软件初始数额录入的基本功能

账务处理软件初始数额录入的基本功能包括：初始数额的输入与修改、查询、打印及试算平衡及对账。

注意事项：不能对会计科目进行增/删/改操作，一般只输入会计科目的最底级数额，当数额录入完毕后，要进行试算平衡及对账（审核校验）。

3. 用友软件总账子系统录入初始数额的操作

具体操作内容与要求主要包括：

输入/修改期初余额，如果年初建账只需录入期初余额。

输入/修改年初到账套启用日期的期初累计借方发生额、贷方发生额，如年中七月份建账则需要录入年初至七月期初的累计借方、贷方发生额。年初数无需录入由系统自动计算。

输入/修改累计借方发生额、贷方发生额、期初余额，只需输入最底级会计科目的数额，上级会计科目的数额由系统自动计算。

输入/修改数量或外币数额，如果在会计科目设置中设置了该会计科目有数量或外币核算，还需要录入数量或外币。

输入/修改辅助核算科目数额，如果在会计科目设置中设置了该会计科目有辅助核算，还需要录入辅助核算数额。输入/修改辅助核算科目数额，需双击后另开表单，点增加按钮输入辅助核算有关数据，退出后自动算出科目金额。

录入初始数额试算平衡，初始数额录入完成后应当进行试算平衡，即检查录入初始数额正确性，如果不正确，要进行错误检查与修改。

用友软件总账子系统录入初始数额输入/修改的操作通常采用表格式输入/修改方式。总账子系统录入初始数额，不能对会计科目进行增加、修改、删除操作。

录入完成后要点试算及对账功能，如果不平衡或出现错误，要检查错误并修改。

试算平衡不正确时检查错误的方法要点是：主要检查期初这一列数据；要先检查每一个科目的上级科目，上级科目有错误再检查下级科目，不用逐一查看每一个科目；金额正确还是不平衡通常是科目方向有问题，可以先将金额清零，然后再修改会计科目的余额方向。

用友软件总账子系统不对年初金额、累计借方与累计贷方金额进行校验。以后发现错误而且很难修改。

任务二 账务处理软件的日常运行

一、账务处理软件日常运行的基本内容

账务处理软件日常运行的基本内容是按数据处理对象分类的，主要包括：记账凭证处

理、账簿处理、出纳及银行对账处理。

二、记账凭证处理

（一）账务处理软件记账凭证处理的具体功能

1. 原始凭证的收集与审核或记账凭证的填制与审核

账务处理软件手工数据收集与审核有两种情况：收集与审核各种原始凭证，然后根据原始凭证在计算机处理时录入记账凭证过程中填制记账凭证，并打印输出记账凭证；根据收集与审核各种原始凭证手工填制记账凭证，根据手工填制记账凭证在计算机处理时录入记账凭证。

2. 记账凭证计算机处理基本功能

（1）填制记账凭证　包括录入记账凭证、输出记账凭证。录入记账凭证包括增加记账凭证、修改记账凭证、删除记账凭证；输出记账凭证包括查询记账凭证、打印记账凭证。

（2）审核记账凭证　记账凭证审核属于数据校验，记账凭证审核是对填制的记账凭证进行检查核对，主要审核记账凭证是否与原始凭证相符，会计分录是否正确等。

（3）汇总记账凭证　记账凭证汇总属于数据加工，记账凭证汇总是根据输入的汇总条件，有条件地对记账凭证进行汇总并生成一张科目汇总表。

（4）自动转账处理　自动转账是一个相对独立的子系统，作为相对独立的子系统运行的基本过程同其他系统一样，包括初始化、日常运行、特定处理（自动转账无此项处理）。用友软件总账子系统将"初始化"称为"定义转账凭证"，将"日常运行"称为"自动转账"；自动转账包括生成转账凭证、修改转账凭证、保存转账凭证、查询转账凭证、打印转账凭证、删除转账凭证。

（二）用友软件总账子系统记账凭证处理的操作

1. 填制记账凭证处理具体功能

用友软件总账子系统填制记账凭证处理具体功能包括：增加、修改、保存、放弃、冲消、作废、恢复、整理、查询、预览、打印记账凭证等。

2. 增加记账凭证的具体操作

① 单击【凭证】—【填制凭证】，显示单张凭证。

② 单击【增加】按钮或按【F5】键，增加一张新凭证。

③ 光标定位在凭证类别上，输入或参照选择一个凭证类别字。选择凭证类别将限制了科目的选择。

④ 生成凭证编号：如果在【选项】中选择【系统编号】则由系统按时间顺序自动编号。否则，请手工编号。

⑤ 输入修改日期：系统自动取当前业务日期为记账凭证填制的日期，可修改。注意应序时输入。

⑥ 在【附单据数】处输入原始单据张数。

⑦ 输入凭证分录的摘要，可以直接录入，也可以设摘要码选择（按【F2】或参照按钮输入常用摘要），通常直接录入。

⑧ 输入会计科目，可以输入科目代码（包括助记码），回车后显示科目名称，也可以参照录入（导航选择录入）。注意只能输入末级科目。

若科目为银行科目，要求要输入【结算方式】、【票号】及【发生日期】。

若科目有数量或外币核算，要求要输入【数量】、【单价】或【外币金额】。

如果科目设置了辅助核算属性，则在这里还要输入辅助核算信息，如部门、个人、客户、供应商、项目等。录入的辅助信息将在凭证下方的备注中显示。

如果会计科目为现金流量科目，应当选择对应的现金流量项目。

若辅助核算信息输入错误，需要双击辅助核算信息处进行修改。

⑨ 录入该笔分录的借方或贷方本币发生额，金额不能为零，但可以是红字，红字金额以负数形式输入。如果方向不符，可按空格键调整金额方向。

若想放弃当前未完成的分录的输入，可按【删行】按钮或【Ctrl+D】键删除当前分录即可。

⑩ 重复⑦⑧⑨步骤。

⑪ 当凭证全部录入完毕后，按【保存】按钮或【F6】键保存这张凭证。凭证保存时将进行正确性校验，不正确不能进行保存，应当进行修改。

注意：

增加记账凭证时如何选择现金流量表的项目。

第一，要分析是什么活动类别，如是经营活动、投资活动还是筹资活动。

第二，是流入还是流出。

第三，按照活动类别的流入、流出活动的具体项目对号入座。

3．记账凭证审核操作

① 选择【凭证】—【审核凭证】。

② 设置审核凭证查询条件，如凭证类别、月份、凭证号等。

③ 显示拟审核凭证，如果此凭证不是要审核的凭证，可用鼠标单击【首页】【上页】【下页】【末页】按钮翻页查找或按【查询】按钮查找输入条件查找。

选择【查看】菜单下的【查最新余额】，可查看选中科目的最新余额一览表。

通过菜单【查看】下的【科目转换】可切换显示科目编码和科目名称，用↑或↓键在分录中移动时，凭证辅助信息位置将显示当前分录的辅助信息。

若审核人员发现该凭证有错误，可按【标错】按钮，对凭证进行标错，同时可写入出错原因并交与填制人员修改后，再审核。

④ 确认该张凭证正确后，单击【审核】按钮将在审核处自动签上审核人名，并在凭证上显示审核日期，即该张凭证审核完毕，系统自动显示下一张待审核凭证。

注意：

审核人和制单人不能是同一个人。

审核后记账凭证还可以单击【取消】取消审核。取消审核签字只能由审核人自己进行。

已标错的凭证不能被审核，若想审核，需先取消标错后才能审核。

已审核的凭证不能标错。若想对已审核的凭证标错，要先取消审核，再进行凭证标错。

作废凭证不能被审核，也不能被标错。

凭证一经审核，就不能被修改、删除，只有被取消审核签字后才可以进行修改或删除。采用手工制单的用户，在凭单上审核完后还须对录入机器中的凭证进行审核。

企业可以依据实际需要加入【领导签字】或【出纳签字】的控制，可在【选项】中选择设置。

未经审核的记账凭证将不能登记账簿。

4．记账凭证汇总操作

①选择【凭证】-【科目汇总】。

②输入汇总条件，如月份、凭证类别、科目级次、凭证号、日期等。

③ 点击【汇总】按钮，屏幕显示科目汇总表。

当光标在科目汇总表的某一科目行上时，按【详细】按钮，则显示对方明细科目汇总表。

注意事项：

本模块提供汇总、查询、打印汇总凭证功能。

记账凭证汇总可以随时和按任意条件进行。

记账凭证汇总与否不影响总账的登记。

5．自动转账处理操作

(1) 定义转账凭证操作

① 选择【转账定义】—【自定义转账或其他类型自动转账】。

② 单击【增加】按钮，定义录入转账凭证基本信息，序号、摘要、记账凭证类型。

③ 定义转账凭证每一笔分录信息：单击【增行】按钮，录入如会计科目、辅助核算信息、借方或贷方本币发生额公式。

④ 单击【保存】按钮，完成转账凭证定义。

(2) 生成转账凭证操作

① 选择【转账生成】：选择要进行的转账工作（如：自定义转账、对应结转等）。

② 选择要进行结转的月份和要结转的凭证。

③ 按【确定】按钮，屏幕显示将要生成的转账凭证。若凭证类别、制单日期和附单据数与实际情况略有出入，可直接在当前凭证上进行修改即可。

④ 单击【保存】按钮，生成转账凭证，将当前凭证追加到未记账凭证中。

由于转账是按照已记账凭证的数据进行计算的，所以在进行月末转账工作之前，请先将所有未记账凭证记账，否则，生成的转账凭证数据可能有误。

6．如何修改未记账的记账凭证的具体操作

(1) 修改正在增加尚未保存的凭证　光标落在错误处进行修改。

(2) 修改已经保存尚未审核的凭证　查询错误凭证，找到错误凭证，光标落在错误处进行修改。

(3) 修改正在审核的凭证　在审核凭证时将错误的凭证标错，在"填制凭证"功能界面查询错误凭证，在错误处进行修改。

(4) 修改已经审核尚未记账的凭证　在【审核凭证】功能界面查询错误凭证，找到错误凭证将错误的凭证取消审核并标错，在【填制凭证】功能界面查询错误凭证，在错误处进行修改后保存，然后重新审核。

三、账簿处理

（一）账务处理软件账簿处理的具体功能

1．账簿登记

账簿登记属于数据加工，就是根据审核后记账凭证名称生成总账、明细账、日记账以及部门账、个人往来等辅助账的凭证号、日期、摘要、借方金额、贷方金额、余额，以及外币、数量、日记、月计、累计等数据。

2．账簿查询

账簿查询属于数据输出，主要包括总账、明细账、日记账以及部门账、个人往来等辅助账等各种账簿查询。

3. 账簿打印

账簿打印属于数据输出，主要包括总账、明细账、日记账以及部门账、个人往来等辅助账等各种账簿打印。

4. 如何修改已经记账或结账的记账凭证

(1) 红字冲销法或补充登记法　如果错误凭证的会计科目没有错误、会计科目方向没有错误，只是金额少计，按少计的金额增加一张记账凭证补充登记即可。

各种错误都可以用红字冲销法：调用冲销凭证功能，输入错误凭证的凭证类别、凭证编号，生成一张红字凭证，然后再增加一张正确的记账凭证，将这两张记账凭证审核后记账即可以更正已经记账或结账的凭证错误。

(2) 账套备份（输出）与恢复（引入）法　在记账前将账套备份并记住备份的文件名称与保存的路径，记账或结账后发现错误，用记账前备份账套进行恢复，然后在审核功能界面查询错误凭证，对错误的凭证取消审核并标错，在凭证填制功能界面查询错误凭证，在错误处进行修改后保存，然后重新审核与记账。

(3) 反记账或反结账法　通常通用会计软件提供反记账或反结账功能。

（二）用友软件总账子系统账簿处理的操作

1. 账簿登记的具体操作

① 单击【总账】的【凭证】的【记账】，进入记账向导一（选择本次记账范围）。

② 系统显示未记账凭证范围清单，输入要进行记账的凭证范围。

③ 可以选择"记账报告"，对凭证进行合法性检查，如果发现不合法凭证，系统将提示错误，如果未发现不合法凭证，则显示所选凭证的汇总表及凭证的总数以进行核对。

④ 可以选择【记账】按钮，系统开始登录有关的总账和明细账，包括正式总账、明细账；数量总账与明细账；外币总账与明细账；项目总账与明细账，部门总账与明细账；个人往来总账与明细账，银行往来账等有关账簿。

注意：

在第一次记账时，若期初余额试算不平衡，系统将不允许记账。

未经审核的记账凭证不能登记账簿。若所选范围内有未审核凭证时，系统提示是否只记已审核凭证或重选记账范围。

执行账簿登记功能同时登记总账、日记账、明细账、辅助账等账簿，是否进行科目汇总不影响账簿（总账）的登记。

已经记账的记账凭证，不允许对其进行修改、删除。已经记账的记账凭证如果发现错误，应当用补充登记法和红字冲销法进行更正。用友软件总账子系统提供反记账、反结账功能，可以利用反记账、反结账功能修改已经记账的记账凭证。也可以利用用友软件总账子系统提供执行恢复"引入"功能对已经记账的记账凭证进行修改。

2. 取消记账的具体操作

用友软件总账子系统提供了取消记账的功能。在【对账】功能中，有一个隐含功能为激活【恢复记账前状态】即【取消记账】开关，当记完账后，发现记账有误可通过该功能，恢复到记账前的状态。具体操作如下所述。

① 在【期末】菜单中，单击【对账】打开对账窗口，按【Ctrl＋H】键激活【恢复记账前状态】功能。

② 在【凭证】菜单中,单击【恢复记账前状态】,屏幕显示【恢复记账前状态】窗口,提示用户选择恢复方式,有两种恢复方式供选择:最近一次记账前状态和恢复到月初状态;选择了恢复方式后,按【确定】按钮并输入账套主管口令系统开始恢复数据。

③ 再次在【对账】窗口中,按【Ctrl+H】键,将隐藏【恢复记账前状态】功能。

④ 在【审核凭证】功能界面查询错误凭证,找到错误凭证将错误的凭证取消审核并标错,在【填制凭证】功能界面查询错误凭证,在错误处进行修改后保存,然后重新审核与记账。

注意:通常只能由凭证填制人修改自己填制的凭证,也可以在选项设置中选择可以修改他人填制的凭证。

3. 账簿查询与打印的内容与具体操作

(1) 账簿查询与打印的内容

① 总账的查询及打印。用于查询及打印借、贷、余三栏式账目。

② 余额表的查询及打印。用于查询及打印各级科目的本期发生额、累计发生额和余额等数据,即六栏式账簿。

③ 明细账的查询及打印。用于查询及打印各账户的明细发生情况,以及按条件组合查询明细账。系统提供了三种明细账的查询格式:普通明细账、按科目排序明细账和月份综合明细账。

④ 序时账的查询及打印。用于按时间顺序排列每笔业务的明细数据,即按流水账的形式反映单位的经济业务。

⑤ 多栏账的查询及打印。用于按多栏明细账的格式,显示输出账簿的内容。由于多栏账中各栏目的结构,因账户的不同而有所不同,因此用户在查询某个多栏账之前,必须先定义其查询格式,然后才能进行查询。

⑥ 日记账和日报表的查询及打印。用于查询及打印除现金日记账、银行日记账以外的其他日记账,现金日记账、银行日记账在出纳管理中进行查询。

⑦ 部门辅助账的查询及打印。主要涉及部门辅助总账、明细账的查询,正式账簿的打印,以及部门收支分析等。

⑧ 个人往来辅助账的查询及打印。涉及个人往来辅助账余额表、明细账查询以及正式账簿的打印、个人往来账清理等。

提供了四种个人往来余额表和五种明细账的查询方法。科目余额表:用于查询某科目下所有人的发生额及余额情况;部门余额表:用于查询某科目某部门下所有人的发生额及余额情况;个人余额表:用于查询部门往来个人的各往来科目的发生额及余额情况;三栏式余额表:用于查询某科目及个人下各个月的发生额及余额汇总情况;科目明细账:用于查询某科目各个人的明细账;部门明细账:用于查询某部门各个人往来的明细账;个人明细账:用于查询某个人的往来款项的明细账;三栏式明细账:用于查询某个人下某科目各个月的明细账;多栏明细账:用于查询某个人相应科目的多栏明细账。个人往来账清理主要包括:个人往来勾兑、账龄分析以及打印个人往来催款单。

⑨ 项目辅助账的查询及打印。项目辅助账管理包括项目总账、明细账的查询、打印,以及项目统计表的查询。

(2) 账簿查询与打印的具体操作

① 总账查询的具体操作。

第一,单击【总账】的【账表】的【科目账】下的【总账】。

第二，输入总账查询条件，如输入科目范围、级次，选择【末级科目】【包含未记账凭证】选项。

第三，按【确认】按钮，进入【总账】查询；在总账查询过程中，可用鼠标点取科目下拉列表框，选择需要查看的科目；用户也可以用鼠标点取屏幕右上方的账页格式下拉列表框，显示所选科目的数量、外币总账。

第四，若当前光标不在【期初余额】或【上年结转】所在行时，可单击工具栏中的【明细】按钮，可联查当前科目、当前月份的明细账。

注意：

可将查询条件保存到【我的账簿】中，或直接调用已经保存【我的账簿】进行查询。

总账查询时打印输出的结果供平时查询使用，不能作为正式会计账簿保存，如要作为正式会计账簿保存，应在"账簿打印"功能中打印输出正式账簿。

其他账簿查询与总账查询的具体操作基本相同。

② 总账打印的具体操作。

第一，单击【总账】的【账表】的【账簿打印】的【科目账簿打印】下的【总账】。

第二，输入总账打印条件，如输入科目范围、级次，选择【末级科目】【账页格式】选项。

第三，选择完成后，即可用单击【打印】按钮进行打印或单击【预览】按钮查看打印效果。

注意：

其他账簿打印与总账账簿打印的具体操作基本相同。

四、银行对账处理

银行对账处理是一个相对独立的子系统，但是由于其功能比较简单，而且银行对账处理的数据与账务处理子系统联系紧密，所以通常将银行对账处理的功能纳入账务处理子系统当中。银行对账处理作为相对独立的子系统运行的基本过程同其他系统一样，包括初始化、日常运行、特定处理。

（一）银行对账处理运行的基本过程及功能

1. 银行对账初始化

(1) 代码设置　主要是设置银行对账科目，通常在会计科目设置时要指定银行对账科目，同时在银行对账初始化时选择银行对账科目。

(2) 参数设置　主要是设置银行对账初始的启用日期。

(3) 初始数额录入　主要是录入单位日记账及银行对账单的调整前余额；录入银行对账单及单位日记账期初未达账项，系统将根据调整前余额及期初未达项自动计算出银行对账单与单位日记账的调整后余额。

银行对账单与单位日记账的调整后余额不相等，将不允许进入银行对账日常运行的银行对账。

2. 银行对账日常运行

(1) 单位日记账处理　单位日记账主要是形成单位日记账的记录，获取对账资料。具体可以有两种方式，一是在此处同银行对账单编辑一样录入单位日记账的记录；二是在填制凭证时录入银行对账科目的对账资料，通过"记账"功能形成单位日记账的记录，通常采用后一种方式获取单位日记账的记录的对账资料。

(2) 银行对账单编辑　就是录入银行对账单的记录，形成银行对账单的对账资料，具体具有数据增加、修改、删除、查询、打印的功能。

(3) 银行对账　就是核对银行对账单与单位日记账的记录。具体有手工对账功能、自动对账功能、取消对账功能以及查询、打印未达账项与已达账项的功能。

(4) 银行存款调解表处理　就是根据银行对账的结果，按照企业账面存款余额、银行账面存款余额，加减银行已收企业未收、银行已付企业未付、企业已收银行未收、企业已付银行未付，计算出企业调整后存款余额、银行调整后存款余额并保持一致。同时还提供银行存款调解表的查询、打印的功能。

3. 银行对账特定处理

主要包括删除已达账项。即将已经核对的银行对账单与单位日记账的业务进行清理，保留未达账项以便于下期进行银行对账。

用友软件【银行对账】处理包含在【出纳】处理功能当中，【出纳】处理功能还包括现金日记账、银行日记账、资金日报的查询与打印，支票登记簿管理等。

(二) 用友软件银行对账的具体操作

1. 银行对账初始化具体操作

① 选择【出纳】—【银行对账】—【银行对账期初录入】。

② 选择银行对账科目，按【确定】按钮。

③ 在启用日期处录入该银行账户的启用日期。

④ 录入单位日记账及银行对账单的调整前余额。

⑤ 录入银行对账单及单位日记账期初未达项。单击【对账单期初未达项】按钮，按【增加】按钮可增加一笔银行对账单，按【删除】按钮可删除一笔银行对账单。单击【日记账单期初未达账项】按钮，按【增加】按钮可增加一笔期初未达账项，按【删除】按钮可删除一笔期初未达账项。

注意：

系统将根据调整前余额及期初未达账项自动计算出银行对账单与单位日记账的调整后余额。若录入正确，则单位日记账与银行对账单的调整后余额应平衡。

录入的银行对账单、单位日记账的期初未达账项的发生日期不能大于等于此银行科目的启用日期。

【银行对账期初】是用于第一次使用银行对账模块前录入日记账及对账单未达项，在开始使用银行对账之后不再使用。

若某银行科目已进行过对账，在期初未达项录入中，对于已勾兑或已核销的记录不能再修改。

在执行银行对账日常运行【银行对账】功能之前，应将【调整后余额】调平（即单位日记账的调整后余额＝银行对账单的调整后余额），否则，在对账后编制"银行存款余额调节表"时，会造成银行存款与单位银行账的账面余额不平。

2. 银行对账日常运行

(1) 银行对账单具体操作

① 选择【出纳】—【银行对账】—【银行对账单】。

② 选择银行对账科目（银行账户）、月份范围。

③ 按【增加】按钮，在对账单列表最后一行增加一空行，可增加一笔银行对账单。

具体还具有修改、删除、查询、打印银行对账单操作。如按【删除】按钮可删除一笔银行对账单。

(2) 银行对账具体操作

① 选择【出纳】—【银行对账】—【银行对账】。

② 选择银行对账科目（银行账户）、月份范围。点击【确认】按钮，屏幕显示对账界面，左边为单位日记账，右边为银行对账单。点击【显示方式】按钮，可由水平改变为上下显示方式。

③ 自动对账。单击【对账】按钮，输入对账截止日期，选择对账条件（日期相差12天之内，结算方式、票号相同），点击【确定】按钮，进行自动银行对账。

④ 手工对账。如果已进行过自动对账，可直接进行手工调整。在单位日记账中选择要进行勾兑的记录，单击【对账】按钮后系统将在银行对账单区显示票号或金额和方向，同单位日记账中的银行对账单进行对账。再次单击【对照】按钮则为取消对照。在当前单位日记账的【两清】区双击鼠标左键，标上两清标记——"Y"，同样的，双击银行对账单中对应的对账单的两清区，标上两清标记。

⑤ 单击【检查】按钮检查对账是否有错，如果有错误，应进行调整。

注意：

可以取消对账。

手动取消勾兑：双击要取消对账标志业务的【两清】区即可。

自动取消勾兑：单击【取消】按钮，选择要进行反对账的期间和取消的数据范围，点击【确定】按钮，系统将自动对此期间已两清的银行账取消两清标志。

(3) 余额调节表查询打印

① 选择【出纳】—【银行对账】—【余额调节表查询】。

② 查看余额调节表，将光标移到查看的对账科目上，单击【查看】按钮或双击该行，则可查看该银行账户的银行存款余额调节表。

③ 在查看银行余额调节表中，当按【详细】按钮，显示当前光标所在行的详细情况，并提供打印功能。

④ 单击【打印】可打印银行存款余额调节表。

注意：

未达账项与已达账项的查询打印，可以通过选择【出纳】—【银行对账】—【查询对账勾兑情况】进行。

3. 银行对账特定处理

银行对账特定处理的功能主要是核销已达银行账。本功能用于将核对正确并确认无误的已达账项删除。

选择【出纳】—【银行对账】—【核销银行账】，选择要核销的银行科目，按【确定】按钮即可。

注意：

按【Alt+U】可以进行反核销。本功能不影响银行日记账的查询和打印。

任务三　账务处理软件的特定处理

一、账务处理软件的特定处理的基本内容

账务处理软件的特定处理的基本内容包括分期结转、数据备份、数据恢复、其他特定处理。具体功能同前所述。

二、用友软件账务处理软件的特定处理的具体操作

1. 结账

用友软件的【结账】就是【分期结转】。具体操作如下：

① 选择【期末】-【结账】进入此功能。

② 选择结账月份，单击【下一步】。

③ 核对账簿，按【对账】按钮，系统对要结账的月份进行账账核对。

④ 对账完成后，显示月度工作报告。若需打印，则单击【打印月度工作报告】。

⑤ 单击【下一步】，按【结账】按钮，若符合结账要求，系统将进行结账，否则不予结账。

注意：

上月未结账，则本月不能记账，但可以填制、复核凭证。

若总账与明细账对账不符，则不能结账。

如本月还有未记账凭证时，则本月不能结账。

已结账月份不能再填制凭证。

结账只能由有结账权的人进行，通常反结账操作只能由账套主管执行。

用友软件结账后，可以进行反结账，反结账要选择取消结账的月份，按【Ctrl＋Shift＋F6】键即可进行反结账。利用反结账可以实现已经结账及记账的记账凭证的修改。

2. 账套输出

用友软件"账套输出"就是"数据备份"。具体操作如下：

① 以系统管理员身份注册，进入系统管理模块。

② 选择"账套"菜单下级的"输出"功能，弹出账套输出界面。

③ 在"账套号"处选择需要输出的账套，选择输出路径，点击"确认"按钮完成输出。系统提示输出是否成功的标识。

注意：

只有系统管理员（Admin）有权限进行账套输出。

如果将【删除当前输出账套】同时选中，在输出完成后系统会确认是否将数据源从当前系统中删除的工作。

用友软件数据备份有账套输出、年度账输出和设置备份计划三种方式。

3. 账套引入

用友软件【账套引入】就是【数据恢复】。具体操作如下：

① 以系统管理员身份注册，进入系统管理模块。

② 选择【账套】的下级菜单【引入】功能。

③ 选择要引入的账套数据备份文件和引入路径，点击【打开】按钮表示确认。如想放弃，则点击【放弃】按钮。

注意：

引入的账套将覆盖原有相同账套号的账套数据。

引入以前的账套或自动备份的账套，应先使用文件解压缩功能，将所需账套解压缩后再引入。

4. 其他特定处理

如用友软件提供了对账、清除单据锁定、清除异常任务、上机日志、清退站点、刷新等其他特定处理功能。

项目五
会计报表软件运行的基本过程

报表软件基本用途是编制基本对外财务会计报表和内部报表。通过二次开发可以用于合并报表编制、财务计划编制、财务分析、成本核算、工资核算、统计核算等。

报表软件的基本功能包括各种报表计算、查询、打印。报表软件件运行的基本过程包括：报表软件的系统初始化、报表软件的日常运行、报表软件的特定处理。

任务一 报表软件的系统初始化

一、报表软件的系统初始化的基本内容

报表软件的系统初始化的基本内容主要是设置报表软件运行的有关代码与参数，具体主要包括以下功能。

（一）报表增减处理

报表增减处理属于代码设置，就是在会计报表系统中增加或删除一张报表，具体功能包括增加、删除报表。通常增加一张报表需要输入报表的名称。如用友软件通过新建、保存实现增加一张报表，金蝶通过选择【增加报表】功能实现增加一张报表。

（二）报表格式设置

报表格式设置属于参数设置，相当于完成手工绘制空白报表的功能。

1. 会计报表格式设置的基本内容与有关术语

会计报表格式设置的基本内容与有关术语，如表 5-1 所示。

（1）报表的标题　也称主标题，主要是标明报表的名称，如第一行"资产负债表"为报表标题，其所在行为标题行。

（2）报表的副标题　它是报表主标题下方与报表表格上方之间的内容，如第 2 行、第 3 行为副标题，其所在行为副标题行。

（3）报表的表体　它是报表的主要内容，通常是由表格线所围的区域，位于副标题行的下方。如第 6 行至第 30 行为表体，其所在行为表体行。

（4）报表的表栏名　它是报表表体列或行的名称，如第 4 行、第 5 行为资产负债表表体的列的名称。

（5）报表的尾标题　尾标题又称为附注，它是报表表体下方的内容，其所在行为尾标题行。

（6）报表的行与列　报表行是指报表纵向计量单位，通常用数字表示。报表列是报表的横向计量单位，通常用字母表示。如本表共有 31 行，本表第 1 行为标题行、第 2 行为副标

题行、表体共 27 行、第 31 行为尾标题行；本表共有 8 列，分别为 A～H 列。

(7) 报表的单元 单元是报表格式的基本单位。每个单元通常用行列坐标表示，如流动负债期初数一栏称为"G6"单元；本表共有 248 个单元（8 列×31 行）。

在报表格式中有时需要将几个单元进行合并，单元的合并也称单元组合，合并后的单元称为组合单元，它是将报表相邻的两个以上单元合并组成的新的单元。通常某一单元不能显示其全部内容或不能满足编辑格式要求时，可将基本单元进行合并形成组合单元。如本表第 1、2、3 行和 31 行就是组合单元。通常将组合单元视为一个单元。

由一系列相邻的单元或组合单元组成的范围称为区域，它是从起点单元至终点单元组成的一个矩形区。如表体就可以称为 A6：H30 区。

(8) 报表的关键字 关键字通常是指能够标识不同实体或属性的数据项，通过关键字数据项的取值可以区别不同的实体或属性，如汽车的牌号、人的身份证号等。报表的关键字是指能够区别同一张报表不同具体报表内容的报表项目，它可以唯一标识一个表页，如同是资产负债表，可以用具体的编制单位和日期来区分是哪个单位、什么时间的会计报表。如表 5-1 中"盘锦职业技术学院"、"2017 年 1 月"就是关键字。

表 5-1 资产负债表

序号	A	B	C	D	E	F	G	H
1					资产负债表			
2					会计:01 表			
3				编制单位:盘锦职业技术学院	2017 年 1 月			
4	资　产	行次	年初数	期末数	负债及所有者权益	行次	年初数	期末数
5								
6	流动资产：				流动负债：			
7	货币资金	1			短期借款	46		
8	短期投资	2			应付票据	47		
9	应收票据	3			应付账款	48		
10	应收账款	4			其他应付款	50		
11	减:坏账准备	5			应付职工薪酬	51		
12	应收账款净额	6			应付福利费	52		
13	预收账款	7			未交税金	53		
14	其他应收款	8			其他未交款	55		
15	存货	9			预提费用	56		
16	待摊费用	10			一年内到期的长期负债	58		
17	流动资产合计	20			流动负债合计	65		
18	长期投资：				长期负债：			
19	长期投资	21			长期借款	66		
20	固定资产							
21	固定资产原价	24						
22	减:累计折旧	25						
23	固定资产净值	26						
24	在建工程	28			所有者权益：			
25	固定资产合计	35			实收资本	78		
26	无形及递延资产：				盈余公积	80		
27	无形资产	36			未分配利润	81		
28	递延资产	37			所有者权益合计	85		
29	无形及递延资产	40						
30	资产总计	45			负债及所有者权益总计			
31	制表：		复核：		财务主管：			

另外报表可以分为固定表与可变表。固定表是报表行数和列数都不发生变化的报表，如表 5-1 就是固定表。可变表是报表行数或列数可以变化的报表，如产品销售明细表行数就是随产品品种增加而增加的，这种表称为可变表。

2. 报表格式设置的基本功能

(1) 设置表样大小 设置表样大小就是设置报表的行数与列数，又称定义表尺寸。

(2) 绘制表格线 绘制表格线通常就是对表体进行画线。一般要求选择画线区域，然后选择线型及样式。

(3) 输入表样内容 输入表样内容就是输入空白报表的标题、副标题、表体的表栏名、尾标题等具体内容。

(4) 设置单元属性 设置单元属性包括设置单元类型，单元类型通常有数值型、字符型、表样型。数值型单元在日常运行时可以输入或生成可以进行运算的数值型数据；字符型单元在日常运行时可以输入或生成字符型数据，其内容可以是汉字、字母、数字及各种键盘可输入的符号组成的一串字符；表样型单元是报表格式的内容，是在初始化过程中定义的一个没有数据的空白报表表格所需的所有文字、符号或数字，在日常运行时不允许修改。设置单元属性还包括设置单元字的风格，如设置字体、字形、字号、背景色、前景色、文字对齐的方式、是否折行显示等。设置单元属性还可以包括单元组合，单元组合通常要求必须是同一类型的单元才能进行单元组合。

(5) 设置关键字 设置关键字就是定义关键字的项目。报表的关键字项目通常有单位编号、单位名称、年、季、月、日等。

(三) 报表数据来源设置

1. 报表数据来源定义

报表数据来源定义属于参数设置，就是设定报表中有关单元数据取值计算的方式。不同会计报表软件有不同的报表数据来源定义的函数及计算公式。要想运行不同会计报表软件必须掌握不同的报表软件函数及计算公式的内容、格式和要求。

会计报表数据来源定义的函数与数学函数的原理是基本相同的，就是明确自变量和因变量关系的一个关系式，但会计报表来源定义的函数的实质是确定自变量与因变量关系的一段程序，当自变量给定一个合法的参数值，该函数必定有一个因变量返回值。不同会计报表软件提供不同函数，但基本上分为两类。

其一是专有函数，即不同软件编写的各自特有函数。如用友软件的期初余额函数为：QC ("科目编码"，会计期，账套号)。当设定三个自变量参数值后系统在报表计算时则自动返回函数值。如设定 QC ("101"，12，01) 时则自动返回第一套账的现金科目 12 月期初余额。

其二是通用函数，一般会计报表软件中可直接使用 DBMS 数据库系统中函数。如 FOX-BASE 中 IIF 函数为：IIF (〈逻辑表达式〉，条件真值，条件假值)。当给定三个自变量参数，则自动返回函数值。如设定 IIF (B3＞0，10，－10)，则当 B3＞0 时函数返回值为 "10"，否则函数返回值为 "－10"。

会计报表数据来源定义的计算公式与数学计算公式的原理是基本相同的，也是一种运算关系表达式。不同的会计报表软件规定不同的计算公式表达式的格式，但基本上都是由常量、变量、函数、关系运算符组成的。如前表中 C7 单元设定为：C7＝QC ("1001"，月)＋QC ("1002"，月)＋QC ("1009"，月)，则表中货币资金期初数自动取值为本单位本月份的现金、银行存款、其他货币资金三个账户的期初余额之和。

不同的会计报表软件尽管有不同函数和计算公式表达格式，但会计报表软件数据来源定义主要有如下基本取数方式。

(1) 手工送数　手工送数即对某一单元无需进行数据来源定义，此项数据在会计报表系统日常运行时，由手工进行输入。

(2) 常数计算　即在对某一单元进行数据来源定义时，将其定义为常数运算表达式。如 X1＝3 或 X4＝3＋5。

(3) 账中取数　即在对某一单元进行数据来源定义时，将其定义为账中取数（科目取数）。如让 D10 单元等于账簿中应收账款的本月期初借方余额。

(4) 本表取数　即在对某一个单元进行数据来源定义时，将其定义为从本表中其他单元取数。如将表 5-1 中 C17 单元可以定义为：C17＝C7＋C8＋C9＋C12＋C13＋C14＋C15＋C16。

(5) 它表取数　即在对某一单元进行数据来源定义时，将其定义为从其他报表中取数。通常计算公式中应说明报表名称、报表单位、报表日期、取数报表单元。

(6) 它库取数　即在对某一单元进行数据来源定义时，将其定义为从其他数据库取数。通常计算公式中应说明数据库名称、取数字段和取数条件。

2. 报表数据来源定义的基本操作

报表数据来源定义的基本操作包括两种方式。第一是按照不同会计报表软件的报表数据来源定义的函数及计算公式的格式、内容及要求直接输入计算公式的内容。第二是采用软件提供导航方式进行数据来源定义，即按照数据来源定义提示的操作步骤，选择输入有关参数完成数据来源定义。

二、用友软件报表系统初始化的具体操作

用友软件报表系统的具体操作分为格式状态和数据状态。格式状态是完成报表格式设计工作的操作状态，在格式状态下设计报表的格式，如设置表尺寸、行高列宽、单元属性、单元风格、组合单元、关键字、可变区等，以及设置报表的单元公式（计算公式）、审核公式、舍位平衡公式；在格式状态下所做的操作对本报表所有的表页都发生作用。在格式状态下不能进行数据的录入、计算等操作。数据状态是完成报表数据处理工作的操作状态，在数据状态下对报表的数据进行录入、计算、加工、输出，如输入数据、报表计算、审核、舍位平衡、查询、打印，以及增加或删除表页、作图、汇总、合并报表等；在数据状态下不能修改报表的格式。

用友软件报表系统提供一个状态切换的【格式/数据】按钮，点取这个按钮可以在格式状态和数据状态之间切换。用友软件报表系统初始化的具体操作是在格式状态下进行的，以表 5-1 为例，用友软件报表系统初始化的具体操作主要包括以下步骤。

（一）建立一张新报表

(1) 启动 UFO 报表模块　单击【UFO 报表】。

(2) 新建报表　选择【文件】菜单中的【新建】功能，或单击【新建】图标，并自动进入格式状态。

(3) 保存报表　选择【文件】菜单下的【保存】功能，系统弹出保存的对话框，输入文件名："xxxx"，系统默认文件扩展名为：".rep"，单击【确认】保存。

(4) 关闭或退出报表　选择【文件】菜单下的【关闭】功能。文件"xxxx.rep"被关闭。

注意：

如果忘记保存文件，选择【文件】菜单下的【关闭】或【退出】功能时，在关闭或退出

报表以前，系统将提醒用户保存文件。

如果继续设计报表的格式和设置报表的计算公式，此时可以不进行关闭或退出操作。待设计报表的格式和设置报表的计算公式完成后执行关闭或退出文件操作。

(二) 设计报表的格式

报表格式设计应当完成以下工作：设置表尺寸、定义行高和列宽、画表格线、设置单元属性、定义组合单元、设置可变区、确定关键字在表页上的位置等。

如果需要制作一个标准的财务报表，如：资产负债表等，也可以利用系统提供的财务报表模板自动生成一个标准财务报表。具体操作是单击【格式】菜单下的【报表模板】；然后选择【所在的行业】与【财务报表】，单击【确认】，最后进行一些必要的修改即可。

1. 定义表尺寸

就是定义电子表格的大小，表 5-1 共 31 行，8 列；选择【格式】菜单下的【表尺寸】，系统将弹出【表尺寸】对话框，将行数改为 31，列数改为 8，然后单击【确认】。

注意：如果在设计过程中发现定义的表尺寸有误，可通过【编辑】菜单下的【插入】【删除】【追加】或【交换】命令，增加、删除或交换行、列数。

2. 绘制表格线

选择绘制表格线区域，如选择"A4：H30"区域（将鼠标移动到 A4 单元，然后按住左键拖动至 H30 单元），选择【格式】菜单中【区域画线】功能，弹出【区域画线】对话框，选择画线的类型和样式，然后单击【确认】。

3. 输入表样内容

输入表样内容就是输入报表标题行、副标题行、报表的表栏名、尾标题行等内容。在输入表样内容时如果某单元长度不够或有输出格式要求，则可以将单元进行合并形成组合单元。

(1) 设置单元类型　选择【格式】菜单中【单元属性】功能，弹出【单元格属性】的【单元类型】对话框，选择单元的【数字】【字符】【表样】类型，单击【确认】按钮。如将"A1：H5""A6：B30""E6：F30""A31：H31"区域定义为表样单元；把需要进行数字处理的单元如"C6：D30""G6：H30"区域定义为数值单元；把需要输入字符的单元定义为字符单元。

(2) 组合单元　选中需要组合的区域，选择【格式】菜单中【组合单元】功能，弹出【单元格属性】的对话框，然后选择【整体组合】【取消组合】【按行组合】【按列组合】【放弃】按钮。如将"A1：H1""A2：H2""A3：H3""A4：A5"等进行组合。

(3) 输入表样单元的内容　选择输入的表样单元，输入响应内容，如输入"A1：H1""A2：H2""A4：H5""A6：B30""E6：F30""A31：H31"单元或组合单元的内容。如将"A1：H1"组合单元输入内容为"资产负债表"。

4. 设置关键字

选择【数据】菜单中【关键字】菜单下【设置】功能，然后选择【单位编号】【单位名称】【年】【季】【月】【日】选项，单击【确认】按钮。

5. 设置报表输出格式

(1) 设置字形、字体、字号　选择【格式】菜单中【单元属性】功能，弹出【单元格属性】的【字体图案】对话框，选择单元的【字形】【字体】【字号】【颜色图案】，单击【确认】按钮。

(2) 设置单元内容对齐方式 选择【格式】菜单中【单元属性】功能，弹出【单元格属性】的【对齐】对话框，选择单元的垂直或水平方向【自动】【居左】【居中】【居右】的对齐方式，单击【确认】按钮。

(3) 设置行高、列宽 选中设置行高、列宽的区域，选择【格式】菜单中【行高】或【列宽】功能，弹出【行高】或【列宽】对话框，输入【行高】或【列宽】的数值，单击【确认】按钮。

(三) 定义报表公式的单元公式

用友软件报表系统有三类公式：单元公式、审核公式、舍位平衡公式。单元公式：单元公式也称计算公式，用于定义报表数据之间的运算关系，定义单元公式需要【数据】菜单中【编辑公式】菜单下【单元公式】功能，也可以在报表数值单元中键入【＝】或单击【FX】按钮直接定义计算公式；审核公式：用于审核报表内或报表之间的勾稽关系是否正确，定义审核公式需要选择【数据】菜单中【编辑公式】菜单下【审核公式】功能；舍位平衡公式：用于报表数据进行进位或小数取整时调整数据，避免破坏原有数据平衡，定义舍位平衡公式需要选择【数据】菜单中【编辑公式】菜单下【舍位公式】功能。定义单元公式是定义报表公式的基本内容。

1. 单元公式的组成

单元公式是描述报表中数据生成来源的运算式，是为报表单元赋值的公式，它可以将单元赋值为数值或字符。定义单元公式属于报表数据来源设置。利用单元公式可从本表页、其他表页、其他报表提取数据，也可以从账务、应收、应付、工资、固定资产、资金管理、财务分析、采购、存货、库存、销售等模块提取数据。

单元公式的格式是：〈区域〉＝〈表达式〉

其中：〈区域〉是定义公式的单元。它可以是一个单元，也可以是一组区域单元。

〈表达式〉是函数、单元名称、运算符、括号等组成的数值或字符运算式。

例如，定义的公式："C23＝C21－C22"，固定资产净值的计算公式。

另外，当某一区域内各单元的公式极其相似时，就需要用到区域公式。区域公式使一个区域等于另一个区域或其他几个区域的计算结果。

例如：一个矩形表，第4～10行中E列的值等于同一行B、C、D列数值之和，第11行B～E列等于各自4～10行之和。

如果按照前面的方法，需要分别定义：E4～E10、B11～E11每个单元的公式。采用区域公式，可简化这种定义。公式定义为：

E4：E10＝B4：B10＋C4：C10＋D4：D10。

实际运算结果为：E4＝B4＋C4＋D4、E5＝B5＋C5＋D5、…、E10＝B10＋C10＋D10。

B11：E11＝B4：E4＋B5：E5＋B6：E6＋B7：E7＋B8：E8＋B9：E9＋B10：E10。

实际运算结果为：B11＝B4＋B5＋B6＋B7＋B8＋B9＋B10、C11＝C4＋C5＋C6＋C7＋C8＋C9＋C10 等等。

2. 常用函数

用友软件报表系统还提供了大量的实用函数，在单元公式中可以灵活运用这些函数，设计出更加适用的报表。下面是用友软件报表系统的常用函数。

(1) 统计函数 统计函数分为固定区取数函数、可变区取数函数和立体方向取数函数，见表5-2。

表 5-2　统计函数一览表

函数功能	固定区	可变区	立体方向
合计函数	PTOTAL	GTOTAL	TOTAL
平均值函数	PAVG	GAVG	AVG
计数函数	PCOUNT	GCOUNT	COUNT
最小值函数	PMIN	GMIN	MIN
最大值函数	PMAX	GMAX	MAX
方差函数	PVAR	GVAR	VAR
偏方差函数	PSTD	GSTD	STD

固定区是组成一个区域的行数和列数的数量是固定的数目。一旦设定好以后，在固定区域内其单元总数是不变的。

可变区是屏幕显示一个区域的行数或列数是不固定的数字，可变区的最大行数或最大列数是在格式设计中设定的。

固定区、可变区函数格式：PTOTAL（＜区域＞［，＜区域筛选条件＞］）。

返回值：指定区域内所有满足区域筛选条件的固定区单元的合计。

立体方向函数是对报表中所有表页，指定区域数据进行运算。

立体方向函数格式：TOTAL（＜区域＞［，＜页面筛选条件＞］）。

返回值：符合页面筛选条件的所有页面的区域内各单元值的合计数。即对多个表页的某一部分进行汇总。

例如：

TOTAL（A3：A5），返回本表中所有表页 A3：A5 各单元值的合计。

TOTAL（A3：A5，年＝2001），返回本表中关键字"年"等于 2001 的各表页 A3：A5 各单元值的合计。

(2) 从本表他页取数函数——SELECT（）函数

格式：SELECT（＜区域＞［，＜页面筛选条件＞］）

功能：本表他页取数函数。

返回值：符合页面筛选条件的本表他页数据区域。

例如"损益表"中，求累计值时可以定义如下：

本年累计：D5＝C5＋SELECT（D5，年@＝年 and 月@＝月＋1）。

上月数：E5＝SELECT（C5，年@＝年 and 月@＝月＋1）。

上年同期：F5＝SELECT（C5，年@＝年＋1 and 月@＝月）。

(3) 账务取数函数，见表 5-3。

表 5-3　账务取数函数一览表

功能	金额	数量	外币
期初额函数	QC	SQC	WQC
期末额函数	QM	SQM	WQM
发生额函数	FS	SFS	WFS
累计发生额函数	LFS	SLFS	WLFS
条件发生额函数	TFS	STFS	WTFS
对方科目发生额函数	DFS	SDFS	WDFS
净额函数	JE	SJE	WJE
汇率函数	HL		

账务函数的格式：

函数名（<科目>，<会计期间>，[<方向>]，[<账套号>]，[<会计年度>]，[<编码1>]，[<编码2>]）

参数说明：

科目：可以是科目编码，也可以是科目名称，必须用双引号引起来。

会计期间：可以是"全年""季""月"等。也可以是数字。

方向：合法的方向为"借""贷"。

账套号：账套编号，缺省时默认第一账套。必须用双引号引起来。

会计年度：取数的年度。

编码1，编码2：与科目的核算账类有关，取科目的辅助账数据。

例如：

QC（"109"，全年，"001"，2001），返回001套账"109"科目2001年年初余额。

QC（"20301"，全年，"001"），返回001套账"20301"科目本年年初余额。

QM（"20301"，月，"001"），返回001套账"20301"科目本年本月期末余额。

QM（"20301"，全年，"001"，2000，"部门一"），返回001套账"20301"科目2000年部门一的年末余额。

(4) 其他函数 除以上常用函数外，系统还提供了其他一些函数。

数学函数：SIN 正弦函数、COS 余弦函数、TAN 正切函数、CTAN 余切函数、ABS 绝对值函数、INT 取整函数、SQR 平方根函数、LN 自然对数函数、LOG 常用对数函数、EXP 指数函数、ROUND 四舍五入函数、PAI 圆周率函数。

表操作辅助函数：MRECNO 页面号函数。

日期函数：SECOND 秒函数、MINUTE 分函数、HOUR 小时函数、DAY 日期函数、MONTH 月份函数、SEASON 季度函数、YEAR 年函数。

条件取值函数：IFF 条件取值函数。

读取数据库数据函数：INDB 读取数据库数据函数。

指针状态类函数：MBOF 页面头函数、MEOF 页面尾函数、MNUMBER 页面数函数、SNUMBER 可变区大小函数。

字符处理函数：LEN 字符串长度函数、STR 数值型值转换成字符型值、SUBSTR 取子串函数、TRIM 去空格函数、LOWER 字符串转换为小写字母函数、UPPER 字符串转换为大写字母函数、VAL 字符串转换为数值型值。

交互输入函数：GETINT 窗口交互输入数值函数、GETSTR 窗口交互输入字符函数。

文件函数：FILE 文件检测函数。

另外，还有近100个从其他模块中取数的函数等。

关于这些函数的应用，请参考有关资料的说明。

3. 定义单元公式操作

例如定义资产负债表中的货币资金的年初数——C7单元公式时，设置单元公式操作如下。

第一，调用【定义单元公式】功能：选中C7单元，单击编辑栏【fx】按钮，或按【=】键，或选择【数据】菜单中【编辑公式】菜单下【单元公式】功能，系统弹出【定义公式】窗口。

第二，定义单元公式。若知道取数公式，可在【定义公式】窗口的编辑框内直接输入取数公式，然后单击【确认】即可；否则可通过函数向导来完成，单击【函数向导】按钮，屏幕显示【函数向导】窗口，在【函数分类】栏选择【用友账务函数】，在函数名栏选择【期初(QC)】，然后单击【下一步】，进入【用友账务函数】窗口，该窗口上边为函数名称、格式和说明，下边为函数录入编辑框，若根据函数格式能够填写出函数公式，则直接在函数录入编辑框中录入即可，否则可单击【参照】按钮，屏幕显示【财务函数】窗口，要求选择以下函数参数。

账套号：如果取数的账套号，就是报表系统设置的账套号，采用系统默认值，否则选择取数的账套号。

科目：单击科目参照，选择取数科目【1001库存现金】。

期间：在下拉列表框中选择取数【全年】。

会计年度：如果取本年度数，可采用系统默认值，否则选择具体的会计年度。

方向：选择【默认】。

选择完成后，单击【确定】按钮返回到【定义公式】窗口，屏幕显示："QC(1001,全年,,,,,,,,,)"，再输入【+】号，重复第二步定义公式，使"C7 = QC(1001,全年,,,,,,,,,)+QC(1002,全年,,,,,,,,,)+QC(1009,全年,,,,,,,,,)"，即货币资金的年初数等于库存现金、银行存款、其他货币资金全年期初之和。同理可以定义其他用友账务函数取数公式。

注意：

在输入单元公式时，凡涉及的字母、符号等必须输入英文半角字符。

（四）其他初始设置

其他初始设置在不同会计报表软件中有所不同，但一般包括以下内容：定义舍位平衡公式、定义报表审核公式、单元保护设置、报表格式保护设置、定义可变表有关设置等。

1. 定义舍位平衡公式

(1) 舍位平衡公式含义　舍位平衡是指报表数据在进行进位时使之保持原有的平衡关系，如：以"元"为单位的报表，在上报时可能会转换为以"千元""万元"为单位的报表，原来满足的数据平衡关系可能被破坏，因此需要进行调整，使之符合指定的平衡公式。

在报表进位之后或小数取整时，重新调整平衡关系的公式称为舍位平衡公式。其中，进行进位的操作叫做舍位，舍位后调整平衡关系的操作叫做平衡调整。

定义舍位平衡公式，首先我们要找出它的平衡关系，例如前面的资产负债表，货币单位为"元"，现在我们对它进行舍位平衡处理，将它转换为"万元"表。资产负债表的主要平衡关系有：固定资产净值＝固定资产原价－累计折旧，即"C23＝C21－C22"，等等。

(2) 定义舍位平衡公式的操作

① 调用【定义舍位平衡公式】功能：选择【数据】菜单中【编辑公式】菜单下的【舍位公式】功能，弹出【舍位平衡公式】对话框。

② 定义舍位平衡公式：在【舍位平衡公式】对话框输入以下内容。

舍位表名：指定舍位后存入报表的名称，该表名和当前文件名不能相同，默认在当前目录下。如：syb_wy。

舍位范围：舍位数据的区域，要把所有要舍位的数据包括在内。如：C6：H30。

舍位位数：1~8位。舍位位数为1，区域中的数据除10；舍位位数为2，区域中的数据除100；依此类推。舍位到万元舍位位数填4。

输入平衡公式：将舍位后应具有的平衡关系，写入到该编辑框，如输入"C23＝C21－C22"。但应注意：逆序编写，即首先写最终运算结果，然后一步一步向前推；每个公式一行，各公式之间用逗号（","）隔开（半角英文），最后一条公式不用写逗号；公式中只能使用"＋""－"符号，不能使用其他运算符及函数；等号左边只能为一个单元（不带页号和表名）；一个单元只允许在等号右边出现一次。

舍位平衡公式编辑完毕，经检查无误后选择【完成】，系统将保存此次舍位平衡公式的设置。

2. 定义审核公式

(1) 审核公式的组成 在表格中定义审核公式之前，应首先找出表中的审核关系，下面以前面定义的资产负债表为例，介绍审核公式的定义方法。

资产负债表中数据的勾稽关系，有的是一些数据的运算关系，如：固定资产净值＝固定资产原价－累计折旧；有的是一些数据的平衡关系，如：资产总计的年初数＝负债及所有者权益总计的年初数。在审核过程中，若某项审核不正确，希望给出提示信息如："资产总计的年初数不等于负债及所有者权益总计的年初数"。可如下定义审核公式：

C30＝G30 mess "资产总计的年初数不等于负债及所有者权益总计的年初数！"。

(2) 定义审核公式的操作

① 调用【定义审核公式】功能：选择【数据】菜单中【编辑公式】菜单下【审核公式】功能，弹出【审核公式】窗口。

② 定义审核公式：在【审核公式】窗口的【审核关系】编辑框中，输入审核公式，如："C30＝G30 mess'资产总计的年初数不等于负债及所有者权益总计的年初数！'"；审核公式编辑完毕，经检查无误后单击【确定】，系统将保存此次审核公式的设置。若不想存盘可按【Esc】键或选择【取消】放弃此次操作。

任务二 报表软件的日常运行

一、账务处理软件日常运行的基本内容

报表软件日常运行的基本内容是按不同的处理对象——报表提供，报表数据录入、报表数据加工、报表数据校验、报表数据输出。如按照资产负债表、利润表、现金流量表等提供下列处理功能。

1. 报表数据录入

报表数据录入包括关键字值的录入，如"单位编号""单位名称""年""季""月""日"项目的录入；报表数据录入还包括关键数据单元值的录入，如某些单元定义为"字符型"或"数字型"单元属性，而且在初始化过程中又没有定义计算公式，此时可以直接录入单元的值。又如果报表中有可变区，初始只有一行（或一列），需要追加可变行或可变列，并在可变行或可变列中录入数据。

报表数据录入还可以包括报表数据下载、接收、导入。

2. 报表数据加工

报表数据加工主要包括报表数据计算，通常随着报表数据的录入，当前表的"字符型"或"数字型"单元将自动按照初始化过程中定义单元计算公式运算并显示计算结果，另外也可以选择报表计算的功能对"字符型"或"数字型"单元按照初始化过程中定义单元计算公

式运算并显示计算结果。

报表数据加工还可以包括含位平衡计算,如果在初始化过程中定义了含位平衡公式,通过选择报表【含位平衡】的功能可以对报表进行含位平衡计算,生成含位平衡后的报表。

此外报表数据加工还可以包括报表汇总和报表合并。

3. 报表数据校验

报表数据校验主要是指报表数据审核,如果在初始化过程中定义了审核公式,通过选择报表【审核】的功能可以对报表进行审核并提示审核的结果。

4. 报表数据输出

报表数据输出主要包括报表查询和打印。

此外报表数据加工还可以包括报表数据电子数据的生成、上报与发送、报表数据的导出。

二、用友软件报表系统日常运行的具体操作

用友软件报表系统日常运行的具体操作是在数据状态下进行的。用友软件报表系统提供一个状态切换的【格式/数据】按钮,点取这个按钮可以在格式状态和数据状态之间切换。用友软件报表系统日常运行的具体操作主要包括以下步骤。

1. 打开一张报表

第一,启动 UFO 报表模块。单击【UFO 报表】。

第二,打开报表。选择【文件】菜单中的【打开】功能,或单击【打开】图标,并自动进入数据状态,进入数据状态后选择数据处理的表页。

2. 报表数据录入

用友软件报表系统日常运行的报表数据录入主要是关键字值的录入,如"单位编号""单位名称""年""季""月""日"项目的录入。

第一,选择关键字值的录入功能。选择【数据】菜单中的【关键字】子菜单【录入】功能,弹出【录入关键字】窗口。

第二,录入关键字。在【录入关键字】窗口,录入"单位编号""单位名称""年""季""月""日"等项目的内容。

3. 报表数据计算

通常随着报表数据的录入,当前表的"字符型"或"数字型"单元将自动进行报表数据计算并显示计算结果,另外也可以选择【数据】菜单下的【表页重算】的功能即可完成报表数据计算并显示计算结果。

如果需要舍位平衡处理,报表数据计算还包括舍位平衡计算,选择【数据】菜单下的【舍位平衡】的功能即可完成报表数据舍位平衡处理并生成含位平衡后的报表。打开定义舍位平衡公式时指定的舍位表,可以看到调整后的报表。

4. 报表数据审核

选择【数据】下的【审核】功能,用友软件报表系统将按照审核公式逐条审核表内的关系,当报表数据不符合勾稽关系时,屏幕上出现其提示信息。记录该提示信息后,按任意键继续审核其余的公式。

注意:

按照记录的提示信息修改并重新计算报表数据,再进行审核,直到不出现任何提示信

息，表示该报表各项勾稽关系正确。

每当对报表数据进行过修改或计算后，都应该进行审核，以保证报表数据的正确。

5. 报表数据预览及打印

报表数据输出主要包括报表数据输出预览及打印。选择【文件】下的【打印预览】或【打印】功能，即可完成报表预览及打印。

注意：

报表数据输出还可以包括报表图形处理，选取报表数据后，选择【工具】下的【插入图表对象】功能，就可以制作各种图形，如：直方图、圆饼图、折线图、面积图、立体图等，图形可随意移动，图形的标题、数据组可以按照要求设置，并可以打印输出。

打印的报表可控制打印方向，横向（或纵向）打印；可控制行列打印顺序；可以设置页眉和页脚，设置财务报表的页首和页尾；可进行缩放打印等。可以通过【页面设置】【打印设置】【强制分页】等功能进行设置。

6. 其他日常运行处理

(1) 报表数据透视　在 UFO 中，大量的数据是以表页的形式分布的，正常情况下每次只能看到一张表页。要想对各个表页的数据进行比较，可以利用数据透视功能，把多张表页的多个区域的数据显示在一张表中。

例如：要考察 2001 年 1、2 两个月的收入、成本及销售利润情况。报表数据透视的操作步骤如下所述。

① 点取要透视的第一张表页的页标，将对它和它之后的表页的数据进行透视，选择【数据】菜单中的【透视】功能，系统弹出【多区域透视】对话框。

② 在【透视区域】编辑框中，输入区域范围，如："C5：C9"等，不同的区域要用逗号隔开；在列标字串编辑框中，输入每个透视单元的列标（即单元数据的含义描述），如："收入，成本，费用，税金，利润"等，列标之间要用逗号隔开，若不输入列标，则在列标处显示单元名称。

③ 输入完毕后，按【确定】将生成透视表，显示出【透视】对话框。

④ 利用对话框中的【保存】按钮可以把数据透视结果保存为报表，单击【确定】按钮关闭对话框。

(2) 报表数据汇总　报表汇总就是将报表数据进行叠加。UFO 报表系统的汇总功能非常强大，它既可以汇总报表中所有的表页，也可以只汇总指定条件的表页，汇总后的数据可追加存放在本报表的最后或生成一个新的汇总报表。报表数据汇总的操作步骤如下所述。

① 打开需汇总的报表文件，选择【数据】菜单中【汇总】下的【表页】，系统将弹出【表页汇总——步骤1/3】对话框，此对话框用于指定汇总数据保存的位置。如果要把汇总结果保存在本报表中，请点取【汇总到本表最后一张表页】单选按钮，系统将自动追加一张表页，并把汇总数据存在这张表页中；如果要把汇总结果保存到一个新的报表中，请点取【汇总到新的报表】单选钮，并且在编辑框中输入路径和新的报表名称（省略路径时表示在当前目录下）。如果输入的报表名是一个已存在的报表，汇总后将删除此报表原有内容。

如果此时单击【完成】，则系统将汇总报表中的所有表页，并存放到指定位置，汇总完成。

② 按条件汇总，则单击【下一步】按钮，将弹出【表页汇总——步骤2/3】对话框，此对话框用于指定汇总哪些表页。

在此输入表页的汇总条件，汇总条件可以是单元、关键字的值，也可以是表页号，汇总条件可以有多个,它们之间用"并且""或者"连接。选择输入条件后,按【加入】系统将汇总条件加入到【汇总条件编辑框】中。

如果此时单击【完成】,则系统将按输入的条件汇总报表;若没有输入条件,则汇总全部表页。

③ 可变表汇总。如果报表中含有"可变区"(见前面的可变表),请点取【下一步】按钮,系统将弹出【表页汇总——步骤3/3】对话框,此对话框用于处理报表中的可变区。

若点取【按物理位置汇总】,UFO报表系统将忽略可变区数据的实际意义,直接把可变区数据按位置叠加;若点取【按关键值汇总】后,在关键值列表框中选择一个关键值,此关键值为行可变区的某一列或者列可变区的某一行。如果此关键值为字符型,则将按照关键值的顺序进行汇总;如果此关键值为数值型,则只对此关键值进行物理汇总,可变区中的其他数据不汇总。

选择后单击【完成】按钮,将生成汇总结果。

7. 关闭或退出报表系统

选择【文件】菜单下的【关闭】功能。当前文件将被关闭。

任务三 报表软件的特定处理

一、报表软件的特定处理的基本内容

报表软件的特定处理的基本内容包括分期结转、数据备份、数据恢复、其他特定处理。具体功能同前所述。

二、用友软件报表软件的特定处理的具体操作

(一)分期结转

用友软件将【分期结转】通过【增加表页】或【文件另存为】完成。

表页管理包括增加表页、交换表页、删除表页、表页排序。增加表页有追加和插入表页两种方式。插入表页的具体操作如下所述。

① 打开一张报表,选择要插入表页的页标,使该页成为当前表页。

② 选择【编辑】菜单中【插入】下的【表页】,系统将弹出【插入表页】对话框。

③ 在【插入表页数量】编辑框中输入要插入的表页数,然后单击【确认】按钮。系统便在当前表页位置插入了指定的表页数,当前及以后的表页自动后移,表页号重新排列,表页插入完毕。

若【追加表页】选择【编辑】菜单中【追加】菜单下的【表页】功能进行操作。若【交换表页】选择【编辑】菜单中【交换】下的【表页】功能进行操作。【删除表页】选择【编辑】菜单中【删除】菜单下的【表页】功能进行操作。【表页排序】选择【数据】菜单中【排序】下的【表页】功能进行操作。

注意:

用友软件报表软件通过【增加表页】即可生成一张新的空白表页,在这张新的空白表页上即可进行下一月份的报表的日常运行,编制下一月份的报表。

文件另存为的具体操作如下所述。

① 打开一张报表。

② 选择【文件】菜单中【另存为】的功能,系统将弹出【另存为】对话框。

③ 在【另存为】对话框中,选择另存为保存路径并输入文件名,然后单击【另存为】按钮。

注意:

用友软件报表系统通过【另存为】即将当前报表进行了另行保存,也即实现了报表的数据备份,在这张另行保存报表上即可进行下一年份的报表的日常运行,编制下一年份的报表。

(二)数据备份

用友软件报表系统的【数据备份】可以通过前述【文件】【另存为】完成。也可以通过WINDOWS系统下【复制】【粘贴】来实现。

注意:

用友软件报表系统的【账套输出】并不能将报表数据进行备份。

(三)数据恢复

用友软件将【数据】称为【账套引入】。具体操作如下:用友软件报表系统的【数据恢复】可以前述通过【文件】【另存为】完成。也可以通过WINDOWS系统下【复制】【粘贴】来实现。

注意:用友软件报表系统的【账套引入】,并不能将报表数据进行恢复。

(四)其他特定处理

如用友软件提供了文件口令,格式加、解锁的报表文件的保护等其他特定处理功能。

1. 文件口令

若某些报表文件需要限制访问的权限,可以为该报表设置文件口令。设置有文件口令的报表,在打开时,必须输入正确的口令,否则不能打开。设置口令的具体操作如下所述。

① 在当前文件下,选择【文件】菜单中的【文件口令】,系统弹出【设置文件口令】对话框。

② 在【设置文件口令】对话框中输入口令。口令可以是字母、数字、空格、符号的任意组合,但长度不能超过 256 个字符,在 UFO 报表系统中口令不区分大小写,例如:"SYSTEM"等同于"system"。键入口令时,UFO 会将每个键入的字符都显示为星号"*"。

③ 保存并关闭该报表。当再次打开该报表时,系统会弹出【文件口令】对话框,在【口令】编辑栏输入正确的口令,就可以打开此报表,否则不能进入。

注意:

如果需要更改口令,打开该报表,重新设置即可。

2. 格式加、解锁

对某些报表格式,一旦设计好后基本不变,对它们进行加、解锁,可以灵活管理报表样板。报表格式加锁后,想要进入格式状态修改报表格式必须输入正确口令。如果口令有误,则不能进入报表格式状态,只能在数据状态下操作。

报表格式的加、解锁,也就是对报表样板设置或取消口令。加锁的方法是:单击【格式】菜单中【保护】下的【格式加锁】,打开【格式加锁】对话框,输入加锁口令即可。

对于格式加锁的报表,若想单击【格式/数据】按钮,进入格式状态,则系统要求输入格式口令,口令不正确不能进入。

解锁即取消口令,解锁的方法是:单击【格式】菜单中【保护】下的【格式解锁】,此时系统要求输入加锁时的口令，输入口令后，单击【确认】即可。

三、用友软件UFO报表系统运行的基本过程

简要说明用友软件UFO报表系统运行的基本过程及如何在格式状态下定义一张报表，在数据状态下输出不同会计期间或不同账套的报表。

(一) 用友软件报表系统初始化的具体操作（在格式状态下进行）

1. 建立一张新报表

2. 设计报表的格式

① 定义表尺寸。

② 绘制表格线。

③ 输入表样内容。

④ 设置关键字：在数据状态下输出不同会计期间或不同账套的报表必须设置关键字。选择【数据】菜单中【关键字】菜单下【设置】功能，然后选择【单位编号】【单位名称】【年】【季】【月】【日】选项，单击【确认】按钮。

⑤ 设置报表输出格式。

3. 定义报表公式的单元公式

在数据状态下输出不同会计期间或不同账套的报表账套号必须采用系统默认。会计年度必须采用系统默认。

(二) 用友软件报表系统日常运行的具体操作（在数据状态下进行）

1. 打开一张报表

2. 报表数据录入

在数据状态下输出不同会计期间或不同账套的报表必须录入关键字，如"单位编号""单位名称""年""季""月""日"项目的录入。

① 选择关键字值的录入功能。选择【数据】菜单中的【关键字】子菜单【录入】功能，弹出【录入关键字】窗口。

② 录入关键字。在【录入关键字】窗口，录入"单位编号""单位名称""年""季""月""日"等项目的内容。

3. 报表数据计算

4. 报表数据审核

5. 报表数据预览及打印

(三) 用友软件报表软件的特定处理的具体操作（在数据状态下进行）

1. 分期结转

在数据状态下输出不同会计期间或不同账套的报表必须【增加表页】或【文件另存为】。插入表页的具体操作如下所述。

① 打开一张报表，选择要插入表页的页标，使该页成为当前表页。

② 选择【编辑】菜单中【插入】下的【表页】，系统将弹出【插入表页】对话框。

③ 在【插入表页数量】编辑框中输入要插入的表页数，然后单击【确认】按钮。系统便在当前表页位置插入了指定的表页数，当前及以后的表页自动后移，表页号重新排列，表

页插入完毕。

④ 在新的表页重复日常运行的具体操作可以输出不同月份的报表。

文件另存为的具体操作如下所述。

① 打开一张报表。

② 选择【文件】菜单中【另存为】的功能，系统将弹出【另存为】对话框。

③ 在【另存为】对话框中，选择【另存为】保存路径并输入文件名，然后单击【另存为】按钮。

④ 打开另存为文件重复日常运行的具体操作可以输出不同年份或不同账套的报表。

2. 数据备份

用友软件报表系统的【数据备份】可以前述通过【文件】【另存为】完成。也可以通过WINDOWS系统下【复制】【粘贴】来实现。

注意：

用友软件报表系统的【账套输出】并不能将报表数据进行备份。

3. 数据恢复

用友软件将【数据】称为【账套引入】。具体操作如下：用友软件报表系统的"数据恢复"可以前述通过【文件】【另存为】完成。也可以通过WINDOWS系统下【复制】【粘贴】来实现。

通过数据备份与数据恢复功能打开备份或恢复文件重复日常运行的具体操作，可以输出不同月份或年份或不同账套的报表。

4. 使用用友软件报表子系统应当注意的事项

① 要进行输出格式定义以符合会计制度设计的表格设计要求。

定义单元的字体、字形、字号、"颜色图案""对齐""折行显示"。

定义行高、列宽、页面设置、打印设置、打印预览。

② 用友报表软件的文件扩展名为"REP"。

③ 掌握从新建开始定义报表和利用原有报表或报表模板修改定义报表。

④ 资产负债表的函数公式：年初为"全年的QC"、期末为"月的QM"；

利润表的函数公式：本月数为"月的FS"、本年累计为"月的LFS"；

现金流量表的函数公式：年报本期数为"全年的FS"或"月的LFS"或"全年的LFS"。

⑤ 不要只用函数向导定义公式，应当用复制和粘贴及修改的方法定义公式，以加快速度。

⑥ 报表的错误主要有以下三种。

a. 报表日常运行的具体操作错误。检查以下各项并进行相应操作：当前账套（引入账套）是否正确、是否录入关键字、报表是否计算。

b. 报表公式定义错误。检查核对账簿与报表数据：如果账簿与报表不一致则是报表公式定义有错误，修改报表公式定义。

c. 账簿数据有错误。检查核对账簿与报表数据：如果账簿与报表一致但报表数据有误则是账簿错误，进行账簿更正。

项目六
工资软件运行的基本过程

工资软件基本功能主要包括：工资结算单处理、工资汇总分配处理、工资转账处理。有的工资软件的工资结算单处理还包括计件工资处理。

目前绝大多数商品化工资软件都采用通用化设计方式。即工资项目、工资计算公式、工资打印格式采用用户自定义方式，以适应不同单位需要。

工资软件运行的基本过程包括：工资软件的系统初始化、工资软件的日常运行、工资软件的特定处理。

任务一 工资软件的系统初始化

一、设置工资软件运行有关参数

（一）参数设置的基本内容

1. 设置系统参数

设置系统参数包括的内容与账务处理软件基本相同，主要包括：记账本位币具体参数、是否预置科目具体参数、有无外币核算具体参数、编码方案具体参数、数据精度具体参数等。

2. 设置工资子系统参数

设置工资子系统参数主要包括：工资类别是单个还是多个设置、核算的币种选择、扣税设置、扣零设置、人员编码方案设置、启用日期设置、工资核算公式设置、所得税参数设置等。

注意：

工资子系统参数设置在不同的工资软件中有所不同。

（二）设置参数的基本功能

设置参数的基本功能包括：设置与修改。

（三）用友软件工资子系统参数设置的具体内容与操作

用友软件工资子系统参数设置的具体内容包括：选择设置工资核算是一类还是多类、工资发放币种、是否核算计件工资、是否扣税、是否扣零、职工编码长度、工资系统启用日期、工资核算公式设置、所得税参数设置、分款单设置、打印格式定义等。首次使用用友软件工资子系统将自动进入建账向导进行参数设置，具体操作如下所述。

① 选择本账套所需处理的工资类别个数：工资类别有【单个】和【多个】两类，当单

位中所有人员的工资统一管理，而人员的工资项目、工资计算公式全部相同，选择【单个】，否则当核算单位每月多次发放工资，或者单位中有多种不同类别的人员，工资发放项目不同，计算公式也不相同，但需进行统一工资核算管理时，应选择【多个】。

② 选择核算币种：一般选择【人民币】，币别，若选择账套本位币以外其他币别，则还须在工资账套参数维护中设置汇率。

③ 选择是否计件工资核算：若选择计件工资，则还须启用【计件工资】子系统，通过计件工资子系统计算计件工资项目数据。

④ 代扣税设置：如要从工资中代扣个人所得税，选择【代扣个人所得税】。

⑤ 扣零设置：扣零处理是指每次发放工资时零头扣下，积累取整，于下次工资发放时补上，系统在计算工资时将依据扣零类型进行扣零计算，【扣零至元】即工资发放时不发10元以下的元、角分。通常以现金发放工资时选择【扣零处理】。选择【扣零处理】后系统自动在固定工资项目中增加【本月扣零】和【上月扣零】两个项目并进行相应的处理。

工资子系统参数设置还可以包括：【人员编码长度】设置，【启用日期】设置。

设置用友软件的工资子系统有关参数的基本操作，通常同前采用选择设置和输入设置方式。

设置用友软件的工资子系统参数在系统应用平台的【人力资源】—【薪资管理】—【设置】—【选项】中设置。但有些参数只能在此显示，不能在此处设置，如【人员编码长度】设置，【启用日期】设置。

二、设置工资子系统必要的项目代码

（一）代码设置的基本内容

1. 系统代码

系统代码主要包括如部门档案、职员档案、开户银行等。

2. 工资子系统代码及参数

工资子系统代码除了包括部门档案、职员档案、人员类别、银行档案等系统代码外，还包括如工资项目、工资项目计算公式（属于参数设置）、工资类别设置、人员附加信息设置、发放次数设置等。工资系统代码设置主要包括以下几点。

（1）部门代码设置　部门代码也称部门档案，就是设置工资发放的本单位内部部门，需要输入部门代码、部门名称。设置部门代码便于按部门核算工资，按部门分类、汇总工资发放情况，提供部门核算资料；以及便于进行工资分配。设置部门代码也是设置人员工资系统其他代码及参数的基础。

注意：

部门代码，应当按汇总关系从上向下按级输入，即体现父子关系。

部门档案与其他系统（如总账等）是共享的，所以设置时应进行系统规划。

（2）人员类别设置　人员类别设置通常输入类别代码、类别名称。人员类别设置目的是对计算工资的人员分类，设置人员类别不仅能提供按不同的人员类别工资信息，便于按类别分类、汇总工资发放情况；而且与工资费用分配、分摊有关，人员类别设置后，工资费用将按人员类别进行分配和会计处理。

（3）工资项目设置　工资项目设置属于代码设置，就是设置工资结算单、工资汇总表的核算项目及属性，即定义工资项目的名称、类型和宽度，如设置：基本工资、岗位工资、副食补贴等。企业可以根据实际需要设置工资项目。

如工资计算项目设置举例见表 6-1。

表 6-1 工资计算项目设置

序号	项目名称	类型	宽度	小数
01	职工编号	C	9	
02	部门	C	10	
03	姓名	C	8	
04	参加工作时间	D	8	
05	工龄	N	2	
06	日工资	N	6	2
11	基本工资	N	8	2
12	副食补贴	N	6	2
13	效益工资	N	6	2
14	工龄工资	N	6	2
15	交通费	N	6	0
16	洗理费	N	6	0
17	应发合计	N	8	2
33	事假天数	N	6	0
34	事假扣款	N	6	2
35	病假天数	N	6	2
36	病假扣款	N	6	0
37	代扣房租	N	6	2
38	代扣税金	N	6	0
39	扣养老金	N	6	2
40	扣款合计	N	6	2
90	实发工资	N	8	2

(4) 工资项目计算公式设置 工资项目计算公式设置即属于参数设置，就是定义有关工资项目的计算公式，需要选择计算项目和输入该项目的计算公式。计算项目是计算公式计算结果存入的工资项目名称；计算公式是由常数、工资项目、加减乘除运算符号及有关函数组成的算术运算表达式。如计算公式举例见表 6-2。

表 6-2 计算公式

序号	工资项目	计算公式
01	日工资	基本工资/20.5
02	工龄工资	工龄×0.5
03	应发合计	基本工资+副食补贴+效益工资+工龄工资+交通费+洗理费
06	事假扣款	事假天数×日工资
07	病假扣款	IIF(工龄≥10,病假天数×日工资×0.2,病假扣款)
08	病假扣款	IIF(工龄<10.AND.工龄≥5,病假天数×日工资×0.3,病假扣款)
09	病假扣款	IIF(工龄<5,病假天数×日工资×0.5,病假扣款)
10	扣款合计	事假扣款+病假扣款+代扣房租+扣养老金+代扣税金
99	实发工资	应发合计－扣款合计

说明：该单位病假扣款按工龄分别为：

工龄在 10（包括 10 年）年以上的，扣 20%；

工龄在 5～9 年的，扣 30%；

工龄未满 5 年的，扣 50%。

由于工资项目计算公式设置必须在工资项目设置之后设置，所以将工资项目计算公式设置了列在代码设置之处。

(5) 职员代码设置　职员代码设置即属于代码设置，也称人员档案设置。在工资系统中也属于初始数据录入；而且日常运行时涉及职工的增减变化也在此功能中完成。职员代码设置除了逐项输入职工编号、职工姓名等基本信息外，还可以输入有关工资项目的固定数据。

（二）设置代码的基本功能

代码及参数设置操作的基本功能包括：增加、修改、删除、查询、打印。

（三）用友软件工资子系统代码及参数设置的具体内容与操作

1. 系统代码及参数设置

用友软件工资系统代码及参数设置是在建立工资类别前或建立工资类别后但在关闭工资类别状态下进行设置。主要内容包括以下几方面。

(1) 部门档案设置　选择系统应用平台的【基础设置】—【基础档案】—【机构人员】—【部门档案】功能进行设置。

(2) 人员类别设置　选择系统应用平台的【基础设置】—【基础档案】—【机构人员】—【人员类别】功能进行设置。

(3) 人员档案设置　选择系统应用平台的【基础设置】—【基础档案】—【机构人员】—【人员档案】功能进行设置。

(4) 银行档案设置　选择系统应用平台的【基础设置】—【基础档案】—【收付结算】—【银行档案】功能进行设置。

2. 子系统代码及参数设置

(1) 工资项目设置　用友软件工资子系统提供了一些必不可少的固定项目，如：【应发合计】【扣款合计】【实发合计】等；若账套设置了【扣零处理】，则系统在工资项目中自动生成【本月扣零】和【上月扣零】两个指定名称的项目；若选择了自动扣税功能，则系统在工资项目中自动生成【代扣税】项目。这些项目既不能删除也不能重命名，其他项可根据实际情况定义或参照增加。工资项目设置的操作方法如下所述。

① 选择系统应用平台的【人力资源】—【薪资管理】—【设置】—【工资项目设置】功能，系统会弹出【工资项目设置】窗口。

② 在【工资项目设置】窗口，可以【增加】【删除】【重命名】项目。

注意：

① 增减项中【增项】是指直接计入应发合计的项目，【减项】是指为直接计入扣款合计的项目，【其他】项不参与应发合计与扣款合计。

② 设置的工资项目名称必须唯一，工资项目一经使用，数据类型不允许修改。

③ 用友软件工资子系统工资项目设置分两次进行。第一次是在建立工资类别前或建立工资类别后但在关闭工资类别状态下进行设置的工资项目，这次设置将形成各个工资类别中工资项目，这次设置应将所有工资类别涉及的所有工资项目全部进行设置。第二次是在建立工资类别之后并打开工资类别状态下进行设置，这次设置是在第一次设置基础上为某一工资类别选择设置工资项目。

(2) 工资类别设置　用友软件工资子系统如果选择了多类工资核算，则应当首先进行工资类别设置，即首先新建工资类别；而且各类别工资的信息设置和日常工资核算都必须打开工资类别。

工资类别设置的操作方法是：选择系统应用平台的【人力资源】—【薪资管理】—【工资类别】—【新建工资类别】或【删除工资类别】功能进行设置。

打开工资类别的操作方法是：选择系统应用平台的【人力资源】—【薪资管理】—【工资类别】—【打开工资类别】。

(3) 选择类别工资核算部门　选择类别工资核算部门是指在某工资类别下，选择该工资类别包括的核算部门，为其他工资资料的输入做好准备。

选择类别工资核算部门的操作方法是：选择系统应用平台的【人力资源】—【薪资管理】—【设置】—【部门设置】。

注意：

① 在建立工资类别时，已经选择了核算部门，若选择正确可跳过此步；若选择的部门有误，可在此进行修改。

② 如果没有所选的部门资料，需要关闭工资类别，选择系统应用平台的【基础设置】—【基础档案】—【机构人员】—【部门档案】功能进行部门档案设置。

③ 选择类别工资核算部门，必须打开工资类别。

(4) 发放次数设置　选择系统应用平台的【人力资源】—【薪资管理】—【设置】—【发放次数管理】功能进行设置。

(5) 人员附加信息设置　选择系统应用平台的【人力资源】—【薪资管理】—【设置】—【人员附加信息设置】功能进行设置。

(6) 设置工资类别人员档案　此处人员档案设置是用于登记工资发放人员的姓名、职工编号、所在部门、人员类别等信息以及职工的增减变动、工资项目的固定数据等资料。人员档案的基本信息在基础设置时已经设置完成，此处人员档案设置是为参加工资核算增减具体的职工。在日常工资核算业务中的人员增减及变动也在此进行数据处理。

类别工资人员档案设置具体操作方法是：选择系统应用平台的【人力资源】—【薪资管理】—【设置】—【人员档案】功能，系统弹出【人员档案】窗口；在【人员档案】窗口，可以完成【增加人员】并输入有关参数操作，也可以完成【删除】或【修改】人员的操作。

注意：

设置工资类别人员档案，必须打开工资类别。

(7) 选择工资类别的工资项目　在前面的工资项目设置中，已经设置了本企业各类工资类别所需的全部工资项目，在这里将根据本工资类别的特点选择所需的工资项目，并在此基础上为工资项目设置计算公式。

选择工资类别的工资项目的具体操作方法是：选择系统应用平台的【人力资源】—【薪资管理】—【设置】—【工资项目设置】功能，系统弹出【工资项目设置】窗口；在【工资项目设置】窗口，可以完成【增加】或【删除】工资项目。

注意：

① 选择工资类别的工资项目，必须打开工资类别。

② 选择工资类别的工资项目，只能参照【增加】工资项目，或【删除】工资项目不能修改（或重命名）工资项目。

(8) 设置工资类别的计算公式　设置工资类别的计算公式的操作方法是：

① 选择系统应用平台的【人力资源】—【薪资管理】—【设置】—【工资项目设置】功能，

系统弹出【工资项目设置】窗口。

②在【工资项目设置】窗口选择【公式设置】页签。

③在【公式设置】页签,首先单击【增加】按钮,然后选择工资项目参照,选择一个工资项目,如选择:【事假扣款】。其次设置计算公式,设置计算公式的方法有三种:一是直接在公式定义文本编辑框中输入公式;二是根据公式设置页签中各列表框提供的内容选择设置;三是根据【函数公式向导】输入计算公式。

④单击【公式确认】按钮,确认该公式。

注意:

①设置工资类别的计算公式,必须在工资项目设置之后进行。

②设置工资类别的计算公式,必须打开工资类别。

③用友软件工资子系统设置工资类别的计算公式,必须在设置工资类别人员档案之后进行。

④定义公式时要注意公式的先后顺序,有的软件需设置公式序号,如果设置公式序号将决定计算的先后顺序;用友软件工资子系统没有设置公式序号,公式中左侧【工资项目】中的顺序将决定系统执行工资计算时的先后顺序。可通过点击上下箭头调整计算公式的顺序。

⑤通常提供查询、增加、删除、修改等具体功能。

⑥IIF函数是工资系统中定义计算公式最常用的函数,它解决了有条件的计算问题。

三、工资软件录入初始数额

(一) 工资软件初始数额录入的基本内容

工资软件初始数额录入的基本内容是当前每一个参加工资计算职工的基本数据。主要包括:职工编号、职工姓名、基本工资等固定数据。职工档案(代码)设置实际上也是工资软件初始数额录入。

(二) 工资软件初始数额录入的基本功能

工资软件初始数额录入的基本功能包括职工增加、删除、修改等功能。

(三) 用友软件工资子系统录入初始数额的操作

用友软件工资子系统前述工资类别人员档案既是代码设置,也是录入初始数据。录入初始数额就是工资类别人员档案设置,二者是同一个功能,主要用于登记工资发放人员的姓名、职工编号、所在部门、人员类别等信息以及职工的增减变动、工资项目的固定数据等资料。

用友软件工资子系统录入初始数额的具体操作方法是:选择系统应用平台的【人力资源】—【薪资管理】—【设置】—【人员档案】功能,系统弹出【人员档案】窗口;在【人员档案】窗口,可以完成【增加】人员并输入有关参数操作,也可以完成【删除】人员、【修改】人员、录入工资的固定数据的操作。

任务二 工资软件的日常运行

一、工资软件日常运行的基本内容

工资软件日常运行的基本内容是按数据处理对象分类的,主要包括职工增减变动处理、工资结算单处理、工资汇总表处理、个人所得税的处理、自动转账处理（用友软件称为工资分摊）。此外还包括银行代发处理、分款单处理等。

二、工资软件日常运行的具体功能

（一）职工增减变动处理

工资软件日常运行的职工增减变动处理需要收集与审核手工数据，如职工调入、调出、内部调动资料。

工资软件日常运行的职工增减变动处理就是完成参加工资计算的职工增加、减少、修改操作。

（二）工资结算单处理

工资软件日常运行的工资结算单处理功能包括以下几点。

(1) 工资结算单处理　需要收集与审核手工数据，如职工考勤数据、职工调资数据、职工扣款数据、职工计件工资工作量数据等。

(2) 工资结算单工资项目数据输入/修改　工资结算单工资项目数据输入/修改属于数据录入，工资项目数据录入包括：按人输入/修改，就是选择某一职工，显示当前某一职工全部工资项目的原有内容，逐项输入/修改该职工的有关工资项目数据；选项输入/修改，就是在全屏幕方式下选择输入或修改的项目，输入或修改所选项目某一个或某几个工资项目数据；替换输入/修改，就是输入计算项目、计算公式及计算条件，用计算公式的计算结果统一替换符合条件的职工的某一工资计算项目数据，实现工资项目数据的输入修改。如输入计算项目为"交通费"，输入计算公式为"交通费＋10"，则执行该公式后，每个职工的交通费在原有的基础上都加上了 10 元。成批或定位输入/修改，就是按照输入的条件从人员档案中提取某个人或某一批人的数据进行工资项目数据输入/修改。

(3) 工资结算单工资计算　工资结算单工资计算属于数据加工，就是按照工资子系统初始化中计算公式设置的内容计算每一个职工的计算工资项目。

(4) 工资结算单数据的查询和打印　工资结算单数据的查询和打印属于数据输出。工资结算单数据的查询就是在屏幕上显示有关职工工资数据情况，包括全屏幕查询：鼠标拖动滚动条或按光标键查询；快速查询：输入查询条件直接定位或过滤查询等。工资结算单数据的打印就是按照工资核算系统初始化中定义的工资项目进行打印输出，打印时可以选择打印的范围及条件，打印工资结算单通常有三种形式可供选择：存档式工资结算单，表格式工资条，列项式工资条。

（三）工资汇总表处理

工资软件日常运行的工资汇总表处理功能包括以下几点。

(1) 工资汇总表的工资汇总计算　工资汇总表的工资汇总计算属于数据加工，就是按照工资子系统初始化中部门档案设置或人员类别设置，汇总计算部门工资项目数据。

(2) 工资汇总表数据的查询和打印　工资部门数据的查询和打印属于数据输出。工资汇总表数据的查询就是在屏幕上显示有关职工工资数据情况，包括全屏幕查询：鼠标拖动滚动条或按光标键查询；快速查询：输入查询条件直接定位或过滤查询等。工资汇总表数据的打印就是按照选择打印的范围及条件打印输出工资汇总表数据，打印时可以通常打印不同形式的工资汇总表。

（四）个人所得税的处理

工资软件日常运行的个人所得税的处理功能包括以下几点。

① 个人所得税的设置。个人所得税的设置就是按照国家个人所得税的有关规定设置个人所得税的纳税基数、纳税起征点、纳税税率等。

② 个人所得税的计算、查询、打印、输出等。

（五）自动转账处理

自动转账是一个相对独立的子系统，作为相对独立的子系统运行的基本过程同其他系统一样，包括初始化、日常运行、特定处理（但自动转账通常无此项处理）。自动转账处理包括的"初始化"即"自动转账设置"，具体包括定义转账凭证、会计科目（及项目大类、项目）、金额（工资项目、分摊比例、部门名称、人员类别）等内容；自动转账处理包括的"日常运行"即"填制自动转账凭证"，具体包括生成转账凭证、修改转账凭证、保存转账凭证、查询转账凭证、打印转账凭证、删除转账凭证。

（六）其他日常运行的具体功能

其他日常运行的具体功能主要包括银行代发处理、分款单处理等具体功能。

三、用友软件工资子系统日常运行的具体操作

（一）职工增减变动处理

用友软件工资子系统是通过前述人员档案及工资类别人员档案设置实现的，前已述及工资类别人员档案设置属于代码设置也属于录入初始数额。用友软件工资子系统职工增减变动处理的具体操作方法有两种。

第一，选择系统应用平台的【基础设置】—【基础档案】—【机构人员】—【人员档案】功能，系统弹出【人员档案】窗口；在【人员档案】窗口，可以完成【增加人员】并输入有关参数操作，也可以完成【删除】人员、【修改】人员的操作。

第二，选择系统应用平台的【人力资源】—【薪资管理】—【设置】—【人员档案】功能，系统弹出【人员档案】窗口；在【人员档案】窗口，可以完成【增加人员】并输入有关参数操作，也可以完成【删除】人员、【修改】人员的操作。

（二）工资结算单处理的具体操作

1. 工资结算单工资项目数据输入/修改的具体操作方法

第一，选择系统应用平台的【人力资源】—【薪资管理】—【业务处理】菜单下的【工资变动】功能，系统会弹出【工资变动】窗口。

第二，在【工资变动】窗口显示所有人员所有工资项目，可以直接在此录入（输入/修改）有关工资项目数据。具体还可以采用以下具体操作方法。

（1）按人输入/修改　在【工资变动】窗口，单击工具栏上的【页编辑】按钮，或按右键菜单中的【页编辑】，系统显示【页编辑】窗口，在【页编辑】窗口对选定个人录入有关工资项目数据。

（2）选项输入/修改　在【工资变动】窗口，单击【过滤器】下拉列表框，选择【过滤设置】，或在右键菜单中选择【项目过滤】，则系统弹出项目选择对话框，项目选择完毕，可单击【保存】按钮，在系统弹出的【过滤器名称】对话框中输入一个过滤器名称；若不想保存可直接单击【确认】按钮，则系统将这些选择工资项目显示到数据录入界面，在此界面可以对这些项目进行数据录入或修改。

（3）替换输入/修改　在【工资变动】窗口，单击工具栏上的【替换】按钮，系统显示【工资项数据替换】窗口，在【工资项数据替换】窗口中，【将工资项目】下拉列表框中，单

击下拉箭头，选择替换的项目，如："加班费"；在【替换成】编辑框中输入替换的表达式，如："200"；在替换条件框中，选择替换的条件，如：【部门＝生产处】。输入完后单击【确认】按钮，有关数据将被替换。若不想替换可点击【取消】按钮，取消当前操作并返回。

(4) 成批或定位输入/修改　在【工资变动】窗口，单击工具栏中的【筛选】按钮，系统显示【数据筛选】窗口。在【数据筛选】窗口，输入筛选条件后，单击【确认】按钮，系统将根据设置将符合条件的一批职工数据筛选出来，然后对该批职工进行工资项目的数据录入或修改。或在【工资变动】窗口，单击工具栏中的【定位】按钮，系统显示【人员定位】窗口，在【人员定位】窗口，选择按人员定位或按部门定位或模糊定位，输入部门名称、人员编号或姓名，单击【确认】按钮，系统自动移动到设定的部门或人员。

2. 工资结算单工资计算具体操作方法

在【工资变动】窗口，单击工具栏中【重新计算】按钮，计算工资数据。

如果工资变动后，没有进行工资数据的计算和汇总，那么在退出【工资变动】时，系统会提示是否进行工资计算和汇总。

在修改了某些数据，重新设置了计算公式，或者进行了数据替换等操作后，必须调用工资变动中的【重算工资】和【工资汇总】功能对个人工资数据重新进行计算汇总，以保证工资数据的正确性。

3. 工资结算单的查询和打印具体操作方法

工资结算单包括工资发放签名表、工资发放条、工资卡、条件明细表等由系统提供的原始表。工资发放签名表：即工资发放清单或工资发放签名表，一个职工一行，用于签名存档。工资发放条：为发放工资时，交给职工的工资项目清单，即工资条。工资卡：即工资台账，按每人一张设立卡片，工资卡片反映每个员工各月的各项工资情况。条件明细表：由用户指定条件生成的工资发放表。工资结算单的查询和打印具体操作方法是：选择系统应用平台的【业务工作】—【人力资源】—【薪资管理】—【统计分析】—【账表】—【工资表】或【工资分析表】功能，系统显示【工资表】或【工资分析表】窗口，选择查看的报表，点击【查看】按钮并按要求进行选择，单击【确认】后即显示查询的工资结算单，如工资发放签名表。单击工具栏中的打印按钮，可以打印工资发放签名表。

(三) 工资汇总表处理的具体操作

1. 工资汇总表汇总

在【工资变动】窗口，在工资变动主界面，单击工具栏中【汇总】按钮，汇总工资数据。

如果工资变动后，没有进行工资数据的汇总，那么在退出【工资变动】时，系统会提示是否进行工资计算和汇总。

在修改了某些数据，重新设置了计算公式，或者进行了数据替换等操作后，必须调用工资变动中的【工资汇总】功能对个人工资数据重新进行计算汇总，以保证工资数据的正确性。

2. 工资汇总表的查询和打印具体操作方法

工资汇总表主要包括部门工资汇总表、人员类别工资汇总表、条件汇总表、条件统计表等由系统提供的原始表。部门工资汇总表：按部门进行的工资数据汇总。人员类别工资汇总表：按人员类别进行的工资数据汇总。条件汇总表：由用户指定条件生成的工资汇总表。条件统计表：由用户指定条件生成的工资统计表。

选择系统应用平台的【业务工作】—【人力资源】—【薪资管理】—【统计分析】—【账表】—

【工资表】或【工资分析表】功能，系统显示【工资表】或【工资分析表】窗口，选择查看的报表，点击【查看】按钮并按要求进行选择，单击【确认】后即显示查询的工资汇总表，如部门工资汇总表。单击工具栏中的打印按钮，可以打印部门工资汇总表。

3. 工资类别汇总的查询和打印具体操作方法

在多个工资类别管理的情况下，若需要将所有类别的工资数据进行汇总，就需要使用工资类别汇总功能。系统以部门编号、人员编号、人员姓名为标准，将此三项内容相同人员的工资数据做合计。例如：需要统计每一个职工在所有工资类别中本月发放工资的合计数，或某些工资类别中的人员工资都由一个银行代发，希望生成一套完整的工资数据传送到银行，则可使用此项功能。工资类别汇总的具体操作方法如下：

① 选择系统应用平台的【业务工作】—【人力资源】—【薪资管理】—【工资类别】菜单下【关闭工资类别】功能。

② 选择系统应用平台的【业务工作】—【人力资源】—【薪资管理】—【维护】菜单下【工资类别汇总】功能，在显示的工资类别汇总对话框中，选择需汇总的工资类别，然后按【确认】按钮，系统将所选工资类别的数据进行汇总，并存储到系统自定义的工资类别【998汇总工资类别】。

③ 选择系统应用平台的【业务工作】—【人力资源】—【薪资管理】—【工资类别】菜单下【打开工资类别】功能，系统显示的【选择工资类别】对话框中，多了一个【998汇总工资类别】，选择该类别并打开即可实现工资类别汇总的查询和打印。

(四) 个人所得税的处理的具体操作

1. 个人所得税的设置

① 选择系统应用平台的【业务工作】—【人力资源】—【薪资管理】—【设置】菜单下【选项】功能，系统显示【选项】对话框。

② 在【选项】对话框的【扣税设置】页签，单击【编辑】按钮。

③ 选择计税工资的【收入额合计】项目及扣税方式。

④ 单击【税率设置】按钮，按税法规定设置【纳税基数】及【纳税税率】。

2. 个人所得税的计算、查询、打印、输出等。

用友软件工资子系统个人所得税报表包括个人所得税年度申报表、个人信息登记表、扣缴个人所得税报表和扣缴汇总报告表。

选择系统应用平台的【业务工作】—【人力资源】—【薪资管理】—【业务处理】菜单中的【扣缴所得税】功能，按要求进行操作即可完成个人所得税的计算、查询、打印、输出等处理。

注意：

计税工资的【收入额合计】项目应当自行设置【计税工资】的工资项目，通常【应发合计】不适合直接作为【收入额合计】项目。

(五) 工资分摊处理的具体操作

用友软件工资子系统将自动转账称为【工资分摊】处理，就是将当月发生的工资进行工资费用分配，及计提各种经费，并制作自动转账凭证，供总账系统登账使用。

1. 工资分摊设置

工资分摊设置定义转账凭证、会计科目（及项目大类、项目）、金额（工资项目、分摊比例、部门名称、人员类别）等内容，工资分摊设置的具体操作方法如下。

① 选择系统应用平台的【业务工作】—【人力资源】—【薪资管理】—【业务处理】菜单中

的【工资分摊】功能，单击【工资分摊设置】按钮，系统显示【分摊类型设置】窗口。

②【分摊类型设置】窗口，单击【增加】按钮，输入【计提类型名称】与【比例】。

③ 输入转账凭证的部门名称、人员类别、工资项目、会计科目、项目大类、项目、内容。

④ 单击【保存】按钮。

注意：

① 工资项目应当自行设置【工资分摊】或【费用计提基数】工资项目，通常【应发合计】不适合直接作为【工资分摊】或【费用计提基数】工资项目。

② 可以【修改】和【删除】工资分摊设置。

③ 工资分摊设置可以设置应付工资分摊、应付福利费计提、工会经费计提、职工教育经费计提和自定义工资项目分摊（如计提保险费）等。

2. 工资分摊

工资分摊就是填制工资分摊的自动转账凭证，具体包括生成转账凭证、修改转账凭证、保存转账凭证、查询转账凭证、打印转账凭证、删除转账凭证。

① 选择系统应用平台的【业务工作】—【人力资源】—【薪资管理】—【业务处理】菜单中的【工资分摊】功能，系统显示【工资分摊】窗口。

② 在【工资分摊】窗口，选择【计提费用类型】和【参与核算部门】，选择计提费用的月份和计提分配方式，选择是否费用分摊明细到工资项目，选择是否核算到项目，点击【确认】按钮显示【工资分摊一览表】，根据需要选择是否按【合并科目相同、辅助项相同的分录】，显示一览表。

在【工资分摊一览表】界面从下拉框中选择分摊类型，系统按选择的分摊类型显示其他一览表。

③ 点击【制单】按钮，生成当前所选择的一种【分摊类型】所对应的一张凭证。点击【批制】按钮，即批量制单，可一次将所有本次参与分摊的【分摊类型】所对应的凭证全部生成。

注意：

在生成转账凭证的基础上可以修改、保存、查询、打印、删除转账凭证。

(六) 其他日常运行的具体功能的具体操作

1. 银行代发处理

选择系统应用平台的【业务工作】—【人力资源】—【薪资管理】—【业务处理】菜单中的【银行代发】功能，按要求进行操作即可完成设置银行代发文件格式、设置银行代发磁盘输出格式、生成数据磁盘等处理。

2. 工资分钱清单处理

选择系统应用平台的【业务工作】—【人力资源】—【薪资管理】—【业务处理】菜单中的【工资分钱清单】功能，按要求进行操作即可完成【部门分钱清单】【人员分钱清单】和【工资发放取款单】工资分钱清单票面金额设置及统计。

任务三　工资软件的特定处理

一、工资软件的特定处理的基本内容

工资软件的特定处理的基本内容包括分期结转、数据备份、数据恢复、其他特定处理。

具体功能同前所述。

二、用友软件工资软件的特定处理的具体操作

1. 月末处理

用友软件的【月末处理】就是【分期结转】。月末处理应当在会计期结束时进行,分期结转后将结束本月工资核算,并可进入下月的工资核算,具体操作方法如下。

① 选择系统应用平台的【业务工作】—【人力资源】—【薪资管理】—【业务处理】菜单中的【月末处理】功能。

② 单击【确定】按钮,若符合结账要求,系统将进行结账,否则不予结账。

注意:

① 执行该功能首先将当前月份工资数据形成历史文件,即本月工资数据为不可修改。

② 然后自动生成下月工资数据。

③ 在生成下月工资数据过程中可以选择变动数据、计算数据、汇总数据清零。

④ 分期结转通常要先进行工资数据的备份。

⑤ 工资分期结转只能逐月进行。

⑥ 用友软件工资子系统月末处理后,可以进行反结账,反结账要选择取消结账的月份。

2. 账套输出

用友软件【账套输出】就是【数据备份】。具体操作如下。

① 以系统管理员身份注册,进入系统管理模块。

② 选择【账套】菜单下级的【输出】功能,弹出账套输出界面。

③ 在【账套号】处选择需要输出的账套,选择输出路径,点击【确认】按钮完成输出。系统提示输出是否成功的标识。

注意:

① 只有系统管理员(Admin)有权限进行账套输出。

② 如果将【删除当前输出账套】同时选中,在输出完成后系统会确认是否将数据源从当前系统中删除的工作。

③ 用友软件数据备份有账套输出、年度账输出和设置备份计划三种方式。

3. 账套引入

用友软件【账套引入】就是【数据恢复】。具体操作如下。

① 以系统管理员身份注册,进入系统管理模块。

② 选择【账套】的下级菜单【引入】功能。

③ 选择要引入的账套数据备份文件和引入路径,点击【打开】按钮表示确认。如想放弃,则点击【放弃】按钮。

注意:

① 引入的账套将覆盖原有相同账套号的账套数据。

② 引入以前的账套或自动备份的账套,应先使用文件解压缩功能,将所需账套解完压缩后再引入。

4. 其他特定处理

如用友软件提供了清除单据锁定、清除异常任务、上机日志、清退站点、刷新等其他特定处理功能。

5. 用友软件实验注意事项

① 附加信息（如参加工作时间等）设置与工资计算无关可以不设。

② 项目设置。

a. 工资项目有增项、减项、其他项。增项就是给职工钱，自动加入应发合计，减项就是扣钱，自动加入扣款合计。

b. 要在没打开类别之前为各类工资设工资项目，打开类别设置项目只能是在没打开类别中设置的工资项目中选择。

c. 有些项目为系统项目不用设置，如应发合计、扣款合计、实发合计、本月扣零上月扣零、代扣税。

d. 增加项目可以用名称参照也可以自定义。

e. 人员档案设置完成后，才可以设置工资计算公式。

项目七
固定资产软件运行的基本过程

固定资产软件的基本功能包括固定资产增加、减少、变动处理，固定资产折旧处理，固定资产转账处理。

固定资产软件运行的基本过程包括：固定资产软件的系统初始化、固定资产软件的日常运行、固定资产软件的特定处理。

任务一　固定资产软件的系统初始化

一、设置固定资产软件运行的有关参数

（一）参数设置的基本内容

1. 设置系统参数

设置系统参数主要包括：记账本位币具体参数、是否预置科目具体参数、有无外币核算具体参数、编码方案具体参数、数据精度具体参数等。

2. 设置固定资产子系统参数

设置固定资产子系统参数主要包括：设置系统启用日期、折旧信息、资产编码方案、总账系统接口信息等。

如用友软件固定资产参数设置的具体内容包括：约定与说明、折旧主要方法、折旧计算周期、剩余折旧提足方法、是否与总账系统进行对账、对账科目选择、固定资产类别编码方案、固定资产编码方案、固定资产使用部门与折旧对应科目设置、固定资产增减变动与对应科目设置、折旧计算公式设置等。

注意：

固定资产子系统参数设置在不同的固定资产软件中有所不同。

（二）设置参数的基本功能

设置参数的基本功能包括设置与修改。

（三）用友软件固定资产子系统设置参数的具体内容与操作

1. 首次使用用友软件固定资产子系统设置参数的具体内容与操作

选择【业务处理】—【财务】—【固定资产】功能，使用用友软件固定资产子系统将自动进入初始化参数设置，具体操作如下所述。

① 是否同意约定及说明　约定及说明显示的内容是该账套的基本信息和系统处理的一

些基本原则，请检查确定初始化的账套是否是该账套，若正确选择【我同意】；若选择【我不同意】将无法进行初始化工作。

② 设置折旧信息　本账套是否计提折旧：如果是行政事业单位应用不选择该项。如果是企业单位应用，请选择该项。选择本系统主要折旧方法：选择后该折旧方法成为缺省的设置，将来对具体的固定资产可以重新选择折旧方法。

设置折旧汇总分配周期：企业在实际计提折旧时，不一定每个月计提一次，如：保险行业每3个月计提和汇总分配一次折旧。本系统提供1、2、3、4、6、12几个分配周期，可以按本单位实际情况选择确定折旧分配周期。

选择剩余折旧提足方法，如果选择了【当（月初月份＝可使用月份－1）时将剩余折旧提足（工作量法除外）】时，则当某资产使用到使用年限的最后一个月时，一次提取全部剩余折旧，并且不能手工修改；否则该月继续按公式提取，并且可手工修改，但若以后各月按照公式计算的月折旧率或额是负数时，认为公式无效，令月折旧率＝0，月折旧额＝净值－净残值。

③ 设置编码方式　设置资产类别编码方式：类别编码最多可设置4级（10位），系统推荐采用国家规定的4级6位（2112）编码方式。

设置固定资产编码方式：固定资产编号可以在输入卡片时手工输入，也可以选用自动编码的形式自动生成。若选择了【手工输入】，则在卡片输入时只能通过手工输入的方式录入资产编号；若选择了【自动编号】，可单击下拉列表框，从中选择一种编码方法，自动编号中序号的长度可根据资产的数量自由设定。

④ 设置财务接口　是否对账设置：若选中【与财务系统进行对账】，可以核对固定资产系统中所有资产的原值、累计折旧和总账系统是否相等；否则若不想与总账系统对账，可不选择该项。

对账科目选择：可参照总账系统的科目设置，选择固定资产和累计折旧科目。所选择的对账科目应与总账系统内的一级科目一致。

对账不平允许月末结账设置：如果希望严格控制系统间的平衡，并且做到两个系统录入的数据一致，不能选中该项。

注意：
初始化完成后，大部分内容不允许再修改，所以在确认无误后，再点击【完成】。

2．选择【设置】菜单下【选项】功能设置参数的具体内容与操作

还有一些业务处理控制参数，可以在【选项】功能中进行修改或补充设置，具体操作方法如下所述。

选择【业务处理】—【财务】—【固定资产】—【设置】菜单下【选项】功能，进入【选项】窗口，【选项】窗口提供【与财务系统接口】、【折旧】等页签。如在【与财务系统接口】页签，选择月末结账前一定要完成制单登账业务；选择固定资产、累计折旧缺省入账科目；选择业务发生后立即制单，若选择该项，则在业务完成后自动提示制作凭证，否则系统不控制制单的时间，可以在业务完成后统一批量制单。

在该【选项】窗口也可对初始化时设置的一些参数进行修改，但有些不允许修改。

3．选择【工具】菜单中【重新初始化】功能设置参数的具体内容与操作

若发现系统不允许修改的参数设置不正确，而且必须改正，只能通过【工具】菜单中【重新初始化】功能实现，但应注意重新初始化将清除用户对该账套所做的一切工作。

4．通过其他设置功能设置参数的具体内容与操作

(1) 部门对应折旧科目设置　部门对应折旧科目是指计提折旧时所对应的成本或费用科

目。一般情况下，某一部门的资产折旧费用将归集到一个比较固定的科目，所以部门折旧科目的设置就是给部门选择一个折旧科目，以便于按折旧科目汇总生成部门折旧分配表，从自动转账生成记账凭证提供依据。部门对应折旧科目设置具体操作方法如下所述

① 选择【业务处理】—【财务】—【固定资产】—【设置】菜单下【部门对应折旧科目设置】功能，系统显示【设置部门折旧科目】窗口。

② 在【设置部门折旧科目】窗口的部门列表或部门目录中选择要设置科目或要修改科目的部门，然后单击工具栏上的【修改】，参照选择或输入科目编码。

③ 单击工具栏上【保存】按钮，或单击鼠标右键菜单中的【保存】即可。

注意：

部门对应折旧科目设置属于参数设置，但是必须在部门代码设置之后进行。

(2) 折旧方法设置 折旧方法设置属于参数设置。折旧方法设置是系统自动计算折旧的基础。系统给出了常用的六种折旧方法：不提折旧、平均年限法（一）、平均年限法（二）、工作量法、年数总和法、双倍余额递减法，并列出了它们的折旧计算公式。这几种方法是系统缺省的折旧方法，只能选用，不能删除和修改。另外可能由于各种原因，这几种方法不能满足需要，系统提供了折旧方法的自定义功能，用户可以定义自己合适的折旧方法的名称和计算公式，具体操作方法如下所述。

① 选择【业务处理】—【财务会计】—【固定资产】—【设置】菜单下【折旧方法】功能。

② 单击工具栏上【增加】按钮，系统显示【定义折旧方法】窗口，屏幕显示折旧定义窗口。

③ 输入【折旧方法名称】，双击项目目录中的项目，选择组成月折旧额和月折旧率的自定义公式。

④ 单击【确定】按钮，即可完成新折旧方法定义。

二、设置固定资产子系统必要的项目代码

(一) 代码设置的基本内容

1. 系统代码

系统代码主要包括如部门档案等。

2. 固定资产子系统代码及参数

固定资产子系统代码除了包括部门档案等系统代码外，还包括如固定资产卡片项目、固定资产卡片样式、固定资产分类、固定资产使用状况、固定资产增减方式、固定资产折旧方法等。

固定资产系统代码设置内容及说明如下所述。

(1) 部门代码设置 部门代码也称部门档案，就是设置固定资产使用的本单位内部部门，需要输入部门代码、部门名称。设置部门代码便于按部门核算固定资产，按部门分类、汇总固定资产使用情况，提供部门核算资料；以及便于进行折旧的计算分配。设置部门代码也是设置固定资产系统其他代码及参数的基础。

注意：

部门代码，应当按汇总关系从上向下按级输入，即体现父子关系。

部门档案与其他系统（如总账等）是共享的，所以设置时应进行系统规划。

(2) 固定资产卡片项目定义 固定资产卡片项目是固定资产卡片上用来记录固定资产资料的栏目，如：资产编号、名称、原值、使用年限、折旧方法等。不同单位，固定资产卡片项目有可能不同，可以通过增加、修改、删除得到本单位所需要的卡片项目。

(3) 固定资产卡片样式定义　固定资产卡片样式是指由固定资产卡片项目组成固定资产的全部数据内容及格式，包括：固定资产卡片项目与格式（是否有表格线、对齐形式、字体大小、字形）等。不同单位或不同的资产类别，由于管理的内容和侧重点不同，固定资产卡片项目有可能不同，为此需要定义卡片样式。

(4) 固定资产类别设置　固定资产的种类繁多，规格不一，要强化固定资产管理，及时准确做好固定资产核算，必须科学地对固定资产进行分类，为核算和统计管理提供依据。企业可根据自身的特点和管理要求，确定一个较为合理的资产分类方法，可以通过增加、修改、删除得到本单位所需要的固定资产类别。

(5) 增减方式设置　增减方式包括增加方式和减少方式两类。资产增加或减少方式用以确定资产计价和处理原则，同时可以通过资产的增加或减少方式对固定资产增减进行汇总管理。通常固定资产软件提供了部分固定资产常用的增减方式，可以根据需要自行增加，也可对已有方式进行修改和删除。

(6) 使用状况设置　从固定资产核算和管理的角度，需要明确固定资产的使用状况，一方面可以正确地计算和计提折旧，另一方面便于统计固定资产的使用情况，提高资产的利用效率。可以根据需要增加、修改、删除固定资产的使用状况。

(二) 设置代码的基本功能

代码及参数设置操作的基本功能包括增加、修改、删除、查询、打印。

(三) 用友软件固定资产子系统代码及参数设置的具体内容与操作

1. 系统代码及参数设置

选择系统应用平台的【基础设置】—【基础档案】—【机构人员】—【部门档案】功能进行部门档案设置。

2. 子系统代码及参数设置

(1) 固定资产卡片项目定义

① 增加卡片项目。

第一，选择【业务处理】—【财务会计】—【固定资产】—【卡片】菜单中【卡片项目】功能，系统显示【卡片项目】窗口，该窗口左侧为项目列表，项目为分系统项目和自定义项目两大类。

第二，在【卡片项目】窗口，单击工具栏上【增加】按钮，输入新增卡片项目的各项内容，如：新增【资产成新率】的名称、类型、长度、小数位，对于数值型项目，可以【定义项目公式】，如输入："(原值-累计折旧)/原值"。

第三，单击【保存】按钮，可看到上述项目已增加到自定义项目之下。

② 修改项目名称。在【卡片项目】窗口，在项目列表中选择要修改的项目，然后单击工具栏上的【修改】按钮，直接修改卡片项目的内容即可。

通常只能修改自定义项目的部分属性。

③ 删除项目。在【卡片项目】窗口，在项目列表中选中要删除的项目，用鼠标单击工具栏上【删除】按钮，当屏幕提示【确实要删除该项目】，单击【是】即可成功删除该项目。

(2) 固定资产卡片样式定义　在自定义卡片样式之前，建议先查看一下系统提供的通用样式，看是否适合使用，可以在此基础上进行修改定义新的样式。

① 查看通用卡片样式。选择【业务处理】—【财务会计】—【固定资产】—【卡片】菜单中【卡片样式】功能，系统显示【卡片样式】窗口。

该卡片样式包括7个页签：

【固定资产卡片】标签是固定资产的主卡，有关资产的主要信息均在该页显示，可以通过各种操作定制该页的样式，包括包含的项目、项目的位置、边框线、格式等等。

【附属设备】标签用来记录资产的附属设备信息，附属设备的价值已包含在主卡价值中。

【大修理记录】标签用来记录资产的大修理信息。

【资产转移记录】标签用来记录资产在单位内部各使用部门之间转移的信息。

【停启用记录】标签用来记录资产的停用和启用信息。

【原值变动】标签用来记录资产的价值变动信息。

【减少信息】标签用来记录资产进行资产减少的信息。

② 新建卡片样式。在【卡片样式】窗口，单击工具栏上【增加】按钮，系统将提示【是否以当前卡片样式为基础建立新样式】，单击【是】，显示卡片样式编辑界面。

第一，输入卡片样式的名称，如：【常用样式】。

第二，格式设置：是对卡片样式的行、列进行设置。包括行高设置、列宽设置、均行或均列、插入行或列、删除行或列等。如："2) 调整卡片样式;"。

第三，项目设置：通过【编辑】下的【项目移入】【项目移出】来增加或删除卡片项目；如：点击左侧自定义项目【资产成新率】，将其选中，然后拖动到右侧的空单元上，或选取工具栏【编辑】下的项目移入。

第四，项目位置调整：可通过选中某项目（被蓝框圈住），单击右键菜单中的【剪切】、【复制】或直接拖动鼠标来调整项目位置。

第五，文字格式设置：是对卡片显示出的文字的字形、字体、格式、在单元格中位置等的设置，主要包括字体设置、大小设置、字形设置、折行设置、文字位置。

第六，边框设置：是对样式上各单元格的边框进行的设置。主要包括边框类型设置、边框线形设置等。

第七，设置完毕后，单击工具栏或右键菜单中的【保存】，即完成该样式的定义。

③ 修改卡片样式。当定义的样式或缺省的样式有不满意的地方时，可以通过卡片样式修改改变。

在【卡片样式】窗口的卡片样式目录中，选择要修改的卡片样式，用鼠标单击工具栏上【修改】按钮；屏幕显示该卡片样式，用户可在此卡片样式上进行修改；然后保存即可。修改的操作同新建卡片。

(3) 固定资产类别设置

① 选择【业务处理】—【财务会计】—【固定资产】—【设置】菜单中的【资产类别】功能，系统显示【资产类别】窗口，在第一次进入时资产类别时目录是空的。

② 在【资产类别】窗口，单击工具栏上的【增加】按钮，系统显示单张视图界面，类别编码长度及位数在参数设置时已经定义，此处系统自动给出类别编号，若不正确可修改。

③ 按要求输入类别编码、名称、使用年限、净残值率、计量单位、计提属性、折旧方法、卡片样式。

④ 然后单击【保存】按钮。

如果用户要给某一类别增加下级类别，首先用鼠标在类别目录或列表中选中该类别，然后再用鼠标单击工具栏上【增加】按钮。

(4) 增减方式设置 用友软件固定资产子系统缺省的增加方式主要有：直接购买、投资者投入、接受捐赠、盘盈、在建工程转入、融资租入；减少的方式主要有：出售、盘亏、投资转出、捐赠转出、报废、毁损、融资租出等。

① 增加增减方式。

第一，选择【业务处理】—【财务会计】—【固定资产】—【设置】菜单中的【增减方式】功能，系统显示【增减方式】窗口。

第二，在【增减方式】窗口的增减方式目录中选中【增加方式】或【减少方式】；单击工具栏上【增加】按钮。

第三，输入增减方式名称和对应入账科目。此处设置的对应入账科目是为了生成记账凭证设置参数，例如：增加资产，以购入方式时该科目可能是【银行存款】，投资者投入时该科目可能是【实收资本】，该科目将缺省在贷方；资产减少时，该科目可能是【固定资产清理】，将缺省在借方。

第四，设置完毕后，单击【保存】即可。

② 修改增减方式。在【增减方式】窗口中，从增减方式目录中选中要修改的方式，单击工具栏上的【修改】按钮进行修改，修改完成后单击【保存】即可。

③ 删除增减方式。在【增减方式】窗口中，从增减方式目录中选中要删除的方式，单击工具栏上的【删除】按钮，屏幕提示【确定要删除吗?】，选择【是】即完成对该方式的删除。

(5) 使用状况设置。使用状况设置增加具体操作方法如下。

① 选择【业务处理】—【财务会计】—【固定资产】—【设置】菜单中的【使用状况】功能，系统显示【使用状况】窗口。

② 在【增减方式】窗口，从左侧目录中选中该状况，单击工具栏上【增加】按钮。

③ 输入增加的使用状况的名称；判断该使用状况的资产【是否计提折旧】。

④ 单击【保存】按钮。

注意：

使用状况设置也提供修改、删除功能。

三、固定资产软件的初始数据录入

(一) 固定资产初始数额录入的基本内容

固定资产软件初始数额录入就是录入固定资产的原始卡片，即固定资产系统启用日期期初的每一项固定资产，固定资产软件初始数额录入的基本内容包括：卡片编号、固定资产编号、名称、类别、使用部门、固定资产原值、累计折旧、净值、使用年限、已提折旧月份、折旧方法、净残值等。

(二) 固定资产软件初始数额录入的基本功能

固定资产软件初始数额录入的基本功能包括：初始数额的增加、修改、删除、查询、打印、对账。

(三) 用友软件固定资产子系统录入初始数额的操作

① 选择【业务处理】—【财务会计】—【固定资产】—【卡片】菜单中的【录入原始卡片】功能，系统显示资产类别选择界面，选择要录入的卡片所属的资产类别，选择资产类别是为了确定卡片的样式。

② 选择资产类别后，系统显示【固定资产卡片】界面。

③ 录入或参照选择各项目的内容。

卡片编号：系统根据初始化时编码方案参数设置自动给出（可在选项中查询）。

开始使用日期：指资产进入本单位开始使用的日期，它直接影响资产以哪种方式录入系统，也直接影响录入系统当月的折旧计提。

已计提月份：已经计提过折旧的月份数，录入卡片时必须正确填写该项目，以后每计提折旧期间结账后，该项自动加"1"。已计提月份必须严格按照该资产已经计提的月份数，不包括使用期间停用等不计提折旧的月份，否则不能正确计算折旧。

累计折旧：不包括本期应计提的折旧。

原值：可能是原始价值、重置完全价值或评估价值。账套使用过程中发生原值变动的资产，其原值自动变成变动后的原值，包括资产评估造成的原值变动。

附属设备表表页：用来管理资产的附属设备，附属设备的价值应已包含在主卡的原值中。附属设备可在资产使用过程中随时添加和减少，附属设备的价值不参与折旧的计算。

大修理记录表表页：以列表的形式显示资产的大修理历史，第一次结账后或第一次做过与大修理相关的变动单后，根据变动单自动填写，不能手工输入。

资产转移记录表表页：以列表的形式显示资产部门转移的历史，第一次结账后或第一次做过部门转移后根据变动单自动填写，不能手工输入。

停启用记录表表页：以列表的形式显示资产使用状况的变动，第一次结账后或第一次做过与停启用相关的变动单后，根据变动单自动填写，不能手工输入。

原值变动表表页：以列表的形式显示资产原值的各项变动，录入卡片时录入的内容不参与计算，第一次结账后或第一次做进原值变动单后，根据变动单自动填写，不能手工输入。

减少信息表页：资产减少后，系统根据输入的清理信息自动在此生成该表格的内容，该表格中只有清理收入和费用可以手工输入，其他内容不能手工输入。

注意：

以上附属表页录入的内容只是为管理卡片设置，不参与计算。

与计算折旧有关的项目录入后，系统会按照输入的内容将本月应提的折旧额显示在【月折旧额】项目内，可将该值与手工计算的值比较，看是否有录入错误。

原值、累计折旧、累计工作量一定要录入月初数据，否则将会出现计算错误。

任务二　固定资产软件的日常运行

一、固定资产软件日常运行的基本内容

固定资产软件日常运行的基本内容是按数据处理对象分类的，主要包括资产处理、折旧处理、自动转账处理。资产处理包括资产增加、资产减少、资产变动，资产变动包括原值增加、原值减少、部门转移、使用状况变动、使用年限调整、折旧方法调整、净残值（率）调整、工作总量调整、累计折旧调整、资产类别调整、资产评估、资产盘点、资产减值等。

二、固定资产软件日常运行的具体功能

（一）固定资产增减变动处理

1. 固定资产日常变动

固定资产软件日常运行的固定资产增减变动处理需要收集与审核手工数据，如固定资产增加、减少、内部调动等变动资料。

2. 固定资产增加

就是固定资产软件启用日期之后，由于购进或通过其他方式增加企业固定资产时，固定

资产软件日常运行过程中通过【资产增加】功能输入固定资产卡片资料。

3. 固定资产减少

就是固定资产软件启用日期之后，由于各种原因，如毁损、出售、盘亏等退出企业时，固定资产软件日常运行过程中通过【资产减少】功能将固定资产卡片资料另行保存。

注意：

固定资产增加、减少处理主要是对卡片进行处理，对固定资产增加、减少处理过程中通常还提供卡片查询、卡片修改、卡片删除功能。固定资产卡片删除不同于固定资产减少，提出卡片的删除功能，是指把卡片资料彻底从系统内清除，通常卡片录入当月若发现卡片录入（产增加）有错误，可以通过【卡片删除】功能实现删除该卡片。而固定资产清理或减少，固定资产减少的卡片资料将作为会计档案资料保留一定的时间。

4. 固定资产变动

固定资产在使用过程中，可能会调整固定资产卡片资料上的一些项目，如果固定资产变动的数据项目必须填制原始凭证（通常称为变动单），此类固定资产变动应当利用固定资产软件提供的固定资产变动功能进行处理。固定资产变动一般包括原值增加、原值减少、部门转移、使用状况变动、使用年限调整、折旧方法调整、净残值（率）调整、工作总量调整、累计折旧调整、资产类别调整、资产评估、资产盘点、资产减值等。

如果固定资产变动的数据项目不必填制原始凭证，如：名称、编号、自定义项目等，除了以上各项的其他一些项目的变动可直接在卡片上进行修改。

(1) 原值变动　固定资产在使用过程中，以下一些情况资产原值有可能发生变化，如：根据国家规定对固定资产重新估价；增加补充设备或改良设备；将固定资产的一部分拆除；根据实际价值调整原来的暂估价值；发现原记录固定资产价值有误等。资产原值发生变动是通过【原值增加】和【原值减少】功能来实现的。

(2) 部门转移　固定资产在使用过程中，通常会发生使用部门变动，发生使用部门变动如果不对其进行处理，将影响部门的折旧分配。固定资产使用部门发生变动是通过【部门转移】功能来实现的。

(3) 其他变动处理　其他变动处理通常包括：使用状况变动、使用年限调整、折旧方法调整、净残值（率）调整、工作总量调整、累计折旧调整、资产类别调整、资产评估、资产盘点、资产减值等处理。

5. 固定资产账表的查询与打印

固定资产账表的查询与打印通常包括：固定资产账簿、固定资产统计表、固定资产分析表的查询与打印。分析表通常包括：资产使用状况分析表、固定资产部门构成分析表、固定资产类别构成分析表、固定资产价值结构分析表等。固定资产统计表通常包括：固定资产原值一览表、固定资产统计表、资产评估汇总表、资产评估变动表、固定资产盘盈盘亏报告表、逾龄资产统计表、役龄资产统计表。固定资产账簿通常包括：固定资产总账、部门明细账、类别明细账、单个固定资产明细账、固定资产登记簿；固定资产账簿查询提供了总账与明细账与原始凭证联查功能。

(二) 固定资产折旧处理

固定资产折旧处理就是根据录入系统固定资产资料，系统自动计算每项资产的折旧，每期计提折旧一次，并自动生成折旧分配表，根据折旧分配表可以填制自动转账记账凭证以及将本期的折旧费用自动登账。

影响折旧计算的因素有：原值、累计折旧、净残值（率），以及折旧方法、使用年限、使用状况等，由于在使用过程中上述因素可能产生变动，因此上述因素发生变动也要进行变动单处理。

固定资产折旧处理可以对折旧类报表进行查询与打印，以了解折旧的详细资料。折旧类报表一般包括：部门折旧计提汇总表、固定资产折旧计算明细表、固定资产及累计折旧表等。

（三）固定资产自动转账处理

固定资产需要自动转账处理的情况通常包括：资产增加、资产减少、涉及原值或累计折旧时卡片修改、涉及原值或累计折旧变化时资产评估、原值变动、累计折旧调整、折旧分配调整等。

自动转账是一个相对独立的子系统，作为相对独立的子系统运行的基本过程同其他系统一样，包括初始化、日常运行、特定处理（但自动转账通常无此项处理）。自动转账处理包括的【初始化】即【自动转账设置】，具体包括定义转账凭证、会计科目、金额（固定资产子系统自动转账设置通过部门对应折旧科目设置、增减方式设置中的增减方式名称对应入账科目设置实现）；自动转账处理包括的【日常运行】即【填制自动转账凭证】，具体包括生成转账凭证、修改转账凭证、保存转账凭证、查询转账凭证、打印转账凭证、删除转账凭证。

三、用友软件固定资产子系统日常运行的具体操作

（一）固定资产增减变动处理

1. 固定资产增加的具体操作方法

① 选择【业务处理】—【财务会计】—【固定资产】—【卡片】菜单中的【资产增加】功能。

② 选择要录入的卡片所属的资产类别。先选资产类别是为了确定卡片的样式。如果在查看一张卡片或刚完成录入一张卡片的情况下，不提供选择资产类别，缺省为该卡片的类别。

③ 单击【确定】后，显示单张卡片编辑界面，录入或参照选择固定资产卡片各项目的内容。

④ 资产的主卡录入后，单击其他页签，输入附属设备及其他信息。附属页签上的信息只供参考，不参与计算。

⑤ 单击【保存】后，录入的卡片已经保存到系统。

因为是资产增加，该资产需要入账，所以可执行制单功能，单击制单按钮图标制作该资产的记账凭证。

注意：

① 新卡片第一个月不提折旧，折旧额为空或零。

② 原值录入的一定要是卡片录入月月初的价值，否则将会出现计算错误。

③ 如果录入的累计折旧、累计工作量不是零，说明是旧资产，该累计折旧或累计工作量是在进入本企业前的值。

④ 已计提月份必须严格按照该资产在其他单位已经计提或估计已计提的月份数，不包括使用期间停用等不计提折旧的月份，否则不能正确计算折旧。

2. 固定资产减少的具体操作方法

① 选择【业务处理】—【财务会计】—【固定资产】—【卡片】菜单中的【资产减少】功能。

② 选择要减少的资产，如果要减少的资产较少或没有共同点，则通过输入资产编号或

卡片号,然后单击【增加】,将资产添加到资产减少表中。如果要减少的资产较多并且有共同点,则通过单击【条件】,屏幕显示的界面与卡片管理中自定义查询的条件查询界面一样。输入一些查询条件,将符合该条件集合的资产挑选出来进行减少操作。

③ 在【资产减少表】内输入资产减少的信息,【减少日期、减少方式、清理收入、清理费用、清理原因】。如果当时清理收入和费用还不知道,可以以后在该卡片的附表【清理信息】中输入。

④ 单击【确定】,即完成该(批)资产的减少。

注意:

① 所输入的资产的清理信息,清理收入和费用可以通过该资产的附属页签【清理信息】查看。

② 若当前账套设置了计提折旧,则需在计提折旧后才可执行资产减少。

③ 查看已减少资产可以在【卡片管理】界面,从卡片列表上边的下拉框中选择【已减少资产】,则列示的即是已减少的资产集合,双击任一行,可查看该资产的卡片。

④ 撤销已减少资产,资产减少的恢复是一个纠错的功能,当月减少的资产可以通过本功能恢复使用。通过资产减少的资产只有在减少的当月可以恢复。撤销已减少资产在【卡片管理】界面,选择【已减少的资产】,选中要恢复的资产,单击【恢复减少】即可。如果资产减少操作已制作凭证,必须删除凭证后才能恢复。

3. 固定资产卡片管理的具体操作方法

固定资产卡片管理是对固定资产系统中所有卡片进行卡片查询、修改、删除、打印的功能操作。通过卡片管理可完成以下功能:卡片修改、卡片删除、卡片打印、显示快捷信息、联查卡片图片、查看单张卡片信息、查看资产变动清单、查看卡片历史状态、查看已减少资产,查看卡片汇总信息。

查看卡片汇总信息即查看企业实际业务中的固定资产台账,固定资产系统设置按部门查询、按类别查询、自定义查询三种查询方式。

按部门查询卡片:从左边查询条件下拉框中选择【按部门查询】,目录区显示部门目录,选择【部门编码目录】,右边显示所有在役和已减少资产状况;选择要查询的部门名称,则右侧列表显示的就是属于该部门的卡片列表。在役资产和已减少资产可分别显示。

按类别查询卡片:从左边查询条件下拉框中选择【按类别查询】,目录区显示类别目录,选择【分类编码表】,右边显示所有在役和已减少资产状况;选择要查询固定资产类别,则右侧列表显示的就是属于该类别的卡片列表。在役资产和已减少资产可分别显示。

自定义查询:详细操作方法见自定义查询。

4. 固定资产变动的具体操作方法

(1) 原值增加的具体操作方法

① 选择【业务处理】—【财务会计】—【固定资产】—【卡片】—【变动单】菜单中的【原值增加】功能,系统显示固定资产变动单—原值增加界面。

② 输入卡片编号或资产编号,自动列出资产的名称、开始使用日期、规格型号、变动的净残值率、变动前净残值、变动前原值。

③ 输入增加金额,参照选择币种,汇率自动显示。并且自动计算出变动的净残值、变动后原值、变动后净残值。如果缺省的变动的净残值率或变动的净残值不正确,可手工修改

其中的一个,另一个自动计算。

④ 输入变动原因。单击【保存】按钮,即完成该变动单操作。卡片上相应的项目(原值、净残值、净残值率)根据变动单而改变。

注意:

① 变动单不能修改,只有当月可删除重做,所以请仔细检查后再保存。

② 可以选择【处理】菜单中【凭证】制作记账凭证。

(2) 原值减少的具体操作方法

① 选择【业务处理】—【财务会计】—【固定资产】—【卡片】—【变动单】菜单中的【原值减少】功能,屏幕显示原值减少变动单界面。

② 输入卡片编号或资产编号,自动列出资产的名称、开始使用日期、规格型号、变动的净残值率、变动前净残值、变动前原值。

③ 输入减少金额,参照选择币种,汇率自动显示,并且自动计算出变动的净残、变动后原值、变动后净残值。如果缺省的变动的净残值率或变动的净残值不正确,可手工修改其中的一个,另一个自动计算。

④ 输入变动原因。单击【保存】,即完成该变动单操作。卡片上相应的项目(原值、净残值、净残值率)根据变动单而改变。

注意:

① 变动单不能修改,变动当月可删除重做,所以请仔细检查后再保存。

② 可以选择【处理】菜单中【凭证】制作记账凭证。

③ 必须保证变动后的净值大于等于变动后的净残值。

(3) 部门转移的具体操作方法

① 选择【业务处理】—【财务会计】—【固定资产】—【卡片】—【变动单】菜单中的【部门转移】功能,系统显示部门转移变动单界面。

② 输入卡片编号或资产编号,自动列出资产的名称、开始使用日期、规格型号、变动前部门、存放地点。

③ 参照选择或输入变动后的使用部门和新的存放地点。

④ 输入变动原因。单击【保存】,即完成该变动单操作。卡片上相应的项目(使用部门、存放地点)根据变动单而改变。

注意:

当月原始录入或新增的资产不允许做此种变动业务。

(4) 其他变动处理的具体操作方法　其他变动处理通常包括:使用状况变动、使用年限调整、折旧方法调整、净残值(率)调整、工作总量调整、累计折旧调整、资产类别调整、资产评估、资产盘点、资产减值等处理。其他变动处理的具体操作方法与原值增加、原值减少、部门转移基本相同。

(5) 变动单管理的具体操作方法　变动单管理是对固定资产变动生成的原始凭证——变动单进行查询、删除、打印功能操作。

选择【业务处理】—【财务会计】—【固定资产】—【卡片】—【变动单】—【变动管理】菜单中的【查看变动单】或【删除变动单】或【自定义查询】或【变动单打印】功能,可以完成其具体功能。

5. 固定资产账表的查询与打印的具体操作方法

固定资产账表的查询与打印通常包括:固定资产账簿、固定资产统计表、固定资产分析表的查询与打印。分析表通常包括：资产使用状况分析表、固定资产部门构成分析表、固定资产类别构成分析表、固定资产价值结构分析表等。固定资产统计表通常包括：固定资产原值一览表、固定资产统计表、资产评估汇总表、资产评估变动表、固定资产盘盈盘亏报告表、逾龄资产统计表、役龄资产统计表。固定资产账簿通常包括：固定资产总账、部门明细账、类别明细账、单个固定资产明细账、固定资产登记簿；固定资产账簿查询提供了总账与明细账与原始凭证联查功能。

选择【业务处理】—【财务会计】—【固定资产】—【账表】—【账表管理】—【查看账表】菜单中的【固定资产账簿】或【固定资产统计表】或【固定资产分析表】的具体账表名称，可以完成具体固定资产账表的查询与打印功能。

（二）固定资产折旧处理的具体操作方法

1．工作量输入的具体操作方法

当固定资产采用使用工作量法计提折旧的时候，每月计提折旧前必须录入资产当月的工作量，本功能提供当月工作量的录入和以前期间工作量信息的查看。录入工作量操作方法如下。

① 选择【业务处理】—【财务会计】—【固定资产】—【处理】菜单中的【工作量输入】功能，系统显示当月需要计提折旧，并且折旧方法是工作量的所有资产的工作量信息。

② 如果本月是最新的未结账的月份，该表可编辑输入本月工作量。

③ 单击【保存】按钮，即完成工作量输入工作。

注意：

① 输入的本期工作量必须保证累计工作量小于等于工作总量。

② 用友软件固定资产子系统提供查询各期工作量和查询全年工作量。

2．计提本月折旧的具体操作方法

用友软件固定资产子系统根据用户录入系统的资料自动计提各个资产当期的折旧额，并将当期的折旧额自动累加到累计折旧项目；并自动生成折旧分配表，根据折旧分配表可以制作记账凭证，将本期的折旧费用登记账簿。

选择【业务处理】—【财务会计】—【固定资产】—【处理】菜单中的【计提本月折旧】功能，系统自动计算每项资产的折旧。

注意：

① 用友软件固定资产子系统在一个期间内可以多次计提折旧，每次计提折旧后，只是将计提的折旧累加到月初的累计折旧，不会重复累计。

② 如果上次计提折旧已制单把数据传递到账务系统，则必须删除该凭证才能重新计提折旧。

③ 计提折旧后又对账套进行了影响折旧计算或分配的操作，必须重新计提折旧，否则系统不允许结账。

3．固定资产折旧表的查询与打印的具体操作方法

用友软件固定资产子系统折旧表包括折旧清单和折旧分配表。

折旧清单显示所有应计提折旧的资产所计提折旧数额的列表，单期的折旧清单中列示了资产名称、计提原值、月折旧率、单位折旧、月工作量、月折旧额等信息。全年的折旧清单中同时列出了各资产在12个计提期间中月折旧额、本年累计折旧等信息。

折旧分配表是编制记账凭证，把计提折旧额分配到成本和费用的依据。什么时候生成折旧分配凭证根据用户在初始化或选项中选择的折旧分配汇总周期确定，如果选定的是一个月，则每期计提折旧后自动生成折旧分配表；如果选定的是三个月，则只有到三的倍数的期

间,即第3、6、9、12期间计提折旧后才自动生成折旧分配凭证。折旧分配表有两种类型:部门折旧分配表和类别折旧分配表,只能选择一个制作记账凭证。

固定资产折旧表的查询与打印的具体操作方法是:选择【业务处理】—【财务会计】—【固定资产】—【处理】菜单中的【折旧清单】或【折旧分配表】功能,可以完成具体固定资产账表的查询与打印功能。

注意:

用友软件固定资产子系统提供根据折旧分配表制作记账凭证功能。在折旧分配表的查看状态下单击【制单】,可以完成生成固定资产折旧转账凭证。

(三)固定资产自动转账处理的具体操作方法

用友软件固定资产子系统将自动固定资产称为【制单】处理,就是将当月发生的固定资产增减变动生成固定资产自动转账凭证,供总账系统登账使用。通常需要自动转账处理的情况包括:资产增加(录入新卡片)、资产减少、卡片修改(涉及原值或累计折旧时)、资产评估(涉及原值或累计折旧变化时)、原值变动、累计折旧调整、折旧分配。

1. 【制单】设置的具体操作方法

用友软件固定资产子系统自动转账凭证设置包括定义转账凭证、会计科目、金额等内容。用友软件固定资产子系统自动转账设置的具体操作方法如下。

① 选择系统应用平台的【业务处理】—【财务会计】—【固定资产】—【设置】菜单中的【部门对应折旧科目设置】功能,进行自动转账的初始设置。

② 选择系统应用平台的【业务处理】—【财务会计】—【固定资产】—【设置】菜单中的【增减方式】功能,进行自动转账的初始设置。

注意:

用友软件固定资产子系统自动转账设置只是初始设置。以此生成的转账凭证是根据不同的制单业务类型和在选项中设置的默认资产科目、折旧科目等生成的不完整的凭证,需要在【制单】过程中进行设置修改以生成正确的转账凭证。

2. 自动转账【制单】的具体操作方法

用友软件固定资产子系统、自动转账【制单】有以下三种具体操作方法。

(1)立即制单 如果在系统初始化过程中的参数设置【选项】中的【对账】设置了【立即制单】选项,则在完成任何一笔需制单的固定资产增减变动及折旧业务的同时,可以通过单击【制单】功能制作记账凭证传输到总账系统。

(2)选择【凭证】制单 如果在系统初始化过程中的参数设置【选项】中的【对账】没有设置【立即制单】选项,则在完成任何一笔需制单的固定资产增减变动及折旧业务之后,选择系统应用平台的【业务处理】—【财务会计】—【固定资产】—【处理】—【凭证】菜单中的【制作记账凭证】功能,生成自动转账凭证传输到总账系统。

(3)批量制单 如果在系统初始化过程中的参数设置【选项】中的【对账】没有设置【立即制单】选项,则在完成任何一笔需制单的固定资产增减变动及折旧业务之后,选择系统应用平台的【业务处理】—【财务会计】—【固定资产】—【处理】菜单中的【批量制单】功能,生成自动转账凭证传输到总账系统。

注意:

① 用友软件固定资产子系统制单生成的转账凭证是有一部分缺省内容的不完整凭证。需要在【制单】过程中进行设置修改以生成正确的转账凭证。

② 用友软件固定资产子系统自动转账处理还提供记账凭证修改、删除、查询功能。

任务三　固定资产软件的特定处理

一、固定资产软件的特定处理的基本内容

固定资产软件的特定处理的基本内容包括分期结转、数据备份、数据恢复、其他特定处理。具体功能同前所述。

二、用友软件固定资产软件的特定处理的具体操作

1. 月末结账

用友软件【月末结账】就是【分期结转】。具体操作方法是：选择系统应用平台的【业务处理】—【财务会计】—【固定资产】—【处理】菜单中的【月末结账】功能，系统出现提醒对话框后，说明系统要自动进行的一系列处理；认真阅读无误后，单击【确定】按钮，系统就开始月末结账，直至完成。

注意：

① 月末结账后，若发现已结账期间有数据错误必须修改，可通过【恢复结账前状态】功能返回修改。恢复月末结账前状态，又称【反结账】，选择系统应用平台的【业务处理】—【财务会计】—【固定资产】—【处理】菜单中的【恢复结账前状态】功能，系统出现提醒对话框后，单击【确定】按钮，系统就开始反结账，直至完成。

② 用友软件固定资产子系统还提供对账功能。通过执行本系统提供的【对账】功能可以检查固定资产系统与总账系统的数据是否一致。用友软件固定资产子系统的【对账】操作不限制执行的时间，任何时候均可进行对账。系统在执行月末结账时自动对账一次，给出对账结果，并根据初始化或选项中设置判断确定不平情况下是否允许结账。只有系统初始化或选项中选择了与账务对账，【对账】功能才可操作。

2. 账套输出

用友软件【账套输出】就是【数据备份】。具体操作如下。

① 以系统管理员身份注册，进入系统管理模块。

② 选择【账套】菜单下级的【输出】功能，弹出账套输出界面。

③ 在【账套号】处选择需要输出的账套，选择输出路径，点击【确认】按钮完成输出。系统提示输出是否成功的标识。

注意：

只有系统管理员（Admin）有权限进行账套输出。

如果将【删除当前输出账套】同时选中，在输出完成后系统会确认是否将数据源从当前系统中删除的工作。

用友软件数据备份有账套输出、年度账输出和设置备份计划三种方式。

3. 账套引入

用友软件【账套引入】就是【数据恢复】。具体操作如下。

① 以系统管理员身份注册，进入系统管理模块。

② 选择【账套】的下级菜单【引入】功能。

③ 选择要引入的账套数据备份文件和引入路径，点击【打开】按钮表示确认。如想放

弃，则点击【放弃】按钮。

注意：

引入的账套将覆盖原有相同账套号的账套数据。

引入以前的账套或自动备份的账套，应先使用文件解压缩功能，将所需账套解完压缩后再引入。

4．其他特定处理

如用友软件提供了对账、清除单据锁定、清除异常任务、上机日志、清退站点、刷新等其他特定处理功能。

项目八
应付款管理系统运行的基本过程

项目九
应收款管理系统运行的基本过程

项目十
采购管理系统运行的基本过程

任务一　采购管理系统功能概述

在现代企业中，采购成本在总成本中所占的比率相当高，企业会对采购管理进行严格控制。然而，许多高层管理人员往往只知道要求采购人员取得最低的采购成本，而忽略了真正目标是要降低总成本，因此是一种"见树不见林"的做法。本任务要求了解采购管理任务，以及采购业务类型和应用模式，理解采购管理系统与其他系统之间的数据关系。

一、采购管理系统的主要功能

采购管理系统可以提供以下主要功能。

① 系统设置：录入期初单据并进行期初记账，设置采购管理系统的系统选项。

② 供应商管理：企业可以对供应商资质、供应商供货的准入进行管理，也可以对供应商存货对照表、供应商存货价格表进行设置，并可按照供应商进行相关业务的查询和分析。

③ 业务：进行采购业务的日常操作，包括请购、采购订货、采购到货、采购入库、采购发票、采购结算等业务，企业可以根据业务需要选用不同的业务单据、定义不同的业务流程，月末进行采购管理系统的结账操作。

④ 报表：企业可以查询采购统计表、采购账簿、采购分析表等统计分析的报表。

⑤ 该系统既可以独立运行，又可与其他系统如总账、应付款管理、库存管理、存货核算等系统集成使用。

二、业务模式与应用

(一) 企业类型

根据用户在新建账套时选择的【企业类型】，可以分为工业企业、商业企业等。

1. 工业企业应用

用户在新建账套时选择【企业类型】为【工业】，则建立工业版账套。在本系统中存货、货物指原材料、材料、包装物、低值易耗品、委外加工材料及企业自行生产的半成品、产成品等。在工业企业管理中，可以根据采购部门是否有采购核算会计进行分类。

(1) 采购部门有采购核算会计　如果用户在采购部门配备了采购核算会计，则只要在采购部门安装采购管理系统，采购部门进行采购订单管理、采购结算处理，并进行采购报表统计与分析工作。

【操作流程】
① 采购业务人员在与供货单位签订了采购合同或协议后，用计算机建立采购订单档案，向供应商发出采购订单。
② 供应商所订货物送达企业后，用户对收到的货物进行清点，填制采购到货单，或直接根据采购订单生成到货单。
③ 经过仓库的质检和验收，填写采购入库单。
④ 将收到供应商的发票交给采购核算会计，由采购会计进行采购发票输入和采购结算工作。
⑤ 将采购入库单报财务部门的成本会计进行存货核算，将采购发票等票据报应付账会计进行应付账款核算。

(2) 采购部门没有采购核算会计 如果用户在采购部门没有设置采购核算会计，那么应该在采购部门和财务部门都安装采购管理系统。收到供应商的发票交由财务部门进行处理，财务部门根据采购部门输入的采购发票和仓库管理员审核过的入库单，进行采购结算处理。

2．商业企业应用
用户在新建账套时选择【企业类型】为【商业】，即建立商业版账套。在本系统中存货指库存商品，货物指商品。

（二）采购业务类型
根据企业应用，可以将采购业务分为以下三种业务类型。
（1）普通采购业务 适合大多数企业的一般采购业务。
（2）受托代销业务 适合商业企业的先销售后结算的采购模式。
（3）直运业务 由供应商直接将商品发给企业的客户；在结算时由购销双方分别与企业结算。

（三）日常业务内容
1．普通采购业务
(1) 请购 用户汇总企业内部的采购需求或参照 MPS/MRP 采购计划填制请购单，根据请购单进行比价采购生成采购订单。采购请购单是可选单据，用户可以根据业务需要选用。
(2) 采购订货 用户可手工填制采购订单，也可根据采购请购单、采购合同、销售订单参照生成采购订单，采购订单发送给供应商作为订货和验收的依据。
① 对于标准、规范的采购管理模式，用户可以设置必有订单业务模式，通过采购订单可以跟踪采购的整个业务流程。
② 没有设置必有订单业务模式时，订单是可选单据，用户可以根据业务需要选用。
(3) 采购到货 采购到货是采购订货和采购入库的中间环节，一般由采购业务员根据供方通知或送货单填写，确认对方所送货物、数量、价格等信息，以入库通知单的形式传递到仓库作为保管员收货的依据。采购到货单是可选单据，用户可以根据业务需要选用。
(4) 采购入库 采购入库是通过采购到货、质量检验环节之后，对合格到货的存货进行入库验收。用户可以手工填制采购入库单，也可参照采购订单、采购到货单生成入库单，采购入库后更新仓库的现存量。
已结算的采购入库单在存货核算系统进行记账、制单，未结算的采购入库单在存货核算系统进行暂估处理。

注意：

◆采购管理系统未与库存管理系统集成使用时，采购入库单在采购管理系统录入；采购管理系统与库存管理系统集成使用时，采购入库单必须在库存管理系统录入。

(5) 采购发票　采购发票是供应商开出的销售货物的凭证，用户可以手工填制采购发票，也可参照采购订单、采购入库单生成采购发票。用户根据采购发票确认采购成本，在应付款管理系统审核登记应付明细账，进行制单生成凭证。

(6) 采购结算　采购结算是对采购入库单、采购发票进行勾兑的过程，采购结算单记录采购入库单与采购发票的对应关系。采购结算单在存货核算系统进行制单生成凭证。

(7) 费用处理　对运费发票记录进行费用结算。

2. 受托代销

受托代销是一种先销售后结算的采购模式，在企业销售委托代销单位的货物后，再进行受托代销结算。

3. 直运业务

直运业务是指产品无需入库即可完成购销业务，由供应商直接将商品发给企业的客户；结算时，由购销双方分别与企业结算。

三、供应链系统启用

在使用供应链系统之前，首先要启用供应链系统，只有启用了，相应系统才能使用。

1. 菜单路径

【企业应用平台】—【基础设置】—【基本信息】—【系统启用】，操作界面如图10-1所示。

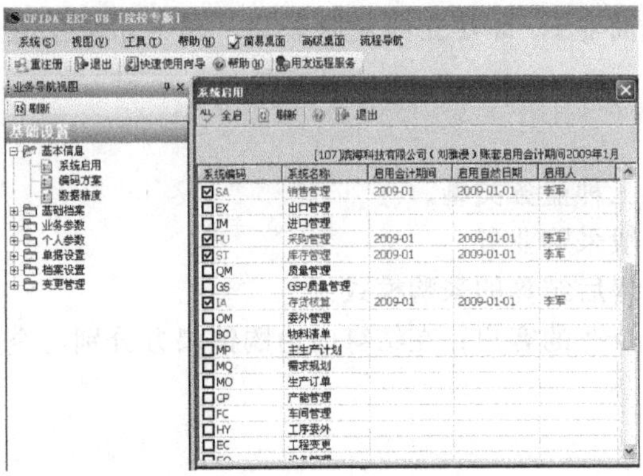

图10-1　供应链系统启用操作界面

2. 启用顺序

为避免启用后续系统时的麻烦，建议用户在启用系统时：

① 库存与存货在同一月份启用。

② 采购与存货、库存在同一月份启用。

③ 应付与采购在同一月份启用。

3. 业务规则

【业务规则】

① 库存未启用时，销售、采购、存货都不维护现存量表。此时用户只需要开票系统，购销互不关联。

② 应付启用，如下月启用采购管理系统，则应付款管理系统不可录入下月及以后月份的发票，否则需删除。

③ 存货启用，如下月启用采购管理系统，则存货核算系统不可录入下月及以后月份的采购入库单，否则需删除。

四、权限管理

操作员的权限管理包括功能权限、数据权限。功能权限是指操作员能进行哪些业务单据的操作权限。数据权限指操作员在进行业务单据操作时,可以对单据或单据中的记录、字段进行操作。

1. 功能权限

【系统服务】—【系统管理】中进行设置。操作员只有具有了相应系统的功能权限,才能进入系统。

2. 数据权限

数据权限分为纪录级权限和字段级权限。这两种权限均在用友 ERP-U8 普及版中【企业应用平台】—【系统服务】—【权限】—【数据权限】进行设置。

对于记录级权限控制,在系统管理里设置了哪些记录级项目需要进行权限控制后,还可以在采购系统对操作员的权限进行设置,包括:存货、供应商、业务员、操作员、部门、订单金额几种数据权限的控制,其设置方法如下所述。

① 先在【企业应用平台】—【系统服务】—【数据权限分配】中设置要进行的数据权限。

② 在采购管理系统的【设置】—【选项】中的【权限控制】选中,选中后,系统可以实现数据权限的检查。权限如果没有在【数据权限设置】中进行设置,则相应的选项置灰,不可选择。

③ 检查存货权限:打钩选择。如检查,查询时只能显示有查询权限的存货及其记录;填制单据时只能参照录入有录入权限的存货。

④ 检查部门权限:打钩选择。如检查,查询时只能显示有查询权限的部门及其记录;填制单据时只能参照录入有录入权限的部门。

⑤ 检查操作员权限:打钩选择。如控制,则查询、修改、删除、审核、关闭单据时,只能对单据制单人有权限的单据进行操作;弃审对单据审核人有权限的单据进行操作;打开对单据关闭人有权限的单据进行操作;变更不控制操作员数据权限,仅判断当前操作员是否有变更功能权限和其他几项数据的录入权限。

⑥ 检查供应商权限:打钩选择。如检查,查询时只能显示有查询权限的供应商及其记录;填制单据时只能参照录入有录入权限的供应商。

⑦ 检查业务员权限:打钩选择。如检查,查询时只能显示有查询权限的业务员及其记录;填制单据时只能参照录入有录入权限的业务员。

⑧ 检查金额审核权限:打钩选择。如检查,则订单审核时检查当前订单总金额与当前操作员采购限额,在【企业应用平台】—【系统服务】—【权限】—【金额权限分配】—【采购订单级别】设置当前操作员的采购限额。

a. 订单金额≤采购限额保存成功,将当前操作员信息写入订单,订单状态变为已审核。

b. 订单金额>采购限额,提示【对不起,您的订单审核上限为××元,您不能审核××号单据】。

五、基础档案

用户需要进行基础档案的设置,基础档案如有无法设置的栏目,是受系统选项参数的控制,请先到各产品的选项中设置。

1. 确定基础档案的编码方案

【企业应用平台】—【系统服务】—【系统管理】—【账套】—【新建账套】—【分类编码方案】:确定基础档案的编码方案。

2. 供应链系统需使用的基础档案
① 机构人员——部门档案、人员档案。
② 客商信息——地区分类、客户分类、客户联系人档案、客户档案。
③ 存货——存货分类、计量单位、存货档案。
④ 财务——外币设置、项目目录。
⑤ 收付结算——结算方式、付款条件、银行档案、本单位开户银行。
⑥ 业务——仓库档案、收发类别、采购类型、销售类型、产品结构、费用项目分类、费用项目、发运方式。
⑦ 对照表——客商存货对照表。
⑧ 其他——常用摘要、原因码档案、自定义项、自定义表结构。

六、单据设置

用户可以对采购管理系统的所有单据进行格式设置、编号设置。下面以采购管理系统单据设置为例,进行单据格式与编号等模式的设置或修改。

1. 菜单路径

【企业应用平台】—【基础设置】—【单据设置】—【单据格式设置】。操作界面如图10-2所示。

图10-2 单据格式设置

注意:
◆所有财务与供应链模块中使用单据设置操作方法相同,现仅举例采购管理模块使用的单据设置。

2. 功能说明

在系统中,已经默认设置了比较常用的单据格式。如果用户对某些单据需要自己定义格式,则可以在单据格式设置中,进行单据显示模板、打印模板的设置,设置完成后,在填制单据时,可以选择自己设置的单据模板,打印时也可以选择自己设置的打印模板。

在系统中,提供对单据设置权限的功能,即可以设置多张单据模板,然后对一些操作员进行模板权限的控制,如果对一个操作员设置其允许查看的模板,设置完成后,操作员在查询单据的时候,只能看到自己有权限的单据模板,对于没有权限的单据模板,不能查看。

在进行单据模板设置时,单据中对应的档案在模板中只显示了一部分,例如:存货档案中只显示了存货最常用的一些项目,一些不常用的项目没有显示,如果设置这些项目,在单据模板设置时,可以关联相应的档案,就可以选择档案中需要显示的项目。根据用户的选择,将选中的项目(表头或表体项目)自动增加到模板数据中。

3. 单据显示格式

(1) 单据显示格式 例如采购管理单据中专用发票单据显示。

【操作流程】

点击【单据格式设置】,进入采购管理单据类型,再点击【专用发票】,出现显示和打印标签,进而点击【显示】,最后双击【专用发票显示模板】,操作界面如图10-3所示。

(2) 单据格式调整 例如在采购管理专用发票单据中需增加单据表体项目——单位【换算率】。

【操作流程】

进入前例专用发票显示模板后，单击【编辑】菜单，点击【表体】，项目名称显示中选中换算率，最后点击【确定】，操作界面如图10-4所示。

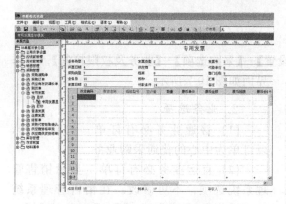

图10-3　专用发票显示模板

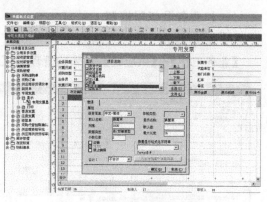

图10-4　专用发票显示调整

4. 单据打印格式

单据打印格式，操作界面如图10-5所示。

5. 单据编号设置

单据编号设置方法：【基础设置】—【单据设置】—【单据编号设置】—【采购管理】—【采购专用发票】—（修改）—【详细信息】（手工改动，重号时自动重取）—（修改），操作界面如图10-6所示。

图10-5　专用发票打印格式

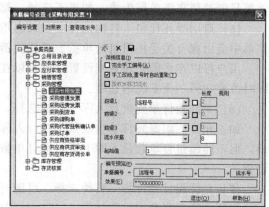

图10-6　单据编号设置

任务二　采购管理系统初始设置

一、采购管理系统功能选项

系统选项也称系统参数、业务处理控制参数，是指在企业业务处理过程中所使用的各种控制参数，系统参数的设置将决定用户使用系统的业务流程、业务模式、数据流向。

用户在进行选项设置之前，一定要详细了解选项开关对业务处理流程的影响，并结合企业的实际业务需要进行设置。由于有些选项在日常业务开始后不能随意更改，用户最好在业务开始前进行全盘考虑，尤其一些对其他系统有影响的选项设置更要考虑清楚。该选项设置将对采购管理的所有操作员和客户端的操作生效，故要慎重设定或修改。

（一）业务及权限控制

1. 菜单路径

【业务工作】—【供应链】—【采购管理】—【设置】—【采购选项】—【业务及权限控制】。操作界面如图10-7所示。

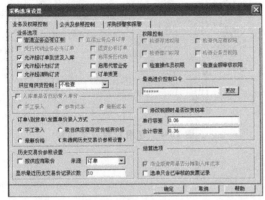

图10-7 采购管理系统选项业务及权限控制

2. 业务选项

（1）普通业务必有订单 打钩选择，以订单为中心的普通采购业务。

（2）直运业务必有订单 显示销售管理系统选项，不可修改。在销售管理系统的【设置】—【销售选项】—【业务控制】—【有直运销售业务】、【设置】—【销售选项】—【直运销售必有订单】进行设置。

（3）受托代销业务必有订单 打钩选择，可随时修改。只有在建立账套时选择企业类型为【商业】的账套，而且在【设置】—【选项】—【业务及权限控制】—【启用受托代销】设置有受托代销业务时，才能选择此项。

（4）退货必有订单 该选项仅在必有订单模式下使用。如果选择，则在退货时，采购退货单只能参照来源单据生成；如果不选择，则退货单可以手工增加。

（5）启用受托代销 打钩选择。如果启用受托代销表示企业有受托代销业务，采购系统菜单中会出现有关受托代销的单据、受托代销结算功能、受托代销统计报表。

用户可以在采购管理系统设置，也可以在库存管理系统设置，在其中一个系统的设置，同时改变在另一个系统的选项。

（6）允许超订单到货及入库 打钩选择，可随时修改。

如不允许，则参照订单生成到货单、入库单时，不可超订单数量；如允许，可超订单数量，但不能超过订单数量入库上限，即订单数量×（1+入库上限），入库上限在存货档案中设置。

（7）允许超计划订货 打钩选择，可随时修改。

如不允许，则参照采购计划（MPS/MRP、ROP）生成采购订单时，累计订货量不可超过采购计划的核定订货量；如允许，则参照 MPS/MRP 计划生成的多张请购单和采购订单的合计数量不能大于对应 MPS/MRP 计划的计划数量×（1+存货档案"订货超额上限"），参照 ROP 计划不控制数量。

（8）允许超请购订货 打钩选择，可随时修改。

如不允许，则参照请购单生成采购订单时，累计订货量不可超过请购单量；如允许，则参照请购单生成的采购订单的累计订货量不能大于对应请购单数量×（1+存货档案"请购超额上限"）。

（9）订单变更 打钩选择，可随时修改。如果选择，则系统记录变更历史供用户查询。

（10）供应商供货控制 有三种选择，默认为【不检查】，可随时修改。

如果选择【不检查】，单据在录入和保存时不检查供应商与存货是否在供应商存货对照表中;如果选择【检查提示】,在录入单据和保存单据时要检查供应商与存货的对应关系,给出提示,让用户来决定【是否继续】,系统不严格控制;如果选择【严格控制】,在录入和保存单据时,要检查供应商与存货的对应关系,对于不符合供应商与存货对应关系,则单据严格控制不允许保存。

3. 价格选项

(1) 入库单是否自动带入单价　单选,可随时更改。只有在采购管理系统不与库存管理系统集成使用,即采购入库单在采购管理系统填制时可设置。

① 手工录入:用户直接录入。

② 参考成本:取存货档案中的参考成本,可修改;若无则手工录入。

③ 最新成本:取存货档案中的最新成本,可修改;若无则手工录入。

(2) 订单\到货单\发票单价录入方式　单选,可随时更改。

① 手工录入:用户直接录入。

② 取自供应商存货价格表价格:带入无税单价、含税单价、税率,可修改;若无则手工录入。

③ 最新价格:系统自动取最新的订单、到货单、发票上的价格,包括无税单价、含税单价、税率,可修改。取价规则参见历史交易价参照设置。

(3) 历史交易价参照设置　填制单据时可参照的存货价格,最新价格的来源也为此设置,可随时更改。

① 来源:单选,选择内容为订单、到货单、发票。用户可选择在业务中作为价格基准的单据,在参照历史交易价和取最新价格时取该单据的价格。

② 是否按供应商取价:打钩选择。选中则按照当前单据的客户带入历史交易价。按照供应商取价能够更加精确地反映交易价,因为同一种存货,从不同供应商取得的进价可能有所差异。

③ 显示最近( )次历史交易价记录:录入,默认为10次。

(4) 最高进价控制口令　录入,系统默认为【system】,可修改,可为空。

① 设置口令,则在填制采购单据时,如超过最高进价,系统提示,并要求输入控制口令,口令不正确不能保存采购单据。

② 不设置口令,则在填制采购单据时,如超过最高进价,系统提示,不需输口令,确定后即可保存。

(5) 修改税额时是否改变税率　打钩选择,默认为不选中。税额一般不用修改,在特定情况下,如系统和手工计算的税额相差几分钱,用户可以调整税额尾差。

① 若选择是,则税额变动反算税率,不进行容差控制。

② 若选择否,则税额变动不反算税率,在调整税额尾差(单行)、保存单据(合计)时,系统检查是否超过容差:如果超过则不允许修改。如果未超过则允许修改。

注意:

当不选中以上选项时,要进行税额的容差控制,必填以下两项。

◆单行容差:录入,默认为0.06。修改税额超过容差时,系统提示,取消修改,恢复原税额。

◆合计容差:录入,默认为0.36。保存单据超过合计容差时,系统提示,返回单据。

4. 结算选项

(1) 商业版、医药流通版费用是否分摊到入库成本　打钩选择,由用户来决定采购费用是否要分摊到存货成本中。只有商业、医药流通版可选，工业版置灰。

如果选中，则可以进行费用折扣分摊；如果未选中，则不能使用分摊功能，手工结算时费用记录不能分摊到入库单记录，费用折扣结算时运费发票记录不能与采购入库单记录、存货结算。

(2) 选单只含已审核的发票记录　打钩选择，可随时修改。如果选中，则自动结算和手工结算时只包含已审核的发票记录。

5．其他选项

不记入成本的入库单需开票：打钩选项，可随时修改。如果选中，则对应仓库为不记入成本的采购入库单可以参照生成采购发票，但不参与采购结算。适用于如办公用品采购，采购发票直接转费用，不进行存货核算；如果未选中，则不记入成本仓库对应入库单不能生成采购发票，对应入库单也不参与采购结算。适用于如赠品业务的处理，不需要生产采购发票，也不需要进行存货核算。

(二) 公共及参照控制

1．菜单路径

【业务工作】—【供应链】—【采购管理】—【设置】—【采购选项】—【公共及参照控制】。操作界面如图 10-8 所示。

2．系统启用

本系统启用的会计月、启用日期：根据采购管理系统的启用月和会计月的第一日带入，不可修改。

3．公共选项

(1) 浮动换算率的计算规则　供应链公共选项。单选，选择内容为以数量为主、以件数为主。公式：件数＝数量×换算率。

① 以数量为主：浮动换算率存货，数量、件数、换算率三项都有值时，用户修改件数，数量不变，反算换算率；用户修改换算率，数量不变，反算件数；用户修改数量，换算率不变，反算件数。

② 以件数为主：浮动换算率存货，数量、件数、换算率三项都有值时，用户修改件数，换算率不变，反算数量；用户修改换算率，件数不变，反算数量；用户修改数量，件数不变，反算换算率。

(2) 单据默认税率　录入，必填，默认为17，可修改。用户填制采购单据时自动带入采购单据的表头税率，可修改。普通发票的表头税率默认为0；运费发票的表头税率默认为7。

(三) 采购预警和报警

1．菜单路径

【业务工作】—【供应链】—【采购管理】—【设置】—【采购选项】—【采购预警和报警】。操作界面如图 10-9 所示。

2．设置提前预警天数

提前预警天数：录入天数，系统默认值为 0；若为空时，表示不对临近记录进行预警。提前预警的订单记录：订单数量＞累计到货数量且 0≤计划到货日期－当前日期≤提前预警天数。

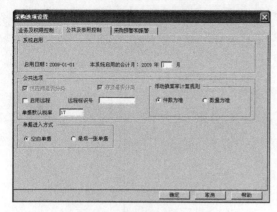

图 10-8 采购管理系统中公共
及参照控制系统选项

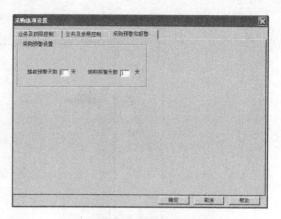

图 10-9 采购管理系统中采购
预警和报警系统选项

3．设置逾期报警天数

逾期报警天数：录入天数，默认值为空。为空时，表示不对过期记录进行报警。逾期报警的订单记录：订单数量＞累计到货数量且计划到货日期—当前日期＜0 且当前日期—计划到货日期≥逾期报警天数。

二、期初数据

账簿都应有期初数据，以保证其数据的连贯性。初次使用时，应先输入采购管理系统的期初数据。如果系统中已有上年的数据，在使用【结转上年】后，上年度采购数据自动结转本年。

期初记账是将采购期初数据记入有关采购账；期初记账后，期初数据不能增加、修改，除非取消期初记账。

期初记账后输入的入库单、代管挂账确认单、发票都是启用月份及以后月份的单据，在【月末结账】功能中记入有关采购账。

1．期初暂估入库

期初暂估入库是指在启用采购管理系统时，没有取得供应商的采购发票，而不能进行采购结算的入库单输入系统，以便取得发票后进行采购结算的账务处理。

【操作流程】

进入【业务工作】—【采购入库】—【采购入库单】，增加【期初采购入库单】，操作界面如图 10-10 所示。单据日期为系统启用之前的时间。

注意：

◆期初数据录入前，应该进行基础档案设置，内容包括仓库档案设置、收发类别设置、采购类型设置等，设置资料依据相关资料内容。

◆期初记账前进入采购入库单为期初采购入库单处理功能，若记账后，进入采购入库单应为填制（采购管理系统未与库存管理系统集成启用，采购入库单在采购管理系统中生成）或查询本期采购入库单（采购管理系统与库存管理系统集成启用，采购入库单在库存管理系统中生成，采购管理系统仅具有查询功能）功能。

2．期初在途存货

期初在途存货是指在启用采购管理系统时，已取得供应商的采购发票，但货物没有入库，而不能进行采购结算的发票输入系统，以便货物入库填制入库单后进行采购结算的账务处理。

图 10-10 期初采购入库单操作界面

【操作流程】

进入【业务工作】—【采购发票】—【专用采购发票/普通采购发票】,增加【期初采购专用发票/期初普通采购发票】,操作界面如图 10-11 所示。单据日期为系统启用之前的时间。

3. 期初受托代销商品

期初受托代销商品是指在启用采购管理系统时,没有与供应商结算完的受托代销商品数据输入系统,以便在受托代销商品销售后,能够进行受托代销结算的账务处理。

注意:

◆因为工业企业不能承接受托代销业务,所以该功能置灰,若为商品流通企业可以有此操作功能。

4. 期初记账

期初记账是指将采购期初数据记入有关账务,操作界面见图 10-12。

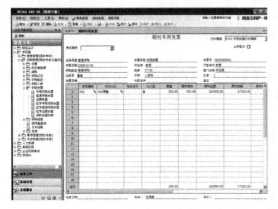

图 10-11 期初在途存货操作界面　　　图 10-12 期初记账操作界面

没有期初数据时,也可以期初记账。期初记账后,输入日常采购单据都是启用月份及以后月份的单据。期初数据记账后不能增加、修改,除非取消期初记账。

注意:

◆对于已有其他会计月份结账或者存货核算系统已经记账,或者本系统有结算单,不能取消期初记账。

任务三　采购管理系统日常业务处理

一、普通采购业务

普通采购业务类型支持所有正常的采购业务，适用于一般工商企业的采购业务。

（一）业务流程

【业务流程】

普通采购业务流程如图 10-13 所示。

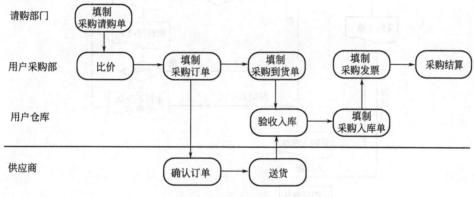

图 10-13　普通采购业务流程

① 用户可手工输入采购订单，也可根据 MRP/MPS 计划、ROP 计划、请购单、销售订单填制采购订单。

② 货物到达企业后，对收到的货物进行清点，填制到货单。

③ 经过仓库的质检和验收，参照采购订单、采购到货单、检验单、不良品处理单填制采购入库单。

④ 交给采购结算会计进行结算处理，或者由采购入库单生成发票并直接结算。

（二）单据流程

【单据流程】

普通采购单据流程如图 10-14 所示。

① 请购单：可手工新增，也可参照 MPS（生产订单）计划生成。

② 采购订单：可手工新增，也可参照采购合同、请购单、销售订单、出口订单生成采购订单。

③ 采购到货单：可手工新增，也可参照订单生成，但只能参照订单未被入库单参照的记录。

④ 采购退货单：可以参照到货单、订单，也可以参照在库不良品处理单，还可以手工新增。

⑤ 采购拒收单：对于不需要质检的采购到货，可以直接进行拒收。对于质检的存货，检验后不合格退回的，可以参照到货单中的拒收数生成拒收单；对于不质检的存货，如果手工录入了拒收数，则参照到货单中的拒收数生成拒收单，如果未录入拒收数，则参照（到货

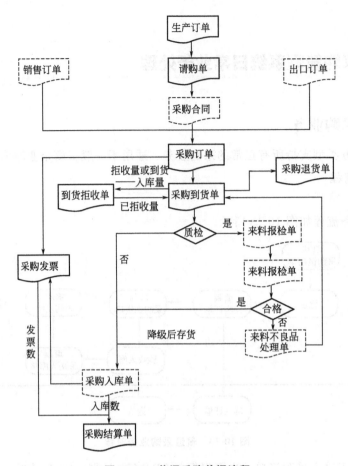

图 10-14 普通采购单据流程

量—累计入库量）生成拒收单。

⑥ 采购入库单：可手工新增，也可参照采购订单、到货单生成。采购订单审核以后，既可以经过到货然后入库，也可以直接入库，但一张采购订单中的一行记录只能按一种流程执行，或者生成到货单，或者生成入库单。

⑦ 采购发票：可手工新增，也可参照订单、入库单。同一业务建议只参照一种单据，避免重复参照。

⑧ 采购结算单：根据采购入库单、采购发票进行采购结算。

必有订单业务模式：除请购单、采购订单外，到货单、入库单、采购发票（普通、专用）不可手工新增，只能参照来源单据生成，拷贝单据的【执行所拷贝的记录】选项置灰不可修改。

（三）业务应用

根据货物及其采购发票的到达先后顺序可分为以下几种。

1. 单货同行

当货物及其采购发票同时到达企业时，首先检验发票与货物是否一致。

如果单货一致，可以先填制采购发票，再填制采购入库单，及时进行采购结算；也可以先填制采购入库单，再参照入库单生成发票，用户可选择自动进行采购结算。

如果单货不一致，可以暂不入库或暂不报账结算；也可以区分损耗原因，报有关领导批准后做有损耗的采购结算。

2. 货到单未到暂估入库

当货物先到，而采购发票未到达企业时，企业可根据实际入库数量填制采购入库单，做暂估入库；待取得发票后，再输入发票进行报账结算。

3. 单到货未到

当采购发票先到，而货物未到企业时：可以不输入发票做压单处理，等货到时再填制入库单、发票；也可以输入发票做在途货物处理。如果想要及时掌握在途货物情况，那么就应及时输入发票。

（四）请购

采购请购是指企业内部向采购部门提出采购申请，或采购部门汇总企业内部采购需求提出采购清单。

采购请购单即为采购请购提出的采购申请。采购请购单是可选单据，用户可以根据业务需要选用。

【操作流程】

① 请购单可手工增加，也可以根据销售订单、出口订单生单。

② 请购单可以修改、删除、审核、弃审、关闭、打开、锁定、解锁。录入时支持行复制。

③ 已审核未关闭的请购单可以参照生成采购订单，或比价生成采购订单。

操作界面如图 10-15 所示。

（五）采购订货

采购订货是指企业根据采购需求，与供货单位之间签订采购合同、购销协议。

1. 采购订单

采购订单是企业与供应商之间签订的

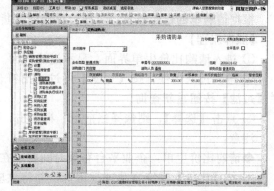

图 10-15　采购请购单操作界面

采购合同、购销协议等，主要内容包括采购什么货物、采购多少、由谁供货、什么时间到货、到货地点、运输方式、价格、运费等。它可以是企业采购合同中关于货物的明细内容，也可以是一种订货的口头协议。通过采购订单的管理，可以帮助企业对采购业务进行事前预测、事中控制与监督。

【操作流程】

① 采购订单可以手工录入，也可以参照请购单、销售订单、采购合同生成；直运采购订单必须参照直运销售订单生成；可以请购比价生单。

② 采购订单可以修改、删除、审核、弃审、变更、关闭、打开、锁定、解锁。

③ 已审核未关闭的采购订单可以参照生成采购到货单、入库单、采购发票。

④ 【应付管理】设置为启用付款申请时，已审核未关闭且没有关联采购发票的采购订单可以参照生成付款申请单。

注意：

◆采购订单是可选单据，但必有订单时，订单必有。采购订单可以只录入数量，不录入单价、金额。

【业务规则】

① 只能对表体的数量、计划到货日期、备注、价格、金额等内容进行修改操作，不可修改表头内容。

② 可以增行，未执行的订单行可以删除。

③ 已执行的订单行可以修改数量，但变更后的数量必须大于等于订单累计到货量、订单累计入库量中的任一个。

④ 已生成付款申请的采购订单行不允许变更。

⑤ 变更后保存当前订单时将当前操作员名称写入变更人中。

⑥ 以下情况【变更】按钮置灰不可用：第一，当前订单未审核，可直接修改。第二，当前订单已关闭。可打开后再执行相应操作。

图 10-16　采购订单操作界面

操作界面如图 10-16 所示。

2．请购比价生单

根据请购单的待购数量，可结合供应商存货价格表，进行比价采购，生成采购订单。

【操作流程】

① 进入请购比价生单界面，显示过滤界面。

② 输入过滤条件，按【过滤】可过滤出符合条件的采购请购单列表；用户可以按工具栏【过滤】按钮重新查询。

③ 点击【选择】，则选择当前行；再点击，则取消选择；可【全选】【全消】。

注意：

◆请购比价生单：企业平台登录时间要求在请购单日期当日或之前进行。

④ 按【比价】系统自动进行比价，并将供应商存货价格表中供应类型为采购的该存货最低进价的供应商及其单价、税率带入；如无则不带入。

⑤ 用户可以在供应商简称栏目重新参照，在供应商存货价格表中供应类型为采购的有单价的供应商带入单价、税率、币种；没有单价的，仍为原有的价格、税率、币种。

⑥ 选择供应商后，可以修改数量、价格、税率、币种等内容。

⑦ 供应商不为空的记录不参与比价，可按【清空】系统将所有供应商批量清空。

⑧ 按【生单】，则系统将所有已选择的请购单行生成采购订单，其中按照存货是否受托属性，分别生成普通、受托两种业务类型的订单。

⑨ 如继续比价生单，请继续②～⑧步骤。

操作界面如图 10-17 所示。

（六）采购到货

采购到货是采购订货和采购入库的中间环节，一般由采购业务员根据供方通知或送货单填写，确认对方所送货物、数量、价格等信息，以入库通知单的形式传递到仓库作为保管员收货的依据。

1．采购到货单

采购到货单是可选单据，用户可以根据业务需要选用；但启用【质量管理】时，对于需

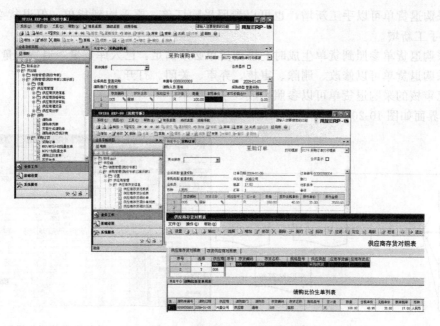

图 10-17 请购比价生单操作界面

要报检的存货,必须使用采购到货单。

【操作流程】

① 采购到货单可以手工新增,也可以参照采购订单生成;但必有订单时,采购到货单不可手工新增。

② 采购到货单可以修改、删除、审核、弃审、关闭、打开。

③ 审核通过的采购到货单可以参照生成采购退货单,参照生成入库单。

注意:

◆采购到货单可以只录入数量,不录入单价、金额。

操作界面如图 10-18 所示。

图 10-18 采购到货单操作示意

2. 采购退货单

采购退货单是采购到货单的红字单据,表示对已入库后的退库。

【操作流程】

采购退货单操作流程如图 10-19 所示。

① 采购退货单可以手工新增，也可以参照采购订单、原采购到货单。但退货必有订单时，不可手工新增。
② 采购退货单参照到货单生成时，该到货单必须满足：已入库数量＞退货数量。
③ 采购退货单可以修改、删除、审核、弃审、关闭、打开。
④ 已审核的采购退货单可以参照生成红字入库单。
操作界面如图 10-20 所示。

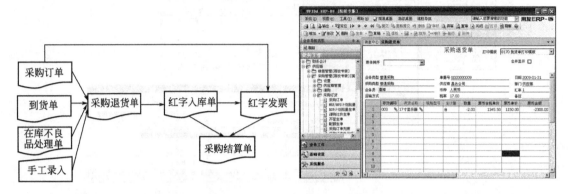

图 10-19　采购退货单操作流程　　　图 10-20　采购退货单操作界面

（七）采购入库

采购入库是通过采购到货，对合格到货的存货进行入库验收。

暂估处理是指本月存货已经入库，但采购发票尚未收到，可以对货物进行暂估入库；待发票到达后，再根据该入库单与发票进行采购结算处理。

库存管理系统未启用前，可在采购管理系统录入入库单据；库存管理系统启用后，必须在库存管理系统录入入库单据，在采购管理系统可查询入库单据，可根据入库单生成发票。

【业务流程】
① 货物到达企业后，对收到的货物进行清点，参照采购订单填制采购到货单。
② 参照采购订单或采购到货单填制采购入库单。
③ 取得供应商的发票后，采购部门填制采购发票。
④ 采购部门进行采购结算。
⑤ 将采购入库单报财务部门的成本会计进行存货核算，将采购发票等票据报应付账会计进行应付账款核算。

1. 采购入库单

采购入库单是根据采购到货签收的实收数量填制的单据。对于工业企业，采购入库单一般指采购原材料验收入库时所填制的入库单据。对于商业，采购入库单一般指商品进货入库时所填制的入库单据。

采购入库单按进出仓库方向分为蓝字采购入库单、红字采购入库单；按业务类型分为普通采购入库单、受托代销入库单（商业）。

系统启用时，用户可以输入期初入库单。

【操作流程】
(1) 未与库存管理系统集成
① 采购入库单可以手工新增。

② 采购入库单可以修改、删除。
③ 采购入库单可以参照生成发票。
④ 采购入库单与发票可以进行采购结算。

(2) 与库存管理系统集成

① 采购入库单在库存管理系统进行维护。
② 采购入库单可以生成发票。
③ 采购入库单与发票可以进行采购结算。

操作界面如图 10-21 所示。

2. 红字入库单

红字入库单是采购入库单的逆向单据。在采购业务活动中，如果发现已入库的货物因质量等因素要求退货，则对普通采购业务进行退货单处理。

如果发现已审核的入库单数据有错误（多填数量等），可以原数冲回，即将原错误的入库单，以相等的负数量填制红字入库单，冲抵原入库单数据。

系统启用时，用户可以输入期初红字入库单。

采购管理系统与库存管理系统集成使用，所以采购红字入库单操作应在库存管理模块中进行。

操作界面如图 10-22 所示。

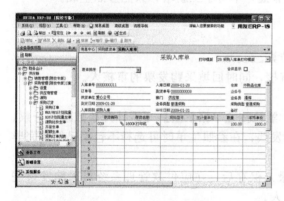

图 10-21　采购入库单操作界面　　　　图 10-22　红字入库单操作界面

（八）采购开票

采购发票是供应商开出销售货物的发票，用户根据采购发票确认采购成本，进行记账和付款核销。

【业务流程】

① 填制采购发票，可手工填制，也可参照单据生成。

② 财务部门通过应付款管理系统对采购发票审核并登记应付明细账，并回填采购发票审核人。

③ 采购结算会计对采购入库单和采购发票进行采购结算处理。

④ 由于材料不合格或其他原因，企业如果发生退货业务，且发票已付款或对应的入库单已记账，则应输入红字发票进行冲销。若发票未付款或对应的入库单未记账，则可通过取消结算，修改发票即可。

⑤ 通过统计报表查询各采购发票的有关信息。

1. 采购发票

采购发票是供应商开出的销售货物的凭证，系统根据采购发票确认采购成本，并据以登记应付账款。

企业在收到供货单位的发票后，如果没有收到供货单位的货物，可以对发票压单处理，待货物到达后，再输入系统做报账结算处理；也可以先将发票输入系统，以便实时统计在途货物。

采购发票按业务性质可分为蓝字发票和红字发票。采购发票按发票类型可分为增值税专用发票、普通发票和运费发票。增值税专用发票：增值税专用发票的单价为无税单价。普通发票：普通发票包括普通发票、废旧物资收购凭证、农副产品收购凭证、其他收据，这些发票的单价、金额都是含税的。普通发票的默认税率为0，可修改。运费发票，运费主要是指向供货单位或提供劳务单位支付的代垫款项、运输装卸费、手续费、违约金（延期付款利息）、包装费、包装物租金、储备费、进口关税等。运费发票的单价、金额都是含税的，运费发票的默认税率为7，可修改。

系统启用时，用户可以输入期初采购发票。

【操作流程】

① 采购发票可以手工新增，也可以参照采购订单、采购入库单（普通采购）填制；采购发票也可以拷贝其他采购发票填制。直运业务可以参照直运销售发票；受托代销结算后生成受托发票。必有订单时，采购发票（专用、普通）不可手工新增，只能参照生成。

② 采购发票可以修改、删除。

③ 采购发票可以现付、弃付。

④ 采购发票与采购入库单可以进行采购结算。

⑤ 采购发票可以在应付款管理系统进行审核，同时回填采购发票的审核人。

【业务规则】

① 参照入库单或代管挂账确认单生成时，默认按【单据数量】—【累计开票数量】开票，如果已进行红蓝入库单结算的记录不需要开具发票，在参照生单时可选择不包括已结算完毕的单据。

② 审核发票：采购管理系统的采购发票录入保存后，在应付款管理系统对采购发票进行审核登记应付账，同时回填采购发票的审核人。

操作界面如图10-23和图10-24所示。

图10-23 采购发票操作示意

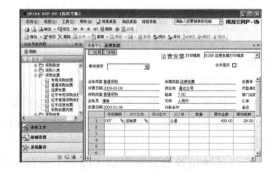

图10-24 采购运费发票操作示意

2. 处理现付

现付业务指在采购业务发生时，立即付款开发票；在实际业务中当采购人员在采购取得货物的同时将货款先行垫付，这时需将款项直接支付给本单位的采购人员。在采购发票保存后就可以进行现付款处理，已审核的发票不能再做现付处理。

【操作流程】

采购现付处理流程如图 10-25 所示。

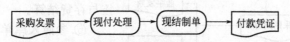

图 10-25 采购现付处理流程

① 进入发票单据界面，系统显示所选的单据格式，及最后一次操作的单据。

② 用鼠标点击【上张】【下张】【首张】【末张】按钮，查找需要现结的单据；或点击【定位】按钮，利用定位功能查找需要现结的单据。

③ 现结当前单据：点击【现付】，系统弹出现付窗口，录入现付内容。

④ 按【确认】，则对当前单据进行现付，发票左上角注明【已现付】红色标记。

⑤ 弃付当前单据：点击【弃付】按钮，系统将当前单据弃付。

⑥ 现付/弃付完当前单据，再重复②~⑤步骤，直至所有需要现付/弃付的单据现付/弃付完毕。

【业务规则】

① 无论是否做采购结算，都可以进行现付。

② 支持外币现付，现付汇率以发票上的汇率为准。

③ 应付金额＞0 时，结算必须＞0；应付金额＜0 时，结算金额必须＜0。

④ 支持全额现付和部分现付，结算金额不得大于应付金额。

注意：

◆已审核记应付账的采购发票不能进行现付，已现付的采购发票记账后不能取消现付。

操作界面如图 10-26 和图 10-27 所示。

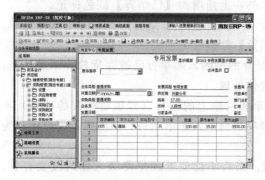

图 10-26 采购现付处理流程

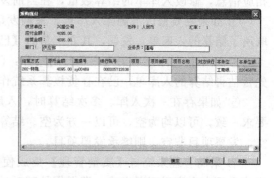

图 10-27 采购现付处理操作示意

（九）采购结算

采购结算也称采购报账，是指采购核算人员根据采购入库单、采购发票核算采购入库成本。采购结算的结果是采购结算单，它是记载采购入库单与采购发票对应关系的结算对照表。

采购结算从操作处理上分为自动结算、手工结算两种方式；另外运费发票可以单独进行费用折扣结算。

【单据流程】

采购结算单据流程如图 10-28 所示。

① 入库单与发票结算。

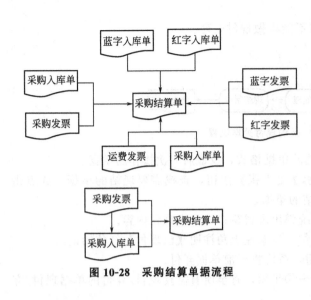

图 10-28 采购结算单据流程

② 蓝字入库单与红字入库单结算。
③ 蓝字发票与红字发票结算。
④ 运费发票与入库单结算，也可直接与存货结算。
⑤ 参照入库单生成发票时可以进行结算。

删除结算单操作流程如下所述。

【操作流程】

① 进入结算单列表或结算明细表，显示过滤窗口。
② 输入查询的过滤条件，单击【确认】按钮，系统显示满足用户条件的结算单列表。
③ 双击要删除的结算单记录，进入采购结算表窗口。
④ 按【删除】，系统提示【确实要删除该张单据吗？】
⑤ 按【是】则删除当前结算单，按【否】返回单据窗口。
⑥ 按【退出】返回结算单列表或结算明细表窗口。

【业务规则】

① 入库单的金额可以与发票金额不等，入库单金额可以为空。采购结算后，入库单上的单价都被自动修改为发票上的存货单价，即发票金额作为入库单的实际成本。
② 采购结算按照单据行记录进行结算，结算后生成结算单，分别记下入库单和发票的相应信息，修改入库单的结算数量，在当前发票的左上角增加【已结算】红色标记。
③ 如果需要修改或删除入库单、采购发票，必须先取消采购结算，即删除采购结算单。取消了结算的入库单、发票，其左上角的【已结算】红色标记消失。
④ 以下情况不能取消入库单行的结算：已结算的采购入库单已被存货核算系统记账；先暂估再结算的入库单，已在存货核算系统作暂估处理。
⑤ 如果存在一次入库、多次结算时，入库单和发票上的项目（即项目档案的项目）不要求一致，可以均为空，可以一方为空。结算单项目继承入库单项目；但如果入库单项目为空，发票项目非空，则继承发票项目。
⑥ 采购管理系统与【质量管理】集成使用：采购不良品处理单降级入库时改变存货，应该采用先入库后开票方式，即根据处理后的存货入库，并根据该入库单开具采购发票。
⑦ 本月已做月末结账后，不能再做本月的采购结算，只能在下个月做。如果采购结算确实应核算在已结账的会计月内，那么可以先取消该月的月末结账后再做采购结算。
⑧ 可以跨月结算，不限制业务发生的日期。

1. 自动结算

自动结算是由系统自动将符合结算条件的采购入库单记录和采购发票记录进行结算。系统按照三种结算模式进行自动结算：入库单和发票、红蓝入库单、红蓝发票。

【操作流程】

① 进入自动结算界面，显示条件过滤窗口。
② 用户可以根据需要输入结算条件，系统根据输入的条件范围自动结算，并产生结算

结果列表。系统将不同的供应商和结算模式生成多张采购结算单。如没有则提示【没有符合条件的单据,不能继续】。

③ 单击工具栏的【退出】按钮或单击窗体右上角的小叉子,结束自动结算。

④ 进入【采购结算单列表】功能,可查询、打印本次自动结算结果,可以删除采购结算单。

【业务规则】

(1) 入库单与发票

① 将供应商、存货、数量完全相同的入库单记录和发票记录进行结算,生成结算单。

② 发票记录金额作为入库单记录的实际成本。

③ 记录自动结算到行。

(2) 红蓝入库单

① 将供应商相同、存货相同、数量绝对值相等而符号相异的红蓝入库单行记录进行对应结算,生成结算单。

② 入库单记录可以没有金额,只有数量。

③ 记录自动结算到行。

(3) 红蓝采购发票

① 将供应商相同、存货相同、金额绝对值相等而符号相异的采购发票记录对应结算,生成结算单。

② 结算的成本即为各发票记录的金额。

③ 记录自动结算到行。

自动结算操作界面如图10-29所示。

2. 手工结算

用户可以使用手工结算功能进行采购结算,内容包括:

图10-29 自动结算操作界面

① 入库单与发票结算。

② 蓝字入库单与红字入库单结算。

③ 蓝字发票与红字发票结算。

④ 溢余短缺处理。参见"溢余短缺结算"。

⑤ 费用折扣分摊。参见"费用折扣分摊"。

手工结算时可拆单拆记录,一行入库记录可以分次结算;可以同时对多张入库单和多张发票进行手工结算。

手工结算支持到下级单位采购、付款给其上级主管单位的结算;支持三角债结算,即甲单位的发票可以结算乙单位的货物。

【操作流程】

① 在手工结算界面按【选单】按钮,进入结算选单界面。

② 在结算选单界面,按【入库单选单过滤】—【发票选单过滤】按钮,显示入库单和采购发票的过滤条件界面,参见结算选单过滤条件。

③ 按【过滤】返回结算选单界面,将符合过滤条件的采购发票记录带入发票列表(屏幕上方)和入库单记录带入入库单列表(屏幕下方)。

④ 选择要结算的入库单:点击选择栏,显示"Y"则选择当前行;再点击,则取消选择;可打钩全选,取消全选,则取消所有选择。

⑤ 选择要结算的发票：点击选择栏，显示"Y"则选择当前行；再点击，则取消选择；可打钩全选，取消全选，则取消所有选择。

⑥ 按【入库单列表定位】—【发票列表定位】可以对入库单和采购发票进行定位操作。

⑦ 可在"设置"中设置入库单和发票自动匹配的条件。

⑧ 选择了入库单记录，可点击【按入库列表匹配】（按入库单匹配发票）、系统自动寻找所选入库单记录的匹配记录，提示可以匹配的发票共有×条，并将匹配的记录打钩，未匹配的记录取消选择。

⑨ 选择了发票记录，可点击【按发票列表匹配】（按发票匹配入库单），操作同上。

⑩ 结算选单完毕，按【确定】返回手工结算界面，当前选择的结果带入到手工结算界面。

⑪ 选单后返回结算选单界面，窗口上方带入发票记录、入库单记录，窗口下方带入费用折扣存货发票记录、运费发票记录。

⑫ 入库数量与发票数量不符时，可录入溢余短缺数量、金额，将两者数量调平。参见"溢余短缺结算"。

⑬ 费用分摊：用户可以把某些运费、挑选整理费等费用按会计制度摊入采购成本，在第⑤步骤【选单】时手工选择费用折扣存货的发票记录，或手工选择运费发票记录，所选记录显示在窗口下方的结算费用列表。

⑭ 选择分摊方式：按金额、按数量，然后按【分摊】则将费用分摊到入库单记录。参见"费用折扣分摊"。

⑮ 进行结算：入库单、发票选择完毕后，按【结算】按钮，系统自动将本次选择的数据进行结算。

⑯ 结算完成后，系统把已结算的单据数据从屏幕上清除，可以继续②～⑮步骤进行其他采购结算。

⑰ 按【关闭】按钮，退出手工结算界面。

⑱ 结算的结果可以在【结算单列表】功能中查看，可以删除采购结算单。

【结算选单过滤条件】

① 入库单过滤条件：供应商、部门、业务员、日期、入库单号、仓库、制单人、存货分类、存货、采购类型、项目、单据类型、存货自由项、入库单自定义项、是否已审核。

② 采购发票过滤条件：供应商、部门、业务员、采购类型、存货编码、存货分类、项目、采购开票日期、采购发票日期、制单人、存货自由项、单据自定义项。

【业务规则】

（1）入库单与发票

① 自动匹配时，系统按照在【用户】设置的匹配规则进行匹配，选择的记录必须为发票中无费用折扣类存货的入库单记录和发票记录为匹配记录。

② 发票记录金额作为入库单记录的实际成本。

③ 记录结算到行。

操作界面如图10-30和图10-31所示。

（2）红蓝入库单

① 存货＋自由项相同、结算数量之和为0的入库单（退库单）记录可结算。如选择了【相同供应商】，则必须供应商、存货、结算数量相同才可结算。

② 结算的成本即为各入库单记录的暂估金额。

③ 记录结算到行。

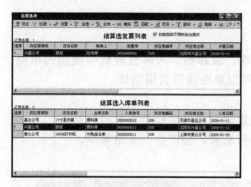
图 10-30 采购结算选单

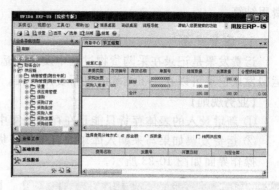
图 10-31 采购手工结算操作界面

(3) 红蓝采购发票

① 存货＋自由项相同、结算数量之和为 0 的红蓝采购发票记录对应结算，生成结算单。如选择了【相同供应商】，则必须供应商、存货＋自由项、数量相同才可结算。金额不同的红蓝发票记录也可结算，此时业务含义为实物退回，购销双方根据协商各自承担一部分损失。

② 结算的金额即为各发票记录的金额。

③ 记录结算到行。

3. 溢余短缺结算

在企业的采购业务中，由于运输、装卸等原因，采购的货物会发生短缺毁损，应根据不同情况，进行相应的账务处理。在采购结算时，如果入库数量与发票数量不一致，确定其是否为合理损耗。其中，合理损耗直接记入成本，即相应提高入库货物的单位成本；非合理损耗则根据业务选择相应的非合理损耗类型，并由存货核算系统根据结算时记录的非合理损耗类型自动生成凭证。

【操作流程】

① 在手工选单界面选单后，可在结算汇总的发票行录入合理、非合理损耗数量。只有发票数量＝结算数量＋合理损耗数量＋非合理损耗数量，该条入库单记录与发票记录才可采购结算。

② 还可录入非合理损耗金额、非合理损耗类型、进项税转出金额，其中录入非合理损耗数量、金额时须指定非合理损耗类型。

【业务规则】

公式：入库货物的发票数量＝结算数量＋合理损耗数量＋非合理损耗数量。

① 入库数量大于发票数量（溢余）：选择发票时，在发票的附加栏【合理损耗数量】【非合理损耗数量】【非合理损耗金额】中输入溢余数量、溢余金额。数量、金额为负数。如果系统把多余数量按赠品处理，只是降低了入库货物的单价，与企业的分批结算概念不同。

② 入库数量小于发票数量（短缺）：选择发票时，在发票的附加栏【合理损耗数量】【非合理损耗数量】【非合理损耗金额】中输入短缺数量、短缺金额。数量、金额为正数。

操作界面如图 10-32 所示。

（十）费用处理

费用包括专用发票、普通发票上的应税劳务存货记录、折扣存货记录，以及运费发票上的应税劳务存货记录。费用可以在手工结算时进行费用分摊，运费发票记录也可以单独进行费用结算。

1. 运费发票

运费发票是记录在采购货物过程中发生的运杂费、装卸费、入库整理费等费用的单据。运费发票记录可以在手工结算时进行费用分摊，也可以单独进行费用结算。

【业务规则】

① 新增录入的表体存货只能是在存货档案中设定属性为【应税劳务】的存货。

② 运费发票如果与采购入库单或直接与存货进行结算，会产生一张结算单。

操作界面如图 10-33 所示。

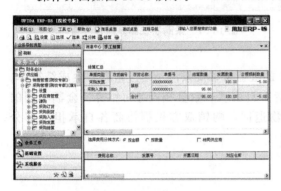

图 10-32 购进短缺采购手工
结算操作界面

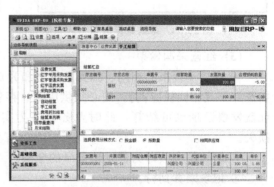

图 10-33 采购发票、采购运费发票
与采购入库单手工结算

2. 费用折扣结算

运费发票记录可以与采购入库单记录结算，也可以直接分摊到具体的存货。另外，费用折扣存货记录可以在手工结算时进行费用分摊。如果启用费用折扣分摊需要勾选【设置】—【采购选项】—【业务及权限控制】—【结算选项】中的【商业版费用是否分摊到入库成本】选项。该选项可根据商业企业的特殊需求，由用户来决定采购费用是否要分摊到存货成本中，工业版不可选择该项。

【操作流程】

① 进入费用折扣结算界面。

② 按【过滤】按钮，显示过滤条件界面，输入过滤条件。

③ 按【确定】，返回费用折扣结算界面，在窗口的右上角显示：可供显示的入库单/发票明细记录数。

④ 按【发票】，则弹出发票选择窗口，显示符合过滤条件的运费发票列表。点击【选择】，则选择当前行；再点击，则取消选择；可打钩【全选】，取消【全选】则取消所有选择；也可录入发票号，按【定位】，光标移至符合条件的发票行记录。按【确认】则将选发票记录带入费用折扣结算界面。

⑤ 按【入库】，则弹出入库单选择窗口，显示符合过滤条件的入库单列表，操作同上。也可录入单据号和仓库编号，按【定位】进行定位。

⑥ 在费用折扣界面，窗口上方为入库单汇总、下方为运费发票汇总；窗口中间为结算金额合计、发票金额合计。

⑦ 用户可以增加要结算的存货：用【增行】按钮在表体上增加一个行次，输入仓库、存货、存货自由项、数量、金额等信息。可以既选择入库单又选择存货，可以只选择入库单不选择存货；也可以只选择存货不选择入库单。

⑧ 用户可选择费用分摊方式：按金额、按数量，然后按【分摊】，则系统自动将运费发票记录分摊到所选的入库单记录或存货记录。

⑨ 费用折扣分摊完毕后，按【结算】按钮，如录入数据合法，则系统提示【结算成功】。

【业务规则】

① 运费发票可以与已结算、未结算或部分结算的入库单同时结算，也可以与存货直接结算。

② 可以将一张或多张运费发票分摊到多个仓库多张入库单的多个存货上；一张入库单可以多次分摊费用。分摊结果可以手工调整。

二、受托代销业务

受托代销是一种先销售后结算的采购模式，指其他企业委托本企业代销其商品，代销商品的所有权仍归委托方；代销商品销售后，本企业与委托方进行结算，开具正式的销售发票，商品所有权转移。

受托代销的业务模式是与委托代销相对应的一种业务模式，可以节省商家的库存资金，降低经营风险。适用于有受托代销业务的商业企业。

（一）系统选项

（1）【系统管理】—【账套】—【新建账套】 只有在建账套时【企业类型】选择为【商业】，系统才能处理受托代销业务。

（2）【设置】—【采购选项】—【业务及权限控制】—【业务选项】—【启用受托代销】 打钩选择。

① 启用表示企业有受托代销业务，用户可以使用受托代销单据、受托代销结算、受托代销统计功能。

② 如果不启用受托代销业务系统将不能处理受托代销业务。

③ 用户可以在采购管理系统设置，也可以在库存管理系统设置，在其中一个系统的设置，同时改变在另一个系统的选项。

③ 进入【基础设置】—【基础档案】—【存货】—【存货档案】—【基本】—【是否受托代销、外购、销售】，对于受托代销商品，必须选中【是否受托代销】，并且把存货属性设置为外购。由于受托代销商品一般用于销售，还可设置销售属性。另外，设置为受托代销商品的存货不能用于非受托代销商品的采购业务。【受托代销业务必有订单】属于可选项。

（二）业务流程

【业务流程】

受托代销业务流程如图10-34所示。

① 双方签订供销合同，其中用户为受托方，供货商为委托方，用户录入采购订单。

② 委托方发货、受托方收货，采购部门填制受托代销到货单。

③ 用户仓库办理入库手续，填制受托代销入库单。

④ 受托方售出代销商品后，手工开具代销商品清单交委托方，委托方开具手工发票。

⑤ 受托方通过受托代销结算，系统自动生成受托代销发票和受托代销结算单。

（三）单据流程

【单据流程】

受托代销业务单据流程，如图10-35所示。

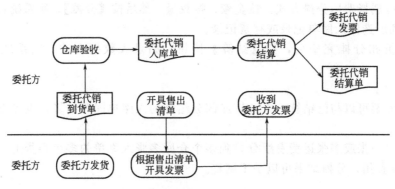

图 10-34 受托代销业务流程

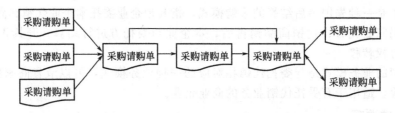

图 10-35 受托代销业务单据流程

① 订单：可手工新增，也可参照 ROP 计划、采购请购单、销售订单、采购合同生成，只能参照受托代销存货。

② 受托代销到货单：可手工新增，也可参照订单，但只能参照订单未被入库单参照的记录。

③ 受托代销入库单：可手工新增，也可参照订单、受托代销到货单；但只能参照订单未被到货单参照的记录，即同一行采购订单记录只能或者生成到货单、或者生成入库单，不能重复参照入库。

④ 受托代销结算：根据受托代销入库单进行受托结算，生成受托代销发票、受托代销结算单；即根据受托代销入库单生成受托代销发票，然后系统自动将入库单与发票结算，生成受托代销结算单。

1. 受托代销入库单

受托代销的货物到达企业后，应该及时办理受托代销入库手续，待货物销售后，再办理受托代销结算手续。

库存管理系统启用前，可录入受托代销采购入库单；库存管理系统启用后，可根据库存管理系统的受托代销入库单进行受托代销结算。

系统启用时，用户可以输入期初入库单。

2. 受托代销结算

受托代销结算是企业销售完成委托代销单位的货物后，与供货单位办理采购结算。受托方根据受托代销入库单进行结算，同时产生受托代销发票、受托代销结算单。在实际业务中，用户也可以在取得供货单位的发票后再进行受托代销结算。

【操作流程】

① 进入受托代销结算功能界面。

② 按【选单】按钮，录入过滤入库单的条件，其中供应商必输。

③ 按【入库单】按钮，弹出选择入库单窗口，按【开始加载】，则系统将符合过滤条件的受托代销入库单带入。

④ 选择受托代销入库单。用户选择要结算的入库单记录，可复选；按【确认】将所选入库单记录带入。

⑤ 对所选的入库单记录，输入本次结算的数量、单价、金额；输入产生发票的有关数据：发票类型、发票号、发票日期、税率等数据。

⑥ 如取消当次结算，可按【删除】取消要结算的入库单记录。

⑦ 单击【结算】按钮，系统进行结算，生成受托代销发票、受托代销结算单。

注意：

◆ 受托代销入库单在进行受托代销结算前，应输入单价、金额，否则在结算时系统会提示【结算商品的单价和金额不能为0】。

三、直运业务

直运业务是指产品无需入库即可完成购销业务，由供应商直接将商品发给企业的客户；结算时，由购销双方分别与企业结算。

直运业务包括直运销售业务和直运采购业务，没有实物的出入库，货物流向是直接从供应商到客户，财务结算通过直运销售发票、直运采购发票解决。

（一）系统选项

① 销售管理系统的直运业务选项影响采购管理系统的直运业务。

② 【销售管理系统设置】—【销售选项】—【业务控制】—【是否有直运销售业务】：打钩选择。若有，可选择直运销售的业务类型，否则不可用。

③ 【销售管理系统设置】—【销售选项】—【业务控制】—【直运销售必有订单】：打钩选择，选择直运业务可选此项。必有订单时，直运采购订单必须参照直运销售订单，直运采购发票必须参照直运采购订单、直运销售发票必须参照直运销售订单。

④ 【采购管理系统设置】—【采购选项】—【业务及权限控制】—【业务选项】—【直运业务必有订单】：显示【销售系统】相应选项，不可修改。

（二）单据流程

1. 必有订单直运业务的单据流程

【单据流程】

必有订单直运业务的单据流程如图10-36所示。

用户录入直运销售订单。

直运采购订单必须参照直运销售订单生成，可以拆单不能拆记录，即每行销售订单记录只能被采购订单参照一次。

直运采购发票参照直运采购订单生成。

直运销售发票参照直运销售订单生成。

2. 在非必有订单模式单据流程

【单据流程】

在非必有订单模式单据流程如图10-37所示。

在未选择必有订单模式时，如果在销售管理系统中录入了销售订单，则必须按照【必有订单直运业务】的单据流程进行操作。如果在销售管理系统没有销售订单，直运采购发票和直运销售发票可互相参照生成。

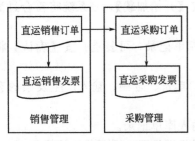

图 10-36　必有订单直运业务的单据流程

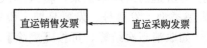

图 10-37　在非必有订单模式单据流程

（三）业务规则

直运采购发票和直运销售发票互相参照时：

① 不可超量采购、超量销售。

② 可以拆单拆记录。

③ 直运销售发票不可录入仓库，不可录入受托代销属性的存货、应税劳务的存货。

④ 采购未完成的直运销售发票（已采购数量＜销售数量）；销售未完成的直运采购发票（已销售数量＜采购数量）结转下年。

⑤ 未复核、未记账的直运发票结转下年。

四、采购账表

1. 统计表

用户可以查询采购管理系统的各种统计表。包括到货明细表、采购明细表、入库明细表、结算明细表、未完成业务明细表、受托结算明细表、费用明细表、增值税发票处理状态明细表、采购综合统计表、采购计划综合统计表等。

2. 采购账簿

用户可以查询采购管理系统的各种账簿。包括在途物余额表、暂估入库余额表、代销商品台账、代销商品余额表等。

3. 采购分析表

用户可以查询采购管理系统的各种分析表。包括采购成本分析、供应商价格对表分析、采购类型结构分析、采购资金比重分析、采购费用分析、采购货龄综合分析等。

任务四　采购管理系统期末处理

【任务描述】

本任务主要完成月末结账工作，月末结账是逐月将每月的单据数据封存，并将当月的采购数据记入有关报表中。

【知识准备与业务操作】

一、月末结账

【操作流程】

① 进入【月末结账】，屏幕显示月末结账对话框。

② 选择结账的月份，必须连续选择，否则不允许结账。

③ 用鼠标单击【结账】按钮，计算机自动进行月末结账，将所选各月采购单据按会计期间分月记入有关报表中。

④ 月末结账后，可逐月取消结账，选中已结账最后月份，单击【取消结账】，则取消该月的月末结账。

注意：

◆结账前用户应检查本会计月工作是否已全部完成，只有在当前会计月所有工作全部完成的前提下，才能进行月末结账，否则会遗漏某些业务。

◆月末结账之前一定要进行数据备份，否则数据一旦发生错误，将造成无法挽回的后果。

◆没有期初记账，将不允许月末结账。

◆不允许跳月结账，只能从未结账的第一个月逐月结账；不允许跳月取消月末结账，只能从最后一个月逐月取消。

◆上月未结账，本月单据可以正常操作，不影响日常业务的处理，但本月不能结账。

◆月末结账后，已结账月份的采购管理系统入库单、采购发票不可修改、删除。

【数据接口】

集成使用流程如图 10-38 所示。

① 采购管理系统月末结账后，才能进行库存管理系统、存货核算系统、应付款管理系统的月末结账。

② 如果采购管理系统要取消月末结账，必须先通知库存管理系统、存货核算系统、应付款管理系统的操作人员，要求他们的系统取消月末结账。

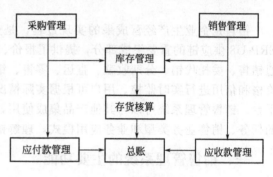

图 10-38　集成使用流程

③ 如果库存管理系统、存货核算系统、应付款管理系统的任何一个系统不能取消月末结账，那么也不能取消采购管理系统的月末结账。

二、结转上年

一般情况下，企业是持续经营的，因此企业的会计工作是一个连续性的工作。每到年末，启用新年度账时，就需要将上年度中账套的余额及其他信息结转到新年度账中。

结转上年是将上年的基础数据和各种单据的数据转入本年度账套中，起承上启下的作用。如果系统中没有上年度的数据，将不能进行结转。结转上年操作在服务器上的《系统管理》进行。

注意：

◆第一次使用采购管理系统，或没有上年数据时，不能使用此功能。

◆只有上年度 12 月份会计月结账后，才能结转上年度数据。

◆只有在上一会计年度所有工作全部完成并准确无误的前提下，才能进行【结转上年】操作，否则会造成结转到本会计年度的数据不正确。

◆只有上年度与本年度存货编码完全相同的存货才能结转。上年与新年度不对应的存货编码，其数据将不结转。

◆结转上年后，转入的数据为期初数据，用户须进行期初记账。

项目十一
销售管理系统运行的基本过程

任务一　销售管理系统功能概述

销售是企业生产经营成果的实现过程，是企业经营活动的中心。销售管理系统是用友ERP-U8供应链的重要组成部分，提供了报价、订货、发货、开票的完整销售流程，支持普通销售、委托代销、分期收款、直运、零售、销售调拨等多种类型的销售业务，并可对销售价格和信用进行实时监控。用户可根据实际情况对系统进行定制，构建自己的销售业务管理平台。销售管理系统可以与其他产品集成使用，也可以单独使用。本任务要求了解销售管理的任务、销售业务类型和业务应用模式，理解销售管理与其他系统的数据关系。

一、销售管理系统的主要功能

1. 主要功能

销售管理系统可以分为以下主要功能。

① 系统设置：销售管理系统可以设置销售选项，设置价格管理、进行允销限设置、设置信用审批人，可以录入期初单据。

② 业务：进行销售业务的日常操作，包括报价、订货、发货、开票等业务；支持普通销售、委托代销、分期收款、直运、零售、销售调拨等多种类型的销售业务；可以进行现结业务、代垫费用、销售支出的业务处理；可以制订销售计划，对价格和信用进行实时监控。

③ 报表：用户可以查询使用销售统计表、明细表、销售分析、综合分析。

④ 该系统既可以独立运行，又可与其他系统如总账、应收款管理、库存管理、存货核算等系统集成使用。

2. 销售管理系统业务流程

【业务流程】

销售管理系统业务流程如图11-1所示。

二、业务模式与应用

（一）企业类型

根据用户在新建账套时【企业类型】的设置不同，可分为工业企业、商业企业。

1. 工业企业

用户在新建账套时选择【企业类型】为【工业】，则建立工业版账套。在本系统中存货

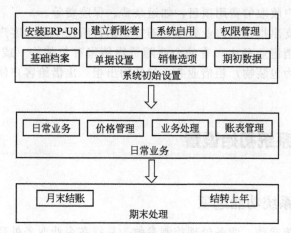

图 11-1　销售管理系统业务流程

指原材料、材料、包装物、低值易耗品及企业自行生产的半成品、产成品等。

2. 商业企业

用户在新建账套时选择【企业类型】为【商业】，则建立商业版账套。在本系统中存货指商品。

(二) 销售业务类型

根据企业应用，可以将销售业务分为以下四种业务类型。
① 普通销售，又可分为先发货后开票业务、开票直接发货业务。
② 委托代销业务。
③ 直运销售业务。
④ 分期收款业务。

(三) 日常业务内容

销售报价：销售报价是企业向客户提供货品、规格、价格、结算方式等信息，双方达成协议后，销售报价单转为有效力的销售订单。

销售订货：销售订货是指由购销双方确认的客户的要货需求的过程，用户根据销售订单组织货源，并对订单的执行进行管理、控制和追踪。

销售发货：销售发货是企业执行与客户签订的销售合同或销售订单，将货物发往客户的行为，是销售业务的执行阶段。

销售开票：销售开票是在销售过程中企业给客户开具销售发票及其所附清单的过程，它是销售收入确认、销售成本计算、应交销售税金确认和应收账款确认的依据，是销售业务的重要环节。

委托代销：指企业将商品委托他人进行销售但商品所有权仍归本企业的销售方式，委托代销商品销售后，受托方与企业进行结算，并开具正式的销售发票，形成销售收入，商品所有权转移。

销售调拨：销售调拨一般是处理集团企业内部有销售结算关系的销售部门或分公司之间的销售业务；与销售开票相比，销售调拨业务不涉及销售税金。

零售业务：零售业务指商业企业用户将商品销售给零售客户的销售方式，本系统通过零售日报的方式接收用户的零售业务原始数据。

代垫费用：在销售业务中，代垫费用指随货物销售所发生的，不通过发票处理而形成的暂时代垫将来需向客户收取的费用项目，如运杂费、保险费等。

费用支出：费用支出指在销售业务中，随货物销售所发生的为客户支付的业务执行费。

包装物租借：在销售业务中，有的企业随货物销售有包装物（或其他物品如搬运工具等，在本系统中统称为包装物）租借业务。包装物出租、出借给客户使用，企业对客户收取包装物押金。

任务二　销售系统初始设置

一、销售管理系统功能选项

系统选项也称系统参数、业务处理控制参数，是指在企业业务处理过程中所使用的各种控制参数，系统参数的设置将决定用户使用系统的业务模式、业务流程、数据流向。

（一）业务控制

1. 菜单路径

【业务工作】—【供应链】—【销售管理】—【设置】—【销售选项】—【业务控制】。操作界面如图 11-2 所示。

图 11-2　销售管理系统选项业务控制

2. 业务控制选项

（1）启用零售日报业务　打钩选择，可随时更改。

① 选中，系统增加【零售】菜单项，相关报表如销售收入明细账中包含零售日报的数据。

② 否则系统不能处理零售日报业务。

③ 此功能可以作为与前台销售收款系统的接口。

（2）启用销售调拨业务　打钩选择，可随时更改。

① 选中，系统增加【销售调拨】菜单项，相关报表如销售收入明细账中包含销售调拨单的数据。

② 否则系统不能处理内部销售调拨业务。

（3）启用委托代销业务　打钩选择，不可更改。

① 选中，系统增加【委托代销】菜单项，增加委托代销明细账等报表。

② 否则系统不能处理委托代销业务。

（4）启用分期收款业务　打钩选择。选中，可选择分期收款的业务类型，否则不可用。

（5）启用直运销售业务　打钩选择。选中，可选择直运销售的业务类型，否则不可用。

（6）必有订单业务控制选项　必有订单业务模式的销售管理是标准、规范的销售管理模式，订单是整个销售业务的核心，必须依据订单填制发货单、发票，通过销售订单可以跟踪销售的整个业务流程。

① 普通销售必有订单：打钩选择。必有订单时，普通销售发货单、普通销售类型的发票不可手工填制，必须参照上游单据生成。即先发货后开票模式，参照订单生成发货单、参

照发货单生成发票；开票直接发货模式，参照订单生成发票。

② 委托代销必有订单：打钩选择，选择委托代销业务可选此项。必有订单时，委托发货单不可手工填制，必须参照订单生成。

③ 分期收款必有订单：打钩选择，选择分期收款业务可选此项。必有订单时，分期收款发货单不可手工填制，必须参照订单生成。

④ 直运销售必有订单：打钩选择，选择直运业务可选此项。必有订单时，直运采购订单必须参照直运销售订单，直运采购发票必须参照直运采购订单、直运销售发票必须参照直运销售订单。

a. 直运业务必有订单模式单据流程如图 11-3 所示。

b. 非必有订单模式下，可分为两种情况：其一，可以按上面的流程，以订单为主线进行业务。其二，也可以不做订单，直接做发票。直运采购发票和直运销售发票可互相参照（图 11-4）。

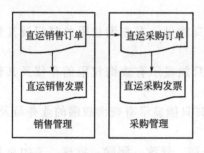

图 11-3　直运业务必有订单
模式单据流程

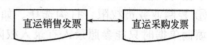

图 11-4　直运业务非必有订单模式
无订单业务流程

(7) 销售生成出库单　打钩选择，可随时更改。

① 选中，表示由销售管理系统生成出库单：销售管理系统的发货单、销售发票、零售日报、销售调拨单在审核/复核时，自动生成销售出库单，并传到库存管理系统和存货核算系统，库存管理系统不可修改出库数量，即一次发货一次全部出库。

② 选择否，销售出库单由库存管理系统参照销售发货单生成；在参照时，可以修改本次出库数量，即一次发货多次出库。

③ 在由库存管理系统生单向销售管理系统生单切换时，如果有已审核/复核的发货单、发票未在库存管理系统生成销售出库单的，将无法生成销售出库单，因此应检查已审/复核的销售单据是否均已全部生成销售出库单后再切换。

(8) 报价含税　打钩选择，有单据后不可修改。

① 报价指单据上的【报价】栏目的价格。

② 报价可根据【取价方式】规则取报价，用户可修改，也可手工录入。

③ 报价含税时，含税单价＝报价×扣率％；报价不含税时，无税单价＝报价×扣率２％。

④ 货物的最低售价、委托代销的结算单价、委托代销调整单金额是否含税也取决于这个选项。

(9) 销售计划金额含税　打钩选择，可随时更改。

① 若是，销售计划中的计划销售金额、销售定额、实际销售额均为含税金额，即价税合计。

② 若否，则指无税金额。

(10) 单据按存货编码排序　打钩选择，可随时更改。

① 若是，单据保存和打印时将单据上的存货按存货编码升序调整。

② 否则，按录入的顺序保存和打印。

(11) 启用防伪税控自动保存发票功能　打钩选择。

① 启用则系统新增销售发票保存时，可调用防伪税控接口，在防伪税控开票系统实时生成一张相同的发票。

② 销售发票作废时，可调用防伪税控接口，在防伪税控开票系统作废原来对应生成的发票。

(12) 数据权限控制选项　对销售管理系统进行以下档案的数据权限控制进行设置，以下权限如果没有在【企业应用平台】—【基础设置】—【数据权限】—【数据权限控制设置】中进行设置，则相应的选项置灰，不可选择。

① 控制客户权限：打钩选择。如控制，查询时只能显示有查询权限的客户及其记录；填制单据时只能参照录入有录入权限的客户。

② 控制部门权限：打钩选择。如控制，查询时只能显示有查询权限的部门及其记录；填制单据时只能参照录入有录入权限的部门。

③ 控制存货权限：打钩选择。如控制，查询时只能显示有查询权限的存货及其记录；填制单据时只能参照录入有录入权限的存货。

④ 控制业务员权限：打钩选择。如控制，查询时只能显示有查询权限的业务员及其记录；填制单据时只能参照录入有录入权限的业务员。

⑤ 控制操作员权限：打钩选择。如控制，则查询、修改、删除、审核、关闭单据时，只能对单据制单人有权限的单据进行操作；弃审对单据审核人有权限的单据进行操作；打开对单据关闭人有权限的单据进行操作；变更不控制操作员数据权限，仅判断当前操作员是否有变更功能权限和其他几项数据的录入权限；参照生单时，可以参照有制单人查询权限的单据。

⑥ 控制仓库权限：打钩选择。如控制，查询时只能显示有查询权限的仓库及其记录；填制单据时只能参照录入有录入权限的仓库。

(13) 改变税额反算税率　打钩选择，默认为不选中。税额一般不用修改，在特定情况下，如系统和手工计算的税额相差几分钱，用户可以调整税额尾差。参见"价税管理"。

① 若选择是，则税额变动反算税率，不进行容差控制。

② 若选择否，则税额变动不反算税率，进行容差控制，在调整税额尾差（单笔）、保存（整单）时，系统检查是否超过容差：超过则不允许修改；未超过则允许修改。

(14) 当修改税额不改变税率时，要进行税额的容差控制，必填以下两项：

① 单笔容差：默认为 0.06。修改税额超过容差时，系统提示超出容差范围，取消修改，恢复原税额。

② 整单容差：默认为 0.36。保存单据超过整单容差时，系统提示，返回单据。

(15) 提前预警天数　录入。可以在【任务中心】查看【销售订单预警和报警】报表；可以通过预警平台将符合条件的报警信息通过短信或邮件发送给有关人员；也可直接查询【销售订单预警和报警】，包括符合条件的未关闭的销售订单记录。

① 逾期报警天数：录入。

② 扣率小数位数：录入。销售订单、发货单、销售发票上的扣率栏的小数位，默认为 2 位，可修改。

(16) 启用月份　根据销售管理系统的启用会计月和会计月的第一日带入，不可修改，此日期前的数据为期初数据。

（二）其他控制

1. 菜单路径

【业务工作】—【供应链】—【销售管理】—【设置】—【销售选项】—【其他控制】。操作界面如图11-5所示。

2. 其他控制选项

（1）在分页打印时将合计打印在备注栏 打钩选择。

① 若是，分页打印时（一张单据因行次较多在一个页面打不下）将整单的合计金额（大写）作为备注说明打印在备注栏。

② 否则，不打印在备注栏。

（2）打印退补标志 录入左右标志，默认为（）。选择不同的退补标志。如数量为30，退补标志可设为（30）、[30]、{30}。

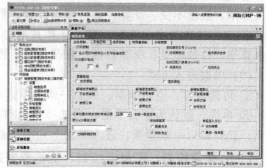

图11-5 销售管理系统其他控制选项

（3）自动匹配入库单 出库跟踪入库的存货发货时，设置自动指定入库单时的规则。

企业可以按照先进先出法进行存货出库跟踪入库发货，即先入库的先出库，按入库日期从小到大进行分配。先入库的先出库，适用于医药、食品等需要对存货的保质期进行管理的企业。

（4）新增发货单 单选，可随时更改。

用户可以设置新增发货单时首先弹出销售订单的参照界面，还是不弹出界面，方便用户的操作。设置参数后，用户也可取消弹出界面，直接使用工具栏上的【订单】按钮弹出参照界面。

① 不参照单据：若是，则不弹出销售订单的参照界面。

② 参照订单：若是，则新增发货单时首先弹出销售订单的参照界面。

（5）新增退货单 单选，可随时修改。

用户可以设置新增退货单时首先弹出销售订单、销售发货单的参照界面，还是不弹出界面，方便用户的操作。设置参数后，用户也可取消弹出界面，直接使用工具栏上的【订单】、【发货】按钮弹出参照界面。

① 不参照单据：若是，则新增退货单时不弹出参照界面。

② 参照订单：若是，则新增退货单时首先弹出销售订单的参照界面。

③ 参照发货：若是，则新增退货单时首先弹出销售发货单的参照界面。

（6）新增发票 单选，可随时更改。

用户可以设置新增发票时首先弹出销售订单、销售发货单的参照界面，还是不弹出界面，方便用户的操作。设置参数后，用户也可取消弹出界面，直接使用工具栏上的【订单】、【发货】按钮弹出参照界面。

① 不参照单据：若是，则新增发票时不弹出参照界面。

② 参照订单：若是，则新增发票时首先弹出销售订单的参照界面。

③ 参照发货单：若是，则新增发票时首先弹出销售发货单的参照界面。

（7）订单批量生成发货时表体记录（）生成一张发货单 单选，选择内容为全部、一条。

根据订单批量生成发货单时，是一张订单的全部记录生成一张发货单，还是一条记录生成一张发货单，用户可根据业务需求进行设置。

(8) 浮动换算率　单选，选择内容为数量为主、件数为主。公式：件数＝数量×换算率。

① 选择数量为主，数量不变，反算其他栏目。修改数量，换算率不变，反算件数；修改换算率，数量不变，反算件数；修改件数，数量不变，反算换算率。

② 选择件数为主，件数不变，反算其他栏目。修改数量，件数不变，反算换算率；修改换算率，件数不变，反算数量；修改件数，数量不变，反算换算率。

(9) 单据进入方式

① 可选内容：空白单据、最后一张单据。

② 单选。默认为空白单据。当选择空白单据，进入单据时，显示一张空白的单据卡片界面。选择最后一张单据，进入单据卡片时，系统默认最后一张单据界面。

(三) 信用控制、可用量控制、价格管理选项内容（略）

注意：

◆在相关业务已开始后，最好不要随意修改销售选项。

◆在进行销售选项修改前，应确定系统相关功能没有使用，否则系统提示警告信息。

二、期初数据

账簿都应有期初数据，以保证其数据的连贯性。初次使用时，应先输入销售管理系统的期初数据。如果系统中已有上年的数据，在使用【结转上年】后，上年度销售数据自动结转本年。期初单据审核后有效，在月末结账时记入有关销售账中。

1. 业务规则

系统启用日期与启用自然日期不同，系统启用日期为当前会计月的第一天，期初数据以系统启用日期为准，启用日期以前的数据为期初数据。以下两种情况不能取消期初审核：其一，销售管理系统已做【月末结账】；其二，存货核算系统已进行期初记账。

2. 期初发货单

期初发货单处理启用日之前已经发货、出库，但尚未开发票的业务，包括普通销售、分期收款发货单。

【操作流程】

进入【业务工作】—【销售管理】—【期初录入】—【期初发货单】，录入【期初销售发货单】，操作界面如图 11-6 所示。

① 期初发货单手工录入。

② 期初发货单可以修改、删除、审核、弃审。

【业务规则】

① 期初发货单按照正常发货单录入，发货日期小于系统启用日期。

② 期初发货单不影响现存量。

③ 期初发货单在销售管理系统的开票处理同正常发货单，但加期初标记。

④ 期初分期收款发货单被存货核算系统取数后，不允许再弃审。

3. 期初委托代销发货单

用户可以录入启用日之前已经发生但未完全结算的委托代销发货单。

【操作流程】

进入【业务工作】—【销售管理】—【设置】—【期初委托代销发货单】，录入【期初委托代销发货单】，操作界面如图 11-7 所示。

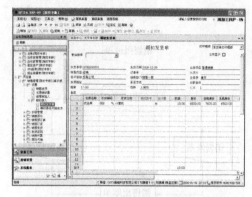

图 11-6　期初发货单操作界面

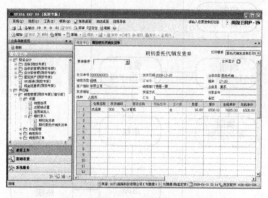

图 11-7　期初委托代销发货单操作界面

① 期初委托代销发货单手工录入。

② 期初委托代销发货单可以修改、删除、审核、弃审。

【业务规则】

① 期初委托代销发货单被存货核算系统取数后，不允许再弃审。

② 期初委托代销发货单只需录入未完全结算的数据。例如，某期初委托代销发货单 A 货物原始发货数量为 10，在日常业务开始之前已结算数量 3，那么在录入这张期初单据时，A 货物的发货数量录入 7。

任务三　销售管理系统日常业务处理

一、普通销售业务

普通销售业务类型支持所有正常的销售业务，适宜于一般工商业企业的销售业务。

（一）业务流程

【业务流程】

普通销售业务流程如图 11-8 所示。

① 销售部门制订销售计划。

② 销售人员按照销售计划，与客户签订销售合同或协议。

③ 销售部门根据销售协议填制销售订单。

④ 销售部门参照销售订单填制销售发货单。

⑤ 仓库部门参照销售发货单、发票填制销售出库单。

⑥ 销售部门根据销售发票填制发票。

⑦ 将销售发票传到财务部门进行收款结算。

（二）单据流程

【单据流程】

普通销售业务单据流程如图 11-9 所示。

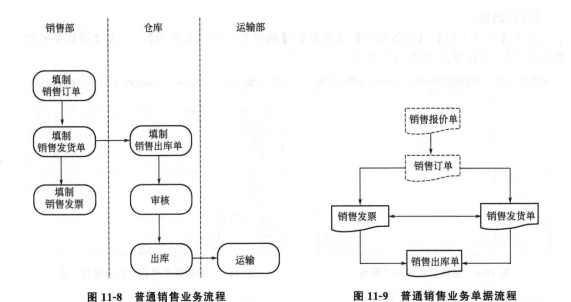

图 11-8 普通销售业务流程　　　图 11-9 普通销售业务单据流程

① 参照报价生成销售订单。
② 先发货：参照销售订单生成发货单，参照发货单生成发票、出库单。
③ 先开票：参照销售订单生成发票，发票复核时生成发货单、出库单。

（三）业务应用

根据发货及其销售发票开票时间先后顺序可分为以下几种模式。

1. 先发货后开票业务模式

先发货后开票业务模式，是指根据销售订单或其他销售合同，向客户发出货物；发货之后根据发货单开票并结算。先发货后开票业务不仅适用于普通销售，还适用于分期收款和委托代销业务。

【业务流程】

先发货后开票业务流程如图 11-10 所示。

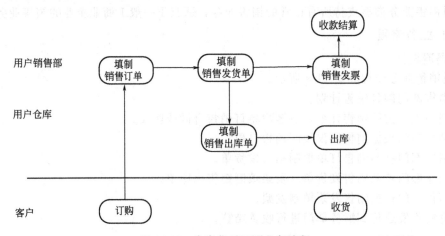

图 11-10　先发货后开票业务流程

① 用户填制销售订单。
② 销售部门根据销售订单填制销售发货单，发货单作为仓库出货及填制销售发票的依

据,可以对应企业的专用票据,如销售小票、提货单、发送单等。
③ 用户根据销售发货单生成销售出库单,仓库出库,客户接收货物。
④ 销售部门参照发货单生成销售发票。
⑤ 销售发票传递到应收款管理系统,进行收款结算。

【单据流程】
先发货后开票单据流程如图11-11所示。

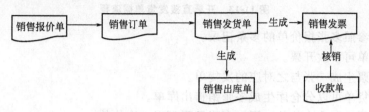

图11-11 先发货后开票单据流程

① 订单可参照多张报价单的多条记录。
② 发货单参照订单,一张订单可多次发货,多张订单也可一次发货。
③ 发票参照发货单,多张发货单可以汇总开票,一张发货单也可拆单生成多张销售发票。
④ 发货单生成出库单,一张发货单可以分仓库生成多张销售出库单。
⑤ 一张发票可以多次收款,同时多张发票可以一次收款。

2．开票直接发货

开票直接发货业务,是指根据销售订单或其他销售合同,向客户开具销售发票,客户根据发票到指定仓库提货。开票直接发货业务只适用于普通销售。

【业务流程】
开票直接发货业务流程如图11-12所示。

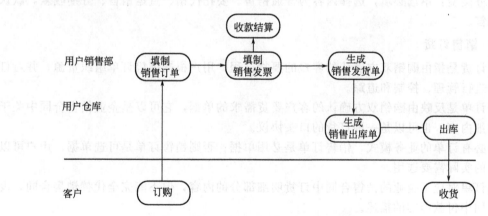

图11-12 开票直接发货业务流程

① 销售部门根据销售订单生成销售发票,客户或送货人依据销售发票中某联到仓库提货。
② 系统自动生成销售发货单,并根据参数设置在【销售管理】生成销售出库单,或在【库存管理】生成销售出库单;在实际业务中仓库依据销售发票中某联作为出货依据。
③ 销售发票传递到应收款管理系统,进行收款结算。

【单据流程】
开票直接发货单据流程如图11-13所示。

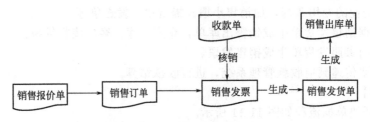

图 11-13 开票直接发货单据流程

① 订单可参照多张报价单的多条记录。
② 一张订单可多次开票。
③ 一张发票生成一张与之对应的发货单。
④ 一张发货单可以分仓库生成多张销售出库单。
⑤ 一张发票可以多次收款，同时多张发票可以一次收款。

（四）销售报价

销售报价是企业向客户提供货品、规格、价格、结算方式等信息，双方达成协议后，销售报价单转为有效力的销售订单。企业可以针对不同客户、不同存货、不同批量提出不同的报价、扣率。销售报价单是可选单据，用户可根据业务的实际需要选用。

【操作流程】

进入【销售报价】—【销售报价单】，填制销售报价单，操作界面如图 11-14 所示。
① 报价单可以手工增加。
② 报价单可以修改、删除、审核、弃审、关闭、打开。
③ 已审核未关闭的报价单可以参照生成销售订单。

注意：
◆业务类型：单选必填，选择内容为普通销售、委托代销、直运销售、分期收款，默认为普通销售。

（五）销售订货

销售订货是指由购销双方确认的客户的要货过程，用户根据销售订单组织货源，并对订单的执行进行管理、控制和追踪。

销售订单是反映由购销双方确认的客户要货需求的单据，它可以是企业销售合同中关于货物的明细内容，也可以是一种订货的口头协议。

对于必有订单的业务模式，销售订单是必用单据；否则销售订单是可选单据，用户可以根据业务的实际需要选用。

销售订单对应于企业的销售合同中订货明细部分的内容，但不能完全代替销售合同，没有关于合同中付款内容的描述。

【操作流程】

销售订货操作流程如图 11-15 所示。
① 销售订单手工增加，也可参照销售报价单、合同、销售预订单、CRM 系统的商机订单生成。参照销售合同生单时，参照已生效未结案且【合同标的来源】=【存货】的销售类合同。而且只能参照末级标的行，可以参照多个合同，但只能是同客户、同币种、同业务类型的合同；销售订单已录入表头记录时，系统将表头信息作为过滤条件，参照符合条件的合同。根据【合同类型】【执行控制类型】，对参照合同生成的销售订单进行相应控制，在销售订单保存时，系统检查是否超控制允差，如超出单价/金额/数量允差，则系统提示不可保

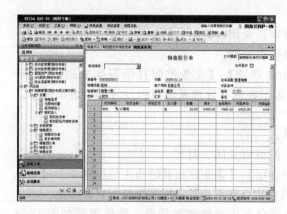

图 11-14 销售报价操作界面

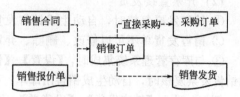

图 11-15 销售订货操作流程

存。参照商机订单时,也只能参照已通过的商机订单生成。

② 销售订单可修改、删除、审核、弃审、关闭、打开,可以行关闭、行打开。

③ 工业版账套:未审核未整单关闭的销售订单可锁定、解锁;系统将已锁定、已审核的未关闭的销售订单余量作为需求规划、主生产计划的需求来源。

④ 已审核未关闭的销售订单可以变更。

⑤ 已审核未关闭的销售订单可参照生成销售发货单、销售发票,ATO 件可下达生产(或下达委外)生成生产订单(委外订单)。

图 11-16 销售订单操作界面

例如,进入【销售订货】—【销售订单】,填制销售订单或参照销售报价单生成销售订单,操作界面如图 11-16 所示。

(六)销售发货

销售发货是企业执行与客户签订的销售合同或销售订单,将货物发往客户的行为,是销售业务的执行阶段。

【业务流程】

① 先发货后开票模式:发货单由销售部门根据销售订单填制或手工输入;发货单审核后,可以生成销售发票、销售出库单。

② 开票直接发货模式:发货单由销售发票自动生成,发货单只作浏览,不能进行修改、删除、弃审等操作,但可以关闭、打开;销售出库单根据自动生成的发货单生成。

1. 发货单

发货单是销售方作为给客户发货的凭据,是普通销售发货业务的执行载体。无论工业企业还是商业企业,发货单都是销售管理系统的核心单据。

【操作流程】

销售发货单操作流程如图 11-17 所示。

(1)先发货后开票

① 销售发货单可以手工增加,也可以参照销售订单生成;必有订单业务模式,销售发

货单不可手工新增,只能参照生成。

② 销售发货单可以修改、删除、审核、弃审、关闭、打开,可以行关闭、行打开。

③ 已审核未关闭的销售发货单可参照生成销售发票。

④ 与库存管理系统集成时,【设置】—【销售选项】—【业务控制】【销售生成出库单】=【是】,则销售发货单审核时生成销售出库单;否则在库存管理系统根据发货单生成出库单。

(2) 开票直接发货

① 销售发票复核时,自动生成销售发货单。

② 销售发货单不可以修改、删除、弃审,但可以关闭、打开。

③ 与库存管理系统集成时,【设置】—【销售选项】—【业务控制】【销售生成出库单】=【是】,则销售发票复核时,自动生成销售出库单;否则在库存管理系统根据发货单生成出库单。

例如,进入【销售发货】—【发货单】,增加或自动生成销售发货单,操作界面如图11-18所示。

图 11-17　销售发货单操作流程

图 11-18　销售发货单操作界面

2. 退货单

销售退货业务是指客户因货物质量、品种、数量等不符合要求而将已购货物退回本企业的业务。

退货单是发货单的红字单据,可以处理客户的退货业务。退货单也可以处理换货业务,货物发出后客户要求换货,则用户先按照客户要求退货的货物开退货单,然后再按照客户所换的货物开发货单。

【单据流程】

销售退货单据流程如图11-19所示。

① 手工填制。

② 参照原销售订单、原销售发货单填制。参见"先发货后开票"。参照发货单记录生成退货单时,退货单的记录行显示相对应的发货单号。

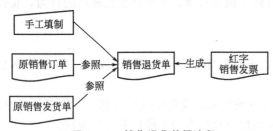

图 11-19　销售退货单据流程

③ 根据红字销售发票自动生成。参见"开票直接发货"。

例如,进入【销售发货】—【退货单】,增加或自动生成销售退货单,操作界面如图11-20所示。

3. 销售出库单

销售出库单是销售出库业务的主要凭证,在库存管理系统用于存货出库数量核算,在存货核算系统用于存货出库成本核算（若存货核算系统销售成本的核算选择【依据销售出库单】）。

【系统选项】

进入【销售管理系统设置】—【销售选项】—【业务控制】，调整销售生成出库单选项设置。操作界面如图11-21所示。

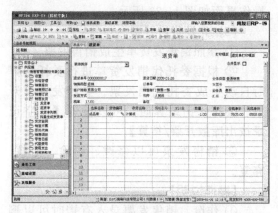
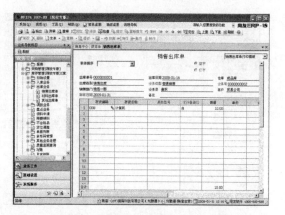

图11-20　销售退货操作界面　　　　　　图11-21　销售出库单选项设置界面

① 选择是，销售管理系统生成出库单：销售管理系统的发货单、销售发票、零售日报、销售调拨单在审核/复核时，自动生成销售出库单，并传到库存管理系统和存货核算系统，库存管理系统不可修改出库数量，即一次发货一次全部出库。

② 选择否，销售出库单由库存管理系统参照销售发货单生成；在参照时，可以修改本次出库数量，即一次发货多次出库。

③ 在由库存管理系统生单向销售管理系统生单切换时，如果有已审核/复核的发货单、发票未在库存管理系统生成销售出库单，将无法生成销售出库单，因此应检查已审/复核的销售单据是否均已全部生成销售出库单后再切换。

（七）销售开票

销售开票是在销售过程中企业给客户开具销售发票及其所附清单的过程，它是销售收入确认、销售成本计算、应交销售税金确认和应收账款确认的依据，是销售业务的重要环节。

1．销售发票

销售发票是在销售开票过程中用户所开具的原始销售单据，包括增值税专用发票、普通发票及其所附清单。

销售发票复核后通知财务部门的应收款管理系统核算应收账款，在应收款管理系统审核登记应收明细账，制单生成凭证。

【操作流程】

销售开票操作流程如图11-22所示。

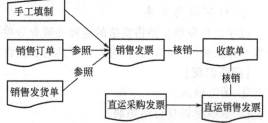

图11-22　销售开票操作流程

（1）开票直接发货

① 销售发票可以手工增加，也可以参照销售订单生成；必有订单业务模式，销售发票不可手工新增，只能参照生成；直运业务时，直运销售发票可参照直运采购发票生成。

② 销售发票可以修改、删除、复核、弃复。

③ 销售发票复核时生成销售发货单；弃复时删除生成的发货单。

④ 与库存管理系统集成时，【设置】—【销售选项】—【业务控制】【销售生成出库单】=【是】，则销售发票复核时同时生成销售出库单；否则在库存管理系统根据销售发票生成的发货单生成出库单。

例如，进入【销售开票】—【销售专用发票】，根据开票直接发货，增加销售专用发票，操作界面如图11-23所示。

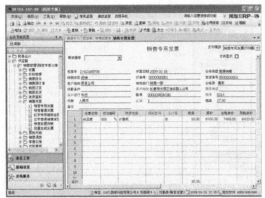

图 11-23 销售专用发票操作界面

(2) 先发货后开票

① 参照销售发货单生成销售发票。

② 根据委托代销发货单进行委托结算时自动生成委托代销发票。参照发货单开票、委托代销结算时，可以设置【蓝字记录按出库数开票/结算】。

③ 销售发票可以修改、删除、复核、弃复。

【操作说明】

① 作废。销售发票录入有错时可以删除销售发票，但在用户对销售发票有严格管理的情况下，当销售发票录入有错但已进行套打印时，销售发票不能删除（因为手工填写的销售发票是不能销毁的），这时可以使用作废销售发票的功能。

★作废发票的效果相当于销售发票被删除，按【作废】后，发票左上角注明"作废"红色标记，同时【作废】变为【弃废】。

★已作废销售发票，不能修改、复核。

★已复核的销售发票不能作废，只能开具红字发票冲原发票，或弃复后再作废。

★作废的销售发票显示在销售发票列表中。

② 弃废。如果用户误作废了一张发票，可以使用弃废功能将已作废的销售发票恢复为正常销售发票。

注意：

◆开具普通发票和专用发票都要录入客户税号。

◆带有"退补"标志的销售发票不能生成销售出库单，各销售报表只统计退补发票的金额，不统计数量。

2. 红字销售发票

红字销售发票是销售发票的逆向处理业务单据，当客户要求退货或销售折让，但用户已将原发票作账务处理时，需要向客户开具红字销售发票，红字销售发票操作流程见图11-24。

【操作流程】

① 手工输入。

② 参照原销售订单填制。

③ 参照销售发货单、销售退货单填制。

④ 直运销售发票参照直运采购发票生成。

⑤ 委托代销结算生成委托发票。

3. 处理现结

现结是在货款两讫的情况下，在销售结算的同时向客户收取货款。在销售发票、销售调

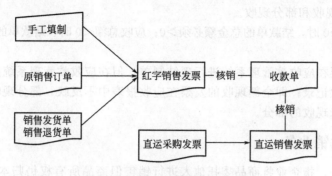

图 11-24 红字销售发票操作流程

拨单、零售日报等收到货款后可以随时对其单据进行现结处理,现结操作必须在单据复核操作之前。一张销售单据可以全额现收,也可以部分现收。

【操作流程】

处理现结业务操作流程如图 11-25 所示。

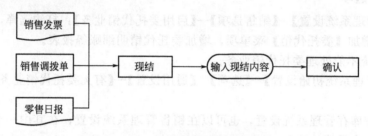

图 11-25 处理现结业务操作流程

① 进入发票单据界面,系统显示所选的单据格式,及最后一次操作的单据。

② 按【上张】【下张】【首张】【末张】,查找需要现结的单据;或点击【定位】,利用定位功能查找需要现结的单据。

③ 现结当前单据:按【现结】,弹出现结窗口,录入现结内容。

④ 按【确定】,则对当前单据进行现结,发票左上角注明"现结"红色标记;同时【现结】变为【弃结】。

⑤ 弃结当前单据:按【弃结】,系统将当前单据弃结,同时【弃结】变为【现结】。

⑥ 现结/弃结完当前单据,再重复②~⑤步骤,直至所有需要现结/弃结的单据现结/弃结完毕。

例如,进入【销售开票】—【销售专用发票】中【现结】或【弃结】,对销售发票现结或弃结进行业务处理。根据先发货后开票,增加销售专用发票,操作界面如图 11-26 所示。

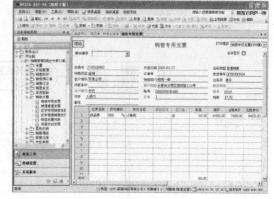

图 11-26 销售现结操作界面

【业务规则】

① 在销售发票复核前进行现结/弃结,已复核的发票不能再现结/弃结。

② 支持外币现付,现结汇率以发票上的汇率为准。

③ 支持全额现收和部分现收。
④ 应收总额＞0 时，结款单的总金额必须＞0；应收总额＜0 时，结款单的总金额必须＜0。
注意：
◆现结的发票在应收款管理系统进行现结制单，但在应收款管理系统报表中并不反映现结的发票和现收款记录；即全额现收的发票在应收报表中不反映，部分现收的发票在应收报表中只记录发票未现收的部分。

二、委托代销业务

委托代销业务，指企业将商品委托他人进行销售但商品所有权仍归本企业的销售方式，委托代销商品销售后，受托方与企业进行结算，并开具正式的销售发票，形成销售收入，商品所有权转移。

只有库存管理系统与销售管理系统集成使用时，才能在库存管理系统中应用委托代销业务。委托代销业务只能先发货后开票，不能开票直接发货。

（一）系统选项

①【销售管理系统设置】—【销售选项】—【启用委托代销业务】：打钩选择，不可更改。
a. 若有，增加【委托代销】菜单项，增加委托代销明细账等报表。
b. 否则系统不能处理委托代销业务。
②【库存管理系统初始设置】—【选项】—【通用设置】—【有无委托代销业务】。
注意：
用户可以在库存管理系统设置，也可以在销售管理系统设置，在其中一个系统的设置，同时改变在另一个系统的选项。
③【销售管理系统设置】—【销售选项】—【业务控制】—【委托代销必有订单】：打钩选择，选择委托代销业务可选此项。必有订单时，委托发货单不可手工填制。

（二）业务流程

【业务流程】
委托代销业务流程如图 11-27 所示。

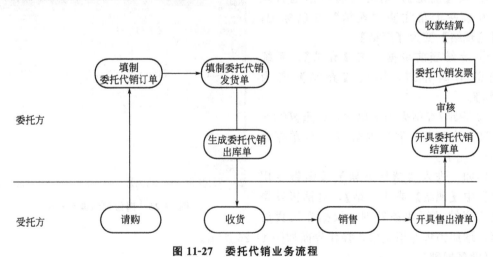

图 11-27 委托代销业务流程

① 销售部门制订销售计划，销售人员按照销售计划，签订委托代销合同或协议。
② 销售部门根据委托代销订单填制委托代销发货单。

③ 销售部门通知仓库备货,根据生成的销售出库单出库。
④ 客户(受托方)对货物进行接收。
⑤ 受托方售出代销商品后,开具售出清单。
⑥ 销售部门根据客户的售出清单开具委托代销结算单。
⑦ 结算单审核后系统自动生成销售发票。
⑧ 销售发票传递到应收款管理系统,进行收款结算。
【单据流程】
委托代销业务单据流程如图 11-28 所示。

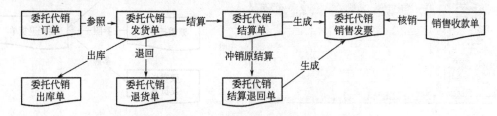

图 11-28 委托代销业务单据流程

① 委托代销订单参照委托报价单生成。
② 委托代销发货单参照委托代销订单生成。
③ 委托代销出库单参照委托代销发货单生成,进行出库。
④ 受托方如退货,参照委托代销发货单填制委托代销退货单。
⑤ 可通过委托代销调整单对委托代销货物的结存价税合计进行金额调整。
⑥ 可通过委托代销结算价调整功能,修改委托代销发货单的结算价,并可选择是否生成委托代销调整单,对结存价税合计进行金额调整。
⑦ 委托代销结算时,参照委托代销发货单、退货单生成委托代销结算单。
⑧ 委托代销结算单审核时,自动生成销售发票。
⑨ 因委托代销结算有误,可冲销或部分冲销原来的结算,填制委托代销结算退回单,结算退回单审核后生成红字销售发票。

1. 委托代销发货单

委托代销发货单由销售部门根据购销双方的委托代销协议产生,经审核后通知仓库备货。

【操作流程】
进入【委托代销】—【委托代销发货单】,增加委托代销发货单,操作界面如图 11-29 所示。
① 委托代销发货单可以手工增加,也可以参照委托代销订单生成;必有订单业务模式,委托代销发货单不可手工新增,只能参照生成。
② 委托代销发货单可以修改、删除、审核、弃审。
③ 已审核未全部结算的委托代销发货单,参照生成委托代销结算单。
④ 与库存管理系统集成时,【设置】—【销售选项】—【业务控制】【销售生成出库单】=【是】,则委托代销发货单审核时生成销售出库单;否则在库存管理系统根据委托代销发货单生成出库单。

2. 委托代销退货单

委托代销退货业务是指客户因委托代销货物的质量、品种、数量不符合规定而将货物退回给本单位的业务。委托代销退货单是委托代销发货单的逆向处理业务单据。

【操作流程】

委托代销退货单操作流程如图 11-30 所示。

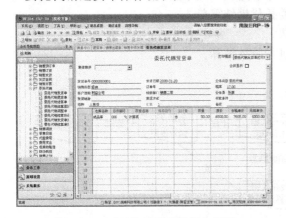

图 11-29　委托代销发货单操作界面

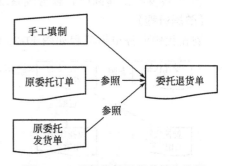

图 11-30　委托代销退货单操作流程

① 手工输入。

② 参照原委托代销订单填制。

③ 参照原委托代销发货单填制。只能参照"发货数量—退货数量＞已结算数量"的委托代销发货单。

注意：

◆委托代销退货单不进行信用控制、超可用量发货的控制。

◆参照发货单记录生成退货单时，退货单的记录行显示相对应的发货单号。

例如，进入【委托代销】—【委托代销退货单】，填制委托代销退货单，操作界面如图 11-31 所示。

3．委托代销结算单

委托代销结算单是记录委托给客户的代销货物结算信息的单据，可以作为双方确认结算的货物明细清单。

【操作流程】

进入【委托代销】—【委托代销结算单】，填制委托代销结算单，操作界面如图 11-32 所示。

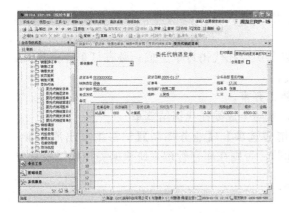

图 11-31　委托代销退货单操作界面

图 11-32　委托代销结算单操作界面

① 委托代销结算单参照已审核未全部结算的委托代销发货单填制，可以设置【蓝字记录按出库数结算】。
② 委托代销结算单可以修改、删除、审核、弃审。
③ 委托代销结算单审核后自动生成销售发票；弃审后删除生成的发票。
【业务规则】
① 委托代销结算单审核后生成销售发票，按【审核】后可选择生成专用发票还是普通发票。
② 弃审：弃审时，自动删除生成的销售发票。根据委托代销结算单生成的销售发票一经复核，将不允许对委托代销结算单进行弃审操作。

4. 委托代销结算退回单

委托代销结算退回单是委托代销结算单的逆向处理业务单据，它反映的是客户因委托代销结算有错误而部分冲销原来结算的业务。

【操作流程】
进入【委托代销】—【委托代销结算退回单】，填制委托代销退回单，操作界面如图11-33所示。

参照委托代销发货单填制。参照已结算数量＞0的委托代销发货单。

【业务规则】
① 保存后修改委托代销发货单中的已结算数量。
② 委托代销结算退回单审核后生成红字销售发票，按【审核】后可选择生成专用发票还是普通发票。

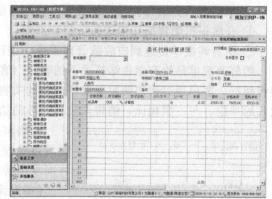

图11-33 委托代销结算退回单操作界面

③ 弃审：弃审时，自动删除生成的红字销售发票。根据委托代销结算退回单生成的红字销售发票一经复核，将不允许对委托代销结算退回单进行弃审操作。

注意：
◆不作超可用量发货的控制。
◆不进行客户信用的控制。

三、销售调拨

销售调拨一般是处理集团企业内部有销售结算关系的销售部门或分公司之间的销售业务。与销售开票相比，销售调拨业务不涉及销售税金。销售调拨业务必须在当地税务机关许可的前提下方可使用，否则处理内部销售调拨业务必须开具发票。

(一) 系统选项

【设置】—【销售选项】—【启用销售调拨业务】：打钩选择，可随时更改。
① 选择是，增加【销售调拨】菜单项，相关报表如销售收入明细账中包含销售调拨单的数据。
② 选择否，系统不能处理内部销售调拨业务。

(二) 业务流程

【业务流程】
销售调拨业务流程如图11-34所示。

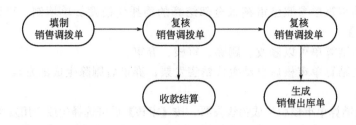

图 11-34 销售调拨业务流程

① 企业开具销售调拨票据。
② 对销售调拨单进行复核。
③ 系统自动生成销售发货单。
④ 根据选项在销售管理系统或库存管理系统生成销售出库单。
⑤ 仓库根据销售出库单进行备货和出库。
⑥ 销售调拨单传递到应收款管理系统，进行收款结算。

销售调拨单是给有销售结算关系的客户（客户实际上是销售部门或分公司）开具的原始销售票据，客户通过销售调拨单取得货物的实物所有权。销售调拨单是一种特殊的确认销售收入的单据，与发票相比，销售调拨单处理的销售业务不涉及销售税金。

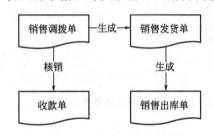

图 11-35 销售调拨单单据流程

销售调拨单除了处理分公司或部门的销售业务外，还可以处理其他形式的税金为 0 的销售业务，如伴随销售而发生的押金收据。

【单据流程】
销售调拨单单据流程如图 11-35 所示。
【操作流程】
① 销售调拨单手工增加。
② 销售调拨单可以修改、删除、复核、弃复。
③ 销售调拨单复核时生成销售发货单；弃复时删除生成的发货单。
④ 与库存管理系统集成时，【设置】—【销售选项】—【业务控制】【销售生成出库单】=【是】，则销售调拨单复核时生成销售出库单；否则在库存管理系统根据销售调拨单生成的发货单生成销售出库单。
【业务规则】
（1）复核销售调拨单
① 复核后，系统自动生成发货单，所生成的发货单只可进行查询。
② 复核后，根据参数设置，在销售管理系统生成销售出库单，或在库存管理系统生成销售出库单。
（2）弃复销售调拨单
① 与库存管理系统集成使用时，已审核的销售出库单所对应的销售调拨单不允许弃复。
② 与应收款管理系统集成使用时，在应收款管理系统中已审核的销售调拨单不允许弃复。
注意：
销售调拨单的多数功能与销售发票相同，其他区别如下：
◆销售调拨单不可参照销售订单生成。
◆销售调拨单不能处理先发货后开票业务，即销售调拨单不能参照发货单录入。

◆销售调拨单默认税率为零,可修改。

四、直运业务

直运业务是指产品无需入库即可完成购销业务,由供应商直接将商品发给企业的客户;结算时,由购销双方分别与企业结算。

直运业务包括直运销售业务和直运采购业务,没有实物的出入库,货物流向是直接从供应商到客户,财务结算通过直运销售发票、直运采购发票解决。

(一) 系统选项

销售管理系统的直运业务选项影响采购管理系统的直运业务。

① 【设置】—【销售选项】—【业务控制】—【启用直运销售业务】:打钩选择。若有,可选择直运销售的业务类型,否则不可用。

② 【设置】—【销售选项】—【业务控制】—【直运销售必有订单】:打钩选择,选择直运业务可选此项。必有订单时,直运采购订单必须参照直运销售订单,直运采购发票必须参照直运采购订单、直运销售发票必须参照直运销售订单。

③ 【采购管理系统设置】—【采购选项】—【业务及权限控制】—【业务选项】—【直运业务必有订单】显示"销售系统"相应选项,不可修改。

(二) 单据流程

1. 必有订单模式下,直运业务的单据流程

【单据流程】

直运业务必有订单模式单据流程如图11-36所示。

① 用户录入直运销售订单。

② 直运采购订单必须参照直运销售订单生成,可以拆单不能拆记录,即每行销售订单记录只能被采购订单参照一次。

③ 直运采购发票参照直运采购订单生成。

④ 直运销售发票参照直运销售订单生成。

2. 在订单非必有模式下,直运业务的单据流程

① 有销售订单,则必须按照"必有订单直运业务"的单据流程进行操作。

② 没有销售订单,直运采购发票和直运销售发票可互相参照。

直运业务无必有订单模式单据流程如图11-37所示。

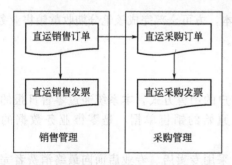

图11-36 直运业务必有订单模式单据流程

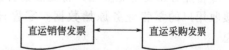

图11-37 直运业务无必有订单模式单据流程

【业务规则】

① 直运采购发票和直运销售发票互相参照时:

a. 不可超量采购、超量销售。
　　b. 可以拆单拆记录。
　　② 直运销售发票不可录入仓库，不可录入"受托代销"属性的存货、"应税劳务"的存货。
　　③ 采购未完成的直运销售发票（已采购数量＜销售数量）；销售未完成的直运采购发票（已销售数量＜采购数量）结转下年。

五、分期收款

分期收款发出商品业务类似于委托代销业务，货物提前发给客户，分期收回货款。

分期收款销售的特点是：一次发货，当时不确认收入，分次确认收入，在确认收入的同时配比性地转成本。

（一）系统选项

【设置】—【销售选项】—【业务控制】—【启用分期收款业务】：打钩选择。若有，可选择分期收款的业务类型，否则不可用。

【设置】—【销售选项】—【业务控制】—【分期收款必有订单】：打钩选择，选择分期收款业务可选此项。必有订单时，发货单、发票不可手工填制。

（二）业务流程

【业务流程】
分期收款单据流程如图11-38所示。

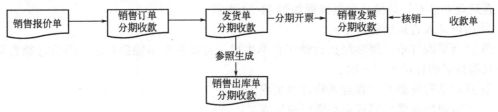

图 11-38　分期收款单据流程

　　① 购销双方签订分期收款销售合同。
　　② 用户的销售部门发货，仓库部门出货。
　　③ 客户交来部分销售款，部分确认收入、按该次收入占总收入的比例转成本、部分核销应收款。
　　④ 直至全部收款，全部确认收入，全部结转成本，方可全部完成该笔分期收款销售业务。
　　例如，分期收款销售操作界面如图11-39所示。

六、零售业务

零售业务指商业企业用户将商品销售给零售客户的销售方式，本系统通过零售日报的方式接收用户的零售业务原始数据。零售日报不是原始的销售单据，是零售业务数据的日汇总。

零售业务针对用户中批零兼营的业务，例如：采用专卖店、专业店面向最终消费者完成销售的业务，利用零售日报实现零售数据的收集。

（一）系统选项

【设置】—【销售选项】—【业务控制】—【启用零售日报业务】：打钩选择，可随时更改。

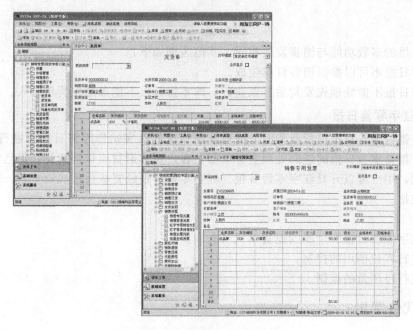

图 11-39 分期收款销售操作界面

① 选择是，增加【零售】菜单项，相关报表如销售收入明细账中包含零售日报的数据。
② 选择否，系统不能处理零售日报业务。
③ 此功能可以作为与前台销售收款系统的接口。

（二）零售日报

零售日报可以用来处理企业比较零散客户的销售，对于这部分客户，企业可以用一个公共客户代替，如零散客户，然后将零散客户的销售单现按日汇总，再录入零售日报进行管理。

【单据流程】

零售日报操作流程如图 11-40 所示。
① 零售日报手工增加。
② 零售日报可以修改、删除、复核、弃复。
③ 零售日报复核时生成销售发货单；弃复时删除生成的发货单。

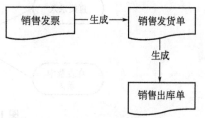

图 11-40 零售日报操作流程

④ 与【库存管理】集成时，【设置】—【销售选项】—【业务控制】【销售生成出库单】=【是】，则零售日报复核时生成销售出库单；否则在《库存管理》根据零售日报生成的发货单生成销售出库单。

【业务规则】

（1）复核零售日报
① 复核后，系统自动生成发货单，生成的发货单只可查询。
② 复核后，根据参数设置，在销售管理系统生成销售出库单，或在库存管理系统生成销售出库单。

（2）弃复零售日报
① 与库存管理系统集成使用时，已审核的销售出库单所对应的零售日报不允许弃复。
② 与应收款管理系统集成使用时，在应收款管理系统中已审核的零售日报不允许

弃复。

注意：

零售日报的多数功能与销售发票相同，其他区别如下：

◆零售日报不可以参照销售订单生成。

◆零售日报不能处理先发货后开票业务，即零售日报不能参照发货单录入。

（三）红字零售日报

当发生销售零售日报退货业务时，需要填制相应的红字销售零售日报并进行相关处理。红字零售日报是零售日报的逆向处理业务单据。客户要求退货或销售折让，但已将零售日报作账务处理，用户可以开具红字零售日报。红字零售日报经复核后生成退货单，作为货物退货入库的依据。

注意：

◆由红字零售日报所生成的退货单只可查询。

◆不进行客户信用的控制。

◆不进行可用量的控制。

七、代垫费用

在销售业务中，代垫费用指随货物销售所发生的，不通过发票处理而形成的，暂时代垫将来需向客户收取的费用项目，如运杂费、保险费等。

代垫费用实际上形成了用户对客户的应收款，代垫费用的收款核销由应收款管理系统处理。

【操作流程】

代垫费用单操作流程如图 11-41 所示。

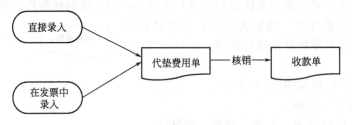

图 11-41　代垫费用单操作流程

① 代垫费用单可以在【代垫费用单】直接录入，可分摊到具体的货物；也可以在销售发票、销售调拨单、零售日报中按【代垫】录入，与发票建立关联，可分摊到具体的货物。

② 代垫费用单可以修改、删除、审核、弃审。

③ 代垫费用单审核后，在应收款管理系统生成其他应收单；弃审时删除生成的其他应收单。

④ 与应收款管理系统集成使用时，在应收款管理系统已核销处理的代垫费用单，不可弃审。

注意：

◆代垫费用单的税额为 0，不能做现结处理。

◆红字发票中也可输入负数的代垫费用。

例如，代垫费用操作界面如图 11-42 所示。

八、费用支出

费用支出指在销售业务中,随货物销售所发生的为客户支付的业务执行费。销售费用支出处理的目的在于让企业掌握用于某客户费用支出的情况,以及承担这些费用的销售部门或业务员的情况,作为对销售部门或业务员的销售费用和经营业绩的考核依据。

销售费用支出单在销售管理系统中仅作为销售费用的统计单据,与其他产品没有传递或关联关系。

【操作流程】

销售费用支出单操作流程如图 11-43 所示。

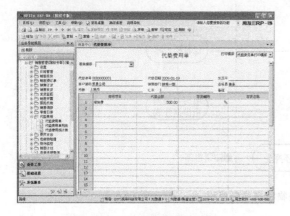

图 11-42 代垫费用操作界面

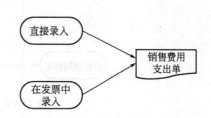

图 11-43 销售费用支出单操作流程

① 销售费用支出单可以在【销售费用支出单】直接录入,可分摊到具体的货物,不与发票发生关联;也可以在销售发票、销售调拨单、零售日报中按【支出】录入,与发票建立关联,可分摊到具体的货物。

② 销售费用支出单可以修改、删除。

九、包装物租借

在销售业务中,有的企业随货物销售有包装物(或其他物品如搬运工具等,本系统中统称为包装物)租借业务。包装物出租、出借给客户使用,企业对客户收取包装物押金。

(一)业务流程

【业务流程】

包装物租借业务流程如图 11-44 所示。

① 客户根据发货单、发票租用或借用包装物,缴纳押金,销售部门收取押金并通知仓库进行包装物出库。

② 客户使用完包装物后,退还包装物。企业办理包装物入库,核销客户的包装物租借数量余额;进行押金退款,冲减客户的押金余额。

③ 用户可以查询包装物租借统计表。

(二)包装物租借登记

客户根据发货单、发票租用或借用包装物,缴纳押金,销售部门收取押金并通知仓库进行包装物出库。

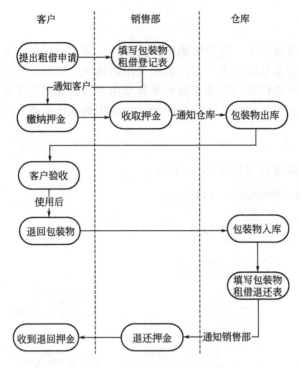

图 11-44　包装物租借业务流程

【操作流程】

① 包装物租借登记手工录入。

② 包装物租借登记可以进行修改、删除，但已生成包装物租借退回登记的不可修改、删除。

（三）包装物退回登记

客户使用完包装物后，退还包装物；企业办理包装物入库，核销客户的包装物租借数量余额；进行押金退款，冲减客户的押金余额。

包装物退回登记根据包装物租借登记表填制，与发货单、销售发票无直接关系，一次包装物租借登记可以多次退回。

【操作流程】

① 包装物租借退回登记根据包装物租借登记录入。

② 包装物租借退回登记可以进行修改、删除。

十、必有订单业务模式

必有订单业务模式的销售管理是标准、规范的销售管理模式，订单是整个销售业务的核心，必须依据订单填制发货单、发票，通过销售订单可以跟踪销售的整个业务流程。

（一）系统选项

1.【设置】—【销售选项】—【业务控制】

（1）普通销售必有订单：打钩选择。必有订单时，普通销售发货单、普通销售类型的发票不可手工填制，必须参照上游单据生成。即先发货后开票模式，参照订单生成发货单、参照发货单生成发票；开票直接发货模式，参照订单生成发票。

（2）委托代销必有订单：打钩选择，选择委托代销业务可选此项。必有订单时，委托发货单不可手工填制，必须参照订单生成。

（3）分期收款必有订单：打钩选择，选择分期收款业务可选此项。必有订单时，分期收款发货单不可手工填制，必须参照订单生成。

（4）直运销售必有订单：打钩选择，选择直运业务可选此项。必有订单时，直运采购订单必须参照直运销售订单，直运采购发票必须参照直运采购订单、直运销售发票必须参照直运销售订单。

2．折扣存货受必有订单控制

打钩选择，必有订单时可设置。

① 选择是，必有订单时，折扣型存货，在填制发货单、发票时需要控制必有订单。

② 选择否，必有订单时，折扣型存货在发货单、发票可以手工录入（业务规则同非必有订单时的控制），不必控制必有订单。

3．退货必有订单

打钩选择，必有订单时可设置。

① 选中，则在退货时，也必须有订单，即退货单、红字发票必须参照订单生成。

② 不选中，则在必有订单的情况下，也可以手工新增退货单和红字发票。

（二）业务规则

【业务规则】

必有订单时，发货单、发票、委托代销发货单不可手工填制单据，只能参照生成，不允许增行。

十一、账表查询

企业可以灵活运用销售管理系统提供的各种查询功能，可以有效地提高企业财务信息利用效率和销售管理水平，对销售业务进行事中控制、事后分析的管理。账表内容包括销售统计表、销售明细账、余额表及销售分析表。

任务四 销售管理系统期末处理

一、月末结账

【操作流程】

进入【月末结账】，对销售管理系统进行结账，操作界面如图11-45所示。

① 进入【月末结账】，屏幕显示月末结账对话框。

② 用鼠标单击【结账】按钮，系统开始进行合法性检查。

③ 如果检查通过，系统立即进行结账操作，结账后结账月份的已经结账显示为是；如果检查未通过，系统会提示不能结账的原因。

④ 当某月结账发生错误时，可以按【取消结账】恢复结账前，正确处理后再结账。不允许跳月取消月末结账，只能从最后一个月逐月取消。

注意：

◆ 上月未结账，本月单据可以正常操作，不影响日常业务的处理，但本月不能结账。

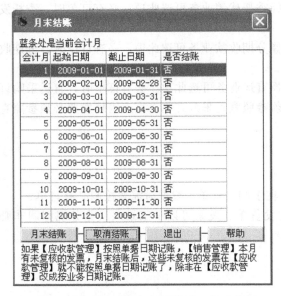

图 11-45 销售管理系统月末结账操作界面

◆本月还有未审/复核单据时，结账时系统提示【存在未审核的单据，是否继续进行月末结账？】，用户可以选择继续结账或取消结账，即有未审核的单据仍可月末结账。

◆如果应收款管理系统按照单据日期记账，销售管理系统本月有未复核的发票，月末结账后，这些未复核的发票在应收款管理系统就不能按照单据日期记账了，除非在应收款管理系统改成按业务日期记账。

◆结账前用户应检查本会计月工作是否已全部完成，只有在当前会计月所有工作全部完成的前提下，才能进行月末结账，否则会遗漏某些业务。

◆月末结账之前用户一定要进行数据备份，否则数据一旦发生错误，将造成无法挽回的后果。

◆只能对当前会计月进行结账，即只能对最后一个结账月份的下一个会计月进行结账。

◆月末结账后将不能再做当前会计月的业务，只能做下个会计月的日常业务。

◆本功能为独享功能，与系统中所有功能的操作互斥，即在操作本功能前，应确定其他功能均已退出；在网络环境下，要确定本系统所有的网络用户退出了所有的功能。

采购管理系统、销售管理系统月末结账后，才能进行库存管理系统、存货核算系统、应付款管理系统、应收款管理系统的月末结账。

如果采购管理系统、销售管理系统要取消月末结账，必须先通知库存管理系统、存货核算系统、应付款管理系统、应收款管理系统的操作人员，要求他们的系统取消月末结账。

如果库存管理系统、存货核算系统、应付款管理系统、应收款管理系统的任何一个系统不能取消月末结账，那么也不能取消采购管理系统、销售管理系统的月末结账。

二、结转上年

一般情况下，企业是持续经营的，因此企业的会计工作是一个连续性的工作。每到年末，启用新年度账时，就需要将上年度中的相关账户的余额及其他信息结转到新年度账中。

结转上年是将上年的基础数据和各种单据的数据悉数转入本年度账套中，起承上启下作用。如果系统中没有上年度的数据，将不能进行结转。

结转上年操作是在服务器上的系统管理中进行。

注意：

◆第一次使用销售管理系统，或没有上年数据时，不用使用此功能。

◆只有在上一会计年度所有工作全部完成并准确无误的前提下，才能进行【结转上年】操作，否则会造成结转到本会计年度的数据不正确。

◆只有上年度12月份会计月结账后，才能结转上年度数据。

【业务规则】

(1) 包装物租借登记、还回 全部结转下年。

(2) 价格

① 存货价格列表、客户价格列表全部结转下年。

② 存货调价历史记录、客户调价历史记录全部结转下年。

③ 本年度账套中的下年度数据：单据日期为下一会计年度的存货调价单、客户调价单结转下年。

(3) 销售报价单

① 本年度数据：本年度的未关闭的报价单，整单结转。

② 本年度账套中的下年度数据：本单据日期为下一会计年度的销售报价单（含关闭），整单结转。

③ 补充说明：结转的销售报价单上有ATO＋模型件和订单BOM的，同时结转对应的客户BOM和订单BOM。

(4) 销售订单

① 本年度数据：

★未关闭的销售订单，整单结转。

★未审核已关闭的销售订单，整单结转。

★为保证订单执行信息的完整性，已关闭的销售订单，如果参照生成的下游单据（发货单、发票）在销售管理系统中结转下年（不包括在其他系统结转，如存货核算系统、应收款管理系统等），则该销售订单也结转。

② 本年度账套中的下年度数据：单据日期为下一会计年度的销售订单，整单结转（含关闭）。

③ 补充说明：

★结转的销售订单上有ATO＋模型件的，同时结转对应的客户BOM。同理，如果销售订单上有订单BOM，订单结转时，同时结转对应的订单BOM。

★库存管理系统结转现存量表中订单可用量对应的销售订单，在下年的销售管理系统中，可以查看销售结转与库存结转的所有销售订单。

(5) 销售发货单

① 本年度数据：

★已关闭的本年度的销售发货单（包括退货单、委托代销发/退货单）不结转下年。

★已执行完毕的本年度发货单不结转下年。执行完毕指：第一，已出库完毕：累计出库数量＞发货数量。第二，已开票完毕：发货数量＜＞0记录（包括退补记录），判断绝对值（累计开票数量）＜绝对值（发货数量）；发货数量＝0，判断绝对值（累计开票金额）＜绝对值（发货金额）。第三，已回款完毕：绝对值（累计原币收款金额）＜绝对值（发货单原币价税合计）。第四，已记账：在存货核算系统需要记账的已记账（分期收款类型的发货单）。

★发货单不结转时，由发货单生成的本年的退货单，同样也不进行结转。

★在12月月结时，如有当前会计年度的销售发货单未开票完毕，系统提示用户确认。

★委托代销业务需要说明的内容：已结转的委托代销发货单，对应的委托代销结算单、委托代销结算价调整单结转。

② 本年度账套中的下年度数据：

★日期为下一会计年度的销售发货单（含关闭，包括退货单、委托代销结算单、委托代销调整单等），整单结转。

(6) 销售发票

① 本年度数据：

★当前会计年度的发票（包括销售调拨单、零售日报，下同）必须复核。
★当前会计年度的发票，都不进行结转。
★直运业务需要说明的内容。无直运订单的直运业务：直运采购发票未销售完毕时（已销售数量＜采购数量），结转直运采购发票；下一年，在销售管理系统可以参照直运采购发票生成直运销售发票。
② 本年度账套中的下年度数据：日期为下一会计年度的销售发票（含作废），整单结转，包括对应的销售发货单（含关闭）、销售订单（含关闭）。

(7) 代垫费用单
① 本年度数据：
★当前会计年度单据必须当年审核。
★当年的代垫费用单不结转下年。
② 本年度账套中的下年度数据：
★单据日期是下年的单据整单结转。

(8) 销售费用支出单
① 本年度数据：
★当前会计年度单据必须当年审核。
★当年的销售费用支出单不结转下年。
② 本年度账套中的下年度数据：
★单据日期是下年的单据整单结转。

【操作说明】
年结后上年账套各模块仍可取消12月月结，仍可做相关业务，系统不做控制（此时视为用户出于某种需要的确需要调整上年数据）；但若用户认为上下年度数据必须保证一致，需要清空下年数据重新结转。

项目十二

库存管理系统运行的基本过程

任务一 库存管理系统功能概述

库存管理系统是用友 ERP 供应链的重要产品,能够满足采购入库、销售出库、产成品入库、材料出库、其他出入库、盘点管理等业务需要,提供仓库货位管理、出库跟踪入库管理等全面的业务应用。库存管理系统可以单独使用,也可以与采购管理系统、销售管理系统、存货核算系统等集成使用,发挥更加强大的应用功能。本任务主要是了解库存管理的基本功能,库存管理与其他系统的关系,为库存管理后续业务操作处理奠定必需的理论基础。

一、库存管理系统主要功能

1. 主要功能

库存管理系统可以分为以下主要功能。

① 初始设置:用户进行基础档案、系统选项、单据设计、期初结存的维护工作。
② 日常业务:用户进行出入库和库存管理的日常业务操作。
③ 对账:用户可以进行库存与存货数据核对,以及仓库与货位数据核对。
④ 月末结账:用户每月底进行月末结账操作。
⑤ 报表:用户可以查询各类报表,包括库存账、批次账、货位账、统计表、储备分析报表。

2. 库存管理系统业务流程

【业务流程】

库存管理系统业务流程如图 12-1 所示。
① 首先用户进行系统初始设置工作。
② 系统初始设置工作完成后,即可进行日常业务的处理。
③ 期末处理工作包括对账、月末结账、结转上年。

二、业务模式与应用

(一)企业类型

根据企业在新建账套时【企业类型】的设置不同,可分为工业企业、商业企业。

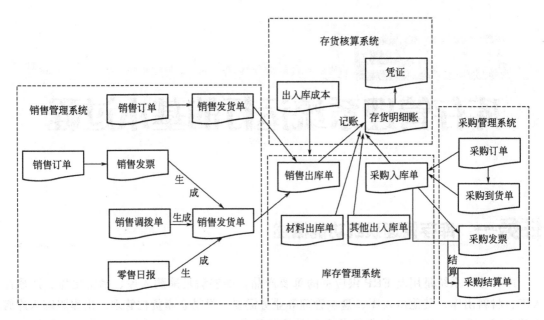

图 12-1 库存管理系统业务流程

1. 工业企业应用

用户在新建账套时选择【企业类型】为【工业】,则建立工业版账套。在本系统中存货、货物指原材料、材料、包装物、低值易耗品、委外加工材料及企业自行生产的半成品、产成品等。

工业版用户可以使用产成品入库、材料出库、领料申请、限额领料等;但不能使用受托代销业务。

2. 商业企业

用户在新建账套时选择【企业类型】为【商业】,则建立商业版账套。在本系统中存货指库存商品,货物指商品。

商业版不能使用产成品入库、委外加工入库、材料出库相关的功能;商业企业可以设置受托代销业务。

(二)日常业务内容

采购入库业务:可分为普通采购业务、受托代销业务。

销售出库业务:可分为普通销售业务、委托代销业务、分期收款业务。

产成品入库与材料出库业务:包括产成品入库、材料出库、配比出库、限额领料业务。

其他出入库业务:包括其他出库业务、其他入库业务。

盘点管理:对仓库存货的实物数量和账面数量进行核对,确定库存盈余或短缺的工作。

调拨业务:进行仓库之间存货的转库业务或部门之间的存货调拨业务。

组装拆卸:组装指将多个散件组装成一个配套件的过程,拆卸指将一个配套件拆卸成多个散件的过程。

形态转换业务:对于形态转换的存货进行处理的业务。

任务二 库存管理系统初始设置

一、库存管理系统功能选项

系统选项也称系统参数、业务处理控制参数，是指在企业业务处理过程中所使用的各种控制参数，系统参数的设置将决定用户使用系统的业务模式、业务流程、数据流向。

（一）通用设置

1. 菜单路径

【业务工作】—【供应链】—【库存管理】—【初始设置】—【选项】—【通用设置】，操作界面如图12-2所示。

注意：

◆在相关业务已开始后，最好不要随意修改库存选项。

◆在进行库存选项修改前，应确定系统相关功能没有使用，否则系统提示警告信息。

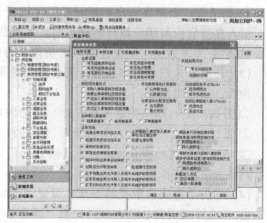

图12-2 库存管理系统选项通用设置

2. 业务设置

（1）有无组装拆卸业务 打钩选择，不可随时修改。

（2）有无形态转换业务 打钩选择，不可随时修改。

（3）有无委托代销业务 打钩选择，不可随时修改。有委托代销业务时，销售出库单的业务类型增加【委托代销】，可查询【委托代销备查簿】。

（4）有无受托代销业务 打钩选择，不可随时修改。只有在建立账套时选择企业类型为"商业"的账套，才可启用受托代销业务。有受托代销业务时，可在存货档案中设置受托代销存货；采购入库单的业务类型增加受托代销，可查询【受托代销备查簿】。

（5）有无成套件管理 打钩选择，默认为否，不可随时更改。有成套件管理时：

① 可在【存货档案】中设置某存货为成套件。

② 可设置【成套件】档案。

③【收发存汇总表】、【业务类型汇总表】可将成套件按照组成单件展开进行统计。

（6）有无批次管理 打钩选择，默认为否，不可随时修改。有批次管理时，可在【存货档案】中设置批次管理存货，可执行【批次冻结】，可查询【批次台账】、【批次汇总表】。

（7）有无保质期管理 打钩选择，默认为否，不可随时更改。有保质期管理时，可在【存货档案】中设置保质期管理存货，可执行【失效日期维护】，可查询【保质期预警】。参见"保质期管理"。

（8）有无序列号管理 打钩选择，默认为否，可随时更改。

3. 修改现存量时点

企业根据实际业务的需要，有些单据在单据保存时进行实物出入库，而有些单据在单据审核时才进行实物出入库。为了解决单据和实物出入库的时间差问题，用户可以根据不同的单据制定不同的现存量更新时点。该选项会影响现存量、可用量、预计入库量、预计出库量。

4．业务校验

(1) 检查仓库存货对应关系　打钩选择，默认为否，可随时修改。

① 不检查，填制出入库单据时参照存货档案中的存货。

② 如检查，填制出入库单据时可以参照仓库存货对照表中该仓库的存货；手工录入其他存货时，系统提示【存货××在仓库存货对照表中不存在，是否继续?】如果继续，则保存录入的存货。否则返回让用户重新录入。

(2) 检查存货货位对应关系　打钩选择，默认为否，可随时修改。

① 不检查，填制出入库单据时参照表头仓库的所有货位。

② 如检查，填制出入库单据时参照存货货位对照表中表头仓库的当前存货的所有货位；手工录入存货货位对照表以外的货位时，系统提示【货位××在存货货位对照表中不存在，是否继续?】如果继续，则保存录入的货位。否则返回让用户重新录入。

(3) 调拨单只控制出库权限　设置调拨单录入时仓库、部门权限控制方式。打钩选择，默认为否，可随时修改。

① 若选择是，则只控制出库仓库、部门的权限，而不控制入库仓库、部门的权限。

② 若选择否，出库及入库的仓库、部门权限都要控制。

③ 该选项在【检查仓库权限】【检查部门权限】设置时有效；如不检查仓库、部门权限，则该选项不起作用。

(4) 调拨单查询权限控制方式　设置调拨单查询时仓库、部门权限控制方式。

① 若选择同调拨单录入，则按照"调拨单只控制出库权限"的设置作相应控制。

② 若选择转入或转出，则只要有出库仓库、部门或入库仓库、部门中任一方权限就可以查询。

(5) 审核时检查货位　打钩选择，默认为是，可随时修改。

① 若选择是，则单据审核时，如果单据表头仓库是货位管理，则该单据所有记录的货位信息必须填写完整才可审核，否则不能审核。

② 若选择否，则审核单据时不进行货位检查，货位可以在单据审核后再指定。

③ 用户进行货位管理时，最好设置该选项，可以避免漏填货位。

(6) 库存是否生成销售出库单　打钩选择，默认为否，可随时修改。

① 销售管理系统生成出库单：销售管理系统的发货单、销售发票、零售日报、销售调拨单在审核/复核时，自动生成销售出库单；库存管理系统不可修改出库存货、出库数量，即一次发货一次全部出库。

② 库存管理系统生成销售出库单：销售出库单由库存管理系统参照上述单据生成，不可手工填制；在参照时，可以修改本次出库数量，即可以一次发货多次出库；生成销售出库单后不可修改出库存货。

③ 在由库存管理系统生单向销售管理系统生单切换时，如果有已审核/复核的发货单、发票未在库存管理系统生成销售出库单的，将无法生成销售出库单，因此应检查已审/复核的销售单据是否均已全部生成销售出库单后再切换。

(7) 记账后允许取消审核　打钩选择，默认选中。

① 当存货核算系统选项【单据审核后才允许记账】=【否】时，可随时修改。

② 当存货核算系统选项【单据审核后才允许记账】＝【是】时，该选项不允许选中。

③ 如果【记账后允许取消审核】＝【否】，则弃审（包括批弃）出入库单据时，任意一行记录已经记账的单据不允许取消审核。

(8) 出库跟踪入库存货入库单审核后才能出库 打钩选择，默认为否，可随时修改。若选择此项，则出库跟踪入库时只能参照已审核的入库单。此选项库存管理系统、销售管理系统共用。

(9) 倒冲材料出库单自动审核 打钩选择，默认为否，可随时修改。若选择此项，则倒冲生成的材料出库单及盘点补差生成的材料出库单自动审核。

(10) 浮动换算率的计算规则 供应链公共选项。单选，选择内容为以数量为主或以件数为主。公式：数量＝件数×换算率。

① 以数量为主：浮动换算率存货，数量、件数、换算率三项都有值时，用户修改件数，数量不变，反算换算率；用户修改换算率，数量不变，反算件数；用户修改数量，换算率不变，反算件数。

② 以件数为主：浮动换算率存货，数量、件数、换算率三项都有值时，用户修改件数，换算率不变，反算数量；用户修改换算率，件数不变，反算数量；用户修改数量，件数不变，反算换算率。

(11) 出库自动分配货位规则 单选，可随时修改，设置出库时系统自动分配货位的先后顺序。

① 优先顺序：根据货位存货对照表中设置的优先顺序分配货位。

② 量少先出：按时结存量大小，先从结存量少的货位出库。

(12) 自动出库跟踪入库【Ctrl＋Q】 单选，可随时修改。自动指定入库单号时，系统分配入库单号的规则。填制出库单据时，可使用快捷键【Ctrl＋Q】，系统根据分配规则自动指定出库单号。库存管理系统、销售管理系统分别设置。

① 先进先出：先入库的先出库，按入库日期从小到大进行分配。先入库的先出库，适用于医药、食品等对存货的时效性要求较严格的企业。

② 出库默认换算率：单选，默认值为档案换算率，可随时更改。填制出库单据时，浮动换算率存货自动带入的换算率，可再进行修改。

a. 档案换算率：取计量单位档案里的换算率，可修改。

b. 结存换算率为该存货最新的现存数量和现存件数之间的换算率，可修改。结存换算率＝结存件数/结存数量。批次管理的存货取该批次的结存换算率。出库跟踪入库的存货取出库对应入库单记录的结存换算率。

③ 不带换算率：手工直接输入。

(13) 系统启用月份 根据库存管理系统的启用会计月带入，不可修改。

(14) 单据进入方式 单选，默认值为空白单据，可随时修改。进入库存单据时，单据进入方式的设置。

① 空白单据：进入单据卡片时，不显示任何信息。

② 最后一张单据：进入单据卡片时，显示最后一次操作的单据。

（二）专用设置

1. 菜单路径

【业务工作】—【供应链】—【库存管理】—【初始设置】—【选项】—【专用设置】，操作界面如图 12-3 所示。

2. 业务开关

(1) 允许货位零出库　打钩选择，默认为否，可随时修改。货位零出库指该货位在出库后，结存小于零，即负库存。参见"货位管理"。

① 如不允许，则指定货位时，如果有零出库，货位不能保存。

② 如允许，则系统不控制。

(2) 允许超发货单出库　打钩选择，默认为否，可随时修改。参照发货单时，销售出库单的数量是否可超发货单数量。

① 如用户设置销售管理系统生成出库单，则不可修改出库数量，此选项无效。

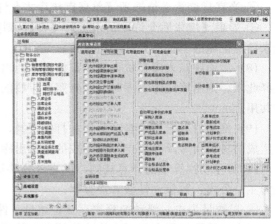

图 12-3　库存管理系统选项专用设置操作

② 如用户设置库存管理系统生成出库单，在参照销售发货单窗口可修改本次出库数量或者在销售出库单单据卡片中修改出库量。

(3) 允许超调拨单出库　打钩选择，默认为否，可随时修改。调拨单生成其他出库单，其他出库单的出库数量是否可超调拨单数量。

(4) 允许超限额领料　打钩选择，默认为否，可随时修改。

① 如允许，分单时本次出库数量不可超过计划出库数量的超额上限；单据审核后再次领料时，"本次出库数量＋累计出库数量"不可超过计划出库数量的超额上限。

② 如不允许，分单时本次出库数量不可超过计划出库数量；单据审核后再次领料时，"本次出库数量＋累计出库数量"不可超过计划出库数量。

(5) 允许超采购订单入库　打钩选择，默认为否，在库存管理系统中只能查询，不能修改；与采购管理系统用同一个选项，在采购管理系统中修改。参照采购订单时，采购入库单的入库数量是否可超采购订单数量。

(6) 允许超领料申请出库　打钩选择，默认为否，可随时修改。参照领料申请单时，材料出库单的出库数量是否可超领料申请单的数量。

(7) 允许超采购到货单入库　打钩选择，默认为否，可随时修改。参照采购到货单生成采购入库单时，累计入库量是否可超采购到货单的量。

(8) 允许修改调拨单生成的其他出入库单据　打钩选择，默认为否，可随时修改。选中时，调拨生成的其他出入库单可以修改；否则不可以修改。

3. 预警设置

(1) 最高最低库存管理　最高最低库存控制：打钩选择，默认为否，可随时修改。保存单据时，若存货的预计可用量低于最低库存量或高于最高库存量，则系统提示报警的存货，用户可选择是否继续。预计可用量包括当前单据未保存前的数量。

① 如果继续，则系统保存单据。

② 如果选择否，则用户需重新输入数量。

(2) 按仓库控制最高最低库存量　打钩选择，默认为否，可随时更改。

① 选择按仓库控制，则最高最低库存量根据仓库存货对照表带入，预警和控制时考虑仓库因素。

② 若不选择，则最高最低库存量根据存货档案带入，预警和控制时不考虑仓库因素。

③ 安全库存预警也按此设置处理：若选择按仓库控制最高最低库存量，则安全库存量根据仓库存货对照表带入；否则安全库存量根据存货档案带入，预警时不考虑仓库因素。

(3) 盘点参数管理　按仓库控制盘点参数：打钩选择，默认为否，可随时修改。

① 选择此项，则每个仓库可以设置不同的盘点参数，系统从仓库存货对照表中取盘点参数。

② 否则，盘点参数适用于所有仓库，系统从存货档案中取盘点参数。

(4) 取价方式

① 自动带出单价的单据：复选，默认为否，可随时修改。

② 入库单成本：单选，必填。默认值为最新成本，可随时修改。填制入库单据时，按照当前设置带入单价，用户可修改。

③ 出库单成本：单选，必填，可随时修改。默认为按计价方式取单价，但只有存货核算系统启用时才能选择按计价方式取单价。填制出库单据时，按照当前设置带入单价，用户可修改。

(三) 可用量控制、可用量检查系统选项设置

略

二、期初数据

账簿都应有期初数据，以保证其数据的连贯性。初次使用库存管理系统时，应先输入全部存货的期初数据。如果系统中已有上年的数据，在使用【结转上年】后，上年度各存货结存自动结转本年。

1. 期初结存

用于录入使用库存管理系统启用前各仓库各存货的期初结存情况。

不进行批次、保质期管理的存货，只需录入各存货期初结存的数量。进行出库跟踪入库管理的存货，需录入各存货期初结存的详细数据，如入库单号等。进行货位管理的存货，还需录入货位。

【操作流程】

进入【初始设置】—【期初结存】，录入期初结存数量；如果存货核算系统已录入的期初结存后，还可以通过期初结存中的【取数】功能获取数据。操作界面如图12-4所示。

① 进入期初结存界面，选择仓库，可选择录入顺序。

② 按【修改】进行录入状态。

③ 按【选择】，选择存货；或按【增行】增加存货，可【删行】，按【保存】保存记录。

④ 按【货位】可指定货位，按【清货】清除货位。

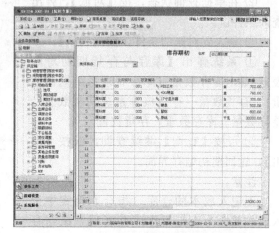

图12-4　库存管理系统期初结存操作界面

⑤ 可审核、弃审、批审、批弃。

⑥ 存货核算系统已录入期初结存，可从期初结存界面【取数】。

⑦ 库存管理系统要与存货核算系统对账。

【操作说明】

(1) 修改期初结存

① 未审核的期初结存可随时更改，结转下年后仍可修改期初结存。

② 批次管理的存货，如果已出库则修改后的数量和件数必须大于等于累计出库数量和件数。

(2) 删除期初结存

① 未审核的期初结存可随时更改，结转下年后仍可修改期初结存。

② 批次管理的存货，如果已出库则不允许删除。

(3) 审核/弃审期初结存

① 审核没有数据修改功能，如果发现单据的数据有错误的话，可以先进行修改，修改后再作审核。

② 审核即将期初结存记账。

批次管理的存货，本年度已作出库处理的期初结存不能弃审。

③ 已审核的单据不能再修改、删除，不能再审核。

(4) 取数　从存货核算系统取期初数。只有第一年启用时，才能使用取数功能；以后年度结转上年后，取数功能不能使用，系统自动结转期初结存。

① 进入单据界面，显示当前仓库的结存表。

② 按【修改】进入单据录入状态。

③ 按【取数】，系统提示：【库存已存在期初数据，您要覆盖原来的数据吗?】

④ 选择【是】，则将取得的数据覆盖原来的数据；选择【否】，则将期初数据加到表体尾部；选择【取消】，则返回原来界面。

(5) 对账　将库存管理系统的期初数据与存货核算系统相同月份的期初数据核对，并显示核对不上的数据。库存管理系统库存与存货期初对账操作界面如图12-5所示。

① 进入单据界面，显示当前仓库的结存表。

② 在单据查询状态，按【对账】，弹出查询条件窗。

③ 录入要对账的条件，按【确认】。

④ 系统弹出【库存与存货期初对账表】，显示库存数量（库存管理系统期初数量）、存货数量（存货核算系统期初数量）、差异数量（库存数量－存货数量）。

⑤ 可按【查询】继续查询，或按【退出】，返回期初结存界面。

注意：

不记入成本的仓库（指仓库档案中记入成本属性为否）不作库存管理系统与存货核算系统的对账。

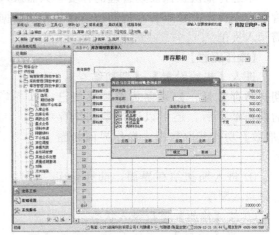

图12-5　库存管理系统库存与存货期初对账操作界面

库存管理系统和存货核算系统的期初数据分别录入处理，则库存管理系统和存货核算系统可分别先后启用，不必一起启用。即允许先启存货核算系统再启库存管理系统，或相反。

2. 库存与存货对账

库存管理系统与存货核算系统对账的内容为某月份各仓库各存货的收发存数量。

【操作过程】

进入【对账】—【库存与存货对账】,将库存与存货对账。操作界面如图12-6所示。

① 进入对账界面,系统显示输入窗,用户可输入对账月份,并选择是否包含未审核单据。

② 输入对账月份后,用鼠标单击【确认】按钮进行确定,系统开始对账。

③ 如果核对正确,系统将提示用户对账工作全部完成,并退出对账功能;如果核对不上,系统则将对不上的数据显示在对账报告中。用户退出对账报告时,系统将退出对账功能。

注意:

◆ 只有在库存管理系统和存货核算系统对账月份都已结账,而且存货核算系统对账月份没有压单的情况下,数据才有可能核对上。

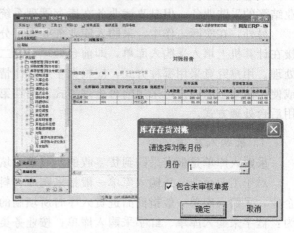

图12-6 库存管理系统库存与存货对账操作界面

【业务规则】

① 选择包含未审核单据时,统计库存系统的出入库数量包括所有出入库单据,出入库会计期间按单据日期统计;选择不包含未审核单据时,统计库存系统的出入库数据只包括已审核单据,出入库会计期间按审核日期统计。

② 不记入成本的仓库(指仓库档案中记入成本属性为否)不作库存管理系统与存货核算系统的对账。

3. 库存与货位账对账

【操作步骤】

① 进入对账界面。

② 系统显示库存账与货位账对账数据。

【业务规则】

① 取存货核算系统与库存管理系统启用月份相同的会计月的期初数。

② 启用月份不同时,即存货核算系统先启,则将库存管理系统启用日期之前的存货核算系统的发生数进行汇总。

③ 由于存货核算系统批号、自由项等信息可以不填,因此退出期初数据录入功能时,系统对当前仓库的所有期初数据进行合法性检查,并提示不完整的数据项,用户需填写完全。

任务三 库存管理系统日常业务处理

一、入库业务

(一)采购入库

采购业务根据企业应用,可以分为以下三种业务类型。其一,普通采购业务:适合大多数企业的一般采购业务；其二，受托代销业务：适合商业企业的先销售后结算的采购业务；其三，直运业务：适合于由供应商直接将商品发给企业客户，在结算时由购销双方分别与企业结算的采购业务。但是直运业务在库存管理系统不体现。

另外，在实际工作中，采购入库业务处理可分为两种情况：其一，用户可根据到货单直接在计算机上填入采购入库单，即前台处理；其二，先由人工制单，然后集中输入，即后台处理。用户究竟采用哪种方式，应根据企业具体情况而定，一般来讲业务量不多、基础较好或使用网络版的用户可采用前台处理方式；而在第一年使用或人机并行阶段，则比较适合采用后台处理方式。

1. 采购入库单

采购入库单是根据采购到货签收的实收数量填制的单据。

对于工业企业，采购入库单一般指采购原材料验收入库时所填制的入库单据。对于商业企业，采购入库单一般指商品进货入库时所填制的入库单据。采购入库单按进出仓库方向分为：蓝字采购入库单、红字采购入库单；按业务类型分为：普通采购入库单、受托代销入库单（商业）。红字入库单是采购入库单的逆向单据。在采购业务活动中，如果发现已入库的货物因质量等因素要求退货，则对采购业务进行退货处理。

如果发现已审核的入库单数据有错误（多填数量等），也可以填制退货单（红字入库单）原数冲抵原入库单数据。原数冲回是将原错误的入库单，以相等的负数量填单。

【系统选项】

【初始设置】—【选项】—【通用设置】—【修改现存量时点】—【采购入库审核时改现存量】；【初始设置】—【选项】—【专用设置】—【业务开关】—【允许超采购订单入库】。

【单据流程】

(1) 采购入库单单据流程　采购入库单单据流程如图12-7所示。

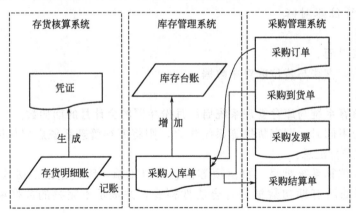

图12-7　采购入库单单据流程

(2) 红字采购入库单单据流程　红字采购入库单据流程如图12-8所示。

【操作流程】

① 采购入库单可以手工增加，也可以参照采购订单、采购到货单（到货退回单）生成。

② 采购入库单可以修改、删除、审核、弃审。

③ 根据修改现存量时点设置，采购入库单保存或审核后更新现存量。

例如，进入【业务工作】—【供应链】—【库存管理】—【入库业务】—【采购入库单】，直接填制或参照采购订货或采购发票生成企业采购入库单，操作界面如图12-9所示。

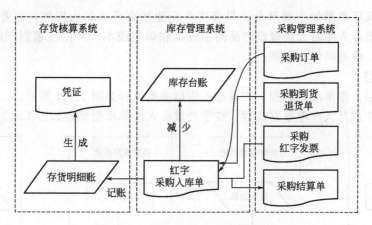

图 12-8　红字采购入库单单据流程

【业务规则】

（1）采购管理系统设置为采购必有订单业务模式（普通业务必有订单、受托代销业务必有订单）时，对应业务类型的蓝字采购入库单不可手工新增，只能参照生成。

（2）采购管理系统设置为退货必有订单时，红字采购入库单不可手工新增，只能参照生成。

（3）采购入库单供应商存货对应关系的控制：手工填制采购入库单时，根据采购管理系统选项/供应商供货控制的设置进行供应商存货对应关系的控制。

① 不检查：不受供应商存货对照表的限制。

② 检查提示：录入供应商存货对照表范围之外的存货或供应商时，系统予以提示，可以选择是否继续。

③ 严格控制：录入供应商存货对照表范围之外的存货或供应商时，系统予以提示，不允许录入。

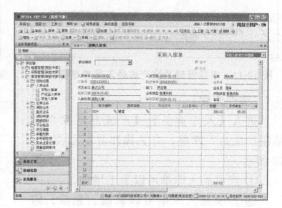

图 12-9　库存管理系统采购入库单操作界面

2．受托代销备查簿

用户可查询受托代销商品各仓库各月份的收发存明细情况。受托代销备查簿按照受托代销商品（受托代销商品＋自由项）设置账页，即一个受托代销商品一个自由项为一个账页。进入【报表】—【库存账】—【受托代销备查簿】查询受托代销商品具体情况，操作界面如图 12-10 所示。

图 12-10　库存管理系统受托代销备查簿操作界面

（二）产成品入库

对于工业企业，产成品入库单一般指产成品验收入库时所填制的入库单据。产成品入库单是工业企业入库单据的主要部分。只有工业企业才有产成品入库单，商业企业没有此单据。产成品一般在入库时无法确定产品的总成本和单位成本，所以在填制产成品入库单时，一般只有数量，没有单价和金额。

【单据流程】

(1) 产成品入库单单据流程　产成品入库单单据流程如图12-11所示。

(2) 红字产成品入库单单据流程　红字产成品入库单单据流程如图12-12所示。

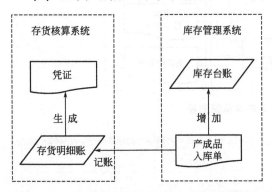

图12-11　库存管理系统产成品入库单单据流程

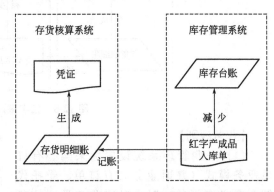

图12-12　库存管理系统红字产成品入库单单据流程

【操作流程】

进入【入库业务】—【产成品入库单】，填制产成品入库单，有关操作界面如图12-13所示。

① 产成品入库单可以手工增加。

③ 产成品入库单可以修改、删除、审核、弃审。

④ 根据修改现存量时点设置，产成品入库单保存或审核后更新现存量。

（三）其他入库业务

其他入库单是指除采购入库、产成品入库之外的其他入库业务，如调拨入库、盘盈入库、组装拆卸入库、形态转换入库等业务形成的入库单。其他入库单一般由系统根据其他业务单据自动生成，也可手工填制。

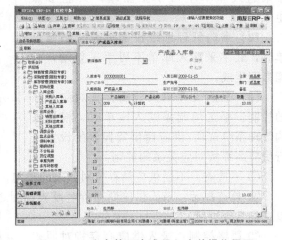

图12-13　库存管理产成品入库单操作界面

【单据流程】

(1) 其他入库单单据流程　其他入库单单据流程如图12-14所示。

(2) 红字其他入库单单据流程　红字其他入库单单据流程如图12-15所示。

【业务规则】

① 只能修改或删除直接录入的其他入库单，而由其他单据或其他业务形成的其他入库单，不能删除，只能进行有限修改。

② 如果用户需要修改、删除其他单据或其他业务形成的其他入库单，应通过其他业务（盘点、组装、拆卸、形态转换业务）进行修改、删除。

注意：

(1) 手工填制

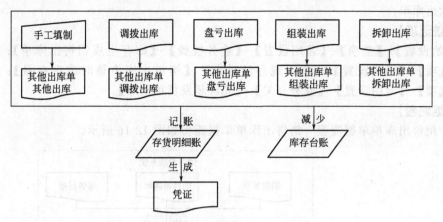

图 12-14 库存管理系统其他入库单单据流程

① 其他入库单可以手工增加。

② 其他入库单可以修改、删除、审核、弃审。

③ 根据修改现存量时点设置,其他入库单保存或审核后更新现存量。

(2) 其他业务生成

① 其他入库单可以由其他业务自动生成,业务类型为相应的业务。

② 其他入库单可以审核、弃审,调拨单生成的其他入库单可以修改数量。

③ 根据修改现存量时点设置,其他入库单保存或审核后更新现存量。

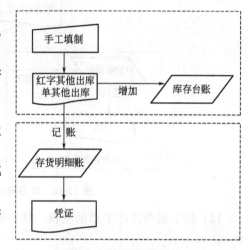

图 12-15 库存管理系统红字其他入库单单据流程

二、出库业务

(一) 销售出库

销售业务根据企业应用,可以分为以下四种业务类型。其一,普通销售业务:适合大多数企业的一般销售业务,主要包括先发货后开票和直接开票的业务;其二,委托代销业务:适合企业将商品委托他人代销,待委托代销商品销售后,受托方与企业进行结算,并开具正式的销售发票,形成销售收入,商品所有权转移的销售业务;其三,分期收款业务:适合于企业将商品提前发给客户,分期收回货款,收入和成本按收款情况分期确认的销售业务;其四,直运业务:适合于由供应商直接将商品发给企业客户,在结算时由购销双方分别与企业结算的销售业务。但是直运业务在库存管理系统不体现。

1. 销售出库单

销售出库单是销售出库业务的主要凭据,在库存管理系统用于存货出库数量核算,在存货核算系统用于存货出库成本核算(如果存货核算系统销售成本的核算选择依据销售出库单)。

对于工业企业,销售出库单一般指产成品销售出库时所填制的出库单据。对于商业企业,销售出库单一般指商品销售出库时所填制的出库单。销售出库单按进出仓库方向分为:蓝字销售出库单、红字销售出库单;按业务类型分为:普通销售出库单、委托代销出库单、分期收款出库单。

【系统选项】

【初始设置】—【选项】—【通用设置】—【业务校验】—【库存生成销售出库单】；【初始设置】—【选项】—【通用设置】—【修改现存量时点】—【销售出库审核时改现存量】；【初始设置】—【选项】—【专用设置】—【业务开关】—【允许超发货单出库】。

【单据流程】

(1) 销售出库单单据流程　销售出库单单据流程如图 12-16 所示。

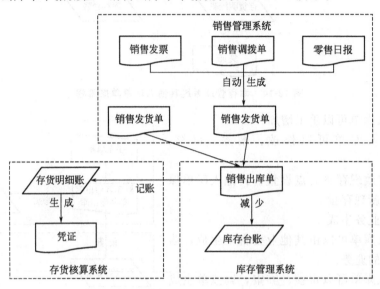

图 12-16　库存管理系统销售出库单单据流程

(2) 红字销售出库单单据流程　红字销售出库单单据流程如图 12-17 所示。

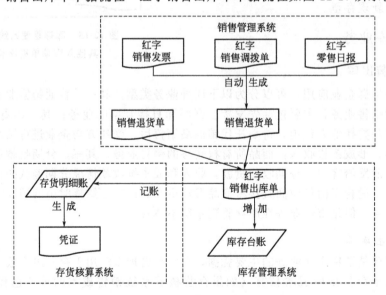

图 12-17　库存管理系统红字销售出库单单据流程

【业务规则】

① 手工填制。如果销售管理系统未启用可直接填制销售出库单，否则不可手工填制。

与销售管理系统集成使用时，如果选项设置为不由库存生成销售出库单，对于发货单中需要检验的记录，由库存参照生成销售出库单；否则发货单或退货单审核后由系统自动生成销售出库单。

② 与销售管理系统集成使用时，如果选择设置为由库存生成销售出库单，则使用【生单】或【生单】下拉箭头中【销售生单】进行参照生单（包括参照发货单生成）。先发货后开票业务，根据销售管理系统的发货单生成销售出库单。

③ 参照销售发票生成。开票直接发货业务，根据销售管理系统的销售发票生成销售出库单。

④ 参照销售调拨单生成。根据销售管理系统的销售调拨单生成销售出库单。

⑤ 参照零售日报生成。根据销售管理系统的销售日报生成销售出库单。

注意：

◆销售发票、销售调拨单、零售日报在销售管理系统复核时，同时生成发货单。在参照发货单窗口，以上三种单据都有发货单号、发票号，单据类型分别为对应的销售发票、销售调拨单、零售日报，所以也可统称为参照发货单。

【操作流程】

进入【出库业务】—【销售出库单】，相关操作界面如图12-18所示。

① 与销售管理系统集成时，销售出库单参照发货单、退货单生成或自动生成。

② 与【出口管理】集成时，销售出库单参照出口销货单/退货单生成。

③ 销售出库单可以修改、删除、审核、弃审。

④ 根据修改现存量时点设置，销售出库单保存或审核后更新现存量。

⑤ 由销售退货单生成的红字销售出库单。

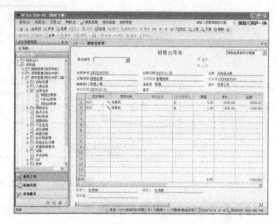

图12-18 库存管理系统销售出库单操作界面

注意：

◆出库跟踪入库的存货，对于红字销售发货单、红字销售发票生成销售出库单时：可以作为入库处理，不输入对应的入库单号；可以作为退货处理，录入对应的入库单号。

2．委托代销备查簿

用户可查询委托代销商品各月份的发出、结算、未结算明细情况。委托代销备查簿按委托代销商品（委托代销商品＋自由项）设置账页，即一个委托代销商品一个自由项为一个账页。只有库存管理系统与销售管理系统集成使用时，才能查询委托代销商品备查簿。进入【报表】—【库存账】—【委托代销备查簿】查询委托代销商品情况，相关操作界面如图12-19所示。

图12-19 库存管理系统委托代销备查簿操作界面

（二）材料出库

1. 材料出库单

对于工业企业，材料出库单是领用材料时所填制的出库单据，当从仓库中领用材料用于生产时，就需要填制材料出库单。只有工业企业才有材料出库单，商业企业没有此单据。

【系统选项】

【初始设置】—【选项】—【通用设置】—【修改现存量时点】—【材料出库审核时改现存量】。

【菜单路径】

【出库业务】—【材料出库单】；【出库业务】—【材料出库单】—【配比】：配比出库单；补料业务：材料出库单（补料标志＝是）；【单据列表】—【材料出库单列表】。

【单据流程】

（1）材料出库单单据流程　材料出库单单据流程如图12-20所示。

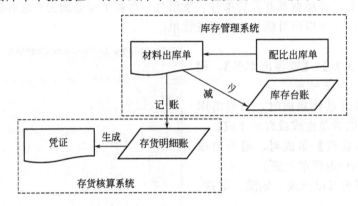

图 12-20　材料出库单单据流程

（2）红字材料出库单单据流程　红字材料出库单单据流程如图12-21所示。

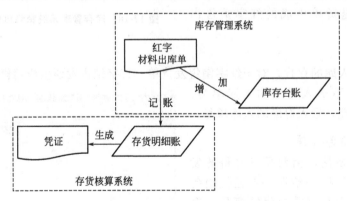

图 12-21　红字材料出库单单据流程

【操作流程】

进入【出库业务】—【材料出库单】，有关操作界面如图12-22所示。

① 材料出库单可以手工增加，可以配比出库。

② 材料出库单可以修改、删除、审核、弃审；盘点补差生成的材料出库单不允许删除。

③ 根据修改现存量时点设置，材料出库单保存或审核后更新现存量。

2. 配比出库单

对于工业企业，配比出库单是一种特殊的材料出库单。用户如生产或组装某一父项产品，系统可以将其按照物料清单（BOM）展开到子项材料，并计算生产或组装父项产品需要领用的子项材料数量。对具有物料清单的存货，配比出库可以加强领料出库的速度和准确性。

【操作流程】

① 在材料出库单查询状态，按【配比】进入配比出库单窗口。

② 在产品名称参照录入存货，系统自动带入结构自由项，生产数量默认为1。

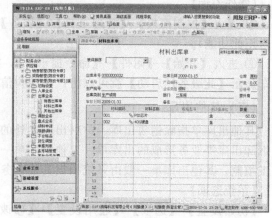

图12-22 库存管理系统材料出库单操作界面

③ 系统提示：【是否展到末级？】如选择展到末级，则展开到该父项的终极子项；否则只展开到下一级物料。

④ 点击版本号/替代标识参照按钮，弹出 BOM 参照界面，用户根据实际需要选择BOM 版本。如果不录入版本号/替代标识则系统默认按当前日期有效 BOM 进行展开。

⑤ 选择完毕移开光标焦点或按【展开】按钮，系统根据选择的存货，带入父项产品的子项材料，父项产品显示在表头，所属子项、仓库、定额等显示在表体，可以修改数量，【增行】增加记录、【删行】删除记录。

⑥ 输入产品的生产数量，系统自动计算各材料的出库数量，可修改生产数量、定额数量、出库数量。

⑦ 确认生产数量正确后，单击【确认】按钮，系统按当前分单设置的分单条件生成材料出库单。

⑧ 可按【修改】对其进行修改，但仓库、父项产品、业务类型（配比出库）不可修改。

⑨ 可按【审核】对材料出库单进行审核，或按【弃审】对已审核未执行的单据进行弃审。

【操作说明】

① 配比出库单分单设置：设置配比出库单分单条件，选择生成材料出库单的单据模版。生单设置按操作员保存。

② 配比出库单提供按套领料的功能。

③ 手工配比时可以录入红字配比出库单，操作方法是先将表头生产数量改为0，再将生产数量改为负数，系统根据表头生产数量及表体定额数量计算出库量（为负值），确认后生成红字材料出库单。

注意：

产品结构输入与保存：进入【基础设置】—【基础档案】—【业务】—【产品结构】，输入产品结构信息操作如图12-23所示。

图12-23 产品结构信息操作界面

产品结构信息输入后保存时，需要将计算机操作系统进行部分修改。

【操作流程】

① 进入【控制面板】—【管理工具】—【服务】—【distributed transaction coordinator】（手动启用此功能）。

② 进入【开始】—【附件】—【命令提示符】，在光标闪烁处输入"net start msdtc"，点击回车显示【此服务已启动】就可以将产品结构信息保存了。

（三）其他出库

其他出库单指除销售出库、材料出库之外的其他出库业务，如调拨出库、盘亏出库、组装拆卸出库等业务形成的出库单。其他出库单一般由系统根据其他业务单据自动生成，也可手工填制。其他出库单一般由系统根据其他业务单据自动生成，也可手工填制。

【系统选项】

【初始设置】—【选项】—【通用设置】—【修改现存量时点】—【其他出入库审核时改现存量】；【初始设置】—【选项】—【专用设置】—【业务开关】—【允许超调拨单出库】；调拨单生成其他出库单时，其他出库单的出库数量是否可超调拨单的数量。

【单据流程】

(1) 其他出库单单据流程 其他出库单单据流程如图 12-24 所示。

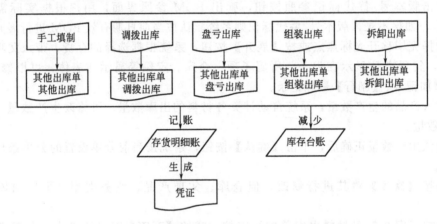

图 12-24 库存管理系统其他出库单单据流程

(2) 红字其他出库单单据流程 红字其他出库单单据流程如图 12-25 所示。

【操作流程】

(1) 手工填制

① 其他出库单可以手工增加。

② 其他出库单可以修改、删除、审核、弃审。

③ 根据修改现存量时点设置，其他出库单保存或审核后更新现存量。

(2) 其他业务生成

① 其他出库单可以由其他业务自动生成，业务类型为相应的业务。

② 其他出库单可以审核、弃审，调拨单生成的其他出库单可以修改数量。

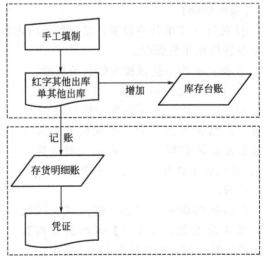

图 12-25 库存管理系统红字其他出库单单据流程

③ 根据修改现存量时点设置，其他出库单保存或审核后更新现存量。

【业务规则】
① 只能修改、删除业务类型为其他出库、备件领用、服务配件领用的单据；由其他单据或其他业务形成的其他出库单，不能修改、删除。
② 如果用户需要修改、删除其他单据或其他业务形成的其他出库单，应通过其他业务（盘点、组装、拆卸）修改、删除。

三、盘点业务

为了保证企业库存资产的安全和完整，做到账实相符，企业必须对存货进行定期或不定期的清查，查明存货盘盈、盘亏、损毁的数量以及造成的原因，并据以编制存货盘点报告表，按规定程序，报有关部门审批。经有关部门批准后，应进行相应的账务处理，调整存货账的实存数，使存货的账面记录与库存实物核对相符。

盘点时系统提供多种盘点方式，如按仓库盘点、按类别盘点等，还可以对各仓库中的全部或部分存货进行盘点，盘盈、盘亏的结果自动生成其他出入库单。

【系统选项】
(1)【初始设置】—【选项】—【专用设置】—【预警】—【按仓库控制盘点参数】
① 选择此项，则每个仓库可以设置不同的盘点参数，盘点时从仓库存货对照表中取盘点参数。
② 否则，盘点参数适用于所有仓库，系统从存货档案中取盘点参数。
(2)【企业应用平台】—【基础设置】—【基础档案】—【存货】—【存货档案】—【控制】
① 合理损耗率：录入小数，存货可以允许的合理损耗，用于与盘点结果的实际损耗率进行比较。
② 上次盘点日期：新增记录可以手工输入上次盘点日期，以后由系统自动维护，每次在该存货盘点时自动回填盘点日期。
③ 盘点周期单位：单选，当设置周期盘点时必须选择。选择内容为天、周、月，默认值为天。
④ 盘点周期：根据选择的盘点周期单位确定实际输入的内容。当设置周期盘点时必须输入该项内容，可以输入大于 0 的整数，缺省为 1。
⑤ 每天/周/月第（ ）天：即盘点日设置，手工输入。
a. 当没有设置周期盘点或设置盘点周期为天时，无须录入该项内容，否则必须录入。
b. 当设置盘点周期为周时，该项内容可以设置星期一～星期日七项内容，必选一项。
c. 当设置盘点周期为月时，该项内容可以设置 1～31 作为选择项，每次只能且必须选一项。
(3)【企业应用平台】—【基础设置】—【对照表】—【仓库存货对照表】 设置内容与存货档案相同。

【业务流程】
盘点业务流程如图 12-26 所示。
① 选择盘点方式，增加一张新的盘点表。
② 打印空盘点表。
③ 进行实物盘点，并将盘点的结果记录在盘点表的盘点数和原因中。
④ 实物盘点完成后，根据盘点表，将盘点结果输入计算机的盘点表中。
⑤ 打印盘点表，并将打印出的盘点报告按规定程序报经有关部门批准。

⑥ 将经有关部门批准后的盘点表进行审核处理。

（一）盘点单

盘点单是用来进行仓库存货的实物数量和账面数量核对工作的单据，用户可使用空盘点单进行实盘，然后将实盘数量录入系统，与账面数量进行比较。

【操作流程】

进入【库存管理】—【盘点业务】，相关操作流程与操作界面如图 12-27 和图 12-28 所示。

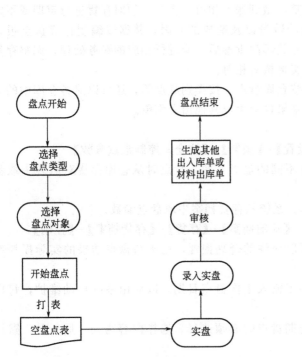

图 12-26　盘点业务流程

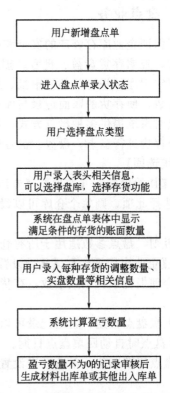

图 12-27　库存管理系统盘点业务流程

图 12-28　库存管理系统盘点业务操作界面

① 进入盘点单界面。

② 按【增加】，系统增加一张空白盘点单。

③ 选择盘点类型（普通仓库盘点），录入盘点表头栏目，指定盘点仓库。

④ 可直接录入要盘点的存货，也可按【盘库】【选择】批量增加存货。系统将自动带出对应存货不同自由项、批次的账面数量、账面件数、账面金额等。

⑤ 按【保存】，保存盘点单。

⑥ 将盘点表打印出来，到仓库中进行实物盘点。

⑦ 实物盘点后，打开盘点单，按【修改】按钮。

⑧ 输入盘点数量/件数，保存此张盘点单。
⑨ 对盘点单进行审核。
注意：
◆如果先进行实物盘点，后输入盘点单时，可以省略第⑤⑦⑧步。
【操作说明】
如果用户是针对仓库或某一类存货进行盘点，可以利用工具条上的【盘库】和【选择】按钮，批量增加存货。

1．盘库
① 在盘点单录入状态，单击【盘库】按钮，系统提示【盘库将删除未保存的所有记录，是否继续?】如继续，则系统弹出盘点处理窗口。
② 用户可选择盘点方式、设置盘点选项。
③ 按【确认】则系统将符合盘点方式的存货带入盘点单。

2．选择存货
① 在盘点单录入状态，先录入盘点日期、账面日期、盘点仓库。
② 单击【选择】按钮，系统弹出盘点选择存货窗口，选择窗的左方是存货分类的信息，选择窗右方是存货的信息。
③ 单击存货前方框，系统提示【确认要选择全部存货吗?】如确认，系统选择全部存货；如否则不选。
④ 将光标移至需盘点的存货分类，单击存货分类前方框确认。系统自动将该存货分类所属的存货显示在选择窗右方，默认选择，用户可进一步对默认选择的存货进行调整。
⑤ 全选/全消：将当前展开的存货全部选中或全部取消选中。
⑥ 定位存货：用户可按【定位】，输入要定位的行数。
⑦ 对存货进行排序：用户将光标移至选中的存货栏目名称，单击选中该列；或选中某栏目，再按【Shift＋鼠标】选中两个栏目的多列；选中列后按【排序】对选中的列进行排序，单击为按升序排序，再单击为按降序排序。
⑧ 选择完需盘点的存货后，按【确认】按钮，系统自动将用户选择的所有存货及其账面数量带入盘点表。

3．按货位明细盘点
① 在盘点单录入状态，先录入盘点日期、账面日期、盘点仓库，当盘点类型为普通仓库盘点且盘点仓库为货位管理的仓库时，按【货位】，是否货位明细盘点改为是。
② 系统检查当前仓库出入库单据的货位是否指定完整。
③ 然后根据需要按【盘库】或按【选择】进行盘点，也可手工录入记录。

【业务规则】
(1) 普通仓库盘点的盘点单审核时，根据盘点表生成其他出入库单，业务号为盘点单号，单据日期为当前的业务日期。
① 所有盘盈的存货生成一张其他入库单，业务类型为盘盈入库。
② 所有盘亏的存货生成一张其他出库单，业务类型为盘亏出库。
(2) 盘点单弃审时，同时删除生成的其他出入库单、材料出库单；生成的其他出入库单、材料出库单如已审核，则相对应的盘点单不可弃审。
(3) 按货位明细盘点：

① 【盘库】时可以指定一个或多个货位，系统将符合条件的存货按货位带入到盘点单。

② 【选择】存货时，系统将符合条件的存货按货位带入到盘点单。

③ 手工录入记录时，在表体录入货位之后，系统取出当前货位的账面数及调整出入库数。

④ 按货位明细盘点与录入表头货位的处理规则不同：录入表头货位时，盘盈盘亏的直接调整对应货位的结存；而按货位明细盘点时，盘盈盘亏的生成其他出入库单，调整仓库及货位的结存。

⑤ 按货位明细盘点时表头货位不允许录入，表体货位必须录入。

(4) 上次盘点仓库的存货所在盘点表未审核之前，不可再对此仓库此存货进行盘点，否则系统提示错误。

(5) 按货位明细盘点时，上次盘点仓库＋货位的存货所在盘点表未审核之前，不可再对此仓库＋货位的此存货进行盘点。同时如果上次盘点仓库的存货选择不按货位明细盘点，在盘点单未审核之前，不可再此仓库此存货进行货位明细盘点。

注意：

◆盘点前应将所有已办理实物出入库的单据处理完毕，否则账面数量会不准确。

◆选择按货位明细盘点时，建议使用【检查】功能检验出入库单据的货位是否指定完整，指定完整之后再进行货位盘点。

(二) 周期盘点预警

周期性盘点指可以按照存货或"仓库＋存货"设置存货的盘点周期，到盘点周期的存货，系统可以进行预警。

【系统选项】

在盘点管理设置的基础上：【企业应用平台】—【系统服务】—【工具】—【预警和定时任务】；添加预警源为【库存盘点预警】的预警任务；【企业应用平台】—【基础设置】—【基础档案】—【存货】—【存货档案】—【控制】—【上次盘点日期、盘点周期、周期盘点单位、每周（月）第××】；【企业应用平台】—【基础设置】—【基础档案】—【对照表】—【仓库存货对照表】—【控制】—【上次盘点日期、盘点周期、周期盘点单位、每周（月）第××】。

【操作流程】

① 在工作中心的库存保质期预警项目下显示周期盘点预警信息。双击弹出【周期盘点预警】窗口。

② 进入盘点单界面，新增盘点单，按【盘库】，设置盘点选项【是否按周期盘点】选择按周期盘点则系统将符合条件的存货带入盘点单。

【业务规则】

到期盘点的判断依据是：登录日期不小于上次盘点日期＋盘点周期（根据盘点周期、盘点周期单位及固定盘点日期取值），上次盘点日期为空时不进行预警提示。

注意：

◆有库存管理盘点单录入权限的操作员才能设置为库存盘点预警的通知人。系统只发送当前操作员有数据权限的记录（控制仓库权限、存货权限）。

四、调拨业务

1. 调拨申请单

调拨申请单用于录入门店或分支机构的要货情况或录入企业配货指令，仓库可以根据调拨申请分次调拨。

【系统选项】

（1）【初始设置】—【选项】—【通用设置】—【业务校验】—【调拨申请单只控制入库权限】 设置调拨申请单录入时仓库、部门权限控制方式。打钩选择，默认为否，可随时修改。

① 若选择是，则只控制入库仓库、部门的权限，不控制出库仓库、部门的权限。

② 若选择否，出库、入库的仓库、部门权限都要控制。

③ 该选项在检查仓库权限、检查部门权限设置时有效；如不检查仓库、部门权限，则该选项不起作用。

（2）【初始设置】—【选项】—【通用设置】—【业务校验】—【调拨单批复/查询权限控制方式】 设置调拨申请单查询/批复时仓库、部门权限控制方式。

① 若选择同调拨申请单录入，则按照【调拨申请单只控制入库权限】的设置作相应控制。

② 若选择转入或转出，则只要有出库仓库、部门或入库仓库、部门中任一方权限就可以查询。

（3）【初始设置】—【选项】—【专用设置】—【自动带出单价的单据】—【调拨申请单】

【业务流程】

库存管理系统调拨业务流程如图12-29所示。

① 门店或分支机构提出要货申请，由总部录入到系统中；也可由总部根据新品上市情况录入配货指令。

② 物流管理人员根据仓库的库存状况进行批复，录入批复量。

③ 相关人员确认无误后审核调拨申请单。

④ 库管人员根据调拨申请单进行调拨。

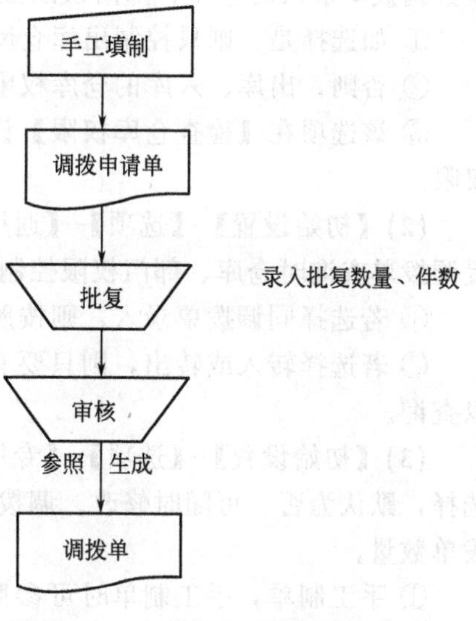

【操作流程】

① 调拨申请单手工填制。

② 调拨申请单可以修改、删除、批复、审核、弃审、关闭、打开。

③ 批复：录入批复数量、批复件数。

④ 审核：审核后可以根据调拨申请单生成调拨单。审核后不允许修改、删除，也不允许批复。

⑤ 关闭：关闭后则不可以根据调拨申请单生成调拨单。关闭后不允许修改、删除，也不允许批复。

图12-29 库存管理系统调拨业务流程

【操作说明】

对调拨申请单进行批复：由于批复是针对要货申请进行批复的过程，一般由物流管理人员执行此功能。

① 进入调拨申请单单据界面，系统显示所选的单据格式，及最后一次操作的单据。

② 用鼠标点击【上张】、【下张】、【首张】、【末张】按钮，查找需要批复的单据；或点击【定位】按钮，利用定位功能查找需要批复的单据。

③ 在当前单据，点击【批复】按钮，可修改存货的批复数量、件数。

④ 单击【保存】按钮，保存本次批复内容。

⑤ 对本次批复操作内容不想保存，可单击【放弃】按钮取消。

【业务规则】

① 审核前可以批复；审核后就不可以批复了。

② 批复时：只允许编辑批复数量、批复件数：

a. 无换算率存货，批复件数不允许编辑，录入批量数量；不影响数量和件数。

b. 固定换算率存货，批复数量、批复件数互算；不影响数量和件数。

c. 浮动换算率存货，根据单据具体数量、件数、换算率间的关系计算批复数量、批复件数及换算率；数量、件数不重新计算。

③ 只有在批复时，批复数量、批复件数才允许编辑。

2. 调拨单

调拨单是指用于仓库之间存货的转库业务或部门之间的存货调拨业务的单据。同一张调拨单上，如果转出部门和转入部门不同，表示部门之间的调拨业务；如果转出部门和转入部门相同，但转出仓库和转入仓库不同，表示仓库之间的转库业务。用户如需将某一父项产品对应的子项材料调拨到现场仓或委外仓，则可将父项产品按物料清单（BOM）展开到子项，以加快调拨速度。

【系统选项】

(1)【初始设置】—【选项】—【通用设置】—【业务校验】—【调拨单只控制出库仓库权限】设置调拨单录入时仓库、部门权限控制方式。打钩选择，默认为否，可随时修改。

① 如选择是，则只控制出库仓库的权限，而不控制入库仓库的权限。

② 否则，出库、入库的仓库权限都要控制。

③ 该选项在【检查仓库权限】设置时有效；如不检查仓库权限，则不控制出入库仓库权限。

(2)【初始设置】—【选项】—【通用设置】—【业务校验】—【调拨单查询权限控制方式】设置调拨单查询时仓库、部门权限控制方式。

① 若选择同调拨单录入，则按照【调拨单只控制出库权限】的设置作相应控制。

② 若选择转入或转出，则只要有出库仓库、部门或入库仓库、部门中任一方权限就可以查询。

(3)【初始设置】—【选项】—【专用设置】—【业务开关】—【允许超调拨申请单调拨】 打钩选择，默认为否，可随时修改。调拨单生成其他出库单，其他出库单的出库数量是否可超调拨单数量。

① 手工制单，手工制单时可参照 BOM 展开。用户需要在单据设计中增加调拨单表头的"产品结构""版本号/替代标识"项目。用户需要在单据设计中增加调拨单的表头"订单号"项目。

② 参照调拨申请单生成，回写调拨申请单，并按选项【允许超调拨申请单调拨】的设置控制调拨入库数量与调拨申请单批复量间的关系。用户需要在单据设计中增加调拨单的表头"调拨申请单号"项目。

【操作流程】

进入【调拨业务】—【调拨单】，相关业务操作界面如图 12-30 所示。

① 调拨单手工增加，也可以参照生产订单、委外订单或调拨申请单填制。

② 调拨单可以修改、删除、审核、弃审。

③ 调拨单审核后生成其他出库单、其他入库单。

注意：
◆调拨单可以参照调拨申请单生成的调拨业务流程。

【业务流程】
① 进入调拨单单据界面。
② 按【增加】，增加一张新的单据。
③ 输入表头转入、转出仓库，按表头调拨申请单栏目的参照按钮，弹出【调拨申请单生单列表】过滤条件录入窗口。
④ 录入过滤条件，按【过滤】显示符合条件的调拨申请单列表。
⑤ 选择需生成调拨单的记录，按【确定】，系统将选择的内容带入单据。

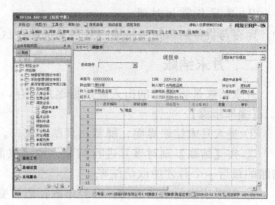

图 12-30　库存管理系统调拨单操作界面

【业务规则】
① 同一调拨申请单可多次被调拨单参照；每次可以选择转出仓库＋转出部门＋转入仓库＋转入部门相同的调拨申请单记录生成调拨单。
② 参照调拨申请单生成调拨单，不允许增行（但可拆分记录行），允许删行。
③ 调拨单保存后回写对应调拨申请单的已调拨量，按入库上限控制累计调拨量与对应调拨申请批复量间的关系：如不允许超调拨申请调拨，则累计调拨量不允许大于批复量；如允许超调拨申请调拨，则不能超过对应存货的入库上限。

五、账表查询

1.库存账查询
用户可以查询库存管理系统的各种库存账。包括现存量、流水账、库存台账、代管账等。

2.货位账
用户可以查询库存管理系统的货位账表，包括货位卡片、货位汇总表。

3.统计表
用户可以查询库存管理系统的各种统计表。

4.储备分析
用户可以进行库存管理系统的各种库存分析工作。

任务四　库存管理系统期末处理

一、对账

1.库存与存货对账
库存与存货对账是指将库存管理系统与存货核算系统中某月份各仓库各存货的收发存数量进行核对。

2. 库存与货位对账

库存与货位对账是指将库存管理系统库存台账与货位卡片进行核对。

二、月末结账

月末结账是将每月的出入库单据逐月封存，并将当月的出库数据记入有关报表中。

【操作步骤】

① 进入月末结账界面，屏幕出现结账窗口，光标位于未结账的第一个月。

② 按【结账】则对该月进行结账；按【取消结账】则对当前月的上月取消结账，即已结账的最后一个月才能取消结账。

③ 结账或取消结账成功，已经结账标志改变；若未成功，系统提示错误信息。

注意：

◆结账前用户应检查本会计月工作是否已全部完成，只有在当前会计月所有工作全部完成的前提下，才能进行月末结账，否则会遗漏某些业务。

◆不允许跳月结账，只能从未结账的第一个月逐月结账；不允许跳月取消月末结账，只能从最后一个月逐月取消。

◆上月未结账，本月单据可以正常操作，不影响日常业务的处理，但本月不能结账。月末结账后将不能再做已结账月份的业务，只能做未结账月的日常业务。

◆月末结账之前一定要进行数据备份，否则数据一旦发生错误，将造成无法挽回的后果。

◆如果用户认为目前的现存量与单据不一致，可通过【整理现存量】功能将现存量调整正确。

◆本功能与系统中所有功能的操作互斥，即在操作本功能前，应确定其他功能均已退出；在网络环境下，要确定本系统所有的网络用户退出了所有的功能。

【结账流程】

库存管理系统结账流程如图 12-31 所示。

① 如果库存管理系统和采购管理系统、销售管理系统集成使用，只有在采购管理系统、销售管理系统结账后，库存管理系统才能进行结账。

② 如果库存管理系统和存货核算系统集成使用，存货核算系统必须是当月未结账或取消结账后，库存管理系统才能取消结账。

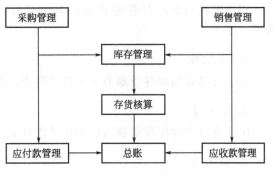

图 12-31　库存管理系统结账流程

三、结转上年

一般情况下，企业是持续经营的，因此企业的会计工作是一个连续性的工作。每到年末，启用新年度账时，就需要将上年度中账套的余额及其他信息结转到新年度账中。

结转上年是将上年的基础数据和各种单据的数据悉数转入本年度账套中，起承上启下的作用。如果系统中没有上年度的数据，将不能进行结转。结转上年操作在服务器上的【系统管理】进行。

注意：

① 第一次使用本系统，或没有上年数据时，不可使用此功能。

② 只有在上一会计年度所有工作全部完成并准确无误的前提下，才能进行【结转上年】操作，否则会造成结转到本会计年度的数据不正确。

③ 只有上年度 12 月份会计月末结账后，才能结转上年度数据。

④ 只有上年度与本年度存货编码完全相同的存货才能结转。上年与本年度不对应的存货编码，其数据将不结转。

⑤ 结转上年后，转入的数据为期初数据，用户需进行期初数据审核。

⑥ 建议上年度数据在上年度账中指定货位。

项目十三 存货核算系统运行的基本过程

附录

会计信息化案例资料

附录项目一　盘锦万工科技有限公司2016年1月份财务经济业务处理

附录项目一　企业背景

1. 建立会计核算单位（建立账套）资料及参数（企业概况）

盘锦万工科技有限公司（制造业）成立于2015年9月9日，2016年1月1日实行会计信息化业务处理，法定代表人：孙阳，邮政编码：124000，联系电话及传真：0427-×××××××，注册资本：680万元，公司为一家生产电子产品的研发、生产、销售的制造业。产品85%在国内市场销售，15%销往美国。根据企业实际税务核定该公司为一般纳税人，行业性质为2007年新会计制度，按行业性质预设科目。纳税登记号：2310108200711013，适用《企业会计准则》。该公司财务科设有三个岗位，其中会计主管岗1人（教学过程中为学生自己），审核岗1人：刘复，出纳岗1人：薛易，企业有外币业务核算，进行经济业务处理时，需要对存货、客户、供应商进行分类核算。该公司设置了详细的分类编码方案。账套号：班号＋学号；单位名称：盘锦万工科技有限公司，系统启动：总账系统、固定资产系统、薪资管理系统、应收账款管理系统、应付账款管理系统、报表系统。

2. 人员及其权限设置

（1）会计主管：本人学号，本人姓名（口令：1），账套主管。拥有账套的全部系统管理权；负责会计软件运行环境的建立，以及各项初始设置工作；负责会计软件的日常运行管理工作，监督并保证系统的有效、安全、正常运行；负责财务分析。

（2）审核：刘复（口令：2），总账、工资、固定资产的全部权限。审核业务；管理账簿及月末处理；负责对账和结账工作。

（3）出纳：薛易（口令：3），总账中出纳的有关权限。负责现金、银行账管理工作；具有出纳签字权、现金和银行存款日记账的查询及打印权、资金日报查询权、支票登记权以及与银行对账有关的操作权限。

3. 参数设置——基础资料设置

地址：盘锦市双台区红旗大街119号；法定代表人：孙阳；邮政编码：124000；电话及传真：0427-×××××××；电子邮件：tyjxc@0427.com；纳税人登记号：2310108200711013；开户银行：工商银行盘锦支行辽滨办事处；账号：063-91089（人民币

户）；本币名称：人民币（代码：RMB）；行业性质：工业企业（按行业性质预置会计科目）；进行经济业务处理时，需要对存货、客户、供应商进行分类；有外币核算。

该企业分类编码方案如下：科目编码级次 422222；客户和供应商编码及其权限级次 223；存货分类编码级次 1233；部门编码及其权限级次 122；地区分类编码及其权限级次 223；结算方式级次 21；货位编码级次 223；收发类编码及其权限级次 222；其他选择默认设置。存货数量、存货单价、开票单价、件数及换算率的小数位均为 2。

4. 附录项目一编写说明

附录项目一为盘锦万工科技有限公司 2016 年 1 月份财务经济业务处理，企业 ERP 系统在企业实际工作中需要启动如下 6 个子系统：总账系统、固定资产系统、薪资管理系统、应收管理系统、应付管理系统、报表系统。在本教材中，每个子系统即为子项目，即项目一中共有 6 个子项目完成企业财务经济业务处理。

附录子项目一　总账系统业务

附录任务一　总账系统初始化工作

【任务要求】

总账系统初始设置就是结合本企业的实际情况，将一个通用的账务核算系统改造为适合本企业核算要求的"专用账务核算系统"。要求学生以"学生姓名"的身份进入"企业门户"，进行总账系统初始设置。根据企业的实际情况及业务要求，设置编码方案和数据精度，除此之外其他基础设置都应在"企业门户"的"设置"中进行设置，当然也可以在其他系统模块中进行相关的设置。要求以"学生姓名"的身份进行基础档案设置。学生以"学生姓名"进入"企业门户"后，在设置中启用"总账系统""固定资产管理系统""薪金管理系统""应付款管理系统""应收款管理系统"。总账系统初始设置完毕，须将该账套输出，稳妥保存，以备在启用应收应付款管理系统时使用。

【任务内容】

（一）基础资料设置

1. 部门档案（附表 1-1）

附表 1-1　部门档案

部门编码	部门名称	部门属性	部门编码	部门名称	部门属性
1	综合部	管理部门	401	一车间	生产打印纸
101	总经理办公室	综合管理	402	二车间	组装计算机
102	财务部	财务管理	5	福利部	福利服务
103	人力资源部	薪资管理	6	仓库部	库存管理
2	销售部	销售管理	601	原料库	库存管理
201	销售一部	销售管理	602	成品库	库存管理
202	销售二部	销售管理	603	外购商品库	库存管理
3	供应部	采购管理	604	半成品库	库存管理
4	制造车间	生产制造	7	离退休部	离退休管理

2. 人员类别（附表1-2）

附表1-2　人员类别

类别编码	人员类别名称	类别编码	人员类别名称
10101	管理人员	10106	凭证套打纸
10102	销售人员	10107	组装计算机
10103	采购人员	10108	仓库人员
10104	车间管理人员	10109	福利人员
10105	普通打印纸	10110	离退休人员

3. 职员档案（附表1-3）

附表1-3　职员档案

职员编码	职员姓名	所属部门	人员类别	岗位	业务员	操作员
101	刘明	总经理办公室	管理人员	总经理	√	
102	李丽	总经理办公室	管理人员	主任	√	
103	李晓波	总经理办公室	管理人员	业务员	√	
104	学生姓名	财务部	管理人员	会计主管	√	√
105	薛易	财务部	管理人员	出纳	√	√
106	刘复	财务部	管理人员	记账	√	√
107	杨艳	人力资源部	管理人员	部门经理	√	
201	秦东	销售一部	销售人员	部门经理	√	
202	贾鹏	销售一部	销售人员	业务员	√	
203	张赢	销售二部	销售人员	部门经理	√	
204	李凤华	销售二部	销售人员	业务员	√	
301	潘海	供应部	采购人员	部门经理	√	√
302	吴林	供应部	采购人员	业务员	√	
401	张玉	制造一车间	车间管理人员	车间主任	√	
402	佟强	制造一车间	普通打印纸	普通打印纸	√	
403	张明	制造一车间	凭证套打纸	凭证套打纸	√	
404	孙亮	制造二车间	组装计算机	组装计算机	√	
501	胡月	福利部	福利人员	部门经理	√	
601	毛鑫	原料库	仓库人员	部门经理	√	√
602	郝威	成品库	仓库人员	业务员	√	√
603	朱海	外购商品库	仓库人员	业务员	√	√
604	李季	半成品库	仓库人员	业务员	√	√

4. 结算方式（附表1-4）

附表1-4　结算方式

结算方式编码	结算方式名称	票据管理	结算方式编码	结算方式名称	票据管理
01	现金	否	051	商业承兑汇票	否
02	支票	否	052	银行承兑汇票	否
021	现金支票	是	06	信用证	否
022	转账支票	是	07	信用卡	否
03	银行汇票	否	08	委托收款	否
04	银行本票	否	09	托收承付	否
05	商业汇票	否	10	其他	否

5. 付款条件（附表1-5）

附表1-5　付款条件

编码	信用天数	优惠天数1	优惠率1	优惠天数2	优惠率2	优惠天数3	优惠率3
01	30	5	4	0	0	0	0
02	60	5	4	15	2	30	1
03	90	5	4	20	2	45	1

6. 开户银行（附表1-6）

附表1-6　开户银行

开户银行编码	银行账号	账户名称	币种	开户银行名称	所属银行编码	暂封标志
001	220456789572	基本存款户	人民币	工商银行盘锦支行辽滨办事处	01	否
002	2204567896630	美元存款户	美元	中行盘锦运行双台子办事处	01	否

7. 地区分类（附表1-7）

附表1-7　地区分类

地区分类	分类名称	地区分类	分类名称
01	东北地区	05	华南地区
02	华北地区	06	西南地区
03	华中地区	07	西北地区
04	华东地区		

8. 供应商分类（附表1-8）

附表1-8　供应商分类

分类编码	分类名称
01	原料供应商
02	成品供应商
03	其他

9. 供应商档案（附表1-9）

供应商分管部门：供应部；专管营业员：潘海。

附表1-9 供应商档案

供应商编码	供应商名称	供应商简称	所属分类	所属地区	税号	开户银行	银行账号	地址	邮政编码	发展日期
001	沈阳万科有限公司	万科	01	01	0001	中国银行（以下简称中行）	000008427365	沈阳市铁西区北二马路18号	110000	2012年1月1日
002	北京联想分公司	联想	01	02	0002	中行	000006793946	北京市朝阳区和平路08号	100036	2012年1月1日
003	天津多媒体教学研究所	多媒体研究所	02	02	0003	工商银行（以下简称工行）	000002546195	天津市西湖区和平路100号	300000	2012年1月1日
004	营口信息记录纸厂	记录纸厂	01	01	0004	工行	000006811527	营口市滨海区东方路16号	115005	2012年1月1日
005	沈阳市兴盛公司	兴盛公司	02	01	0005	工行	000005712636	沈阳市于洪区杭州路16号	110000	2012年1月1日
006	天津市昌达公司	昌达公司	02	02	0006	工行	000004259261	天津市古塔区西子路03号	300000	2012年1月1日
007	长春市美凌商行	美凌商行	02	01	0007	工行	000009168753	长春市太和区黄河路80号	130022	2012年1月1日
008	上海市爱心公司	爱心公司	02	04	0008	工行	000007526675	上海市西湖区和平路100号	200000	2012年1月1日
009	盘锦邮政分局	盘锦邮政	03	01	0017	工行	000006890653	盘锦市兴隆台区迎宾路09号	124010	2012年1月1日

10. 客户分类（附表1-10）

附表1-10 客户分类

分类编码	分类名称
01	批发
02	零售
03	代销
04	专柜
05	其他

11. 客户档案（附表1-11）

客户分管部门依据客户所属地区设置，其中销售部一部负责01和02，专管业务员：秦东；销售部二部负责03和04，专管业务员：张赢。

附表1-11 客户档案

客户编码	客户名称	客户简称	所属分类	所属地区	税号	开户银行	银行账号	地址	邮政编码	扣率	付款条件编码	发展日期	银行备注
001	沈阳交通学校	交通学校	01	01	0009	工行	000008883456	沈阳市沈北区泰山路03号	110000	5	01	2012年1月1日	账户名称为：一般存款户；默认值：是
002	盘锦华润公司	华润公司	01	01	0010	工行	000004398264	盘锦市双台区花苑路08号	124010			2012年1月1日	
003	上海海通证券公司	海通证券	01	04	0011	工行	000002165596	上海市徐汇区天平路08号	200000			2012年1月1日	

续表

客户编码	客户名称	客户简称	所属分类	所属地区	税号	开户银行	银行账号	地址	邮政编码	扣率	付款条件编码	发展日期	银行备注
004	北京宏达公司	宏达公司	04	02	0012	中行	000006937196	北京市朝阳区桂林路116号	100077			2012年1月1日	账户名称为：一般存款户；默认值：是
005	沈阳华荣公司	华荣公司	01	01	0013	工行	000005067269	沈阳市和平区世纪路08号	110000			2012年1月1日	
006	新月贸易公司	新月贸易公司	01	01	0014	中行	000009836180	长春市太原区桂林路116号	130021			2012年1月1日	
007	上海精利公司	精利公司	04	04	0015	工行	000005695826	上海市浦东新双汇路08号	200000			2012年1月1日	
008	沈阳利益公司	利益公司	03	01	0016	中行	000007621809	沈阳市浦河区新民路116号	110000			2012年1月1日	

12. 存货分类（附表1-12）

附表1-12　存货分类

存货类别编码	存货类别名称	存货类别编码	存货类别名称
1	原材料	301	打印机
101	芯片	302	传真机
102	硬盘	303	教程与课件
103	显示器	303001	多媒体教程
104	键盘	303002	多媒体课件
105	鼠标	4	半成品
106	原纸	401	主机
2	产成品	5	应税劳务
201	计算机	6	办公及后勤用品
202	打印纸	7	周转材料
202001	普通打印纸	701	包装物
202002	凭证套打纸	702	低值易耗品
3	外购商品		

13. 计量单位组（附表1-13）

附表1-13　计量单位组

计量单位组编号	计量单位组名称	计量单位组类别
01	无换算关系	无换算
02	重量	固定换算

14. 计量单位（附表1-14）

附表1-14　计量单位

组别	计量单位号	计量单位名称	所属计量单位组名称
01	0101	只	无换算关系
	0102	个	无换算关系
	0103	套	无换算关系
	0104	件	无换算关系
	0105	包	无换算关系
	0106	台	无换算关系
	0107	片	无换算关系
	0108	册	无换算关系
	0109	千米	无换算关系
	0110	盒	无换算关系
	0111	千米	无换算关系
02	0201	千克	固定换算关系/主计量标志
	0202	吨	固定换算关系/换算率=1000

15. 存货档案（附表1-15）

附表1-15　存货档案

存货编码	存货名称	所属类别	计量单位	税率	存货属性	计价方式	默认仓库
001	PⅢ芯片	芯片	盒	17%	内销、外销/外购/生产耗用	移动平均法	原料仓库
002	40G硬盘	硬盘	盒	17%	内销、外销/外购/生产耗用	移动平均法	原料仓库
003	17寸显示器	显示器	台	17%	内销、外销/外购/生产耗用	移动平均法	原料仓库
004	键盘	键盘	只	17%	内销、外销/外购/生产耗用	移动平均法	原料仓库
005	鼠标	鼠标	只	17%	内销、外销/外购/生产耗用	移动平均法	原料仓库
006	原纸	原纸	千克	17%	内销、外销/外购/生产耗用	移动平均法	原料仓库
007	运输费	应税劳务	千米	7%	内销、外销/外购/应税劳务	移动平均法	原料仓库
008	计算机	计算机	台	17%	内销、外销/自制	移动平均法	成品仓库
009	1600K打印机	打印机	台	17%	内销、外销/外购	移动平均法	外购品仓库
010	传真机	传真机	台	17%	内销、外销/外购	移动平均法	外购品仓库
011	普通打印纸—A4	普通打印纸	包	17%	内销、外销/自制	移动平均法	成品仓库
012	凭证套打纸—8X	凭证套打纸	包	17%	内销、外销/自制	移动平均法	成品仓库
013	多媒体教程	多媒体教程	册	13%	内销、外销/外购	移动平均法	外购品仓库
014	多媒体课件	多媒体课件	套	13%	内销、外销/外购	移动平均法	外购品仓库
015	主机	半成品	台	7%	内销、外销/自制/生产耗用	移动平均法	半成品仓库
016	包装箱	包装物	个	17%	内销、外销/外购	移动平均法	周转材料库
017	专用工具	低值易耗品	个	17%	内销、外销/外购	移动平均法	周转材料库

16. 外币设置

币符：USD；币名：美元；记账汇率：固定汇率6.275。

17. 会计科目设置（附表1-16）

附表1-16　会计科目设置

编号	会计科目名称	方向	辅助说明
1001	库存现金	借	日记账/指定科目
1002	银行存款	借	日记账/银行账/指定科目
100201	工行	借	日记账/银行账
100202	中行	借	日记账/银行账/美元/外币金额式
1121	应收票据	借	客户往来/受控应收系统
1122	应收账款	借	客户往来/受控应收系统
1123	预付账款	借	
112301	一般预付账款	借	供应商往来/受控应付系统
112302	待摊预付账款	借	供应商往来
1221	其他应收款	借	
122101	应收个人款	借	个人往来
122102	应收单位款	借	客户往来/受控应收系统
1231	坏账准备	贷	
1401	在途物资	借	
1403	原材料	借	
140301	PⅢ芯片	借	核算数量/盒/数量金额式
140302	40G硬盘	借	核算数量/盒/数量金额式
140303	17寸显示器	借	核算数量/台/数量金额式
140304	键盘	借	核算数量/只/数量金额式
140305	鼠标	借	核算数量/只/数量金额式
140306	原纸	借	核算数量/千克/数量金额式
1405	库存商品	借	
140501	计算机	借	核算数量/台/数量金额式
140502	普通型打印纸—A4	借	核算数量/包/数量金额式
140503	凭证套打纸—8X	借	核算数量/包/数量金额式
140504	1600K打印机	借	核算数量/台/数量金额式
140505	传真机	借	核算数量/台/数量金额式
140506	多媒体教程	借	核算数量/册/数量金额式
140507	多媒体课件	借	核算数量/套/数量金额式
140508	主机	借	核算数量/台/数量金额式
1408	委托加工物资	借	
1411	周转材料	借	
141101	包装物	借	
14110101	包装箱	借	核算数量/个/数量金额式
141102	低值易耗品	借	

续表

编号	会计科目名称	方向	辅助说明
14110201	专用工具	借	核算数量/个/数量金额式
1511	长期股权投资	借	
151101	股票投资	借	
1601	固定资产	借	
1602	累计折旧	贷	
1604	在建工程	借	
160401	人工费	借	项目核算
160402	材料费	借	项目核算
160403	其他	借	项目核算
1701	无形资产	借	
170101	专利权	借	
1702	累计摊销	贷	
1901	待处理财产损益	借	
2001	短期借款	贷	
2201	应付票据	贷	供应商往来/受控应付系统
2202	应付账款	贷	供应商往来/受控应付系统
220201	一般应付账款	贷	供应商往来/受控应付系统
220202	暂估应付账款	贷	供应商往来
2203	预收账款	贷	客户往来/受控应收系统
2211	应付职工薪酬	贷	
221101	工资	贷	
221102	职工福利费	贷	
221103	工会经费	贷	
2221	应交税费	贷	
222101	应交增值税	贷	
22210101	进项税额	贷	设置综合多栏账时为借方
22210102	已交税金	贷	设置综合多栏账时为借方
22210103	转出未交增值税	贷	设置综合多栏账时为借方
22210104	销项税额	贷	设置综合多栏账时为贷方
22210105	出口退税	贷	设置综合多栏账时为贷方
22210106	进项税额转出	贷	设置综合多栏账时为贷方
22210107	转出多交增值税	贷	设置综合多栏账时为贷方
222102	未交增值税	贷	
222103	应交所得税	贷	
222104	应交营业税	贷	
222105	应交城建税	贷	
222106	应交教育费附加	贷	

续表

编号	会计科目名称	方向	辅助说明
2231	应付利息	贷	
223101	短期借款利息	贷	
223102	长期借款利息	贷	
2241	其他应付款	贷	
224101	应付个人款	贷	个人往来
224102	应付单位款	贷	供应商往来
2501	长期借款	贷	
4001	实收资本	贷	
400101	长城公司	贷	
400102	光明公司	贷	
400103	利宝公司	贷	
4002	资本公积	贷	
4101	盈余公积	贷	
4103	本年利润	贷	
4104	利润分配	贷	
410401	提取盈余公积	贷	设置综合多栏账时为借方
410402	应付利润	贷	设置综合多栏账时为借方
410403	未分配利润	贷	设置综合多栏账时为贷方
5001	生产成本	借	
500101	生产打印纸	借	
50010101	直接材料	借	项目核算
50010102	直接人工	借	项目核算
50010103	制造费用	借	项目核算
500102	生产计算机	借	
50010201	直接材料	借	项目核算
50010202	直接人工	借	项目核算
50010203	制造费用	借	项目核算
5101	制造费用	借	
510101	一车间	借	
51010101	工资及福利费	借	
51010102	折旧费	借	
51010103	办公费	借	
51010104	水电费	借	
51010105	物料费	借	
51010106	其他	借	
510101	二车间	借	
51010201	工资及福利费	借	

续表

编号	会计科目名称	方向	辅助说明
51010202	折旧费	借	
51010203	办公费	借	
51010204	水电费	借	
51010205	物料费	借	
51010206	其他	借	
6001	主营业务收入	贷	
600101	计算机	贷	核算数量/台/数量金额式
600102	普通型打印纸—A4	贷	核算数量/包/数量金额式
600103	凭证套打纸—8X	贷	核算数量/包/数量金额式
600104	1600K打印机	贷	核算数量/台/数量金额式
600105	传真机	贷	核算数量/台/数量金额式
600106	多媒体教程	贷	核算数量/册/数量金额式
600107	多媒体课件	贷	核算数量/套/数量金额式
600108	主机	贷	核算数量/台/数量金额式
6051	其他业务收入	贷	
605101	PⅢ芯片	贷	核算数量/盒/数量金额式
605102	40G硬盘	贷	核算数量/盒/数量金额式
605103	17寸显示器	贷	核算数量/台/数量金额式
605104	键盘	贷	核算数量/只/数量金额式
605105	鼠标	贷	核算数量/只/数量金额式
605106	原纸	贷	核算数量/千克/数量金额式
6101	公允价值变动损益	贷	
6111	投资收益	贷	
6301	营业外收入	贷	
6401	主营业务成本	借	
640101	计算机	借	核算数量/台/数量金额式
640102	普通型打印纸—A4	借	核算数量/包/数量金额式
640103	凭证套打纸—8X	借	核算数量/包/数量金额式
640104	1600K打印机	借	核算数量/台/数量金额式
640105	传真机	借	核算数量/台/数量金额式
640106	多媒体教程	借	核算数量/册/数量金额式
640107	多媒体课件	借	核算数量/套/数量金额式
640108	主机	借	核算数量/台/数量金额式
6402	其他业务成本	借	
640201	PⅢ芯片	借	核算数量/盒/数量金额式
640202	40G硬盘	借	核算数量/盒/数量金额式
640203	17寸显示器	借	核算数量/台/数量金额式

续表

编号	会计科目名称	方向	辅助说明
640204	键盘	借	核算数量/只/数量金额式
640205	鼠标	借	核算数量/只/数量金额式
640206	原纸	借	核算数量/千克/数量金额式
6403	营业税金及附加	借	
6601	销售费用	借	
660101	工资及福利费	借	
660102	折旧费	借	
660103	办公费	借	
660104	包装费	借	
660105	广告费	借	
660106	其他	借	
6602	管理费用	借	
660201	工资及福利费	借	部门核算
660202	折旧费	借	部门核算
660203	办公费	借	部门核算
660204	差旅费	借	部门核算
660205	业务招待费	借	部门核算
660206	其他	借	部门核算
6603	财务费用	借	
660301	利息支出	借	
660302	金融机构手续费	借	
660303	汇兑损益	借	
660304	现金折扣	借	
6701	资产减值损失	借	
6711	营业外支出	借	
6801	所得税费用	借	
6901	以前年度损益调整	贷	

18. 凭证类别（附表1-17）

附表1-17 凭证类别

凭证类别	限制类型	限制科目
收款凭证	借方必有	1001,100201,100202
付款凭证	贷方必有	1001,100201,100202
转账凭证	凭证必无	1001,100201,100202

19. 项目目录（附表1-18）

附表1-18　项目目录

项目设置步骤	设置内容		
项目大类	生产打印纸成本	生产计算机	工程项目
核算科目	直接材料(50010101) 直接人工(50010102) 制造费用(50010103)	直接材料(50010201) 直接人工(50010202) 制造费用(50010203)	人工费(160401) 材料费(160402) 其他(160403)
项目分类	1. 自主生产 2. 委托生产	1. 生产兼容计算机 2. 生产品牌计算机	1. 自营工程 2. 出包工程
项目目录	101 普通打印纸—A4(所属分类码1) 102 凭证套打纸—8X(所属分类码1)	产品结构:008 计算机	

注：1. BOM类别：主BOM。
2. 母件编码：008。
3. 母件名称：计算机。
4. 版本代号：10。
5. 版本说明：1.0。
6. 版本日期：2014.01.01。
7. 表体内容　原材料：001～005；半成品：015。

（二）总账系统初始设置

1. 总账控制参数（附表1-19）

附表1-19　总账控制参数设置

选项卡	参数设置
凭证	制单序时控制 支票控制 赤字控制:控制资金及往来科目 可以使用应收受控科目(启动应收系统后不可以使用) 可以使用应付受控科目(启动应付系统后不可以使用) 可以使用存货受控科目(启动存货系统后不可以使用) 现金流量科目不必录入现金流量项目 自动填补凭证断号 凭证编号由系统编号 其他采用系统默认设置
权限	凭证审核控制到操作员 出纳凭证必须经由出纳签字 凭证必须经由主管会计签字 不允许修改、作废他人填制的凭证 可查询他人凭证 制单、辅助账查询控制到辅助核算 其他采用系统默认设置
账簿	账簿打印位数、每页打印行数按软件默认模式设置 明细账、日记账、多栏账按年排页打印 凭证、账簿套打 其他采用系统默认设置
凭证打印	打印凭证页脚姓名 打印凭证包含科目编码 其他采用系统默认设置
预算控制	采用系统默认设置

续表

选项卡	参数设置
会计日历	会计日历为 1 月 1 日～12 月 31 日 数量小数位为 2 位 单价小数位为 2 位 其他采用系统默认设置
其他	外币核算采用固定汇率 部门、个人、项目按编码方式排序 其他采用系统默认设置

2. 基础数据

2016 年 1 月万工公司期初余额如附表 1-20 所示。

(1) 总账及其明细账期初余额表

附表 1-20　总账及其明细账期初余额表

编号	会计科目名称	方向	辅助说明	期初余额
1001	库存现金	借	日记账/指定科目	16 875.70
1002	银行存款	借	日记账/银行账/指定科目	5 194 937.16
100201	工行	借	日记账/银行账	5 194 937.16
100202	中行	借	日记账/银行账/美元/外币金额式	
1121	应收票据	借	客户往来/受控应收系统	7 500.00
1122	应收账款	借	客户往来/受控应收系统	182 600.00
1123	预付账款	借		
112301	一般应付账款	借	供应商往来/受控应付系统	
112302	待摊预付账款	借	供应商往来	642.00
1221	其他应收款	借		3 800.00
122101	应收个人款	借	个人往来	3 800.00
122102	应收单位款	借	客户往来	
1231	坏账准备	贷		10 788.00
1401	在途物资			
1403	原材料	借		2 062 100.00
140301	PⅢ芯片	借	核算数量/盒/单价 1 200 元/ 数量 700 盒/数量金额式	840 000.00
140302	40G 硬盘	借	核算数量/盒/单价 820 元/ 数量 780 盒/数量金额式	639 600.00
140303	17 寸显示器	借	核算数量/台/单价 1 150 元/ 数量 300 台/数量金额式	345 000.00
140304	键盘	借	核算数量/只/单价 95 元/ 数量 500 只/数量金额式	47 500.00
140305	鼠标	借	核算数量/只/单价 50 元/ 数量 800 只/数量金额式	40 000.00
140306	原纸	借	核算数量/千克/单价 5 元/ 数量 30 000 千克/数量金额式	150 000.00
1405	库存商品	借		3 133 000.00

续表

编号	会计科目名称	方向	辅助说明	期初余额
140501	计算机	借	核算数量/台/单价 4 800 元/数量 380 台/数量金额式	1 824 000.00
140502	普通型打印纸—A4	借	核算数量/包/单价 20.75 元/数量 32 包/数量金额式	664.00
140503	凭证套打纸—8X	借	核算数量/包/单价 30 元/数量 9 000 包/数量金额式	270 000.00
140504	1600K 打印机	借	核算数量/台/单价 1 800 元/数量 400 台/数量金额式	720 000.00
140505	传真机	借		
140506	多媒体教程	借	核算数量/册/单价 28 元/数量 3 142 册/数量金额式	87 976.00
140507	多媒体课件	借	核算数量/套/单价 35 元/数量 5 296 套/数量金额式	185 360.00
140508	主机	借	核算数量/台/单价 500 元/数量 50 台/数量金额式	25 000.00
1406	发出商品	借		144 000.00
1408	委托加工物资	借		
1411	周转材料	借		
141101	包装物	借		
14110101	包装箱	借	核算数量/个/数量金额式	
141102	低值易耗品	借		
14110201	专用工具	借	核算数量/个/数量金额式	
1511	长期股权投资	借		285 180.00
151101	股票投资	借		285 180.00
1601	固定资产	借		234 850.00
1602	累计折旧	贷		21 110.91
1604	在建工程	借		
160401	人工费	借	项目核算	
160402	材料费	借	项目核算	
160403	其他	借	项目核算	
1701	无形资产	借		58 500.00
170101	专利权	借		58 500.00
1702	累计摊销	贷		
1901	待处理财产损益	借		
2001	短期借款	贷		200 000.00
2201	应付票据	贷	供应商往来/受控应付系统	8 250.00
2202	应付账款	贷		521 850.00
220201	一般应付账款		供应商往来/受控应付系统	441 850.00
220202	暂估应付账款		供应商往来	80 000.00
2203	预收账款	贷	客户往来/受控应收系统	

续表

编号	会计科目名称	方向	辅助说明	期初余额
2211	应付职工薪酬	贷		8 200.00
221101	工资	贷		
221102	职工福利费	贷		8 200.00
221103	工会经费	贷		
2221	应交税费	贷		−16 800.00
222101	应交增值税	贷		
22210101	进项税额	贷	设置综合多栏账时为借方	
22210102	已交税金	贷	设置综合多栏账时为借方	
22210103	转出未交增值税	贷	设置综合多栏账时为借方	
22210104	销项税额	贷	设置综合多栏账时为贷方	
22210105	出口退税	贷	设置综合多栏账时为贷方	
22210106	进项税额转出	贷	设置综合多栏账时为贷方	
22210107	转出多交增值税	贷	设置综合多栏账时为贷方	
222102	未交增值税	贷		−168 00.00
222103	应交所得税	贷		
222104	应交营业税	贷		
222105	应交城建税	贷		
222106	应交教育费附加	贷		
2231	应付利息	贷		
223101	短期借款利息	贷		
223102	长期借款利息	贷		
2241	其他应付款	贷		
224101	应付个人款		个人往来	2 100.00
224102	应付单位款		供应商往来	
2501	长期借款	贷		588 360.00
4001	实收资本	贷		6 618 314.00
400101	长城公司	贷		3 000 000.00
400102	光明公司	贷		3 300 000.00
400103	利宝公司	贷		318 314.00
4002	资本公积	贷		2 400 000.00
4101	盈余公积	贷		700 000.00
4103	本年利润	贷		
4104	利润分配	贷		258 977.69
410401	提取盈余公积	贷	设置综合多栏账时为借方	
410402	应付利润	贷	设置综合多栏账时为借方	
410403	未分配利润	贷	设置综合多栏账时为贷方	258 977.69
5001	生产成本	借		17 165.74

续表

编号	会计科目名称	方向	辅助说明	期初余额
500101	生产打印纸	借		17 165.74
50010101	直接材料	借	项目核算	10 000.00
50010102	直接人工	借	项目核算	4 000.74
50010103	制造费用	借	项目核算	3 165.00
500102	生产计算机	借		
50010201	直接材料	借		
50010202	直接人工	借		
50010203	制造费用	借		
5101	制造费用	借	设置借方多栏明细账	
510101	一车间	借	设置借方多栏明细账	
51010101	工资及福利费	借		
51010102	折旧费	借		
51010103	办公费	借		
51010104	水电费	借		
51010105	物料费	借		
51010106	其他	借		
510101	二车间	借	设置借方多栏明细账	
51010201	工资及福利费	借		
51010202	折旧费	借		
51010203	办公费	借		
51010204	水电费	借		
51010205	物料费	借		
51010206	其他	借		
6001	主营业务收入	贷		
600101	普通型打印纸—A4	贷	核算数量/包/数量金额式	
600102	凭证套打纸—8X	贷	核算数量/包/数量金额式	
600103	多媒体教程	贷	核算数量/册/数量金额式	
600104	多媒体课件	贷	核算数量/套/数量金额式	
600105	1600K打印机	贷	核算数量/台/数量金额式	
600106	计算机	贷	核算数量/台/数量金额式	
6051	其他业务收入	贷		
605101	PⅢ芯片	贷	核算数量/盒/数量金额式	
605102	40G硬盘	贷	核算数量/盒/数量金额式	
605103	17寸显示器	贷	核算数量/台/数量金额式	
605104	键盘	贷	核算数量/只/数量金额式	
605105	鼠标	贷	核算数量/只/数量金额式	
605106	原纸	贷	核算数量/千克/数量金额式	

续表

编号	会计科目名称	方向	辅助说明	期初余额
6101	公允价值变动损益	贷		
6111	投资收益	贷		
6301	营业外收入	贷		
6401	主营业务成本	借		
640101	普通型打印纸—A4	借	核算数量/包/数量金额式	
640102	凭证套打纸—8X	借	核算数量/包/数量金额式	
640103	多媒体教程	借	核算数量/册/数量金额式	
640104	多媒体课件	借	核算数量/套/数量金额式	
640105	1600K 打印机	贷	核算数量/台/数量金额式	
640106	计算机	贷	核算数量/台/数量金额式	
6402	其他业务成本	借		
640201	PⅢ芯片	贷	核算数量/盒/数量金额式	
640202	40G 硬盘	贷	核算数量/盒/数量金额式	
640203	17寸显示器	贷	核算数量/台/数量金额式	
640204	键盘	贷	核算数量/只/数量金额式	
640205	鼠标	贷	核算数量/只/数量金额式	
640206	原纸	贷	核算数量/千克/数量金额式	
6403	营业税金及附加	借		
6601	销售费用	借	设置借方多栏明细账	
660101	工资及福利费	借		
660102	折旧费	借		
660103	办公费	借		
660104	包装费	借		
660105	广告费	借		
660106	其他	借		
6602	管理费用	借	设置借方多栏明细账	
660201	工资及福利费	借	部门核算	
660202	折旧费	借	部门核算	
660203	办公费	借	部门核算	
660204	差旅费	借	部门核算	
660205	业务招待费	借	部门核算	
660206	其他	借	部门核算	
6603	财务费用	借	设置借方多栏明细账	
660301	利息支出	借		
660302	金融机构手续费	借		
660303	汇兑损益	借		
660304	现金折扣	借		

续表

编号	会计科目名称	方向	辅助说明	期初余额
6701	资产减值损失	借		
6711	营业外支出	借		
6801	所得税费用	借		
6901	以前年度损益调整	贷		

注：资产合计＝11 209 251.69元，贷方合计＝11 209 251.69元。

(2) 有关辅助账期初余额

应收票据期初余额见附表1-21。

会计科目：1121 应收票据余额：借 7 500 元

附表1-21 应收票据期初余额

票据日期	票据编号	开票单位	票据面值	票据余额	科目	到期日	摘要
2015-12-25	yc0001	华荣公司	7 500.00	7 500.00	应收票据	2016-01-25	收到银行承兑汇票

应收账款期初余额见附表1-22。

会计科目：1122 应收账款余额：借 182 600 元

附表1-22 应收账款期初余额

票据日期	凭证号	票号	客户	摘要	方向	金额	单价	业务员	备注	发票类型
2015-12-16	转68	110	交通学校	销售商品	借	41 600.00	32	贾鹏	销售教程1300册	普通发票
2015-12-16	转68	111	交通学校	销售商品	借	58 000.00	58	贾鹏	销售课件1000套	普通发票
2015-12-20	转75	158	华润公司	销售商品	借	58 000.00	58	贾鹏	销售课件1000套	普通发票
2015-12-25	转88	169	华荣公司	销售商品	借	25 000.00	2 500	李凤华	销售打印机10台	普通发票

预付账款期初余额见附表1-23。

会计科目：1123 预付账款余额：借 642 元

附表1-23 预付账款期初余额

日期	凭证号	使用部门	摊销期	供应商	摘要	方向	期初余额
2015-12-10	付76	总经理办公室 财务部 人力资源部 平均分摊	3个月	邮政局	预付报纸杂志费	借	642.00

其他应收款期初余额见附表1-24。

会计科目：1221 其他应收款余额：借 3800 元

附表1-24 其他应收款期初余额

日期	凭证号	部门	个人	摘要	方向	期初余额
2015-12-10	付18	总经理办公室	刘明	出差借款	借	2 000.00
2015-12-17	付56	销售一部	贾鹏	出差借款	借	1 800.00

应付票据期初余额见附表1-25。

会计科目：2201 应付票据余额：贷 8 250 元

附表1-25　应付票据期初余额

签发日期	票据编号	开票单位	票据面值	票据余额	科目	到期日	摘要
2015-10-10	sc0001	兴盛公司	8 250.00	8 250.00	应付票据	2016-01-10	签发承兑汇票

其他应付款期初余额见附表1-26。

会计科目：2241其他应付款余额：贷2 100元

附表1-26　其他应付款期初余额

日期	凭证号	部门	个人	摘要	方向	期初余额
2015-12-26	转208	总经理办公室	李丽	工资未领取	贷	2 100.00

应付账款期初余额见附表1-27。

会计科目：2202应付账款余额：贷521 850元

附表1-27　应付账款期初余额

日期	凭证号	票号	供应商	摘要	方向	金额	单价	业务员	备注	发票类型
2015-10-26	转65	198	万科	购买商品	贷	158 200.00	31.64	潘海	购买教程5 000册	专用发票
2015-11-26	转46	218	万科	购买商品	贷	118 650.00	39.55	潘海	购买课件3 000套	专用发票
2015-12-10	转36	256	兴盛公司	购买商品	贷	165 000.00	1 650.00	潘海	购买显示器100台	普通发票
2015-12-25	转86	376	兴盛公司	暂估应付款	贷	80 000.00	800.00	潘海	购买40G硬盘100盒	无发票

生产成本期初余额见附表1-28。

会计科目：500101生产打印纸成本余额：借17 165.74元

附表1-28　生产成本期初余额

科目名称	普通打印纸—A4	凭证套打纸—8X	合计
直接材料	4 000.00	6 000.00	10 000.00
直接人工	1 500.00	2 500.74	4 000.74
制造费用	1 300.00	1 865.00	3 165.00
合计	6 800.00	10 365.74	17 165.74

3. 成本费用核算方法

该企业生产模型分为自主生产和委托生产，主要产品有计算机和打印纸，其中打印纸又分为普通打印纸和凭证套打纸。

该企业设立两个基本生产车间，包括一车间和二车间。一车间生产打印纸，二车间组装计算机。

一车间生产打印纸共耗用5 000工时，其中生产普通打印纸耗用工时4 000工时，凭证套打纸耗用工时1 000工时。一车间间接费用归集于"制造费用———车间"的账户中，月末按工时比例分配结转。

原材料和周转材料费用按实际成本核算，逐步结转入库材料成本。期末一次性结转发出材料成本，结转成本方法采用移动平均法。库存商品按实际成本核算。结转销售产品成本方法采用按移动平均法。

周转材料中包装物及低值易耗品的摊销一律按一次摊销法摊销。

坏账准备采用备抵法，会计期末按应收款项余额的千分之五计提坏账准备。

生产过程中，随生产进度陆续领用材料；产品完工后，陆续验收入库。月终一次结转耗用材料成本、验收入库产成品成本。

企业设置美元外币核算，每月新增经济业务采用月初汇率进行核算。对货币资金、债权债务结算等科目月末由电脑自动进行汇兑损益调整，汇兑损益计入财务费用——汇兑损益账户。

附录任务二　总账系统日常业务

【任务要求】

1. 操作员设置

为便于教师考核会计软件实训情况，需对会计电算操作员权限和岗位职责做如下调整。

（1）"学生姓名"权限：账套主管，负责凭证填制、凭证查询、凭证修改、凭证删除，以及记账等内容操作。

（2）"薛易"权限：出纳，负责出纳签字、现金、银行存款日记账和资金日报表的查询，支票登记等内容操作。

（3）"刘复"权限：账套主管，负责凭证审核、会计主管签字等内容操作。

2. 凭证处理

记账凭证是登记账簿的依据，是总账系统的唯一数据源，填制凭证也是最基础和频繁的工作。实行计算机处理账务后，电子账簿的准确与完整完全依赖于记账凭证，因而在实际工作中，必须确保准确完整地输入记账凭证。记账凭证填制后，由审核人审核记账凭证，经出纳人员签字、会计主管签字后，由总账会计记账。

3. 出纳管理要求

日记账包括现金日记账和银行存款日记账，本实训以日记账为例来说明日记账的操作。银行存款日记账查询与现金日记账查询操作基本相同，所不同的只是银行存款日记账多一个结算栏，主要为对账使用。现金日记账的输出格式主要包括：金额式日记账和外币日记账（即复币式日记账）。通过输出功能可输出某一天的现金日记账，还可输出任一会计月份的现金日记账。

【任务内容】

1. 凭证处理

1月份的经济业务如下。

（1）1日，财务部薛易收到银行收账通知，收到华荣公司销售打印机款，结算方式：转账支票票号101。

收-1　借：银行存款——工行　　　　　　　　　　　　　25 000.00
　　　　贷：应收账款——华荣公司　　　　　　　　　　25 000.00

（2）2日，财务部薛易购买了200元的办公用品，以现金支付。

付-1　借：管理费用——办公费（财务部）　　　　　　　200.00
　　　　贷：库存现金　　　　　　　　　　　　　　　　200.00

（3）3日，财务部薛易从中国工商银行提取现金10 000元，作为备用金（现金支票号XJ001）。

付-2　借：库存现金　　　　　　　　　　　　　　　　10 000.00
　　　　贷：银行存款——工行　　　　　　　　　　　　10 000.00

(4) 5日，收到泛美集团投资资金10 000美元，汇率1∶6.275（转账支票号ZZW001）。

收-1　借：银行存款——中行（美元）　　　（10 000×8.275)82 750.00
　　　　　贷：实收资本——泛美集团　　　　　　　　　　　　　82 750.00

(5) 8日，供应部潘海从长春造纸厂购进原纸10 000千克，每千克5元，增值税专用发票注明增值税8 500元材料直接入库（原材料采用实际成本核算），货税款以银行存款支付（转账支票号ZZR001）（注：供应商编号：010，名称：长春造纸厂，简称：长春造纸厂，分类：01，地区：01，税号：0018，开户银行：工行，账号：000008503736，地址：长春市太和区中华路06号，邮编130022，发展日期：2016.01.01）。

付-3　借：原材料——原纸　　　　　　　　　　　　　　　50 000.00
　　　　　应交税费——应交增值税（进项税额）　　　　　　 8 500.00
　　　　　贷：银行存款——工行　　　　　　　　　　　　　　58 500.00

(6) 12日，销售部秦东收到沈阳交通学校转来一张转账支票（转账支票号ZZR002），金额99 600元，用以偿还前欠货款。

收-2　借：银行存款——工行　　　　　　　　　　　　　　99 600.00
　　　　　贷：应收账款——沈阳交通学校　　　　　　　　　　99 600.00

(7) 15日，销售部秦东向北京世纪学校售出《多媒体教程》600册，单价32元。增值税专用发票已开出，适用税率13%，货税款尚未收到（注：客户编号：009，名称：北京世纪学校，简称：世纪学校，分类：01，地区：02，邮编：100077，税号：0019，账号：000008530675，开户行：工行，地址：北京市朝阳区泰山路05号，发展日期：2016.01.01，分部部门：销售一部，业务专管员：贾鹏）。

转-1　借：应收账款——北京世纪学校　　　　　　　　　　21 696.00
　　　　　贷：主营业务收入——多媒体课程　　　　　　　　　19 200.00
　　　　　　　应交税费——应交增值税（销项税额）　　　　　2 496.00

(8) 16日，供应部潘海从天津多媒体研究所购入《多媒体课件》3 000套，增值税专用发票注明：单价35元，增值税税率13%，货税款暂欠，商品已验收入库（库存商品采用实际成本核算）。

转-2　借：库存商品——多媒体课件　　　　　　　　　　 105 000.00
　　　　　应交税费——应交增值税（进项税额）　　　　　 13 650.00
　　　　　贷：应付账款——一般应付账款——天津多媒体研究所　118 650.00

(9) 16日，总经理办公室刘明支付盘锦富祥饭店业务招待费1 200元（转账支票号ZZR003）。

付-4　借：管理费用——业务招待费——总经理办公室　　　 1 200.00
　　　　　贷：银行存款——工行　　　　　　　　　　　　　　 1 200.00

(10) 18日，总经理办公室刘明出差归来，报销差旅费1 800元，交回现金200元。

收-3　借：库存现金　　　　　　　　　　　　　　　　　　　200.00
　　　　　贷：其他应收款——应收个人款——刘明　　　　　　　200.00

转-3　借：管理费用——差旅费——总经理办公室　　　　　 1 800.00
　　　　　贷：其他应收款——应收个人款——刘明　　　　　　1 800.00

(11) 20日，基本生产车间一车间领用原纸5 000千克，单价5元，用于生产普通打印纸—A4。

转-4　借：生产成本——直接材料（普通打印纸—A4）　　　25 000.00
　　　　　贷：原材料——原纸　　　　　　　　　　　　　　　25 000.00

移动平均法：结转生产领用材料。

(12) 21日，销售部秦东向北京世纪学校售出《多媒体课件》5 000件，单价2 000元。货税款尚未收到（增值税专用发票已开出，适用税率17%）。

转-1　借：应收账款——北京世纪学校　　　　　　　　11 700 000.00
　　　　贷：主营业务收入——多媒体课件　　　　　　　10 000 000.00
　　　　　　应交税费——应交增值税（销项税额）　　　 1 700 000.00

2. 出纳管理

25日，销售一部秦东借转账支票一张，票号ZZR003，预计金额5 000元，用于销售代垫运费。付款人账号：123456789000，付款银行名称：工行盘锦支行，收款人全称：盘锦铁路分局。

3. 修改凭证

修改辅助核算项，业务题（9）中，报销业务招待费是总经理办公室800元，财务部400元。

4. 对符合条件的凭证进行出纳签字

5. 对所有符合条件的凭证进行主管签字、审核

6. 对所有符合条件的凭证进行记账

7. 记账后凭证修改

业务（2）中的业务是财务部薛易购买办公用品。请生成一张红字冲销凭证后，再重新录入正确凭证，并审核、记账。

8. 记账凭证汇总

9. 将"付-2"记账凭证生成并保存记账凭证模板

10. 查询科目汇总表，余额表

11. 凭证审核中凭证标错功能

附录任务三　总账系统账簿管理

【任务要求】
以总账会计（刘复）身份进行账簿设置、查询、打印输出等操作。

【任务内容】

1. 序时账管理

序时账管理指对企业本期发生的序时账进行查询管理操作。

2. 三栏式明细账管理

查询所有三栏式明细账，熟悉三栏明细账的格式与内容。

3. 总账管理

查询2016年1月份三栏式总账。

4. 余额表管理

查询2016年1月份总账科目中未记账或已记账的账户发生额及余额。

5. 过滤条件查询

6. 数量金额账管理

(1) 查询2016年1月份的原纸原材料明细账（数量金额账），并进行总账、凭证的联查。

(2) 查询2016年1月份的库存商品明细账（数量金额账），并进行总账、凭证的联查。

(3) 查询2016年1月份的主营业务收入/主营业务成本（数量金额式）明细账。

7. 多栏明细账管理

(1) 设置并查询借方多栏明细账

① 制造费用。

② 销售费用。

③ 财务费用。

④ 管理费用。

(2) 设置并查询贷方多栏明细账

设置并查询主营业务收入明细账。

(3) 设置并查询综合多栏明细账

① 应交税费——应交增值税。

② 利润分配明细账。

8. 账簿打印设置

① 总账打印设置。

② 日记账打印设置。

③ 三栏明细账打印设置。

④ 数量金额账打印设置。

⑤ 借方、贷方多栏明细账打印设置。

⑥ 综合明细账打印设置。

⑦ 余额表打印设置。

9. 部门核算与管理

部门核算辅助账管理主要用于查询部门核算发生业务的汇总情况。若企业需要从部门角度检查费用或收入的发生及余额情况，就可以在"会计科目"中指定某成本、费用、收入科目为部门核算科目，以便随时查询部门辅助账。

本任务设置管理费用为部门核算，查询部门核算内容如下：

① 部门总账。

② 部门明细账。

③ 部门收支分析。

10. 项目核算与管理

项目核算辅助账管理主要用于查询项目核算发生业务的汇总情况。若企业需要从项目角度检查费用或收入的发生及余额情况，就可以在"会计科目"中指定某成本、费用、收入科目为项目核算科目，以便随时查询项目核算辅助账。

本任务设置生产成本和在建工程为项目核算，查询项目核算内容如下：

① 生产成本项目管理。

② 在建工程项目管理。

11. 往来核算与管理

往来明细账是指与企业存在客户和供应商关系的往来核算明细账。往来核算与管理主要内容如下：

① 往来账清理。
② 往来余额表。
③ 往来明细账。
④ 往来催款单。
⑤ 往来账龄分析。

附录任务四　总账系统期末银行对账业务

【任务要求】

银行对账是货币资金管理的主要内容，是企业出纳的最基本工作之一。为了能够准确掌握银行存款的实际余额，了解企业实际可动用货币资金数额，防止记账发生差错，出纳必须定期将企业银行存款日记账与银行出具的银行对账单进行核对，并编制银行存款余额调节表。

【任务内容】

1. 银行对账期初

万工公司银行账启用日期为2016.1.01，工行人民币账户企业银行存款日记账调整前余额为5 194 937.16元，银行对账单调整前余额为5 234 937.16元，未达账项一笔，系银行已收企业未收款40 000元（日期：2016.1.25；结算方式：202转账支票；票号ZZR123；借方金额：40 000元）。

2. 银行对账单（附表1-29）

附表1-29　1月份银行对账单　　　　　　　　　　　　单位：元

日期	结算方式	票号	借方金额	贷方金额
2016.1.03	021	XJ001		10 000.00
2016.1.06				60 000.00
2016.1.10	022	ZZR001		58 500.00
2016.1.14	022	ZZR002	99 600.00	
2016.1.21	022	ZZR003		1 200.00

3. 对账条件

对账时间相差日期30天、结算票号相同、结算方式相同。

第一次使用银行对账功能前，系统要求录入银行存款日记账和银行对账单中未达账项。以出纳身份进行银行对账。

附录任务五　总账系统期末自动转账业务

【任务要求】

由于企业对岗位模块核算业务采用的会计政策不同，所以成本费用分摊方法、分摊比例和结转方式也不尽不同，这样必然会造成各个企业转账数据的不同。在会计电算化环境，为实现在各个企业的通用,企业可以自行定义自动转账凭证。将已定义的转账分录生成机制凭证,还需要将与该凭证相关的全部经济业务登记入账。

【任务内容】

1. 设置月末转账分录

(1) 自定义转账

① 计提借款利息

本企业截至目前已向工商银行借入长期借款 588 360 元和短期借款 200 000 元。其中长期借款月利率 0.5%,短期借款月利率 0.3%。采用"自定义转账方式"计提借款利息。

转-5

借:财务费用(660301)　　取对方科目计算结果
　　贷:应付利息(223101)2001 科目的贷方期末余额×0.3%
　　　　应付利息(223102)2501 科目的贷方期末余额×0.5%

② 采用"待摊与预提方式"摊销当月应负担的报刊费(假设报刊费使用部门为综合部且平均分摊)。

转-6

借:管理费用——其他费用(660206)——经理办 112302 科目借方年初余额/12/3
　　　　　　——其他费用(660206)——财务部 1123021 科目借方年初余额/12/3
　　　　　　——其他费用(660206)——人力部 112302 科目借方年初余额/12/3
　　贷:预付账款——待摊预付账款(112302)取对方科目计算结果(供应商为盘锦市邮政局)

③ 摊销当月应负担的无形资产专利权(假设专利权使用部门为制造一车间)。

转-7

借:制造费用——其他费用(660206)——制造车间　取对方科目计算结果
　　贷:累计摊销(1702)　　170101 科目借方年初余额/10/12

④ 一车间制造费用期末结转(假设生产产品工时共计 5000 工时,其中普通打印纸-A4 消耗 4000 工时,凭证套打纸-8X 消耗 1000 工时)。

转-8

借:生产成本——制造费用(普通打印纸-A4)(50010103)510101 科目期末余额×0.8
　　生产成本——制造费用(凭证套打纸-8X)(50010103)510101 科目期末余额×0.2
　　贷:制造费用 510101　明细科目期末余额(01-06)

⑤ 账户"应交税费——应交增值税"期末余额结转。

a. 若应交增值税为借方余额,自定义转账分录为:

借:应交税费——未交增值税(222102)取对方科目计算结果
　　贷:应交税费——转出多交增值税(22210107)
　　　　222101 科目借方发生额-222101 科目　贷方发生额

b. 若应交增值税为贷方余额,自定义转账分录为:

借:应交税费——未交增值税(222102)取对方科目计算结果
　　贷:应交税费——转出未交增值税(22210107)
　　　　222101 科目贷方发生额-222101 科目　借方发生额

★说明:

第一,"应交税费——应交增值税"期末余额结转生产的记账凭证编号为转-9。

第二,转账生成凭证后,再将其删除,以备对应结转。

(2) 对应结转分录 "应交税费——应交增值税"期末余额结转还可以采用对应结转方式将其转入"应交税费——未交增值税"中。

对应结转设置见附表1-30。

附表1-30 对应结转设置

编号	凭证类别	摘要	转出科目编码	转出科目名称	转入科目编码	转入科目名称	系数
0001	转-9	结转进项税额	22210101	进项税额	22210107	转出多交增值税	1.00
0002	转-10	结转销项税额	22210104	销项税额	22210103	转出未交增值税	1.00
0003	转-11	结转转出多交增值税	22210107	转出多交增值税	222102	未交增值税	1.00
0004	转-12	结转转出未交增值税	22210103	转出未交增值税	222102	未交增值税	1.00

(3) 销售成本转账分录

转-13，库存商品；主营业务收入；主营业务成本。

(4) 汇兑损益转账分录

付-5，凭证类别：付款凭证；期末美元汇率为1：8.0。

(5) 期间损益转账分录

转-14，凭证类别：转账凭证；本年利润（4103）。

2．生成机制凭证

① 自定义转账凭证生成。

② 对应结转凭证生成。

③ 销售成本结转生成。

④ 汇兑损益结转生成。

⑤ 期间损益结转生成（转账类型分为收入和支出）。

附录任务六　总账系统期末结账业务

【任务要求】

每当会计期末，除了对收入、费用类账户余额进行结转外，还要进行对账、试算平衡，最后结账。期末结账业务流程是将薪金管理系统、固定资产管理系统、应收款管理系统、应付款管理系统结账后，总账才可以最后结账。对账是对账簿数据进行核对，以检查记账是否正确，以及账簿是否平衡。它主要是通过核对总账与明细账、总账与辅助账数据进行账账核对。

一般说来，实行计算机记账以后，只要记账凭证录入正确，计算机自动记账后各种账簿都应该是正确、平衡的，但是由于非法操作或计算机病毒或其他原因有时可能会造成某些数据被破坏，因而引起账账不符，为了保证账证相符、账账相符，就经常使用本功能进行对账，至少一个月一次，一般可在月末结账前进行。对账功能，有一个隐含功能为"恢复记账前状态"，当记账完成后，如果发现记账有误，而又不想通过其他方式来修正时，可以在此按【Ctrl＋H】键，激活恢复记账前状态功能，再到"凭证"菜单中调用此功能即可。以"学生姓名"的身份进行对账、结账及取消结账的操作。

【任务内容】

1．对账

2．结账

① 结账。
② 取消结账。

附录子项目二 固定资产管理系统

附录任务一 固定资产管理系统初始业务

【任务要求】

1. 固定资产账套启用与初始化

以"学生姓名"的身份进入"企业门户",新建固定资产账套,进行固定资产管理系统初始设置。

2. 固定资产业务核算

固定资产系统的初始设置完成后,便可以进行诸如固定资产增减、部门变动等日常业务处理,还可以进行计提固定资产折旧等月末业务处理。

3. 固定资产的账表管理

企业可以随时对固定资产账表进行查询和分析管理,取得固定资产财务信息。

系统自动生成的账簿有:固定资产总账(部门、类别)、固定资产明细账、固定资产登记簿。

【任务内容】

以"学生姓名"的身份进入"企业门户",新建固定资产账套,进行固定资产管理系统初始设置。

(1) 控制参数

① 本账套计提折旧:按平均年限法(一)计提折旧,折旧分配周期为1个月。
② 类别编码方式为2112。
③ 固定资产编码方式:自动编码(类别编码+部门编码+序号);卡片序号长度:3。
④ 当"月初已计提月份=可使用月份-1"时,将剩余折旧全部提足(工作量法除外)。
⑤ 与账务处理系统进行对账。对账科目为:
固定资产对账科目:1601 固定资产;
累计折旧对账科目:1602 累计折旧。
⑥ 在对账不平情况下不允许月末结账。
⑦ 业务发生后立即制单。
⑧ 月末结账前一定要完成制单登账业务。
⑨ 固定资产缺省入账科目:1601;累计折旧缺省入账科目:1602;固定资产减值准备缺省入账科目:1603。

(2) 固定资产类别(附表1-31)

附表1-31 固定资产类别

编码	类别名称	单位	计提属性	净残值率
01	交通运输设备	辆	正常计提	4%
011	生产用设备	辆	正常计提	4%
012	经营用设备	辆	正常计提	4%
013	非生产经营用设备	辆	正常计提	4%

续表

编码	类别名称	单位	计提属性	净残值率
02	电子设备及其他设备	台	正常计提	4%
021	生产用设备	台	正常计提	4%
022	经营用设备	台	正常计提	4%
023	非生产经营用设备	台	正常计提	4%

(3) 部门及对应折旧科目（附表1-32）

附表1-32　部门及对应折旧科目

部门	对应折旧科目
综合部、供应部、仓库部	管理费用——折旧费（660202）
销售部	销售费用——折旧费（660102）
制造一车间	制造费用——一车间（折旧费）（51010102）
制造二车间	制造费用——二车间（折旧费）（51010202）
福利部	应付职工薪酬——职工福利费（221102）

(4) 增减方式及对应入账科目（附表1-33）

附表1-33　增减方式及对应入账科目设置

增加方式	对应入账科目	减少方式	对应入账科目
直接购入	工行存款	出售	固定资产清理
投资者投入		投资转出	
捐赠	营业外收入	捐赠转出	固定资产清理
盘盈	待处理固定资产损益	盘亏	待处理固定资产损益
在建工程转入	在建工程	报废	固定资产清理

(5) 原始卡片（附表1-34）

附表1-34　原始卡片

名称	类别	所在部门	增加	使用年限	开始使用时间	原值/元	累计折旧/元	对应折旧	月折旧额
轿车	012	总经理办公室	直接购入	5	2015-10-01	215 470	19 386.27	管理费用——折旧费	3 447.52
手机	022	总经理办公室	直接购入	5	2015-11-01	2 890	46.24	管理费用——折旧费	46.24
传真机	022	总经理办公室	直接购入	5	2015-10-01	3 510	224.64	管理费用——折旧费	56.16
微机	021	制造一车间	直接购入	5	2010-01-01	6 490	1 349.92	一车间制造费用——折旧费	103.84
微机	021	制造一车间	直接购入	5	2015-11-01	6 490	103.84	一车间制造费用——折旧费	103.84

说明：净残值率均为4%，使用状况均为"在用"，折旧方法均采用平均年限法（一）。

附录任务二　固定资产管理系统日常业务

【任务要求】

业务单据日期为业务发生日期，记账凭证填制日期为1月31日。

【任务内容】

① 1月21日，制造车间购买扫描仪三台，单位价值1 500元/台，净残值率4%，预计使用年限5年，货款通过转账支票支付。要求采用复制方式生成固定资产新增卡片，然后由固定资产模块生产1张凭证（合并）传递到总账系统（转账支票ZZR004）。

| 付-6 | 借：固定资产 | 4 500.00 |
| | 贷：银行存款——工行 | 4 500.00 |

② 1月25日，制造车间出售微机一台，售价5 800元，已提折旧207.68元，款已收到送存银行（转账支票ZZR146）。

转-19	借：累计折旧	207.68
	固定资产清理	6 282.32
	贷：固定资产	6 490.00
收-4	借：银行存款——工行	5 800.00
	贷：固定资产清理	5 800.00
转-20	借：营业外支出	482.32
	贷：固定资产清理	482.32

附录任务三　固定资产管理系统期末业务

【任务内容】

1. 部门变动

1月26日，因经营需要，总经理办公室的传真机调拨到销售部使用。

2. 账表管理与月末处理

1月31日，查看所有账簿与报表，确认无误后，开始进行计提折旧以及记账、对账与结账等月末处理。

(1) 计提折旧

★说明：对于在当月固定资产发生部门变动，而引起计提折旧对应科目发生变化的，企业可根据需要自行选择，即可选择按部门变动前相关信息计提折旧，也可按部门变动后相关信息计提折旧。本企业计提折旧是按部门变动前部门折旧对应科目进行分摊折旧费用。

转-21	借：管理费用——折旧费（总经理办公室）	3 549.92
	制造费用——一车间（折旧费）	207.68
	贷：累计折旧	3 757.60

(2) 相关人员签字、审核、记账

(3) 对账

(4) 结账

3. 取消结账

附录子项目三　薪资管理系统

附录任务一　薪资管理系统初始业务

【任务要求】

以"学生姓名"的身份进入"企业门户"，新建工资账套，进行薪金管理系统初始设置。薪金管理日常业务核算要求会计人员不仅要根据企业人员的增加、减少，以及部门调整等情况进行随时调整,还要根据单位计算的发放工资的"分钱票面额清单",从银行取款并发给各部门。注意执行此功能必须在个人数据输入调整完之后,如果个人数据在计算后又做了修改,须重新执行本功能,以保证数据正确。薪金管理期末业务核算要求会计人员分配各部门人员的工资,计提应付福利费、工会经费、职工教育经费。

【任务内容】

1. 建立账套

引入001账套的数据后,以"学生姓名"的身份注册进入"企业门户",进入薪金管理系统,新建工资账套。

2. 设置工资账套信息

工资类别个数:多个;核算币种:人民币(RMB);不核算计件工资;要求代扣个人所得税;不进行扣零处理。

人员编码:3位;启用日期:2016年1月1日。

3. 基础信息初始化设置

(1) 人员类别设置 管理人员、销售人员、一车间管理人员、普通打印纸、凭证套打纸、组装计算机、采购人员、福利人员、仓库人员。

(2) 人员附加信息设置 性别、身份证号码、工龄。

(3) 工资项目设置(附表1-35)

附表1-35 工资项目设置

项目名称	类型	长度	小数位数	工资增减项
基本工资	数字	8	2	增
职务工资	数字	8	2	增
工龄工资	数字	8	2	增
奖金	数字	8	2	增
交补	数字	8	2	增
应发合计	数字	10	2	增
事假天数	数字	8	2	其他
病假天数	数字	8	2	其他
事假扣款	数字	8	2	减
病假扣款	数字	8	2	减
养老保险金	数字	8	2	减
医疗保险金	数字	8	2	减
代扣税	数字	10	2	减
扣款合计	数字	10	2	减
实发合计	数字	10	2	增

(4) 银行名称设置 工商银行(账号11位,前9位数字相同,录入时需要自动带出)。

(5) 部门档案设置 1为综合部;2为销售部;3为供应部;4为制造车间;5为福利部;6为仓库部;7为离退休部。

4. 新建立001在职人员工资类别并进行业务处理

(1) 工资类别 001在职人员。

(2) 部门选择 1为综合部（包括总经理办公室、财务部、人力资源部）；2为销售部；3为供应部；4为制造车间；5为福利部；6为仓库部。

(3) 人员档案 见附表1-36（所有人员为中方人员，工资计税）。

附表1-36 人员档案

部门	部门名称	编号	人员姓名	性别	人员类别	身份证号码	账号	工龄	中方人员	是否计税
1	总经理办公室	101	刘明	男	管理人员	220221601123137	88888880001	30	是	是
		102	李丽	女	管理人员	210221820920240	88888880002	3	是	是
		103	李晓波	男	管理人员	201230780607335	88888880003	10	是	是
	财务部	104	学生	女	管理人员	102221680944110	88888880004	20	是	是
		105	薛易	女	管理人员	121222703240230	88888880005	18	是	是
		106	刘复	男	管理人员	121222690234160	88888880006	19	是	是
	人力资源部	107	杨艳	女	管理人员	455670703222180	88888880007	18	是	是
2	销售一部	201	秦东	男	销售人员	588433680322111	88888880008	20	是	是
		202	贾鹏	男	销售人员	555444333222111	88888880009	16	是	是
	销售二部	203	张赢	女	销售人员	201711700202402	88888880010	20	是	是
		204	李凤华	女	销售人员	201711800809508	88888880011	15	是	是
3	供应部	301	潘海	男	供应人员	144452702432191	88888880012	18	是	是
		302	吴林	男	供应人员	210711700402903	88888880013	19	是	是
4	制造一车间	401	张玉	男	车间管理人员	655321650234240	88888880014	22	是	是
		402	佟强	男	普通打印纸	572222333509125	88888880015	16	是	是
		403	张明	男	凭证套打纸	496333680621409	88888880016	20	是	是
	制造二车间	404	孙亮	男	组装计算机	211201700903203	88888880017	19	是	是
5	福利部	501	胡月	女	福利人员	211210830612206	88888880018	5	是	是
6	原料库	601	毛鑫	男	仓库人员	201711690904331	88888880019	17	是	是
	成品库	602	郝威	男	仓库人员	210711880604409	88888880020	2	是	是
	外购商品部	603	朱海	男	仓库人员	211201720923411	88888880021	10	是	是
	半成品库	604	李季	女	仓库人员	210711880909208	88888880022	2	是	是

(4) 工资项目选择 基本工资、职务工资、工龄工资、奖金、交补、应发合计、事假天数、病假天数、事假扣款、病假扣款、养老保险金、代扣税、扣款合计、实发合计。

(5) 工资计算公式设置（附表1-37）

附表1-37 工资计算公式设置一

序号	工资项目	定义公式
1	职务工资	基本工资×10%
2	医疗保险	基本工资×2%
3	事假扣款	事假天数×20

续表

序号	工资项目	定义公式
4	病假扣款	工龄≤5 病假天数×(基本工资/21.5)×50%；5<工龄≤10(基本工资/21.5)×30%；工龄>10(基本工资/21.5)×10%
5	养老保险金	(基本工资+奖金)×0.05
6	奖金	iff(人员类别="管理人员",100,150)
7	交补	采购人员和销售人员，交补500元，其他人员交补280元
8	工龄工资	工龄≤5 工龄×10；5<工龄≤10 工龄×15；10<工龄≤20 工龄×20；工龄>20 工龄×25

（6）录入人员工资（附表1-38）

附表1-38 人员工资情况   单位：元

职员编码	职员姓名	基本工资	奖金
101	刘明	5 000	500
102	李丽	4 000	300
103	李晓波	3 000	200
104	学生姓名	4 000	300
105	薛易	2 000	200
106	刘复	4 000	300
107	杨艳	3 000	200
201	秦东	4 000	300
202	贾鹏	2 000	200
203	张赢	4 000	300
204	李凤华	4 000	300
301	潘海	3 500	300
302	吴林	3 500	200
401	张玉	4 000	300
402	佟强	3 500	300
403	张明	4 000	300
404	孙亮	3 500	200
501	胡月	3 500	300
601	毛鑫	3 500	200
602	郝威	3 500	200
603	朱海	3 500	200
604	李季	3 500	200

附录任务二 薪资管理系统日常业务

【任务内容】

1月份工资变动资料如下（附表1-39）。

① 考勤记录情况：李晓波请事假2天，贾鹏请病假1天，其他人员满勤。

② 因去年销售部推广产品业绩较好。销售部每人增加奖金 300 元。

附表 1-39　工资计算公式设置

工资项目	定义公式
绩效奖金	iff(部门＝"销售部",300,0)

③ 因工作需要，经研究决定，招聘郭萍到制造车间，以补充生产力量，确定其基本工资为 2 000 元，无奖金。郭萍资料如下。

编号：405；类别：生产普通打印纸，工龄 6 年，所在部门为生产一车间；代发工资银行账号：88888880023。

附录任务三　薪资管理系统期末业务

【任务内容】

① 按应发合计作为计算个人所得税的标准，扣税标准为 3 500 元。
② 基金计提：养老保险金计提，个人计提部分按基本工资的 8％ 计提。
③ 月末工资分配，应付职工福利费、工会经费的分摊设置。

工资分配基数按应发合计设置；应付职工福利费、工会经费计提基数也为应发合计（附表 1-40）。

附表 1-40　工资费用分配表　　　　　　　　　　　单位：元

部门		工资		职工福利费(14%)		工会经费(2%)	
		借	贷	借	贷	借	贷
总经理办公室 财务部 人力资源部	管理人员	660 201	221 101	660 201	221 102	660 206	221 103
销售部	销售人员	660 101	221 101	660 101	221 102	660 106	221 103
供应部	供应人员	660 201	221 101	660 201	221 102	660 206	221 103
仓库部	仓库人员	660 201	221 101	660 201	221 102	660 206	221 103
福利部	福利人员	221 102	221 101	660 201	221 102	660 206	221 103
制造一车间	车间管理人员	510 101	221 101	510 101	221 102	510 106	221 103
普通打印纸	普通打印纸	50 010 102	221 101	50 010 102	221 102	50 010 102	221 103
凭证套打纸	凭证套打纸	50 010 102	221 101	50 010 102	221 102	50 010 102	221 103
制造二车间	组装计算机	50 010 202	221 101	50 010 202	221 102	50 010 202	221 103

④ 月末处理：将有关项目不清零，并进行结账。
⑤ 取消结账。

附录任务四　薪资管理系统拓展业务

【任务要求】

对高职学生实施因材施教，要求有能力的同学独立完成离退休人员工资业务处理。

【任务内容】

建立 002 离退休工资类别并进行相应的业务处理。

(1) 录入离退休人员档案 有关离退休人员资料见附表1-41。

附表1-41 离退休人员资料

人员编号	人员姓名	性别	人员类别	身份证号码	账号	中方人员	基本工资/元	是否计税
701	刘楠	男	离退休人员	220221451123130	88888880101	是	2600	否
702	郑册	男	离退休人员	102221440944110	88888880102	是	2800	否

(2) 月末工资分摊 工资分摊计提基数为应发合计项目（附表1-42）。

附表1-42 工资分摊设置   单位：元

部门		工资(转-18)	
		借	贷
离退休部	离退休人员	660201	224101

附录子项目四 应付款管理系统

附录任务一 应付款管理系统初始业务

【任务要求】

1. 引入001账套初始数据

引入总账系统管理初始设置模块要求保存的备份账套（总账初始设置与初始化数据内容账套）。

2. 操作员设置

① 以"学生姓名"的身份进行应付款管理系统初始设置；应付单据和已付款单据的录入、处理、核销、转账、汇兑损益、制单、记账、账簿查询等内容操作处理。

② 以"刘复"的身份进行主管签字、审核等内容操作处理。

3. 应付款管理系统初始设置

在应付款管理系统中对业务控制参数、会计科目、账龄区间进行初始设置。

4. 初始数据的备份输出

应付款管理系统初始设置完毕，须将该账套（未进行业务操作的账套）输出，稳妥保存，以备在启用应收款管理系统时使用。

5. 应付款管理系统核算内容

由于应付款管理系统与总账系统联系密切，通过对应付款管理初始设置、日常业务处理及期末处理等操作，完成对应付款项的核算与管理。

【任务内容】

1. 进入应收款管理系统

以"学生姓名"的身份注册"企业门户"，进入应付款管理系统。

2. 应付款管理系统初始设置

(1) 业务控制参数（附表1-43）

附表 1-43 业务控制参数

选项卡	参数设置
常规	应付款核销方式:按单据 单据审核日期依据:单据日期 汇兑损益方式:月末处理 应付账款核算类型:详细核算 自动计算现金折扣:√ 登记支票 其他采用系统默认设置
凭证	受控科目制单方式:明细到供应商 非控制科目制单方式:汇总方式 控制科目依据:按供应商 采购科目依据:按存货 月结前全部生成凭证 方向的分录可合并 预付冲应付生成凭证 红票对冲生成凭证 凭证可编辑 其他采用系统默认设置
权限与预警	采用系统默认设置

(2) 科目设置（附表 1-44）

附表 1-44 科目设置

设置内容	项目名称	科目编码	会计科目	备注
基本科目设置	应付科目	220201	应付账款——一般应付账款	报警级别设置: 总比率在10%以内为A级, 10%以上为B级
	预付科目	112301	预付账款——一般预付账款	
	采购科目	1402	在途物资	
	采购税金科目	22210101	应交税费——应交增值税(进项税额)	
	现金折扣科目	660304	财务费用——现金折扣	
	汇兑损益科目	660303	财务费用——汇兑损益	
结算方式科目设置	现金	1001	库存现金	
	现金支票	100201	银行存款——工行存款	
	转账支票	100201	银行存款——工行存款	
	银行汇票	1012	其他货币资金	
	银行本票	1012	其他货币资金	
	信用证	1012	其他货币资金	
	信用卡	1012	其他货币资金	

(3) 账龄区间设置（见附表 1-45）

附表 1-45 账龄区间设置　　　　　　　　　　　单位:元

序号	起止天数	总天数
01	1～30	30
02	31～60	60
03	61～90	90

续表

序号	起止天数	总天数
04	91～120	120
05	121 以上	

(4) 应付账款期初余额（附表 1-46 和附表 1-47）

会计科目：2201 应付票据余额：借 8 250 元

附表 1-46 应付票据期初余额   单位：元

签发日期	票据编号	开票单位	票据面值	票据余额	科目	到期日	摘要
2015-10-10	sc0001	兴盛公司	8 250.00	8 250.00	应付票据	2016-01-10	签发票据

会计科目：2202 应付账款余额：贷 441 850 元

表 1-47 应付账款期初余额   单位：元

日期	凭证号	票号	供应商	摘要	方向	金额	单价	业务员	备注	发票类型
2015-10-26	转 65	198	万科	购买商品	贷	158 200.00	31.64	潘海	购买教程 5 000 册	专用发票
2015-11-26	转 46	218	万科	购买商品	贷	118 650.00	39.55	潘海	购买课件 3 000 套	专用发票
2015-12-10	转 36	256	兴盛公司	购买商品	贷	165 000.00	1 650	潘海	购买显示器 100 台	普通发票

附录任务二 应付款管理系统日常业务

【任务内容】

万工公司 2016 年 1 月份发生如下经济业务。

(1) 现购业务处理 要求：业务单据日期为业务发生日期，记账凭证制单日期为 1 月 31 日。

① 1 月 6 日，潘海从万科公司购入《多媒体课件》3000 套，含税单价 39.55 元，价税款合计 118 650 元以转账支票方式支付（专用发票号 Z111，支票号 ZZR005，税率 13%），商品已验收入库。

【操作步骤】

a. 在应付系统中，填制采购发票。

应付款管理→采购发票→采购专用发票。

b. 在应付系统中，填制付款单。

应付款管理→应付单据审核→制单处理→生成凭证。

借：库存商品——多媒体课件

　　应交税费——应交增值税（进项税额）

　贷：银行存款

② 1 月 7 日，潘海从万科公司购入《多媒体教程》1000 套，含税单价 33.90 元，税款合计 33 900 元以转账支票方式支付（专用发票号 Z222，支票号 ZZR006，税率为 13%），商品已验收入库。

【操作步骤】

a. 在应付系统中，填制采购发票。

应付款管理→采购发票→专用采购发票。

b. 在应付系统中,填制付款单。

应付款管理→付款单录入。

c. 在应付系统中,生成采购凭证。

应付款管理→应付单据审核→制单处理→生成凭证。

借:库存商品——多媒体课程

　　应交税费——应交增值税(进项税额)

　　　贷:银行存款

(2) 赊购业务处理　1月7日,潘海从万科公司购入1600K打印机50台,含税单价2160元,价税款合计105 300元,作为外购商品入库,收到一张增值税专用发票(专用发票号Z223,税前17%),价税款暂欠。

【操作步骤】

① 在应付系统中,填制采购发票。

应付款管理→采购发票→专用采购发票。

② 在应付系统中,审核采购发票,生成采购凭证。

应付款管理→应付单据审核→制单处理→生成凭证。

借:库存商品——1600K打印机

　　应交税费——应交增值税(进项税额)

　　　贷:应付账款——一般应付账款——万科公司

(3) 票据结算业务处理　1月8日,以转账支票(票号ZZR008)支付已到期商业承兑汇票8 250元,系前欠兴盛公司购货款。

【操作步骤】

在应付系统中,进行票据结算,生成凭证。

应付款管理→票据管理→票据结算→制单处理→生成凭证。

借:应付票据——兴盛公司

　　　贷:银行存款

(4) 预付款业务处理　1月9日,支付给万科公司110 000元转账支票一张(票号:ZZR009),其中105 000元以归还前欠款,另外4 700元作为预付款。

【操作步骤】

在应付系统中,录入付款单(表体列明应付款和预付款)。

应付款管理→付款单→付款单据审核→制单处理→生成凭证。

借:应付账款——一般应付账款——万科公司

　　预付账款——一般应付账款——万科公司

　　　贷:银行存款

1月9日,支付给万科公司转账支票一张,票号为ZZR010,金额为30 000元作预付款。

【操作步骤】

在应付系统中,录入付款单(表体列明预付款)。

应付款管理→付款单→付款单据审核→制单处理→生成凭证。

借:预付账款——一般应付账款——万科公司

　　　贷:银行存款

(5) 转账业务处理

【操作步骤】

1月10日,经协商将所欠万科公司158 200元账款转入天津多媒体研究所。

在应付系统中，应付冲应付。

应付款管理→转账处理→应付冲应付。

借：应付账款——一般应付账款——万科公司

　　贷：应付账款——一般应付账款——天津多媒体研究所

1月10日，将万科公司预付账款4 200元冲抵其所欠的应付款项。

在应付系统中，预付冲应付。

应付款管理→转账处理→预付冲应付。

【操作步骤】

借：应付账款——一般应付账款——万科公司

　　贷：预付账款——一般预付账款——万科公司

附录任务三　应付款管理系统期末业务

【任务内容】

月末业务处理。

(1) 月末结账

(2) 取消结账

附录子项目五　应收款管理系统

附录任务一　应收款管理系统初始业务

【任务要求】

1. 引入001账套初始数据

2. 操作员设置

① 以"学生姓名"的身份进行应收款管理系统初始设置；应收单据和已收款单据的录入、处理、核销、转账、汇兑损益、制单；记账、账簿查询等内容操作处理。

② 以"刘复"的身份进行主管签字、审核等内容操作处理。

3. 应收款管理系统初始设置

在应收款管理系统中对业务控制参数、会计科目、账龄区间进行初始设置。

4. 初始数据的备份输出

应收款管理系统初始设置完毕，须将该账套（未进行业务操作的账套）输出，稳妥保存，以备启用供应链综合系统时使用。

5. 应收款管理系统核算内容

由于应收款管理系统与总账系统联系密切，通过对应收款管理初始设置、日常业务处理及期末处理等操作，完成对应收款项的核算与管理。

【任务内容】

1. 启动应收款管理系统

以"学生姓名"的身份注册"企业门户"，进入应收款管理系统。

2. 应收款管理系统初始设置

(1) 业务参数设置（附表1-48）

附表1-48　业务参数设置

选项卡	参数设置
常规	应收款核销方式：按单据 单据审核日期依据：单据日期 汇总损益方式：月末处理 坏账处理方式：应收余额百分比法 代垫费用类型：其他应收单 应收账款核算类型：详细核算 是否自动计算现金折扣：√ 登记支票 其他采用系统默认设置
凭证	科目制单方式：明细到客户 非控制科目制单方式：汇总方式 控制科目依据：按客户 销售科目依据：按存货 月结前全部生成凭证 方向相反分录合并 预收冲应收生成凭证 红票对冲生成凭证 凭证可编辑 其他采用系统默认设置
权限与预警	录入发票显示提示信息：√ 其他采用系统默认设置

(2) 科目设置（附表1-49）

附表1-49　科目设置

设置内容	项目名称	科目编码	会计科目	备注
基本科目设置	应收科目	1122	应收账款	备注1：报警级别设置：总比率在10％以内为A级，10％以上为B级 备注2：坏账准备提取率为5‰；坏账准备期初余额为10788元
	预收科目	2203	预收账款	
	销售税金科目	22210104	应交税费——应交增值税（销项税额）	
	现金折扣科目	660304	财务费用——现金折扣	
	汇兑损益科目	660303	财务费用——汇兑损益	
结算方式科目设置	现金	1001	库存现金	
	现金支票	100201	银行存款——工行存款	
	转账支票	100201	银行存款——工行存款	
	银行汇票	100201	银行存款——工行存款	
	银行本票	100201	银行存款——工行存款	
	信用证	100201	银行存款——工行存款	
	信用卡	100201	银行存款——工行存款	
坏账准备设置	坏账准备科目	1231	坏账准备	
	对方科目设置	6701	资产减值损失	

(3) 账龄区间设置（附表1-50）

附表 1-50　账龄区间设置

序号	起止天数	总天数
01	1～30	30
02	31～60	60
03	61～90	90
04	91～120	120
05	121 以上	

(4) 应收账款期初余额（附表 1-51 和附表 1-52）

会计科目：1121 应收票据余额：借 7 500 元

附表 1-51　应收票据期初余额

签发日期	票据编号	开票单位	票据面值	票据余额	科目	到期日	摘要
2015-12-25	yc0001	华荣公司	7 500.00	7 500.00	应收票据	2016-02-25	收到票据

会计科目：1122 应收账款余额：借 182 600 元

附表 1-52　应收账款期初余额

票据日期	凭证号	票号	客户	摘要	方向	金额	单价	业务员	备注	发票类型
2015-12-16	转 68	110	交通学校	销售商品	借	41 600.00	32	一部 贾鹏	销售教程 1300 册	普通发票
2015-12-16	转 68	111	交通学校	销售商品	借	58 000.00	58	一部 贾鹏	销售课件 1000 套	普通发票
2015-12-20	转 75	158	华润公司	销售商品	借	58 000.00	58	一部 贾鹏	销售课件 1000 套	普通发票
2015-12-25	转 88	169	华荣公司	销售商品	借	25 000.00	2 500	二部 李凤华	销售打印机 10 台	普通发票

注意：

应收账款期初余额录入可根据基础资料信息的详略程度而选择以发票或应收单方式录入，本任务采用录入期初发票方式录入期初余额。

附录任务二　应收款管理系统日常业务

【任务内容】

万工公司 2016 年 1 月份发生如下经济业务。

(1) 现销业务处理　要求：业务单据日期为业务发生日期，凭证制单日期为 1 月 31 日。

1 月 10 日，沈阳交通学校从销售二部李凤华处购《多媒体课件》1 000 套，单价 58 元，价税合计 58 000 元，贷款已收（普通发票号 P111，支票号 ZZR103）。

【操作步骤】

① 在应收系统中，填制销售发票。

应收款管理→采购发票→专用销售发票。

② 在应收系统中，填制收款单。

应收款管理→应收单据审核→制单处理→生成凭证。

借：银行存款

　　贷：主营业务收入

应交税费——应交增值税（销项税额）

　　(2) 赊销业务处理　1月11日，沈阳交通学校从销售二部李凤华处购《多媒体课件》500套，单价58元，价税款合计29 000元，贷款未收（普通发票号P212）。

【操作步骤】

① 在应收系统中，填制销售发票。

应收款管理→采购发票→专用销售发票。

② 在应收系统中，审核发票后生成凭证。

应收款管理→应收单据审核→制单处理→生成凭证。

借：应收账款

　　贷：主营业务收入

　　　　应交税费——应交增值税（销项税额）

　　(3) 预收款业务处理

① 1月11日，收到北京世纪学校交来的28 000元转账支票一张，其中21 696元用以归还前欠贷款，另外6 304元作为预收款（支票号ZZR104）。

【操作步骤】

a. 在应收系统中，录入收款单（表体列明应收款和预收款）。

应收款管理→收款单→收款单据审核→制单处理→生成凭证。

借：银行存款

　　贷：应收账款——世纪学校

　　　　预收账款——世纪学校

b. 在应收系统中，手动核销单据。

应收款管理→核销（手动核销21 696元的应收和收款单据）。

② 1月12日，收到交通学校转账支票一张，金额25 000元作预收款（支票号ZZR105）。

【操作步骤】

在应收系统中，录入收款单（表体列明预收款）。

应收款管理→收款单→收款单据审核→制单处理→生成凭证。

借：银行存款

　　贷：预收账款——交通学校

　　(4) 转账业务处理

① 1月15日，经协商将华润公司58 000元应收款转入交通学校中。

【操作步骤】

在应收系统中，应收冲应收。

借：应收账款——交通学校

　　贷：应收账款——华润公司

② 1月17日，将交通学校25 000元预收款冲抵其他应收款。

【操作步骤】

在应收系统中，应收冲应收。

借：预收账款——华荣公司

　　贷：应收账款——交通学校

　　(5) 坏账业务处理

① 1月20日，经批准确认交通学校所欠的41 600元货款无法收回，作坏账处理。

【操作步骤】

在应收系统中,坏账处理。

借:坏账准备

　　贷:应收账款

② 1月25日,收到已作坏账处理的交通学校贷款41 600元(支票号ZZR106)。

【操作步骤】

在应收系统中,坏账收回。

应收款管理→收款单(不审核)→坏账处理→坏账收回。

借:银行存款

　　应收账款——交通学校

　　贷:应收账款——交通学校

　　　　坏账准备

附录任务三　应收款管理系统期末业务

【任务内容】

1. 月末业务处理

计提坏账

【操作步骤】

在应收系统中,计提坏账准备。

应收款管理→坏账处理→计提坏账。

借:资产减值损失

　　贷:坏账准备

2. 月末结账

3. 取消结账

附录子项目六　报表管理系统

附录任务一　报表管理系统初始业务

【任务要求】

企业 ERP 系统 UFO 电子表系统为使用者提供了 26 个行业的各种标准报表格式。可以套用系统提供的标准报表格式,并在标准格式基础上根据自己单位的具体情况加以局部的修改,免去从头至尾建立报表,定义格式公式的烦琐工作。本例我们利用报表模板功能来生成资产负债表和利润表。

【任务内容】

1. 启动 UFO 报表系统,打开我们已定义过的报表,完成如下操作任务

① 启动 UFO,新表建立;

② 定义报表尺寸;

③ 定义报表的行高;

④ 画表格线;

⑤ 定义组合单元;

⑥ 输入表间项目;

⑦ 设置单元风格；
⑧ 定义单元属性；
⑨ 定义关键字；
⑩ 调整关键字位置。

2. 报表公式定义
① 直接定义单元公式；
② 利用函数向导输入单元公式；
③ 定义审核公式；
④ 定义舍位平衡公式；
⑤ 保存报表格式。

附录任务二　报表管理系统期末业务

【任务要求】
1. 报表数据处理
① 打开报表；
② 增加表页；
③ 录入关键字；
④ 编制报表；
⑤ 审核报表；
⑥ 报表舍位操作。

2. 表页管理及报表输出
① 表页排序；
② 表页查找；
③ 表页透视；
④ 定义显示风格。

【任务内容】
月末编制盘锦万工科技有限公司 2016 年 01 月份的资产负债表和利润表。根据会计理论修改和完善企业对外报送的报表模板，并生成相应会计报表（资产负债表和利润表）。

附录项目二　盘锦万工科技有限公司2016年1月份财务+供应链经济业务处理

附录项目二　企业背景

1. 引入账套数据

以"学生姓名"的身份进行企业门户，引入盘锦万工科技有限公司账套初始数据。内容包括：总账管理、应收款管理、应付款管理等模块系统的初始设置与初始化数据。启用"总账""应收款管理""应付款管理""采购管理""销售管理""库存管理""存货核算"系统。启用日期为2016-01-01。

2. 总账系统初始设置调整

由于在账务处理系统中，财务软件模块启用内容、时间不同，初始化数据录入的方法也存在不同，所以需要在前述模块实训已完成的资料进行调整，即删除主营业务收入、主营业务成本、其他业务收入、其他业务成本明细账数量金额账的属性。因为在启用供应链系统后需在存货模块中，对销售成本进行结转，所以无需对收入、成本相关账户设置数量金额账户。这样就可以在启用库存管理和存货核算系统后，便于对与存货相关内容进行业务核算。

3. 增设业务操作员并分配权限

(1) 用户——004"贾鹏"（口令：004）

权限：公共目录设置、销售主管。负责销售管理工作。

(2) 用户——005"潘海"（口令：005）

权限：公共目录设置、采购主管。负责采购管理工作。

(3) 用户——006"毛鑫"（口令：006）

权限：公共目录设置、库存主管。负责库存管理工作。

4. 附录项目二编写说明

为了在有限的学时中完成教学任务，在附录项目二企业案例编写中，利用附录项目一企业案例的初始数据资料，初始数据内容包括：总账管理、应收款管理、应付款管理等模块系统的初始设置与初始化数据。实现附录项目二盘锦万工科技有限公司2016年1月份财务+供应链经济业务处理，增加启动4个子系统：采购管理系统、销售管理系统、库存管理系统、存货核算管理系统，每个子系统即为子项目；同时在编写过程中为了使教材资料更加有系统性，把供应链各个系统的初始化与期末业务按两个子项目编写；由于附录项目二业务以应收款、应付款管理系统与供应链其他系统集成应用为实训条件，故采购结算、采购入库与采购管理的业务组合，销售结算、销售出库与销售管理业务相结合，在此处编写了应收应付系统业务，即附录项目二中共有7个子项目完成企业财务+供应链经济业务处理。

附录子项目一　供应链各个系统初始化工作业务

附录任务　供应链系统基础档案设置

【任务要求】

把如下资料完善到企业ERP系统中，保证各子系统正常运行。

【任务内容】

1. 补充设置基础档案资料

(1) 仓库档案（附表2-1）

附表2-1 仓库档案

仓库编码	仓库名称	计价方式	仓库编码	仓库名称	计价方式
001	原料仓库	移动平均	004	半成品仓库	移动平均
002	成品仓库	移动平均	005	周转材料仓库	移动平均
003	外购品仓库	移动平均			

(2) 收发类别（附表2-2）

附表2-2 收发类别

类别编码	收发类别	收发标志	类别编码	收发类别	收发标志
01	正常入库	收	0302	生产领用	发
0101	采购入库	收	03021	生产普通打印纸	发
0102	产成品入库	收	03022	生产凭证套打纸	发
01021	普通打印纸入库	收	03023	一车间一般耗用	发
01022	凭证套打纸入库	收	03025	二车间一般耗用	发
01023	计算机入库	收	03025	销售部门耗用	发
0103	调拨入库	收	03026	管理部门耗用	发
02	非正常入库	收	03027	福利部门耗用	发
0201	盘盈入库	收	0303	调拨出库	发
0202	其他入库	收	04	非正常出库	发
03	正常出库	发	0401	盘亏出库	发
0301	销售出库	发	0402	其他出库	发

(3) 采购类型（附表2-3）

附表2-3 采购类型

类型编码	采购类型	入库类别	是否默认值	是否委外默认值
01	普通采购	采购入库	是	否

(4) 销售类型（附表2-4）

附表2-4 销售类型

类型编码	销售类型	出库类别	是否默认值
01	经销普通打印纸	销售出库	是
02	经销凭证套打纸	销售出库	是
03	经销计算机	销售出库	是
04	代销普通打印纸	销售出库	否
05	代销凭证套打纸	销售出库	否
06	代销计算机	销售出库	否

(5) 费用项目分类（附表2-5）

附表2-5 费用项目分类

类型编码	费用项目	科目设置	备注
01	代垫运输费	在途物资	无分类
02	销售运输费	销售费用——其他	无分类
03	销售包装费	销售费用——包装费	无分类

2. 调整存货档案

为对传真机进行出入库跟踪业务，需在传真机存货档案中设置"出库跟踪入库"选项。

3. 增加修改会计科目

① 增加"生产成本—生产打印纸—成本结转"与"生产成本—生产计算机—成本结转"明细账，设置项目核算。

② 删除总账期初余额中"原材料""库存商品"数量、金额明细账；"主营业务收入""主营业务成本""其他业务收入""其他业务成本"。

③ 修改存货授控科目"周转材料""原材料""库存商品"为存货项目核算。

④ 录入总账期初余额（原材料、库存商品、周转材料）。

4. 设置基础科目

① 根据存货大类分别设置存货科目（附表2-6）

附表2-6 存货科目

存货分类	对应科目	存货分类	对应科目
原材料	原材料(1403)	半成品	库存商品(1405)
产成品	库存商品(1405)	周转材料	周转材料(1411)
外购商品	库存商品(1405)		

【操作步骤】

在存货系统中，进入科目设置，选择存货科目。

存货系统→科目设置→存货科目→对应科目。

② 根据收发类别确定各存货的对应科目（在存货系统中进入科目设置，选择对方科目，附表2-7）。

附表2-7 对应结转设置

收发类别	对应科目	暂估科目
采购入库	在途物资(1402)	应付账款——暂估应付账款
盘盈入库	待处理流动财产损益(1901)	
盘亏出库	待处理流动财产损益(1901)	

5. 期初余额录入

应收、应付款期初余额录入可以通过录入期初发票也可以录入期初应收、应付单，本工作任务采用录入发票等方式录入期初余额。

(1) 应付账款期初余额与对账（附表2-8和附表2-9）

会计科目：2202 应付账款　余额：贷　441 850元

附表 2-8　应付账款期初余额

日期	凭证号	票号	供应商	摘要	方向	金额	单价	业务员	备注	发票类型
2015-10-26	转 65	198	万科	购买商品	贷	158200.00	31.64	潘海	购买教程 5 000 册	专用发票
2015-11-26	转 46	218	万科	购买商品	贷	118650.00	39.55	潘海	购买课件 3 000 套	专用发票
2015-12-10	转 36	256	兴盛公司	购买商品	贷	165000.00	1 650	潘海	购买显示器 100 台	普通发票

会计科目：2201 应付票据余额：贷　8 250 元

附表 2-9　应付票据期初余额

签发日期	票据编号	开票单位	票据面值	票据余额	科目	到期日	摘要
2015-10-10	sc0001	兴盛公司	8 250.00	8 250.00	应付票据	2016-01-10	签发承兑汇票

【操作步骤】

① 启动应付系统，以应付单形式录入应付账款期初余额。

应付款管理→设置→期初余额→应付单。

② 以商业汇票形式录入应付票据期初余额。

应付款管理→设置→期初余额→应付票据。

③ 与总账系统进行对账，在总账系统中引入应收、应付系统期初余额。

(2) 应收账款期初余额与对账（附表 2-10 和附表 2-11）

会计科目：1122 应收账款　余额：借　182 600 元

附表 2-10　应收账款期初余额

票据日期	凭证号	票号	客户	摘要	方向	金额	单价	业务员	备注	发票类型
2015-12-16	转 68	110	交通学校	销售商品	借	41 600.00	32	贾鹏	销售教程 1 300 册	普通发票
2015-12-16	转 68	111	交通学校	销售商品	借	58 000.00	58	贾鹏	销售课件 1 000 套	普通发票
2015-12-20	转 75	158	华润公司	销售商品	借	58 000.00	58	贾鹏	销售课件 1 000 套	普通发票
2015-12-25	转 88	169	华荣公司	销售商品	借	25 000.00	2 500	李凤华	销售打印机 10 台	普通发票

会计科目：1121 应收票据　余额：借　7 500 元

附表 2-11　应收票据期初余额

签发日期	票据编号	开票单位	票据面值	票据余额	科目	到期日	摘要
2015-12-25	yc0001	华荣公司	7 500.00	7 500.00	应收票据	2016-02-25	收到票据

【操作步骤】

① 启动应收系统，以应收单形式录入应收账款期初余额。

应收款管理→设置→期初余额→应收单。

② 以商业汇票形式录入应收票据期初余额。

③ 与总账系统进行对账。

(3) 期初货到票未到的录入　2015-12-25 收到兴盛公司提供的 40G 硬盘 100 盒，单价为 800 元，商品已验收入原料仓库，至今尚未收到发票。

【操作步骤】

① 启动采购系统，录入采购入库单。

采购系统→采购入库→采购入库单。

② 进行期初记账。

采购系统→设置→采购期初记账。

(4) 期初发货单的录入 2015-12-28,业务一部向新月贸易公司出售计算机 10 台,报价为 6 500 元,由成品仓库发货,单位成本 4 800 元/台。该发货单尚未开票。

【操作步骤】

启动销售系统,录入并审核期初发货单。

销售系统→设置→期初录入→期初发货单。

(5) 进入存货核算系统,录入各仓库期初余额（附表 2-12）

附表 2-12　存货核算系统期初余额

仓库名称	存货名称	金额	数量	结存单价
原料仓库	PⅢ芯片	840 000.00	700	1 200
	40G 硬盘	639 600.00	780	820
	17 寸显示器	345 000.00	300	1 150
	键盘	47 500.00	500	95
	鼠标	40 000.00	800	50
	原纸	150 000.00	30 000	5
成品仓库	计算机	1 824 000.00	380	4 800
	普通型打印纸—A4	664.00	32	20.75
	凭证套打纸—8X	270 000.00	9 000	30
外购品仓库	1600K 打印机	720 000.00	400	1 800
	多媒体教程	87 976.00	3 142	28
	多媒体课件	185 360.00	5 296	35

【操作步骤】

① 启动存货系统,录入期初余额。

存货系统→初始设置→期初数据→期初余额。

也可通过从库存取数功能录入,先点击"修改"按钮,进入修改状态才可取数。

② 进行期初记账。

③ 进行对账。

(6) 进入库存管理系统,录入各仓库期初库存（附表 2-13）

附表 2-13　库存管理系统期初库存

仓库名称	存货名称	数量
原料仓库	PⅢ芯片	700
	40G 硬盘	780
	17 寸显示器	300
	键盘	500
	鼠标	800
	原纸	30 000
成品仓库	计算机	380
	普通型打印纸—A4	32
	凭证套打纸—8X	9 000

续表

仓库名称	存货名称	数量
外购品仓库	1600K 打印机	400
	多媒体教程	3 142
	多媒体课件	5 296

【操作步骤】

① 启动库存系统，录入并审核期初库存，可通过取数功能录入。

库存系统→初始设置→期初结存。

② 与存货系统进行对账。

附录子项目二 采购管理系统业务

附录任务一 采购管理系统日常业务

【任务要求】

对每一笔经济业务，都必须按照业务流程进行操作，基本顺序如下。

① 以"潘海"身份、业务日期进入采购管理系统，对每笔采购业务进行处理。

② 以"学生姓名"身份、业务日期进入应付款管理系统，对每笔应付单据进行审核，并生成凭证（如果采购存货未入库，就在应付款管理中生成凭证）。

③ 以"毛鑫"身份、业务日期进入库存管理系统，对每笔采购业务所生成的入库单进行审核。

④ 以"学生姓名"身份、业务日期进入存货核算系统，对每笔采购业务所生成的入库单进行记账，并生成凭证。

【任务内容】

1. 普通采购业务

① 2016-01-01，业务员潘海向昌达公司询问键盘的价格（95元/只），觉得价格合适，随后向公司上级主管提出请购要求，请购数量为300只。业务员据此填制请购单。需求日期为 2016-01-03。

② 2016-01-02，上级主管同意向昌达公司订购键盘300只，单价为95元，要求到货日期为 2016-01-03。

③ 2016-01-03，收到所订购的键盘300只，填制到货单。

④ 2016-01-03，将所收到的货物验收入原材料仓库。当天收到该笔货物的专用发票 ZY00356980。

⑤ 业务部门将采购发票交给财务部门，财务部门确认此业务所涉及的应付账款及采购成本。

【操作步骤】

① 在采购系统中，填制并审核请购单。

采购管理→请购→请购单。

② 在采购系统中，填制并审核采购订单。

采购管理→采购订货→采购订单，参照请购单生成。

③ 在采购系统中，填制到货单。

采购管理→采购到货→到货单，参照采购订单生成。

④ 启动库存系统，填制并审核采购入库单。

库存管理→入库业务→采购入库单，参照到货单生成。
⑤ 在采购系统中，填制采购发票，并进行结算。
采购管理→采购发票→专用采购发票。
⑥ 在采购系统中，采购结算（自动结算）。
采购管理→采购结算→自动结算。
⑦ 在应付系统中，审核采购发票。
应付款管理→应付单据处理→应付单据审核。
⑧ 在存货系统中，进行入库单记账。
存货核算→业务核算→正常单据记账。
⑨ 在应付系统中，生成采购凭证。
应付款管理→制单处理→生成凭证。
借：在途物资
　　应交税费——应交增值税（进项税额）
　贷：应付账款——一般应付账款
⑩ 在存货系统中，生成入库凭证。
存货核算→财务核算→生成凭证。
借：原材料
　贷：在途物资
账表查询：
a. 在采购系统中，订单执行情况统计表。
b. 在采购系统中，到货明细表。
c. 在采购系统中，入库统计表。
d. 在采购系统中，采购明细表。
e. 在库存系统中，库存台账。
f. 在存货系统中，收发存汇总表。

2. 采购现结业务

2016-01-05 向昌达公司购买鼠标 300 只，单价为 50 元/只，验收入原料仓库。同时收到专用发票一张，票号 ZY86001890，立即以支票（ZZR210）形式支付货款。

【操作步骤】
① 启动库存系统，填制并审核采购入库单。
库存管理→入库业务→采购入库单。
② 在采购系统中，填制采购专用发票，并做现付处理。
采购管理→采购发票→专用采购发票→现付。
③ 在采购系统中，采购结算（自动结算）。
采购管理→采购结算→自动结算。
④ 在存货系统中，进行入库单记账。
存货核算→业务核算→正常单据记账。
⑤ 在应付系统中，审核采购发票。
应付款管理→应付单据处理→应付单据审核（含现付单据）。
⑥ 在应付系统中，生成采购凭证。
应付款管理→制单处理→生成凭证。

借：在途物资
　　　应交税费——应交增值税（进项税额）
　　贷：银行存款
⑦ 在存货系统中，生成入库凭证。
存货核算→财务核算→生成凭证。
借：原材料
　　贷：在途物资

3．采购运费处理

2016-01-06 向昌达公司购买硬盘 300 只，单价为 800 元/盒，验收入原料仓库。同时收到专用发票一张，票号为 ZY86002。另外，在采购的过程中，发生了一笔运输费 400 元，税率为 11%，收到相应的运费发票一张，票号为 YP12348989，货款暂欠。

【操作步骤】
① 启动库存系统，填制并审核采购入库单。
库存管理→入库业务→采购入库单。
② 在采购系统中，填制采购专用发票。
采购管理→采购发票→专用采购发票。
③ 在采购系统中，填制运费发票。
采购管理→采购发票→运费发票。
④ 在采购系统中，采购结算（手工结算）。
采购管理→采购结算→手工结算（两张发票和一张入库单）。
⑤ 在存货系统中，进行入库单记账。
存货核算→业务核算→正常单据记账。
⑥ 在应付系统中，审核采购发票。
应付款管理→应付单据处理→应付单据审核。
⑦ 在应付系统中，生成采购凭证。
应付款管理→制单处理→生成凭证。
借：在途物资
　　　应交税费——应交增值税（进项税额）
　　贷：应付账款——一般应付账款
⑧ 在存货系统中，生成入库凭证。
存货核算→财务核算→生成凭证。
借：原材料
　　贷：在途物资

4．请购比价业务和查询供应商催货函

（1）2016-01-05，业务员"潘海"身份操作，企业想购买 100 只鼠标，提出请购要求，经同意填制并审核请购单。

根据以往的资料得知提供鼠标的供应商有两家，分别为兴盛公司和昌达公司，他们的报价分别为 35 元/只，40 元/只。通过比价，决定向兴盛公司订购，要求到货日期为 2016-01-06。

【操作步骤】
① 在采购系统中，定义供应商存货价格表。

采购管理→供应商管理→供应商存货对照表。
② 在采购系统中，录入调价单。
采购管理→供应商管理→调价单。
③ 在采购系统中，填制并审核请购单。
采购管理→请购→请购单。
④ 在采购系统中，执行请购比价生成订单功能。
采购管理→采购订货→请购比价生单→比价（选择请购单）→生单（订单）。
(2) 假定 2016-01-06 尚未收到该货物，向兴盛公司发出催货函。
在采购系统中，查询供应商催货函。
采购管理→供应商管理→供应商催货函。

5. 暂估入库报销处理

2016-01-09 收到兴盛公司提供的上月已验收入库的 100 盒 40G 硬盘的专用发票一张，票号为 ZY00848210，发票单价为 820 元，货款暂欠。
【操作步骤】
① 在采购系统中，填制采购发票（可拷贝采购入库单）。
采购管理→采购发票→专用采购发票（拷贝采购入库单）。
② 在采购系统中，执行采购结算。
采购管理→采购结算→手工结算。
③ 在存货系统中，执行结算成本处理。
存货核算→业务核算→结算成本处理。
④ 在存货系统中，生成凭证（红冲单，兰冲单）。
存货核算→财务核算→生成凭证。
借：库存商品（红字）
　　贷：应付账款——暂估应付账款（红字）
借：库存商品（蓝字）
　　贷：应付账款——暂估应付账款（蓝字）
⑤ 在采购系统中，查询暂估入库余额表。

6. 采购退货

(1) 回款结算前退货
① 2016-01-10 收到昌达公司提供的 17 寸显示器，数量 202 台，单价为 1 150 元。验收入原料仓库。
② 2016-01-11 仓库反映有 2 台显示器有质量问题，要求退回给供应商。
③ 2016-01-11 收到昌达公司开具的专用发票一张，其发票号为 ZY44088899。
【操作步骤】
a. 收到货物时，在库存系统中填制入库单（202 台）。
库存管理→入库业务→采购入库单。
b. 退货时，在库存系统中填制红字入库单（2 台）。
库存管理→入库业务→采购入库单，填加时注意选择"红字"。
c. 收到发票时，在采购系统中填制采购发票（200 台）。
采购管理→采购发票→专用采购发票。
d. 在采购系统中，执行采购结算（手工结算）。

采购管理→采购结算→手工结算。
e. 在存货系统中，进行入库单记账。
存货核算→业务核算→正常单据记账。
f. 在应付系统中，审核采购发票。
应付款管理→应付单据处理→应付单据审核
g. 在应付系统中，生成采购凭证。
应付款管理→制单处理→生成凭证。
借：在途物资
　　应交税费——应交增值税（进项税额）
　贷：应付账款——一般应付账款
h. 在存货系统中，生成入库凭证。
存货核算→财务核算→生成凭证。
借：原材料
　贷：在途物资

(2) 采购结算后退货　2016-01-12 从昌达公司购入的键盘质量有问题，退回 2 只，单价为 95 元，同时收到票号为 ZY66005218 的红字专用发票一张。

【操作步骤】

① 退货时，在库存系统中填制红字入库单（2 台）。
库存管理→入库业务→采购入库单，添加时注意选择"红字"。
② 收到退货发票时，在采购系统中填制采购发票。
采购管理→采购发票→专用采购发票。
③ 在采购系统中，执行采购结算（自动结算）。
采购管理→采购结算→自动结算。
④ 在存货系统中，进行入库单记账。
存货核算→业务核算→正常单据记账。
⑤ 在应付系统中，审核采购发票。
应付款管理→应付单据处理→应付单据审核。
⑥ 在应付系统中，生成采购凭证。
应付款管理→制单处理→生成凭证。
借：在途物资红字
　　应交税费——应交增值税（进项税额）　　红字
　贷：应付账款——一般应付账款　　红字
⑦ 在存货系统中，生成入库凭证。
存货核算→财务核算→生成凭证。
借：原材料　　红字
　贷：在途物资　　红字

附录子项目三　销售管理系统

附录任务　销售管理系统日常业务

【任务要求】
对每一笔经济业务，都必须按照业务流程进行操作，基本顺序如下：

① 以"贾鹏"身份、业务日期进入销售管理系统,对每笔销售业务进行处理。

② 以"学生姓名"身份、业务日期进入应收款管理系统,对每笔应收单据进行审核,并生成凭证。

③ 以"毛鑫"身份、业务日期进入库存管理系统,对每笔销售业务所生成的出库单进行审核。

④ 以"学生姓名"身份、业务日期进入存货核算系统,对每笔销售业务所生成的出库单进行记账,并生成销售结转凭证或月末一次生成销售结转凭证,本企业采用逐笔方式结转销售成本。

【任务内容】

1. 普通销售业务

(1) 2016-01-14,新月贸易公司想购买10台计算机,向业务一部了解价格,业务一部报价为6 400元/台,填制并审核报价单。

(2) 2016-01-15,该客户了解情况后,要求订购10台,要求发货日期为2016-01-16,填制并审核销售订单。

(3) 2016-01-16,业务一部从成品仓库向新月贸易公司发出其所订货物,并据此开具专用销售发票(ZY02188798)一张。

(4) 2016-01-17,业务部门将销售发票交给财务部门,财务部门结转此业务的收入及成本。

【操作步骤】

① 在销售系统中,填制并审核报价单。

销售管理→销售报价→销售报价单。

② 在销售系统中,填制并审核销售订单(重新以订货日期登录)。

销售管理→销售订货→销售订单。

③ 在销售系统中,填制并审核销售发货单。

销售管理→销售发货→销售发货单。

④ 在销售系统中,调整选项(将新增发票默认"参照发货单生成")。

销售管理→设置→销售选项。

⑤ 在销售系统中,根据发货单填制并复核销售发票。

销售管理→销售开票→销售专用发票。

⑥ 在应收系统中,审核销售发票。

应收款管理→应收单据处理→应收单据审核。

⑦ 在库存系统中,审核销售出库单。

库存管理→出库业务→销售出库单。

⑧ 在存货系统中,执行出库单记账。

存货核算→业务核算→正常单据记账。

⑨ 在应收系统中,生成销售凭证。

应收款管理→制单处理→生成凭证。

借:应收账款——新月贸易公司
　　贷:主营业务收入
　　　　应交税费——应交增值税(销项税额)

⑩ 在存货系统中,生成结转销售成本的凭证。

存货核算→财务核算→生成凭证。

借：主营业务成本
　　贷：库存商品

【注意事项】

如果存货采用全月平均法进行销售成本核算，必须在期末处理完毕后，计算出已销产品成本，才能进行销售成本结转。

账表查询：

a. 在销售系统中，查询销售订单执行情况统计表。

b. 在销售系统中，查询发货统计表。

c. 在销售系统中，查询销售统计表。

d. 在存货系统中，查询出库汇总表（存货系统）。

2. 销售开票业务

(1) 2016-01-17，业务二部向新月贸易公司出售1600K打印机5台，报价为2 300元，成交价为报价的90%，货物从外购品仓库发出。

(2) 2016-01-17，根据上述发货单开具专用发票（ZY0208978）一张。

【操作步骤】

① 在销售系统中，填制并审核销售发货单。

销售管理→销售发货→销售发货单。

② 在销售系统中，根据发货单填制并复核销售发票。

销售管理→销售开票→销售专用发票。

③ 在应收系统中，审核销售发票。

应收款管理→应收单据处理→应收单据审核。

④ 在库存系统中，审核销售出库单。

库存管理→出库业务→销售出库单。

⑤ 在存货系统中，执行出库单记账。

存货核算→业务核算→正常单据记账。

⑥ 在应收系统中，生成销售凭证。

应收款管理→制单处理→生成凭证。

借：应收账款——新月贸易公司
　　贷：主营业务收入
　　　　应交税费——应交增值税（销项税额）

⑦ 在存货系统中，生成结转销售成本的凭证。

存货核算→财务核算→生成凭证。

借：主营业务成本
　　贷：库存商品

3. 现收销售

(1) 2016-01-17，业务一部向新月贸易公司出售计算机10台，报价为6 400元，货物从成品仓库发出。

(2) 2016-01-17，根据上述发货单开具专用发票（ZY0208987）一张，同时收到客户以支票（ZZR216）所支付的全部货款。

【操作步骤】

① 在销售系统中，填制并审核销售发货单。

销售管理→销售发货→销售发货单。
② 在销售系统中，根据发货单填制销售发票，执行现结功能，复核销售发票。
销售管理→销售开票→销售专用发票。
③ 在应收系统中，审核销售发票。
应收款管理→应收单据处理→应收单据审核（含现结单据）。
④ 在库存系统中，审核销售出库单。
库存管理→出库业务→销售出库单。
⑤ 在存货系统中，执行出库单记账。
存货核算→业务核算→正常单据记账。
⑥ 在应收系统中，生成销售凭证。
应收款管理→制单处理→生成凭证。
借：银行存款
　　贷：主营业务收入
　　　　应交税费——应交增值税（销项税额）
⑦ 在存货系统中，生成结转销售成本的凭证。
存货核算→财务核算→生成凭证。
借：主营业务成本
　　贷：库存商品

4. 汇总开票业务

(1) 2016-01-17，业务一部向新月贸易公司出售计算机 10 台，报价为 6 400 元，货物从成品仓库发出。

(2) 2016-01-17，业务一部向新月贸易公司出售 1600K 打印机 5 台，报价为 2 300 元，货物从外购品仓库发出。

(3) 2016-01-17，根据上述两张发货单开具专用发票（ZY0208988）一张。

【操作步骤】
① 在销售系统中，填制并审核两张销售发货单。
销售管理→销售发货→销售发货单。
② 在销售系统中，根据上述两张发货单填制并复核销售发票。
销售管理→销售开票→销售专用发票。
③ 在应收系统中，审核销售发票。
应收款管理→应收单据处理→应收单据审核。
④ 在库存系统中，审核销售出库单。
库存管理→出库业务→销售出库单。
⑤ 在存货系统中，执行出库单记账。
存货核算→业务核算→正常单据记账。
⑥ 在应收系统中，生成销售凭证。
应收款管理→制单处理→生成凭证。
借：应收账款——新月贸易公司
　　贷：主营业务收入
　　　　应交税费——应交增值税（销项税额）
⑦ 在存货系统中，生成结转销售成本的凭证。

存货核算→财务核算→生成凭证。
借：主营业务成本
　　贷：库存商品

5．一次销售分次开票业务

(1) 2016-01-18，业务二部向华荣公司出售1600K打印机20台，报价为2 300元，货物从外购品仓库发出。

(2) 2016-01-19，应客户要求，对上述所发出的商品开具两张专用销售发票，第一张发票（ZY0208989）中所列示的数量为15台，第二张发票（ZY0208990）上所列示的数量为5台。

【操作步骤】

① 在销售系统中，填制并审核销售发货单。

销售管理→销售发货→销售发货单。

② 在销售系统中，分别根据发货单填制并复核两张销售发票（考虑一下，在填制第二张发票时，系统自动显示的开票数量是否为5台）。

销售管理→销售开票→销售专用发票。

③ 在应收系统中，审核销售发票。

应收款管理→应收单据处理→应收单据审核。

④ 在库存系统中，审核销售出库单。

库存管理→出库业务→销售出库单。

⑤ 在存货系统中，执行出库单记账。

存货核算→业务核算→正常单据记账。

⑥ 在应收系统中，生成销售凭证。

应收款管理→制单处理→生成凭证。

借：应收账款——华荣公司
　　贷：主营业务收入
　　　　应交税费——应交增值税（销项税额）

⑦ 在存货系统中，生成结转销售成本的凭证。

存货核算→财务核算→生成凭证。

借：主营业务成本
　　贷：库存商品

6．一次开票分次发货销售业务

(1) 2016-01-20，业务二部向精利公司出售17寸显示器20台，由原料仓库发货，报价为1500元/台，同时开具专用发票（ZY0208992）一张。

(2) 2016-01-20，客户根据发货单从原料仓库领出15台显示器。

(3) 2016-01-21，客户根据发货单再从原料仓库领出5台显示器。

【操作步骤】

① 在销售系统中，调整有关选项（将"是否销售生单"选项勾掉）。

销售管理→设置→销售选项。

② 在销售系统中，填制并审核发货单。

销售管理→销售发货→销售发货单。

③ 在销售系统中，根据发货单填制并复核销售发票。

销售管理→销售开票→销售专用发票。
④ 在库存系统中，填制销售出库单（根据发货单生成销售出库单）。
库存管理→出库业务→销售出库单。
⑤ 在应收系统中，审核销售发票。
应收款管理→应收单据处理→应收单据审核。
⑥ 在存货系统中，执行出库单记账。
存货核算→业务核算→正常单据记账。
⑦ 在应收系统中，生成销售凭证。
应收款管理→制单处理→生成凭证。
借：应收账款——精利公司
　　贷：其他业务收入
　　　　应交税费——应交增值税（销项税额）
⑧ 在存货系统中，生成结转销售成本的凭证。
存货核算→财务核算→生成凭证。
借：其他业务成本
　　贷：原材料——17寸显示器

7. 销售发货并发生代垫费用业务

（1）2016-01-19，业务一部向新月贸易公司出售10台1600K打印机，报价为2 300元，物品从外购品仓库发出。并据此开具专用销售发票（ZY0208991）一张。

（2）2016-01-19，业务一部在向新月贸易公司销售商品过程中发生了一笔代垫的运输费费500元，该代垫费用以转账支票（ZZR218）支付。

【操作步骤】
① 在销售系统中，填制并审核销售发票。
销售管理→销售开票→销售专用发票。
② 在销售系统中，填制并审核代垫费用单。
销售管理→代垫费用→代垫费用单。
③ 在销售系统中，查询销售发货单。
销售管理→销售发货→销售发货单。
④ 在库存系统中，查询并销售出库单。
库存管理→出库业务→销售出库单。
⑤ 在应收系统中，审核销售发票。
应收款管理→应收单据处理→应收单据审核。
⑥ 在存货系统中，执行出库单记账。
存货核算→业务核算→正常单据记账。
⑦ 在应收系统中，生成销售凭证。
应收款管理→制单处理→生成凭证。
借：应收账款——新月贸易公司
　　贷：主营业务收入
　　　　应交税费——应交增值税（销项税额）
　　　　银行存款
⑧ 在存货系统中，生成结转销售成本的凭证。

存货核算→财务核算→生成凭证。
借：主营业务成本
　　贷：库存商品

8. 超发货单销售出库业务

(1) 2016-01-20，业务二部向精利公司出售17寸显示器20台，由原料仓库发货，报价为1500元/台。开具发票时，客户要求再多买两台，根据客户要求开具了22台显示器的专用发票（ZY0208993）一张。

(2) 2016-01-20，客户先从原料仓库领出18台显示器。

(3) 2016-01-20，客户再从原料仓库领出4台显示器。

【操作步骤】

① 在库存系统中，调整选项（将"允许超发货单出库"和"允许超发货单开票"选项置上对勾标记）。

库存管理→初始设置→选项。

② 在库存系统或销售系统中，定义存货档案（定义超额出库上限为0.2）。

设置→基础档案→存货→存货档案→控制页签。

③ 在销售系统中，填制并审核发货单。

销售管理→销售发货→销售发货单。

④ 在销售系统中，填制并复核销售发票（注意开票数量应为"22"）。

销售管理→销售开票→销售专用发票。

⑤ 在库存系统中，填制销售出库单，根据发货单生成销售出库单（选择"按累计出库数调整发货数"）。

库存管理→出库业务→销售出库单。

⑥ 在应收系统中，审核销售发票。

应收款管理→应收单据处理→应收单据审核。

⑦ 在存货系统中，执行出库单记账。

存货核算→业务核算→正常单据记账。

⑧ 在应收系统中，生成销售凭证。

应收款管理→制单处理→生成凭证。

借：应收账款——精利公司
　　贷：其他业务收入
　　　　应交税费——应交增值税（销项税额）

⑨ 在存货系统中，生成结转销售成本的凭证。

存货核算→财务核算→生成凭证。

借：其他业务成本
　　贷：原材料——17寸显示器

9. 分期收款发出商品业务

(1) 2016-01-20，业务二部向精利公司出售计算机200台，由成品仓库发货，报价为6 500元/台。由于金额较大，客户要求以分期付款形式购买该商品。经协商，客户分四次付款，并据此开具相应销售发票。第一次开具的专用发票（ZY0208995）为数量50台，单价6 500元，单位成本4 800元。

(2) 2016-01-22 业务部门将该业务所涉及的出库单及销售发票交给财务部门，财务部门据此结转收入及成本。

【操作步骤】

① 在销售系统中，调整有关选项：将"是否销售生单"选项置上对勾标记。

销售管理→设置→销售选项。

② 在销售系统中，填制并审核发货单（注意选择业务类型——分期收款）。

销售管理→销售发货→销售发货单。

③ 在存货系统中，执行发出商品记账功能，对发货单进行记账。

存货管理→业务核算→发出商品记账。

④ 在存货系统中，生成发出商品凭证。

存货管理→财务核算→生成凭证。

借：发出商品
　　贷：库存商品

⑤ 开具发票时，在销售系统中根据发货单填制并复核销售发票。

销售管理→销售开票→销售专用发票。

⑥ 在应收系统中，审核销售发票。

应收款管理→应收单据处理→应收单据审核。

⑦ 在存货系统中，执行销售发票记账。

存货管理→业务核算→发出商品记账。

⑧ 在应收系统中，生成销售凭证。

应收款管理→制单处理→生成凭证。

借：应收账款——精利公司
　　贷：主营业务收入
　　　　应交税费——应交增值税（销项税额）

⑨ 在存货系统中，生成结转销售成本凭证。

存货管理→财务核算→生成凭证。

⑩ 账表查询。

a. 在存货系统中，查询发出商品明细账。

b. 在销售系统中，查询销售统计表。

10. 委托代销业务

(1) 2016-01-20，业务二部委托利益公司代为销售计算机 50 台，售价为 6 500 元，货物从成品仓库发出。

(2) 2016-01-25，收到利益公司的委托代销清单一张，结算计算机 30 台，售价为 6 500 元。立即开具销售专用发票（ZY0208996）给利益公司。

(3) 2016-01-26，业务部门将该业务所涉及的出库单及销售发票交给财务部门，财务部门据此结转收入及成本。

【操作步骤】

① 在存货系统中，调整委托代销业务的销售成本结转方法为"发出商品"确定。

存货系统→初始设置→选项。

② 发货时业务处理：

a. 在销售系统中，填制并审核委托代销发货单。

销售管理→委托代销→委托代销发货单。

b. 在库存系统中，审核销售出库单。
库存管理→出库业务→销售出库单。
c. 在存货系统中，对发货单进行记账。
存货核算→业务核算→发出商品记账。
d. 在存货系统中，生成出库凭证。
借：委托代销商品/发出商品
　　贷：库存商品
③ 结算开票时业务处理：
a. 在销售系统中，填制并审核委托代销结算单。
销售管理→委托代销→委托代销结算单。
b. 在销售系统中，复核销售发票。
销售管理→销售开票→销售专用发票。
c. 在应收系统中，审核销售发票。
应收款管理→应收单据处理→应收单据审核。
d. 在应收系统中，生成销售凭证。
应收款管理→制单处理→生成凭证。
借：应收账款——利益公司
　　贷：主营业务收入
　　　　应交税费——应交增值税（销项税额）
④ 结转销售成本时：
a. 在存货系统中，对发出商品进行记账。
存货核算→业务核算→发出商品记账。
b. 在存货系统中，生成结转成本的凭证。
借：主营业务成本
　　贷：委托代销商品/发出商品
⑤ 账表查询：
a. 在销售系统中，查询委托代销统计表。
b. 在库存系统中，查询委托代销备查簿。

11. 开票前退货业务

(1) 2016-01-25，业务一部售给新月贸易公司的计算机 10 台，单价为 6 500 元，从成品仓库发出。

(2) 2016-01-26，业务一部售给新月贸易公司的计算机因质量问题，退回 1 台，单价为 6 500 元，收回成品仓库。

(3) 2016-01-26，开具相应的专用发票（ZY0208997）一张，数量为 9 台。

【操作步骤】
① 发货时，在销售系统中填制并审核发货单。
销售管理→销售发货→销售发货单。
② 退货时，在销售系统中填制并审核退货单。
销售管理→销售发货→销售退货单。
③ 销售系统中，填制并复核销售发票（选择发货单时应包含红字）。
销售管理→销售开票→销售专用发票。

④ 在库存系统中，填制销售出库单（根据发货单生成销售出库单）。
库存管理→出库业务→销售出库单。
⑤ 在应收系统中，审核销售发票。
应收款管理→应收单据处理→应收单据审核。
⑥ 在存货系统中，执行出库单记账。
存货核算→业务核算→正常单据记账。
⑦ 在应收系统中，生成销售凭证。
应收款管理→制单处理→生成凭证。
借：应收账款——新月贸易公司　　红字
　　贷：主营业务收入　　红字
　　　　应交税费——应交增值税（销项税额）　　红字
⑧ 在存货系统中，生成结转销售成本的凭证。
存货核算→财务核算→生成凭证。
借：主营业务成本　红字
　　贷：库存商品　红字

12. 委托代销退货
2016-01-27 委托利益公司销售的计算机退回 2 台，入成品仓库，由于该货物已经结算，故开具红字专用发票（ZY02089980）一张。
【操作步骤】
① 发生退货时，在销售系统中填制并审核委托代销结算退回单。
销售管理→委托代销→委托代销结算退回。
② 在销售系统中，复核红字专用销售发票。
销售管理→销售开票→红字专用销售发票。
③ 在销售系统中，填制并复核委托代销退货单。
销售管理→委托代销→委托代销退货单。
④ 在应收系统中，审核红字销售发票。
应收款管理→应收单据处理→应收单据审核。
⑤ 在存货系统中，执行发出商品记账。
存货核算→业务核算→发出商品记账。
⑥ 在应收系统中，生成销售凭证。
应收款管理→制单处理→生成凭证。
借：应收账款——新月贸易公司　　红字
　　贷：主营业务收入　　红字
　　　　应交税费——应交增值税（销项税额）　　红字
⑦ 在存货系统中，生成结转销售成本的凭证。
存货核算→财务核算→生成凭证。
借：主营业务成本　红字
　　贷：发出商品/委托代销商品　　红字
借：库存商品
　　贷：发出商品/委托代销商品
⑧ 账表查询，在库存系统中，查询委托代销备查簿。

13. 直运销售业务

(1) 2016-01-28，销售一部收到业务消息，北京宏达公司需要1600K打印机100台，经协商以单价2 300元/台，增值税税率为17%，销售部填制相对应的销货订单。

(2) 2016-01-28，因库存不足，销售部经联系，以1 800元/台的价格向沈阳万科有限公司发出100台采购订单，并要求对方直接将货送到北京宏达公司。

(3) 2016-01-29，货物送到北京宏达公司，沈阳万科有限公司凭送货签收单，根据订单开具了一张专用发票。

(4) 2016-01-29，销售部根据订单开具一张专用发票。

(5) 销售部将此业务的采购、销售发票交给财务部，财务部结转此业务的收入及成本。

【操作步骤】

① 在销售系统中，调整有关选项：将"是否有直运业务"选项置上对勾标记。

销售管理→设置→销售选项。

② 在企业应用平台中，定义存货档案（该存货应有销售、外购属性）。

设置→基础档案→存货→存货档案。

③ 在销售系统中，填制并审核销售订单。

销售管理→销售订货→销售订单（注意选择业务类型为"直运业务"）。

④ 在采购系统中，填制并审核采购订单。

采购管理→采购订货→采购订单（注意选择业务类型为"直运业务"）。

⑤ 在采购系统中，填制采购发票。

采购管理→采购发票→专用采购发票。

⑥ 在应付系统中，审核采购发票（在确定筛选条件时，应包含"未完全报销发票"）。

应付款管理→应付单据处理→应付单据审核。

⑦ 在应付系统中，生成采购凭证。

应付款管理→制单处理→生成凭证。

借：在途物资
　　应交税费——应交增值税（进项税额）
　贷：应付账款——一般应付账款

⑧ 在销售系统中，填制并复核销售发票。

销售管理→销售开票→专用销售发票。

⑨ 在应收系统中，审核销售发票。

应收款管理→应收单据处理→应收单据审核。

⑩ 在应收系统中，生成销售凭证。

应收款管理→制单处理→生成凭证。

借：应收账款——北京宏达公司
　贷：主营业务收入
　　　应交税费——应交增值税（销项税额）

在存货系统中，执行直运商品记账。

存货核算→业务核算→直运销售记账。

在存货系统中，生成结转销售成本的凭证。

存货核算→财务核算→生成凭证。

借：主营业务成本
　贷：在途物资

在存货系统中,查询存货明细账。

附录子项目四　库存管理系统

附录任务　库存管理系统日常业务

【任务要求】

对每一笔经济业务,都必须按照业务流程进行操作,基本顺序如下:

① 以"毛鑫"身份、业务日期进入库存管理系统,对每笔采购、销售业务所生成的入库单和出库单进行审核。

② 以"学生姓名"身份、业务日期进入存货核算系统,对每笔采购业务所生成的入库单进行记账,并生成凭证。

【任务内容】

1. 采购入库业务

(1) 参照采购业务核算实训中普通采购业务的到货单,生成采购入库单。

(2) 参照采购业务核算实训中现结业务,将业务的入库单在库存管理系统中录入。

(3) 参照采购业务核算实训中采购退货业务,分别在库存管理系统的录入系统的录入蓝字采购入库单及红字采购入库单。

【操作步骤】

① 启动库存系统,填制并审核采购入库单。

库存管理→入库业务→采购入库单(参照到货单生成)。

② 启动库存系统,填制并审核采购入库单。

库存管理→入库业务→采购入库单。

③ 收到货物时,在库存系统中填制入库单。

库存管理→入库业务→采购入库单。

④ 退货时,在库存系统中填制红字入库单。

库存管理→入库业务→采购入库单,添加时注意选择"红字"。

⑤ 在存货系统中,进行正常单据记账。

存货系统→业务核算→正常单据记账。

2. 销售出库业务

(1) 销售生成出库单　参照销售业务核算实训中销售业务发货单或销售发票,在库存系统自动生成相应销售出库单。

(2) 库存生成出库单　参照销售业务核算实训中销售业务发货单,在库存系统生成相应的销售出库单。

【操作步骤】

① 在库存系统中,参照生成销售出库单(参照发货单生成销售出库单)。

库存管理→出库业务→销售出库单。

② 在存货系统中,执行正常单据记账功能,对销售发票或销售出库单进行记账。

【注意事项】

存货选项中"销售成本核算方式有销售出库单和销售发票两种"。如果在存货选项中选择"销售发票"结转成本,在存货系统正常单据记账时,以销售发票单据记账;如果在存货选项中选择"销售出库单"结转成本,在存货系统正常单据记账时,以销售出库单单据记账。

③ 在存货系统中，执行发出商品记账功能，对销售发票进行记账。
存货核算→业务核算→发出商品记账。

3．材料领用
2016-01-15，二车间向原料仓库领用 PⅢ 芯片 60 盒、40G 硬盘 30 只、17 寸显示器 30 台、键盘 30 只、鼠标 30 只材料用于生产计算机。
【操作步骤】
① 在库存系统中，填制并审核材料出库单（建议单据中的单价为空）。
库存管理→出库业务→材料出库单。
② 在存货系统中，执行单据记账。
存货核算→业务核算→正常单据记账。
③ 在存货系统中，生成领用材料凭证。
存货核算→财务核算→生成凭证。
借：生产成本
　　贷：原材料

4．出入库跟踪
对于存货"传真机"，在库存管理时，需要对每一笔入库的出库情况做详细的统计。
① 2016-01-25，供应部向联想公司购进传真机 5 台，单价为 1 200 元，物品入外购商品库。
② 2016-01-26，供应部向昌达公司购进传真机 5 台，单价为 1 300 元，物品入外购商品库。
③ 2016-01-28，收到上笔入库的专用发票两张，票号为 ZY45601003 和 ZY45601004。
④ 2016-01-28，二车间向外购品仓库领用 2 台传真机，用于生产计算机。
⑤ 2016-01-28，销售二部向新月贸易公司销售传真机 6 台，单价 2 000 元，商品已发出，并开出增值税专用发票。
【操作步骤】
略
【注意事项】
如果企业需要对某种存货进行出入库跟踪入库核算，应在企业应用平台中定义该存货的档案"出库跟踪入库"选项。
① 在企业应用平台中，对材料出库单进行单据设计（增设"入库单号"栏）。
设置→单据设置→单据格式设置。
② 在库存系统中，填制两张采购入库单。
库存管理→入库业务→采购入库单。
③ 在采购系统中，填制采购发票。
采购管理→采购发票→专用采购发票。
④ 在采购系统中，进行采购结算。
采购管理→采购结算→手工结算。
⑤ 在存货系统中，进行入库单记账。
存货核算→业务核算→正常单据记账。
⑥ 在应付系统中，审核采购发票。
应付款管理→应付单据处理→应付单据审核。

⑦ 在应付系统中,生成采购凭证。
应付款管理→制单处理→生成凭证。
借:在途物资
    应交税费——应交增值税(进项税额)
  贷:应付账款——一般应付账款
⑧ 在存货系统中,生成入库凭证。
存货核算→财务核算→生成凭证。
借:原材料
  贷:在途物资
⑨ 在库存系统系统中,填制材料出库单。
库存管理→出库业务→材料出库单。
⑩ 在存货系统中,执行单据记账。
存货核算→业务核算→正常单据记账。
在存货系统中,生成领用材料凭证。
存货核算→财务核算→生成凭证。
借:生产成本
  贷:原材料
在销售系统中,填制并审核销售发货单。
销售管理→销售发货→销售发货单。
在销售系统中,调整选项(将新增发票默认"参照发货单生成")。
销售管理→设置→销售选项。
在销售系统中,根据发货单填制并复核销售发票。
销售管理→销售开票→销售专用发票。
在应收系统中,审核销售发票。
应收款管理→应收单据处理→应收单据审核。
在库存系统中,审核销售出库单。
库存管理→出库业务→销售出库单。
在存货系统中,执行出库单记账。
存货核算→业务核算→正常单据记账。
在应收系统中,生成销售凭证。
应收款管理→制单处理→生成凭证。
借:应收账款——新月贸易公司
  贷:主营业务收入
    应交税费——应交增值税(销项税额)
在存货系统中,生成结转销售成本的凭证。
存货核算→财务核算→生成凭证。
借:主营业务成本
  贷:库存商品
在库存系统系统中,查询入库跟踪表。

5. 产成品入库
(1) 2016-01-15,成品仓库收到当月加工的 10 台计算机,作为产成品入库。

(2) 2016-01-16，成品仓库收到当月加工的 10 台计算机，作为产成品入库。
(3) 2016-01-17，随后财务部门查询完工产品成本，然后进行产成品成本分配。

【注意事项】

完工产品成本查询：如果未将供应链系统与成本管理系统集成使用，需对完工产品成本做如下方式查询：第一，如果企业对生产成本设置了项目核算，那么需要在总账系统中的项目明细账中查询完工产品成本；第二，如果企业未对生产成本设置项目核算，需要在总账系统中的明细账中查询完工产品成本。

【操作步骤】

① 在库存系统中，填制并审核产成品入库单。

库存管理→入库业务→产成品入库单。

② 在库存系统中，查询收发存汇总表。

③ 在总账系统中，查询项目明细账。

总账系统→账簿→项目明细账。

④ 在存货系统中，进行产成品成本分配。

存货核算→业务核算→产成品成本分配。

⑤ 在存货系统中，执行单据记账。

存货核算→业务核算→正常单据记账。

⑥ 在存货系统中，生成完工产品成本凭证。

a. 总账系统→自定义转账→生成凭证。

借：生产成本——成本结转
　　贷：生产成本——直接材料
　　　　　　　　——直接人工
　　　　　　　　——制造费用

b. 存货核算→财务核算→生成凭证。

借：库存商品
　　贷：生产成本——成本结转

6. 调拨业务

2016-01-20 将原料仓库中的 50 只键盘调拨到外购品仓库。

【操作步骤】

① 在库存系统中，填制并审核调拨单。

库存管理→调拨业务→调拨单。

② 在库存系统中，审核其他入库单。

库存管理→入库业务→其他入库单。

③ 在库存系统中，审核其他出库单。

库存管理→出库业务→其他出库单。

④ 在存货系统中，执行特殊单据记账。

存货核算→业务核算→特殊单据记账。

⑤ 在存货系统中，调拨生单。

存货核算→财务核算→生成凭证。

借：库存商品
　　贷：原材料

【注意事项】

调拨业务：可以是总公司下属企业之间调拨业务，也可以是本企业不同仓库之间调拨业务。但是如果本企业调拨商品，且商品明细账户相同，可以不生成凭证，只需调拨转库处理即可。

7. 暂估入库处理

2016-01-28 收到爱心公司提供的打印机 100 台，入外购品仓库（发票尚未收到）。由于到了月底发票仍未收到，故确认该批货物的暂估成本为 1 800 元。

【操作步骤】

① 在库存系统中，填制并审核采购入库单。

库存管理→入库业务→采购入库单。

② 在存货系统中，录入暂估入库成本。

存货核算→业务核算→暂估成本录入。

③ 在存货系统中，执行正常单据记账。

存货核算→业务核算→正常单据记账。

④ 在存货系统中，生成凭证（暂估记账）。

存货核算→财务核算→生成凭证。

借：库存商品
　　贷：应付账款——暂估应付账款

8. 盘点业务

2016-01-28，对原料仓库的所有存货进行盘点。盘点后，发现键盘多出一个，经确认，该键盘的成本为 80 元/只。

【操作步骤】

(1) 盘点前　在库存系统中，填制盘点单。

库存管理→盘点业务。

(2) 盘点后

① 在库存系统中修改盘点单，录入盘点数量，确定盘点金额。

库存管理→盘点业务。

② 在库存系统中，审核盘点单。

③ 在存货系统中，对出入库单进行记账。

存货核算→业务核算→正常单据记账。

④ 在存货系统中，生成凭证（暂估记账）。

存货核算→财务核算→生成凭证。

借：原材料
　　贷：待处理财产损益

9. 盘点预警

根据上级主管要求，键盘应在每周二进行盘点一次。如果周二未进行盘点，需进行提示。

【操作步骤】

① 在库存系统中，进行选项设置。

库存管理→初始设置→选项。

② 在企业应用平台中，修改存货档案，设定上次盘点时间，盘点周期。
企业应用平台→设置→基础档案→存货→存货档案。
假定周二未对该存货进行盘点，将业务日期调整为周三，进入库存系统时，系统会进行相应提示。

10. 假退料
2006-01-30，根据生产部门的统计，有 5 盒 PⅢ 芯片当月尚未耗用完。先做假退料处理，下个月再继续使用。
【操作步骤】
(1) 在存货系统中，填制假退料单。
存货核算→日常业务→假退料单。
(2) 在存货系统中，进行单据记账。
存货核算→业务核算→正常单据记账。
(3) 在存货系统中，查询明细账。
说明：当月末结账后，可再重新查询明细账。

附录子项目五　应收应付系统业务

附录任务　应收应付系统日常业务

【任务要求】
① 本案例以应收款、应付款管理系统与供应链其他系统集成应用为实训条件，故采购结算、采购入库与采购管理的业务组合，销售结算、销售出库与销售管理业务相结合。
② 以"学生姓名"的身份、业务日期进入应收款、应付款管理系统，对每笔业务进行处理。
【任务内容】
(一) 客户往来款的处理
要求：业务单据日期为业务发生日期，凭证制单日期为 1 月 31 日。

1. 应收款的确认
将上述销售业务中所涉及的销售发票进行审核，财务部门据此确认各项收入。
【操作步骤】
① 在应收系统中，应收单据审核。
应收系统→应收单据处理→应收单据审核。
② 在应收系统中，根据发票生成凭证（生成凭证时可做合并制单）。
应收系统→制单处理→生成凭证。
借：应收账款
　　贷：主营业务收入
　　　　应交税费——应交增值税（销项税额）
③ 账表查询。
a. 根据信用期限进行单据报警查询。
b. 根据信用额度进行信用报警查询。

2. 收款结算
(1) 收到预收款　2016-01-05 收到新月贸易公司以汇票（HP0216546）方式支付的预付

货款 30 000 元，财务部门据此生成相应凭证。

【操作步骤】

① 在应收系统中，录入收款单（注意：款项类型为"预收款"）。

应收系统→收款单据处理→收款单据录入。

② 在应收系统中，审核收款单。

应收系统→收款单据处理→收款单据审核。

③ 在应收系统中，根据收款单生成凭证，选择结算单制单。

应收系统→制单处理→结算单制单（生成凭证）。

借：银行存款
    贷：预收账款

（2）收到应收款

① 2016-01-26，收到利益公司以转账支票（支票号：ZZR285）方式支付的货款 50 000 元，用于冲减其所欠的第一笔货款。

【操作步骤】

a. 在应收系统中，录入收款单（注意：款项类型为"应收款"）。

应收系统→收款单据处理→收款单据录入。

b. 在应收系统中，审核收款单。

应收系统→收款单据处理→收款单据审核。

c. 在应收系统中，核销应收款（手工核销）。

应收系统→核销→手工核销。

d. 在应收系统中，根据收款单生成凭证。

应收系统→制单处理→生成凭证。

借：银行存款
    贷：应收账款

② 2016-01-21，收到新月贸易公司的 500 元现金，用于归还其所欠的代垫运输费。

【操作步骤】

a. 在应收系统中，录入收款单（注意：款项类型为"应收款"）。

应收系统→收款单据处理→收款单据录入。

b. 在应收系统中，审核收款单。

应收系统→收款单据处理→收款单据审核。

c. 在应收系统中，核销应收款（自动核销）。

应收系统→核销→自动核销。

d. 在应收系统中，根据收款单生成凭证。

应收系统→制单处理→生成凭证。

借：银行存款
    贷：应收账款

③ 查询业务明细账。

④ 查询收款预测。

3. 转账处理

（1）预收冲应收 2016-01-26 将收到的新月贸易公司 30000 元的预收款冲减其应收账款。

【操作步骤】

在应收系统中，预收冲应收。

应收系统→转账→预收冲应收。

借：预收账款
　　贷：应收账款

(2) 红票对冲　将利益公司的一张红字发票与其一张蓝字销售发票进行对冲。

【操作步骤】

在应收系统中，红票对冲（手工对冲）。

应收系统→转账→红票对冲→手工对冲。

4. 坏账处理

(1) 发生坏账时　2016-01-27，收到通知华荣公司破产，其所欠款项将无法收回，做坏账发生处理。

【操作步骤】

在应收系统中，坏账发生处理。

应收系统→转账→坏账处理→坏账发生。

借：坏账处理
　　贷：应收账款

(2) 坏账收回　2016-01-28，收回华荣公司已做坏账的货款 20 000 元现金，做坏账收回处理。

【操作步骤】

① 在应收系统中，录入收款单（注意：款项类型为"应收款"）。

应收系统→收款单据处理→收款单录入。

② 在应收系统中，坏账收回处理。

应收系统→转账→坏账处理→坏账收回。

借：应收账款
　　贷：坏账准备

借：银行存款
　　贷：应收账款

(3) 计提本年度的坏账准备

【操作步骤】

① 在应收系统中，计提坏账准备。

应收系统→转账→坏账处理→计提坏账准备。

借：资产减值损失
　　贷：坏账准备

总之，在应收系统中，财务可以根据发票、结算单、转账、现结、坏账处理等情况制单。

② 查询凭证。

(二) 供应商往来款的处理

要求：业务单据日期为业务发生日期，凭证制单日期为1月31日。

1. 应付款的确认

将上述采购业务中所涉及的采购发票进行审核，财务部门据此结转各项成本。

【操作步骤】

① 在应付系统中,应付单据审核。

应付系统→应付单据处理→应付单据审核。

② 在应付系统中,根据发票生成凭证,选择发票制单(生成凭证时可做合并制单)。

应付系统→制单处理→发票制单。

借:在途物资

　　应交税费——应交增值税(进项税额)

　　贷:应付账款——一般应付账款

2. 付款结算

① 2016-01-26 以转账支票(支票号:ZZR286)方式支付给兴盛公司货款 76752 元。

【操作步骤】

a. 在应付系统中,录入付款单(注意:款项类型为"应付款")。

应付系统→付款单据处理→付款单据录入。

b. 在应付系统中,审核付款单。

应付系统→付款单据处理→付款单据审核。

c. 在应付系统中,核销应付款(手工核销)。

应付系统→核销→手工核销。

借:应付账款——一般应付账款

　　贷:银行存款

② 查询业务明细账。

③ 查询付款预测。

3. 转账处理

红票对冲:将昌达公司的一张红字发票与其一张蓝字销售发票进行对冲。

总之,在应付系统中,财务可以发票、结算单、现结等情况制单。

附录子项目六　存货系统业务

附录任务　存货系统日常业务

【任务要求】

对每一笔经济业务,都必须按照业务流程进行操作,基本顺序如下:

① 以"毛鑫"身份、业务日期进入库存管理系统,对每笔采购、销售业务所生成的入库单和出库单进行审核。

② 以"学生姓名"身份、业务日期进入存货核算系统,对每笔采购业务、销售业务所生成的入库单、出库单进行记账,并生成凭证(生成凭证时按单据生成,一张单据生成一张凭证)。

【任务内容】

1. 单据记账

将上述各出入库业务中所涉及的入库单、出库单进行记账。

(1) 调拨单进行记账　如果调拨单未记账,则需要进行此项操作。

【操作步骤】

在存货系统中,进行特殊单据记账。

存货系统→业务核算→特殊单据记账。
（2）正常单据记账　将采购、销售业务所涉及的入库单、出库单进行记账。
【操作步骤】
在存货系统中，进行正常单据记账。
存货系统→业务核算→正常单据记账。

2．财务核算
（1）根据上述业务中所涉及的采购入库单编制相应凭证
【操作步骤】
在存货系统中，生成财务存货入库凭证，注意选择"采购入库单（报销）"生成相应凭证。
存货系统→财务核算→生成凭证。
（2）查询凭证
【操作步骤】
在存货系统中，查询凭证列表。
存货系统→财务核算→凭证列表。

3．存货系统的月末处理
（1）各仓库的期末处理
【操作步骤】
在存货系统中，进行期末处理。
存货系统→业务核算→期末处理。
（2）生成结转销售成本的凭证
【注意事项】
如果计价方式为"全月平均法"，须在"期末处理"完毕后进行发出存货成本结转。
【操作步骤】
在存货系统中，生成结转销售成本凭证（选择"销售出库单"）。
存货系统→财务核算→生成凭证。

附录子项目七　供应链各系统期末业务

附录任务　期末结账

【任务要求】
月末结账时要遵循结账顺序。结账的顺序是：
采购管理→应付款管理→销售管理→应收款管理→库存管理→存货核算→总账。
【任务内容】

1．期末对账
① 库存管理系统与存货核算系统对账。
② 采购管理与应付款管理系统对账。
③ 销售管理与应收款管理系统对账。
④ 采购管理系统、应付款管理系统、销售管理系统、应收款管理系统、库存管理系统、存货核算系统分别与总账系统对账。

2. 期末结账
(1) 采购管理系统结账
【操作步骤】
在采购系统中,进行采购管理系统结账。
采购系统→业务→月末结账。
(2) 应付款管理系统结账
(3) 销售管理系统结账
【操作步骤】
在销售系统中,进行销售管理系统结账。
销售系统→业务→销售月末结账。
(4) 应收款管理系统结账
(5) 库存管理系统结账
【操作步骤】
在库存系统中,进行库存管理系统结账。
库存系统→业务处理→月末结账。
(6) 存货核算系统结账
【操作步骤】
在存货系统中,进行存货核算系统结账。
存货系统→业务核算→月末结账。
(7) 总账系统的结账

附录项目三　会计信息化综合模拟实训

一、会计信息化综合模拟实训模拟企业概况

会计信息化模拟实训的主体是辽宁省京奥打印机厂。该厂现有职工 35 名，设有基本生产车间和机修辅助生产车间两个车间，共同生产甲、乙两种产品。

2012 年该厂计划生产激光打印机 3 000 台，喷墨打印机 1 500 台，计划销售额为 600 000 元，计划全年利润 200 000 元。

本模拟实训就是该厂 2012 年 12 月实际发生的会计业务为基础形成的。考虑到会计业务的多样性和学生的工作量，我们进行了适当的补充和删减。

二、会计信息化综合模拟实训模拟企业基本资料

（一）模拟企业建账基本资料

1. 角色设置

①财务部长岗；②会计岗；③出纳岗；④采购岗；⑤销售岗；⑥仓库岗。

2. 用户及权限设置

① Admin，系统管理员。

② 姓名：李军；编码：001；角色：财务部长；权限：账套主管兼凭证审核。

③ 姓名：实习学生；编码：002；角色：会计主管；权限：账套主管。

④ 姓名：刘复；编码：003；角色：出纳岗；权限：公共单据、应付款管理、公共目录、总账（出纳，凭证查询与出纳签字）。

⑤ 姓名：周浩；编号：004；角色：销售岗；权限：公共单据、公共目录、销售管理。

⑥ 姓名：潘海；编号：005；角色：采购岗；权限：公共单据、公共目录、采购管理。

⑦ 姓名：毛鑫；编号：006；角色：仓库岗；权限：公共单据、公共目录、库存管理。

3. 建账信息

① 单位名称：辽宁省京奥打印机厂＋学生姓名。

② 地址：沈阳市沈河区 65 号。

③ 企业法人：刘明。

④ 开户行：工商银行沈河办事处。

⑤ 账号：2012211009468。

⑥ 税务登记号：211103027017556。

⑦ 电话：024-××××××××。

⑧ 行业性质：工业企业。

⑨ 会计科目：2007 年新会计制度。

⑩ 会计科目级长：422222；存货分类编码：1223；收发类别编码：221；结算方式编码：21。

⑪ 记账本位币：人民币。

⑫ 会计年度与日历年度一致，会计期间为一年 12 个月。

⑬ 账套启用期间为 2012 年 12 月 1 日。

⑭ 本企业的存货、客户、供应商分类核算、有外币业务核算。

⑮ 系统启用模块：总账管理系统、薪金管理系统、固定资产管理系统、应收款管理系统、应付款管理系统、采购管理系统、销售管理系统、库存管理系统、存货核算系统。系统启动日期均为2012年12月1日。

（二）模拟企业其他基本资料

1. 部门档案（附表3-1）

附表3-1 部门档案

部门编码	部门名称	部门属性	部门编码	部门名称	部门属性
1	企业厂部	管理部门	5	采购部	采购管理
2	财务部	管理部门	6	企业医务室	福利服务
3	基本生产车间	生产部门	7	销售部	销售管理
4	辅助生产车间	生产部门	8	仓库部	库存管理

2. 人员类别（附表3-2）

附表3-2 人员类别

类别编码	人员类别名称	类别编码	人员类别名称
101	管理人员	105	福利人员
102	生产激光打印机	106	销售人员
103	生产喷墨打印机	107	仓库人员
104	采购人员	108	辅助生产人员

3. 职员档案（附表3-3）

附表3-3 职员档案

职员编码	职员姓名	所属部门	人员类别	入职时间	身份证号	操作员	业务员
101	刘明	企业厂部	管理人员	1983	2201021983308125347		√
102	杨华	企业厂部	管理人员	2010	2201022201008125347		√
201	李军	财务部	管理人员	2003	2201022200308125347	√	√
202	学生姓名	财务部	管理人员	1993	2201021993308125347	√	√
203	刘复	财务部	管理人员	1995	2201021995508125347	√	
301	王波	基本生产车间	生产激光打印机	1994	2201021994408125347		√
302	郭艳	基本生产车间	生产激光打印机	1995	2201021995508125347		√
303	王一明	基本生产车间	生产激光打印机	1993	2201021993308125347		√
304	陈欣	基本生产车间	生产喷墨打印机	1997	2201021997708125347		√
305	薛杰	基本生产车间	生产喷墨打印机	1993	2201021993308125347		√
306	张春光	基本生产车间	生产喷墨打印机	1998	2201021998808125347		√
401	魏刚	辅助生产车间	辅助生产人员	1995	2201021995508125347		√
402	何立红	辅助生产车间	辅助生产人员	1994	2201021994408125347		√
403	马明伟	辅助生产车间	辅助生产人员	1991	2201021991108125347		√
404	黄宗涛	辅助生产车间	辅助生产人员	1997	2201021997708125347		√

续表

职员编码	职员姓名	所属部门	人员类别	入职时间	身份证号	操作员	业务员
405	李烨	辅助生产车间	辅助生产人员	1993	220102199308125347		√
501	李萍	企业医务室	福利人员	1994	220102199408125347		√
601	周浩	销售部	销售人员	2008	220102200808125347	√	√
602	秋征	销售部	销售人员	1996	220102199608125347		√
701	潘海	采购部	采购人员	2011	220102198308125347	√	√
702	吴林	采购部	采购人员	2003	220102200308125347		√
801	毛鑫	仓库部	仓库人员	2011	220102201108125347	√	√
802	张赢	仓库部	仓库人员	2012	220102201208125347		√

4. 结算方式（附表3-4）

附表3-4 结算方式

结算方式编码	结算方式名称	票据管理
01	现金	否
02	支票	否
021	现金支票	是
022	转账支票	是
03	银行汇票	否
04	银行本票	否
05	商业汇票	否
051	商业承兑汇票	否
052	银行承兑汇票	否
06	信用证	否
07	信用卡	否
08	委托收款	否
09	托收承付	否
10	其他	否

5. 付款条件（附表3-5）

附表3-5 付款条件

编码	信用天数	优惠天数1	优惠率1	优惠天数2	优惠率2	优惠天数3	优惠率3
01	30	10	2	20	1		
02	60	10	4	20	2	30	1
03	90	10	4	20	3	45	2

6. 外汇核算

设置美元、港币等外币核算，每月新增经济业务采用月初汇率进行核算。对货币资金、债权债务结算等科目月末由电脑自动进行汇兑损益调整。汇兑损益计入财务费用——汇兑损益账户。外汇汇率资料如附表3-6所示。

附表 3-6 外汇核算表

时间	美元(USD)汇率	港币(HKD)汇率
12月1日	1∶8.3	1∶1.22
12月31日	1∶8.2	1∶1.25

7. 开户银行（附表 3-7）

附表 3-7 开户银行

开户银行编码	银行账号	账户名称	币符	币种	开户银行名称	所属银行编码	暂封标志
001	2012211009468	基本存款户	RMB	人民币	工商银行盘锦支行惠宾办事处	01	否
002	3455678900468	美元存款户	USD	美元	中国银行盘锦支行惠宾办事处	02	否
003	5670987600981	港币存款户	HKD	港币	交通银行盘锦支行惠宾办事处	03	否

交行单位编码：856789046。

8. 供应商分类（附表 3-8）

附表 3-8 供应商分类

分类编码	分类名称
01	材料供应商
02	成品供应商
03	其他

9. 供应商档案（附表 3-9）

附表 3-9 供应商档案

供应商编码	供应商名称	供应商简称	所属分类	税号	开户银行	银行账号	地址	邮政编码	发展日期
001	广州永康公司	永康公司	01	210890096736008	中国银行	0000008427365	广州市北塔区前门路18号	510000	2012年1月1日
002	北京蓝天公司	蓝天公司	01	210711007602098	中国银行	0000006793946	北京市门头沟区和平路88号	102300	2012年1月1日
003	成都威尔公司	威尔公司	01	239875602367846	工商银行	0000002546195	成都市龙泉驿区和平路23号	610100	2009年1月1日

注：供应商分管部门：采购部，专管业务员：潘海，单价不含税。

10. 客户分类（附表 3-10）

附表 3-10 客户分类

分类编码	分类名称
01	批发
02	零售
03	其他

11. 客户档案（附表3-11）

附表3-11 客户档案

客户编码	客户名称	客户简称	所属分类	税号	开户银行	银行账号	地址	邮政编码	发展日期	开户银行	银行备注
001	北京隆达公司	隆达公司	01	198008966004569	工商银行	0000008883456	北京市朝阳区泰山路03号	110000	2016年01月01日	北京朝阳区工行办事处	账户名称:基本存款户;默认值:是
002	盘锦华润公司	华润公司	01	209077326345098	工商银行	0000004398264	盘锦市双台区花苑路08号	124010	2016年01月01日	盘锦市双台子区工行办事处	

注：销售客户分管部门：销售部门，专管业务员：周浩。

12. 存货分类（附表3-12）

附表3-12 存货分类

存货类别编码	存货类别名称	存货类别编码	存货类别名称
1	原材料	3	产成品
2	周转材料	4	应税劳务
201	包装物	5	办公及后勤用品
202	低值易耗品		

13. 计量单位组（附表3-13）

附表3-13 计量单位组

计量单位组编号	计量单位组名称	计量单位组类别
01	无换算关系组	无换算
02	重量组	固定换算

14. 计量单位（附表3-14）

附表3-14 计量单位

组别	计量单位号	计量单位名称	所属计量单位组名称
01	0101	只	无换算关系
	0102	个	无换算关系
	0103	套	无换算关系
	0104	件	无换算关系
	0105	包	无换算关系
	0106	台	无换算关系
	0107	片	无换算关系
	0108	册	无换算关系
	0109	千米	无换算关系
	0110	盒	无换算关系
	0111	千米	无换算关系
02	0201	千克	固定换算关系/主计量标志
	0202	吨	固定换算关系/换算率=1000

15. 仓库档案（附表3-15）

附表3-15 仓库档案

仓库编码	仓库名称	计价方式
001	原材料库	计划成本
002	周转材料库	计划成本
003	成品库	全月平均
004	其他	

16. 存货档案（附表3-16）

附表3-16 存货档案

存货编码	存货名称	所属类别	计量单位	税率	存货属性	计价方式	采购员
001	塑片	原材料	千克	17%	内销/外销/外购/生产耗用	计划成本	潘海
002	钢片	原材料	千克	17%	内销/外销/外购/生产耗用	计划成本	潘海
003	铝片	原材料	千克	17%	内销/外销/外购/生产耗用	计划成本	潘海
004	包装箱	包装物	个	17%	内销/外销/外购/生产耗用	计划成本	潘海
005	专用工具	低值易耗品	个	17%	内销/外销/外购/生产耗用	计划成本	潘海
006	激光打印机	产成品	台	17%	内销/外销/自制	全月平均	潘海
007	喷墨打印机	产成品	台	17%	内销/外销/外购	全月平均	潘海
008	运输费	应税劳务	千米	7%	内销/外销/外购/应税劳务		

17. 收发类别（附表3-17）

附表3-17 收发类别

类别编码	收发类别	收发标志	类别编码	收发类别	收发标志
01	正常入库	收	03013	不单独计价销售包装物	发
0101	采购入库	收	03014	销售原材料	发
0102	产成品入库	收	03015	销售周转材料	发
01021	激光打印机产品入库	收	0302	生产领用	发
01022	喷墨打印机产品入库	收	03021	生产激光打印机	发
0103	调拨入库	收	03022	生产喷墨打印机	发
02	非正常入库	收	03023	生产打印机	发
0201	盘盈入库	收	03024	基本车间一般耗用	发
0202	其他入库	收	03025	辅助车间一般耗用	发
03	正常出库	发	0303	调拨出库	发
0301	销售出库	发	04	非正常出库	发
03011	销售激光打印机	发	0401	盘亏出库	发
03012	销售喷墨打印机	发	0402	其他出库	发

18. 采购类型（附表3-18）

附表3-18 采购类型

类型编码	采购类型	入库类别	是否默认值	是否委外默认值
01	普通采购	采购入库	是	否

19. 销售类型（附表3-19）

附表3-19 销售类型

类型编码	销售类型	入库类别	是否默认值
01	销售激光打印机	销售出库	是
02	销售喷墨打印机	销售出库	是
03	不单独计价销售包装物	销售出库	是
04	销售原材料	销售出库	是
05	销售周转材料	销售出库	是

20. 会计科目（附表3-20）

附表3-20 会计科目

编号	一、资产类	科目类别	方向	账簿格式	辅助核算说明
1001	库存现金	资产	借		
100101	人民币	资产	借		日记账/指定科目
100102	美元	资产	借	外币金额	美元/日记账/指定科目
100103	港币	资产	借	外币金额	港币/日记账/指定科目
1002	银行存款	资产	借		
100201	工商银行	资产	借		日记账/银行账/指定科目
100202	中国银行	资产	借	外币金额	美元/日记账/银行账/指定科目
100203	交通银行	资产	借	外币金额	港币/日记账/银行账/指定科目
1012	其他货币资金	资产	借		
101201	外埠存款	资产	借		
101202	银行汇票存款	资产	借		
101203	银行本票存款	资产	借		
101204	信用证	资产	借		
101205	信用卡	资产	借		
101206	存出投资款	资产	借		
1101	交易性金融资产	资产	借		
110101	股票投资	资产	借		
11010101	利达	资产	借		
1101010101	成本	资产	借		
1101010102	公允价值变动	资产	借		
110102	债券投资	资产	借		
11010201	乐胜	资产	借		

续表

编号	一、资产类	科目类别	方向	账簿格式	辅助核算说明
1101020101	成本	资产	借		
1101020102	公允价值变动	资产	借		
1121	应收票据	资产	借		
112101	人民币	资产	借		客户往来/受控应收系统
112102	美元	资产	借	外币金额	客户往来/美元/受控应收系统
112103	港币	资产	借	外币金额	客户往来/港币/受控应收系统
1122	应收账款	资产	借		
112201	人民币	资产	借		客户往来/受控应收系统
112202	美元	资产	借	外币金额	客户往来/美元/受控应收系统
112203	港币	资产	借	外币金额	客户往来/港币/受控应收系统
1123	预付账款	资产	借		
112301	人民币	资产	借		供应商往来/受控应付系统
11230101	一般预付款	资产	借		供应商往来/受控应付系统
11230102	待摊预付账款	资产	借		供应商往来/受控应付系统
112302	美元	资产	借	外币金额	供应商往来/美元/受控应付系统
112303	港币	资产	借	外币金额	供应商往来/港币/受控应付系统
1131	应收股利	资产	借		
1132	应收利息	资产	借		
1221	其他应收款	资产	借		
122101	保险公司	资产	借		
122102	备用金	资产	借		个人往来
122103	存投出保证金	资产	借		个人往来
1231	坏账准备	资产	贷		
1401	材料采购	资产	借		
1403	原材料	资产	借		存货核算受控系统
1404	材料成本差异	资产	借		
1405	库存商品	资产	借		存货核算受控系统
1406	发出商品	资产	借		存货核算受控系统
1408	委托加工物资	资产	借		
1411	周转材料	资产	借		存货核算受控系统
1471	存货跌价准备	资产	贷		
1410	待摊费用	资产	借		
141001	报刊费	资产	借		
141002	财产保险费	资产	借		
1501	持有至到期投资	资产	借		
150101	面值	资产	借		
150102	利息调整	资产	借		

续表

编号	一、资产类	科目类别	方向	账簿格式	辅助核算说明
1502	持有至到期投资减值准备	资产	贷		
1511	长期股权投资	资产	借		
151101	股票投资	资产	借		
1512	长期股权投资减值准备	资产	贷		
1503	可供出售金融资产	资产	借		
1521	投资性房地产	资产	借		
1531	长期应收款	资产	借		
1601	固定资产	资产	借		
1602	累计折旧	资产	贷		
1603	固定资产减值准备	资产	贷		
1604	在建工程	资产	借		
1605	工程物资	资产	借		
1606	固定资产清理	资产	借		
1701	无形资产	资产	借		
170101	土地使用权	资产	借		
1702	累计摊销	资产	贷		
1703	无形资产减值准备	资产	贷		
1711	商誉	资产	借		
1801	长期待摊费用	资产	借		
1811	递延所得税资产	资产	借		
1901	待处理财产损益	资产	借		
190101	待处理流动资产损益	资产	借		
190102	待处理固定资产损益	资产	借		
编号	二、负债类	科目类别	方向	账簿格式	辅助核算说明
2001	短期借款	负债	贷		
200101	人民币	负债	贷		
200102	美元	负债	贷	外币金额	美元
200103	港币	负债	贷	外币金额	港币
2201	应付票据	负债	贷		
220101	人民币	负债	贷		供应商往来/受控应付系统
220102	美元	负债	贷	外币金额	美元/供应商往来/受控应付系统
220103	港币	负债	贷	外币金额	港币/供应商往来/受控应付系统
2202	应付账款	负债	贷		
220201	人民币	负债	贷		供应商往来/受控应付系统
22020101	一般应付账款	负债	贷		供应商往来/受控应付系统
22020102	暂估应付账款	负债	贷		供应商往来/受控应付系统
220202	美元	负债	贷	外币金额	美元/供应商往来/受控应付系统

续表

编号	二、负债类	科目类别	方向	账簿格式	辅助核算说明
220203	港币	负债	贷	外币金额	港币/供应商往来/受控应付系统
2203	预收账款	负债	贷		
220301	人民币	负债	贷		客户往来/受控应收系统
220302	美元	负债	贷	外币金额	美元/客户往来/受控应收系统
220303	港币	负债	贷	外币金额	港币/客户往来/受控应收系统
2211	应付职工薪酬	负债	贷		
221101	工资	负债	贷		
221102	职工福利费	负债	贷		
2221	应交税费	负债	贷		
222101	应交增值税	负债	贷		
22210101	进项税额	负债	贷		
22210102	已交税金	负债	贷		
22210103	转出未交增值税	负债	贷		
22210104	销项税额	负债	贷		
22210105	出口退税	负债	贷		
22210106	进项税额转出	负债	贷		
22210107	转出多交增值税	负债	贷		
222102	未交增值税	负债	贷		
222103	应交所得税	负债	贷		
222104	应交消费税	负债	贷		
222105	应交营业税	负债	贷		
222106	应交城建税	负债	贷		
222107	应交教育费附加	负债	贷		
2231	应付利息	负债	贷		
223101	短期借款利息	负债	贷		
223102	长期借款利息	负债	贷		
2232	应付利润	负债	贷		
2241	其他应付款	负债	贷		
224101	经营租入固定资产	负债	贷		
2501	长期借款	负债	贷		
250101	人民币	负债	贷		
250102	美元	负债	贷	外币金额	美元
250103	港币	负债	贷	外币金额	港币
2502	应付债券	负债	贷		
250201	债券面值	负债	贷		
250202	利息调整	负债	贷		
250203	应计利息	负债	贷		

续表

编号	二、负债类	科目类别	方向	账簿格式	辅助核算说明
2701	长期应付款	负债	贷		
2711	专项应付款	负债	贷		
2901	递延所得税负债	负债	贷		

编号	三、所有者权益类	科目类别	方向	账簿格式	辅助核算说明
4001	实收资本	所有者权益	贷		
400101	长城公司	所有者权益	贷		
400102	光明公司	所有者权益	贷		
400103	利宝公司	所有者权益	贷		
4002	资本公积	所有者权益	贷		
4101	盈余公积	所有者权益	贷		
410101	一般盈余公积	所有者权益	贷		
4103	本年利润	所有者权益	贷		
4104	利润分配	所有者权益	贷		
410401	提取盈余公积	所有者权益	贷		
410402	应付利润	所有者权益	贷		
410403	未分配利润	所有者权益	贷		
4201	库存股	所有者权益	借		

编号	四、成本类	科目类别	方向	账簿格式	辅助核算说明
5001	生产成本	成本	借		
500101	基本生产成本	成本	借		
50010101	基本生产车间	成本	借		
5001010101	激光打印机	成本	借		
500101010101	直接材料	成本	借		
500101010102	直接人工	成本	借		
500101010103	制造费用	成本	借		
500101010104	成本结转	成本	借		
5001010102	喷墨打印机	成本	借		
500101010201	直接材料	成本	借		
500101010202	直接人工	成本	借		
500101010203	制造费用	成本	借		
500101010204	成本结转	成本	借		
5001010103	生产打印机	成本	借		
500101010301	直接材料	成本	借		
500102	辅助生产成本	成本	借		
50010201	辅助生产车间	成本	借		
5001020101	工资及福利费	成本	借		
5001020102	办公费	成本	借		

续表

编号	四、成本类	科目类别	方向	账簿格式	辅助核算说明
5001020103	差旅费	成本	借		
5001020104	折旧费	成本	借		
5001020105	业务招待费	成本	借		
5001020106	物料消耗费	成本	借		
5001020109	其他	成本	借		
5101	制造费用	成本	借		
510101	工资及福利费	成本	借		
510102	办公费	成本	借		
510103	水电费	成本	借		
510104	折旧费	成本	借		
510105	低值易耗品摊销	成本	借		
510106	物料消耗费	成本	借		
510107	辅助生产	成本	借		
510109	其他	成本	借		
5301	研发支出	成本	借		

编号	五、损益类	科目类别	方向	账簿格式	辅助核算说明
6001	主营业务收入	损益	贷		
600101	激光打印机	损益	贷		
600102	喷墨打印机	损益	贷		
6051	其他业务收入	损益	贷		
6101	公允价值变动损益	损益	贷		
6111	投资收益	损益	贷		
6301	营业外收入	损益	贷		
6401	主营业务成本	损益	借		
640101	激光打印机	损益	借		
640102	喷墨打印机	损益	借		
6402	其他业务成本	损益	借		
6403	营业税金及附加	损益	借		
6601	销售费用	损益	借		
660101	工资及福利费	损益	借		
660102	办公费	损益	借		
660103	差旅费	损益	借		
660104	折旧费	损益	借		
660105	包装费	损益	借		
660106	广告费	损益	借		
660109	其他	损益	借		
6602	管理费用	损益	借		

续表

编号	五、损益类	科目类别	方向	账簿格式	辅助核算说明
660201	工资及福利费	损益	借		
660202	办公费	损益	借		
660203	差旅费	损益	借		
660204	折旧费	损益	借		
660205	业务招待费	损益	借		
660206	无形资产摊销	损益	借		
660209	其他	损益	借		
6603	财务费用	损益	借		
660301	利息支出	损益	借		
660302	金融机构手续费	损益	借		
660303	汇兑损益	损益	借		
660304	现金折扣	损益	借		
6701	资产减值损失	损益	借		
6711	营业外支出	损益	借		
6801	所得税费用	损益	借		
6901	以前年度损益调整	损益	贷		

21. 凭证类别（附表 3-21）

附表 3-21　凭证类别

凭证类别	限制类型	限制科目
记账凭证	无限制	

22. 总账初始设置

(1) 总账参数设置（附表 3-22）

附表 3-22　总账参数设置

选项卡	参数设置
凭证	制单序时控制　支票控制 赤字控制:控制资金及往来科目 可以使用应收受控科目 可以使用应付受控科目 可以使用存货受控科目 现金流量科目不必录入现金流量项目 自动填补凭证断号 凭证编号由系统编号 其他采用系统默认设置
权限	凭证审核控制到操作员 出纳凭证必须经由出纳签字 凭证必须经由主管会计签字 不允许修改、作废他人填制的凭证 可查询他人凭证 制单、辅助账查询控制到辅助核算 其他采用系统默认设置

续表

选项卡	参数设置
账簿	账簿打印位数、每页打印行数按软件默认模式设置 明细账、日记账、多栏账按年排页打印 凭证、账簿套打 其他采用系统默认设置
凭证打印	打印凭证页脚姓名 打印凭证包含科目编码 其他采用系统默认设置
预算控制	采用系统默认设置
会计日历	会计日历为1月1日～12月31日 数量小数位为2位,单价小数位为2位 其他采用系统默认设置
其他	外币核算采用固定汇率 部门、个人、项目按编码方式排序 其他采用系统默认设置

(2) 期初余额录入

① 人民币部分见附表3-23。

附表3-23 人民币部分账户期初余额　　　　　　单位:元

科目名称	累计借方	累计贷方	余额	期初余额
库存现金	768 000.00	762 300.00	借	21 500.00
人民币	768 000.00	762 300.00	借	21 500.00
银行存款	12 365 400.00	15 424 500.00	借	15 390 030.00
工行	12 365 400.00	15 424 500.00	借	15 390 030.00
其他货币资金	300 000.00		借	600 000.00
外埠存款	100 000.00		借	100 000.00
存出投资款	200 000.00		借	500 000.00
交易性金融资产			借	746 000.00
股票投资			借	546 000.00
利达			借	546 000.00
成本			借	200 000.00
公允价值变动			借	346 000.00
债券投资			借	200 000.00
乐胜			借	200 000.00
成本			借	200 000.00
应收账款	3 500 000.00	3 000 000.00	借	3 200 000.00
北京隆达公司	2 300 000.00	2 000 000.00	借	1 200 000.00
盘锦华润公司	1 200 000.00	1 000 000.00	借	2 000 000.00
其他应收款	155 600.00	28 500.00	借	190 100.00
保险公司	120 000.00		借	180 000.00
备用金(个人往来)	35 600.00	285 00.00	借	10 100.00

科目名称	累计借方	累计贷方	余额	期初余额
销售部	12 000.00	10 000.00	借	5 000.00
周浩	12 000.00	10 000.00	借	5 000.00
财务部	8 000.00	6 500.00	借	1 500.00
刘复	8 000.00	6 500.00	借	1 500.00
企业医务室	15 600.00	12 000.00	借	3 600.00
李萍	15 600.00	12 000.00	借	3 600.00
材料成本差异(原材料差异)			借	1 000.00
原材料	700 000.00	610 000.00	借	140 000.00
塑片	300 000.00	280 000.00	借	50 000.00
钢片	200 000.00	160 000.00	借	10 000.00
铝片	200 000.00	170 000.00	借	80 000.00
周转材料	110 000.00	99 000.00	借	20 000.00
包装物(包装箱)	60 000.00	50 000.00	借	10 000.00
低值易耗品(专用工具)	50 000.00	49 000.00	借	10 000.00
库存商品	350 000.00	320 000.00	借	50 000.00
激光打印机	200 000.00	180 000.00	借	20 000.00
喷墨打印机	150 000.00	140 000.00	借	30 000.00
预付账款-人民币-待摊预付账款	12 000.00	5 000.00	借	7 000.00
报刊费	4 000.00	2 000.00	借	3 000.00
财产保险费	8 000.00	3 000.00	借	4 000.00
持有至到期投资	5 000 000.00	3 360 000.00	借	2 000 000.00
面值	5 000 000.00	3 360 000.00	借	2 000 000.00
固定资产			借	15 348 750.00
累计折旧			贷	69 750.00
在建工程	2 000 000.00	1 800 000.00	借	1 000 000.00
无形资产		12 000.00	借	140 000.00
土地使用权		12 000.00	借	140 000.00
累计摊销			贷	20 000.00
长期待摊费用	12 000.00	12 000.00	借	10 000.00
短期借款	1 290 000.00	20 0000.00	贷	1 000 000.00
应付账款		816 183.36	贷	1 207 950.00
广州永康公司		816 183.36	贷	1 197 950.00
成都威尔公司			贷	10 000.00
应付职工薪酬	10 000.00	10 000.00	贷	45 710.00
职工福利费	10 000.00	10 000.00	贷	45 710.00
应交税费	128 000.00	128 000.00	贷	68 000.00
未交增值税	128 000.00	128 000.00	贷	68 000.00

续表

科目名称	累计借方	累计贷方	余额	期初余额
应付利息			贷	20 000.00
短期借款利息			贷	4 000.00
长期借款利息			贷	16 030.00
长期借款	2 000 000.00	2 320 000.00	贷	1 832 000.00
长期应付款		58 140.00	贷	4 386 000.00
实收资本			贷	2 5890 000.00
长城公司			贷	9 500 000.00
光明公司			贷	8 210 000.00
利宝公司			贷	8 180 000.00
资本公积	132 750.00	1 526 750.00	贷	5 526 750.00
本年利润	870 000.00	948 000.00	贷	78 000.00
利润分配			贷	
生产成本	1 256 000.00	1 190 000.00	借	66 000.00
基本生产成本	1 256 000.00	1 190 000.00	借	66 000.00
基本生产车间	1 256 000.00	1 190 000.00	借	66 000.00
激光打印机	1 256 000.00	1 190 000.00	借	66 000.00
直接材料	1 040 000.00	1 000 000.00	借	40 000.00
直接人工	160 000.00	140 000.00	借	20 000.00
制造费用	56 000.00	50 000.00	借	6 000.00

② 美元部分见附表 3-24。

附表 3-24　美元部分账户期初余额

科目名称	借方累计	本位币借方累计	贷方累计	本位币贷方累计	余额	原币期初余额	本位币期初余额
库存现金	100 000.00	830 000.00	80 000.00	664 000.00	借	50 000.00	415 000.00
美元	100 000.00	830 000.00	80 000.00	664 000.00	借	50 000.00	415 000.00
银行存款	100 000.00	830 000.00	25 000.00	207 500.00	借	150 000.00	1 245 000.00
中国银行 USD	100 000.00	830 000.00	25 000.00	207 500.00	借	150 000.00	1 245 000.00
短期借款	70 000.00	581 000.00			贷	70 000.00	581 000.00

③ 港币部分见附表 3-25。

附表 3-25　港币部分账户期初余额

科目名称	借方累计	本位币借方累计	贷方累计	本位币贷方累计	余额	原币期初余额	本位币期初余额
库存现金	12 000.00	14 640.00	7 540.98	9 200.00	借	13 000.00	15 860.00
港币	12 000.00	14 640.00	7 540.98	9 200.00	借	13 000.00	15 860.00
银行存款	157 000.00	191 540.00	78 196.72	95 400.00	借	98 000.00	119 560.00
交通银行 HKD	157 000.00	191 540.00	78 196.72	95 400.00	借	98 000.00	119 560.00
应收账款	67 888.00	82 823.36	32 000.00	39 040.00	借	101 500.00	123 830.00

续表

科目名称	借方累计	本位币借方累计	贷方累计	本位币贷方累计	余额	原币期初余额	本位币期初余额
北京隆达公司	67 888.00	82 823.36	32 000.00	39 040.00	借	101 500.00	123 830.00
预付账款	41 000.00	50 020.00	33 000.00	40 260.00	借	8 000.00	9 760.00
广州永康公司	28 000.00	34 160.00	20 000.00	24 400.00	借	8 000.00	9 760.00
北京蓝天公司	13 000.00	15 860.00	13 000.00	15 860.00	借		
短期借款	120 000.00	146 400.00	20 000.00	24 400.00	贷	110 000.00	134 200.00

(3) 总账往来期初余额

① 人民币部分。

会计科目：112201 应收账款——人民币

本位币余额：3 200 000 元

应收账款人民币账户期初余额见附表 3-26。

附表 3-26 应收账款人民币账户期初余额

票据日期	凭证号	票号	客户	摘要	方向	金额	业务员
2011-11-20	记 68	110	隆达公司	销售商品	借	1 200 000.00	秋征
2011-10-20	记 75	158	华润公司	销售商品	借	2 000 000.00	周浩

会计科目：220201 应付账款——人民币

本位币余额：1 207 950 元

应付账款人民币账户期初余额见附表 3-27。

附表 3-27 应付账款人民币账户期初余额

票据日期	凭证号	票号	供应商	摘要	方向	金额	业务员
2011-11-08	记 65	198	永康公司	购买商品	贷	1 197 950.00	吴林
2011-11-10	记 72	218	成都威尔	购买商品	贷	10 000.00	吴林

② 港币部分。

会计科目：112203 应收账款——港币

原币余额：101 500 元 本位币余额：123 830 元

应收账款港币账户期初余额见附表 3-28。

附表 3-28 应收账款港币账户期初余额

票据日期	凭证号	票号	客户	摘要	方向	原币金额	本位币金额	业务员
2011-10-05	记 12	102	隆达公司	销售商品	借	101500.00	123830.00	秋征

会计科目：112303 预付账款——港币

原币余额：8 000 元 本位币余额：9 760 元

预付账款港币账户期初余额见附表 3-29。

附表 3-29 预付账款港币账户期初余额

票据日期	凭证号	票号	供应商	摘要	方向	原币金额	本位币金额	业务员
2011-11-05	记 46	148	永康公司	预付货款	贷	8 000.00	9 760.00	吴林

(4) 损益类账户本年累计损益实际发生额（附表 3-30）

附表 3-30　损益类账户本年累计损益实际发生额

科目名称	本年累计损益借方实际发生额	本年累计损益贷方实际发生额
主营业务收入	768 000.00	768 000.00
激光打印机	432 000.00	432 000.00
喷墨打印机	336 000.00	336 000.00
主营业务成本	500 000.00	500 000.00
激光打印机	320 000.00	320 000.00
喷墨打印机	180 000.00	180 000.00
销售费用	85 520.00	85 520.00
工资及福利费	18 000.00	18 000.00
办公费	37 520.00	37 520.00
差旅费	20 000.00	20 000.00
折旧费		
其他费用	10 000.00	10 000.00
营业税金及附加	12 000.00	12 000.00
其他业务收入	80 000.00	80 000.00
其他业务成本	71 000.00	71 000.00
管理费用	117 520.00	117 520.00
工资及福利费	73 360.00	73 360.00
办公费	34 160.00	34 160.00
差旅费	10 000.00	10 000.00
折旧费		
业务招待费		
其他费用		
财务费用	18 200.00	18 200.00
利息费用	10 200.00	10 200.00
金融机构手续费	5 000.00	5 000.00
汇兑损益	3 000.00	3 000.00
现金折扣		
投资收益	50 000.00	50 000.00
营业外收入	50 000.00	50 000.00
营业外支出	27 480.00	27 480.00
所得税费用	38 280.00	38 280.00

23. 应收款管理系统初始设置

(1) 业务参数设置（附表 3-31）

附表 3-31 业务参数设置

选项卡	参数设置
常规	应收款核销方式：按单据 单据审核日期依据：业务日期 汇总损益方式：月末处理 坏账处理方式：应收余额百分比法 代垫费用类型：其他应收单 应收账款核算类型：详细核算 是否自动计算现金折扣：√ 登记支票 其他采用系统默认设置
凭证	科目制单方式：明细到客户 非控制科目制单方式：汇总方式 控制科目依据：按客户 销售科目依据：按存货 月结前全部生成凭证 预收冲应收生成凭证 红票对冲生成凭证 凭证可编辑 其他采用系统默认设置
权限与预警	录入发票显示提示信息：√ 其他采用系统默认设置

(2) 科目设置（附表 3-32）

附表 3-32 科目设置

设置内容	项目名称	科目编码	会计科目	备注
基本科目设置	应收科目	112201	应收账款	
	预收科目	220301	预收账款	
	销售税金科目	22210104	应交税费——应交增值税（销项税额）	
	现金折扣科目	660304	财务费用——现金折扣	
	汇兑损益科目	660303	财务费用——汇兑损益	
结算方式科目设置	现金	100101	库存现金	备注 1：报警级别设置：总比率在 10% 以内为 A 级，10% 以上为 B 级 备注 2：坏账准备提取率为 5‰；坏账准备无期初余额
	现金支票	100201	银行存款——工行存款	
	转账支票	100201	银行存款——工行存款	
	银行汇票	100201	银行存款——工行存款	
	银行本票	100201	银行存款——工行存款	
	信用证	100201	银行存款——工行存款	
	信用卡	100201	银行存款——工行存款	
坏账准备设置	坏账准备科目	1231	坏账准备	
	对方科目设置	6701	资产减值损失	

(3) 账龄区间设置（附表 3-33）

附表 3-33 账龄区间设置

序号	起止天数	总天数
01	1～30	30

续表

序号	起止天数	总天数
02	31～60	60
03	61～90	90
04	91～120	120
05	121 以上	

(4) 应收账款期初余额

① 人民币。

会计科目：112201 应收账款 余额：借 3 200 000 元

应收账款人民币账户期初余额见附表 3-34。

附表 3-34 应收账款人民币账户期初余额

发票类型	票据日期	票号	客户	方向	金额	单价	部门	业务员	备注
专用发票	2011-11-20	110	隆达公司	借	1 200 000.00	1 602.564 11	销售部	秋征	销售喷墨打印机 640 台
专用发票	2011-10-20	158	华润公司	借	2 000 000.00	1 799.370 22	销售部	周浩	销售激光打印机 950 台

② 港币。

会计科目：112203 应收账款 余额：借 123 830 元

应收账款港币账户期初余额见附表 3-35。

附表 3-35 应收账款港币账户期初余额

发票类型	票据日期	票号	客户	方向	原币金额	本位币金额	原币/本币单价	业务员	备注
专用发票	2011-10-05	102	隆达公司	借	101 500.00	123 830.00	1 314.426 32 1 603.600 11	秋征	销售喷墨打印机 66 台

会计科目：112303 预付账款——一般预付账款 余额：借 9 760 元

预付账款港币账户期初余额见附表 3-36。

附表 3-36 预付账款港币账户期初余额

发票类型	票据日期	票号	客户	方向	原币金额	本位币金额	原币/本币单价	部门	业务员	备注
专用发票	2011-11-05	112	永康公司	借	8 000.00	9 760.00	9.768 01 11.916 97	采购部	吴林	采购钢片 700 千克

24. 应付款管理系统初始设置

(1) 业务参数设置（附表 3-37）

附表 3-37 业务参数设置

选项卡	参数设置
常规	应付款核销方式：按单据 单据审核日期依据：业务日期 汇兑损益方式：月末处理 应付账款核算类型：详细核算 自动计算现金折扣：√ 登记支票 其他采用系统默认设置

续表

选项卡	参数设置
凭证	受控科目制单方式:明细到供应商 非控制科目制单方式:汇总方式 控制科目依据:按供应商 采购科目依据:按存货 月结前全部生成凭证 预付冲应付生成凭证 红票对冲生成凭证 凭证可编辑 其他采用系统默认设置
权限与预警	采用系统默认设置

(2) 科目设置（附表3-38）

附表3-38 科目设置

设置内容	项目名称	科目编码	会计科目	备注
基本科目设置	应付科目	220201	应付账款——一般应付账款	报警级别设置:总比率在10%以内为A级,10%以上为B级
	预付科目	112301	预付账款——一般预付账款	
	采购科目	1401	材料采购	
	采购税金科目	22210101	应交税费——应交增值税(进项税额)	
	现金折扣科目	660304	财务费用——现金折扣	
	汇兑损益科目	660303	财务费用——汇兑损益	
结算方式科目设置	现金	1001	库存现金	
	现金支票	100201	银行存款——工行存款	
	转账支票	100201	银行存款——工行存款	
	银行汇票	101202	其他货币资金——银行汇票	
	银行本票	101203	其他货币资金——银行本票	
	信用证	101204	其他货币资金——信用证	
	信用卡	101205	其他货币资金——信用卡	

(3) 账龄区间设置（附表3-39）

附表3-39 账龄区间设置

序号	起止天数	总天数
01	1～30	30
02	31～60	60
03	61～90	90
04	91～120	120
05	121以上	

(4) 应付账款期初余额（附表3-40）

会计科目：220201 应付账款——人民币

本位币余额：1 207 950元

附表 3-40　应付账款人民币账户期初余额

票据日期	凭证号	票号	供应商	摘要	方向	金额	单价	业务员	备注	发票类型
2011-11-08	记65	198	永康公司	购买商品	贷	1 197 950.00	20	吴林	购买塑片 51 194.444 千克	普通发票
2011-11-10	记72	218	成都威尔	购买商品	贷	10 000.00	10	吴林	购买课件 854.70 千克	普通发票

(5) 预付账款期初余额（附表 3-41）

会计科目：112303　预付账款——港币

原币余额：8 000 元　本位币余额：9 760 元

附表 3-41　预付账款港币账户期初余额

票据日期	凭证号	票号	供应商	摘要	方向	原币金额	本位币金额	业务员
2011-11-05	记46	148	永康公司	预付货款	贷	8 000.00	9 760.00	吴林

25. 存货核算系统初始设置

(1) 根据存货大类分别设置存货科目（附表 3-42）

附表 3-42　存货科目设置

仓库类别	对应科目
原材料库	原材料(1403)
周转材料库	周转材料(1411)
成品库	库存商品(1405)

(2) 根据收发类别确定各存货的对方科目（附表 3-43）

附表 3-43　收发类别对应科目设置

收发类别	仓库类别	对应科目	暂估科目
采购入库	原材料库	材料采购(1401)	应付账款-暂估应付账款(22020102)
采购入库	周转材料库	材料采购(1401)	应付账款-暂估应付账款(22020102)
激光打印机产品入库	成品库	生产成本——基本生产成本——基本生产车间——激光打印机——成本结转(500101010104)	
喷墨打印机产品入库	成品库	生产成本——基本生产成本——基本生产车间——喷墨打印机——成本结转(500101010204)	
盘盈入库		待处理流动财产损益(190101)	
生产激光打印机		生产成本生产成本——基本生产成本——基本生产车间——激光打印机	——直接材料(500101010101)
生产喷墨打印机		生产成本生产成本——基本生产成本——基本生产车间——喷墨打印机	——直接材料(500101010201)
生产打印机		生产成本生产成本——基本生产成本——基本生产车间——生产打印机	——直接材料(500101010301)
基本车间一般耗用		制造费用——物料消耗费(510106)	
辅助车间一般耗用		生产成本——辅助生产成本——辅助生产车间——物料消耗费(5001020106)	
销售激光打印机	成品库	主营业务成本——激光打印机(640101)	

收发类别	仓库类别	对应科目	暂估科目
销售喷墨打印机	成品库	主营业务成本——喷墨打印机(640102)	
不单独计价销售包装物	周转材料库	销售费用——包装费(660105)	
销售原材料		其他业务成本(6402)	
销售周转材料		其他业务成本(6402)	
盘亏出库		待处理流动财产损益(1901)	

(3) 录入存货期初余额（附表3-44）

附表3-44 存货核算系统期初余额

仓库名称	存货名称	数量	结存单价
原材料库	塑片	5 000	10
	钢片	500	20
	铝片	8 000	10
周转材料库	包装箱	200	50
	专用工具	50	200
成品仓库	激光打印机	20	1 000
	喷墨打印机	60	500

(4) 录入材料成本差异期初余额

期初余额录入：原材料1 000元。

26. 采购管理系统初始设置

采购管理模块设置参数：无受托代销业务；期初余额；记账。

27. 库存管理系统初始设置

录入各仓库期初库存（附表3-45）

附表3-45 库存管理系统期初余额

仓库名称	存货名称	数量
原材料库	塑片	5 000
	钢片	500
	铝片	8 000
周转材料库	包装箱	200
	专用工具	50
成品仓库	激光打印机	20
	喷墨打印机	60

【注意事项】

期初库存余额引入后，记账。

28. 销售管理系统初始设置

销售管理模块设置参数：无委托代销业务，无销售调拨业务，无零售日报业务，销售报价不含税；销售不生成出库单；无期初余额。

29. 成本核算方法

该企业采用品种法计算产品成本。

甲乙两产品本月全部完工：激光打印机完工250台，喷墨打印机完工150台。

该企业设立一个基本生产车间、一个辅助生产车间。

基本生产车间生产激光打印机和喷墨打印机，激光打印机本月耗用工时4 000工时，喷墨打印机本月耗用工时1 000工时。基本生产车间间接费用归集于制造费用账户中，月末按工时比例分配结转。

辅助生产车间发生的各项费用全部计入辅助生产成本。辅助生产费用采用直接分配法进行分配，且全部分配结转至制造费用账户中。

原材料和周转材料费用按计划成本核算，逐步结转入库材料成本差异，期末一次性结转发出材料成本差异，摊销方法采用一次摊销法。库存商品按实际成本核算。销售产品成本按全月平均法核算。

生产领用的原材料按生产产品数量比例分配；其他费用按工时比例分配。

生产过程中，随生产进度陆续领用材料；产品完工后，陆续验收入库。月终一次结转耗用材料成本、验收入库产成品成本。

本模拟实训，计算分配率应精确到0.000 01，计算应分配的成本费用精确到0.01。

30. 金融资产

2011年11月30日购入乐胜公司发行的债券三年到期，年利率8%，按年支付利息。本企业准备短期持有该债券。

31. 银行借款

短期借款1 000 000元，流动资金借款，年利率3%，按季付息；

长期借款1 832 000元，技术开发借款，年利率6%，按季付息。

32. 薪金管理初始设置

单个类别，不核算计件工资，工资中代扣个人所得税，不扣零。

(1) 设置人员类别　管理人员、生产激光打印机、生产喷墨打印机、采购人员、福利人员、销售人员、仓库人员。

(2) 设置银行名称　银行名称：工商银行盘锦支行惠宾办事处；账号长度：13位；录入时自动带入的账号长度为11位。

(3) 人员档案（附表3-46）

附表3-46　人员档案

职员编码	职员姓名	所属部门	人员类别	银行账户
101	刘明	企业厂部	管理人员	8765430100001
102	杨华	企业厂部	管理人员	8765430100002
201	李军	财务部	管理人员	8765430100003
202	学生姓名	财务部	管理人员	8765430100004
203	刘复	财务部	管理人员	8765430100005

续表

职员编码	职员姓名	所属部门	人员类别	银行账户
301	王波	基本生产车间	生产激光打印机	8765430100006
302	郭艳	基本生产车间	生产激光打印机	8765430100007
303	王一明	基本生产车间	生产激光打印机	8765430100008
304	陈欣	基本生产车间	生产喷墨打印机	8765430100009
305	薛杰	基本生产车间	生产喷墨打印机	8765430100010
306	张春光	基本生产车间	生产喷墨打印机	8765430100011
401	魏刚	辅助生产车间	辅助生产人员	8765430100012
402	何立红	辅助生产车间	辅助生产人员	8765430100013
403	马明伟	辅助生产车间	辅助生产人员	8765430100014
404	黄宗涛	辅助生产车间	辅助生产人员	8765430100015
405	李烨	辅助生产车间	辅助生产人员	8765430100016
501	李萍	企业医务室	福利人员	8765430100017
601	周浩	销售部	销售人员	8765430100018
602	秋征	销售部	销售人员	8765430100019
701	潘海	采购部	采购人员	8765430100020
702	吴林	采购部	采购人员	8765430100021
801	毛鑫	仓库部	仓库人员	8765430100022
802	张嬴	仓库部	仓库人员	8765430100023

(4) 设置工资项目　基本工资、岗位工资、交补、奖金、应发合计、扣水费、扣房租、代扣税、扣款合计、实发合计、银行账号。

(5) 工资计算公式

① 应发工资＝基本工资＋岗位工资＋奖金＋交补＋工龄工资。

② 扣款合计＝扣水费＋扣房租＋代扣税。

③ 实发工资＝应发工资－扣款合计。

④ 岗位工资＝iff（人员类别＝"管理人员",1500,1300）。

⑤ 养老保险＝基本工资×8%。

⑥ 住房公积金＝基本工资×10%。

⑦ 工龄工资＝工龄≤5，工龄×10；5＜工龄≤10，工龄×15；10＜工龄≤20，工龄×20；工龄＞20，工龄×25。

⑧ 交补＝iff（人员类别＝"销售人员" or 人员类别＝"采购人员",500,300）。

生产激光打印机、生产喷墨打印机人员奖金为500元，辅助生产工人300元，其他人员200元。

⑨ 扣水费15元，扣房租100元。

(6) 个人所得税扣税基础　人民币3 500元。
(7) 银行代发设置
单位编号：856789046。

33. **本月工资数据**（附表3-47）

附表3-47　工资数据

部门		编号	职工姓名	基本工资	奖金	扣水费	扣房租
管理部门		1	高平	2 296.00	200.00	5.00	10.00
		2	杨华	1 850.00	100.00	5.00	10.00
		3	李军	850.00	100.00	5.00	10.00
		4	刘复	750.00		5.00	10.00
		5	学生姓名	750.00	90.00	5.00	
基本生产车间	激光打印机	6	王波	500.00	136.00	5.00	10.00
		7	郭艳	500.00	135.00	5.00	10.00
		8	王一明	500.00	135.00	5.00	10.00
基本生产车间	喷墨打印机	9	陈欣	500.00	135.00	5.00	10.00
		10	薛杰	500.00	135.00	5.00	10.00
		11	张春光	500.00	135.00	5.00	10.00
辅助生产车间		12	魏刚	500.00	98.00	5.00	10.00
		13	何立红	500.00	98.00	5.00	10.00
		14	马明伟	500.00	98.00	5.00	10.00
		15	黄宗涛	500.00	98.00	5.00	10.00
		16	李烨	500.00	98.00	5.00	10.00
福利部门		17	李萍	600.00	85.00	5.00	10.00
销售部门		18	周浩	700.00	100.00	5.00	10.00
		19	秋征	700.00	100.00	5.00	10.00
采购部		20	潘海	700.00	100.00	5.00	10.00
		21	吴林	700.00	100.00	5.00	10.00
仓库部		22	毛鑫	700.00	100.00	5.00	10.00
		23	张赢	700.00	100.00	5.00	10.00
合计				16 796.00	2 576.00	115.00	230.00

34. **工资费用分配**（按职员类别进行分配）
(1) 厂部、财务部
管理人员　工资费用科目代码　660201　应付工资科目　22110101
(2) 基本生产车间
生产激光打印机人员　工资费用科目代码　500101010102　应付工资科目　22110102
生产喷墨打印机人员　工资费用科目代码　500101010202　应付工资科目　22110102

(3) 辅助生产车间
辅助生产人员　工资费用科目代码　5001020101　应付工资科目　22110103
(4) 企业医务室
福利人员　工资费用科目代码　221102　应付工资科目　22110104
(5) 销售部门
销售人员　工资费用科目代码　660101　应付工资科目　22110105
(6) 采购部门
采购人员　工资费用科目代码　660201　应付工资科目　22110106
(7) 仓库部门
仓库人员　工资费用科目代码　660201　应付工资科目　22110107

35．固定资产折旧政策采用平均年限法

(1) 固定资产管理模块参数设置　企业在经营过程中如遇折旧要素（固定资产原值、预计使用年限、预计净残值率等）发生变动，则不调整原折旧，一律按原折旧方法，固定资产净值，尚可使用月份及变动后的要素计提折旧。

该企业固定资产折旧按使用部门作为基础分配费用。

固定资产编码方式：自动编码，按类别编码＋序号，序号长度为"3"的规则编码。

建账编码规则为2112，在对账不平情况下不允许期末结账，固定资产对账科目为固定资产，累计折旧对账科目为累计折旧。

(2) 部门对应折旧科目（附表3-48）

附表3-48　部门对应折旧科目

部门编码	部门名称	折旧科目
1	企业厂部	管理费用——折旧费(660204)
2	财务部	管理费用——折旧费(660204)
3	基本生产车间	制造费用——折旧费(510104)
4	辅助生产车间	生产成本——辅助生产成本——辅助生产车间——折旧费(5001020104)
5	采购部	管理费用——折旧费(660204)
6	企业医务室	应付职工薪酬——职工福利费(221102)
7	销售部	销售费用——折旧费(660104)
8	仓库部	管理费用——折旧费(660204)

(3) 设置资产类别（附表3-49）

附表3-49　固定资产类别

类别编码	类别名称	净残值率	计提属性	方法	样式
01	房屋建筑物	5%	总提折旧	平均年限法(一)	通用样式
02	运输设备	5%	正常计提	平均年限法(一)	通用样式
03	机器设备	4%	正常计提	平均年限法(一)	通用样式

(4) 录入原始卡片
① 基本入账信息。

固定资产编号：01001
名称：企业办公大楼
类别：房屋建筑物
使用情况：使用中

使用部门：多个部门	使用比例/%	对应折旧科目	
企业厂部	80	660204	折旧费
基本生产车间	10	510104	折旧费
辅助生产车间	10	5001020104	折旧费

开始使用时间：2009-11-01
增加方式：直接购入
原值：15 000 000.00
累计折旧：20 000.00
折旧方法：平均年限法（一）
预计使用期间：600（50年）
预计净残值率：5%
月折旧额：24 000.00

② 基本入账信息。
固定资产编号：02001
名称：货车
类别：运输设备
使用情况：使用中
使用部门：销售部
开始使用时间：2009-11-01
增加方式：直接购入
原值：210 000.00
累计折旧：43 750
折旧方法：平均年限法（一）
预计使用年限：120（10年）
折旧费用科目：660 104
预计净残值率：5%
月折旧额：1 659.00

③ 基本入账信息。
固定资产编号：03001
名称：车床
类别：机器设备
使用情况：使用中
使用部门：基本生产车间
开始使用时间：2009-11-01
增加方式：直接购入
原值：82 500.00
累计折旧：3 300.00
折旧方法：平均年限法（一）

预计使用期间：72（6 年）
折旧费用科目：510104
预计净残值率：4%
月折旧额：1 097.25
④ 基本入账信息。
固定资产编号：03002
名称：钻床
类别：机器设备
使用情况：使用中
使用部门：辅助生产车间
开始使用时间：2009-11-01
增加方式：直接购入
原值：56 250.00
累计折旧：2 700.00
折旧方法：平均年限法（一）
预计使用年限：60（5 年）
折旧费用科目：5001020104
预计净残值率：4%
月折旧额：900.00

三、会计电算化综合模拟实训模拟企业发生的经济业务

辽宁省京奥打印机厂2012年12月份发生下列经济业务（注意：若没有特别指明，下列经济业务均为人民币业务）：

① 1 日　提取现金 8 000 元零星备用。财务部开出现金支票。

② 1 日　销售部周浩、采购部吴林各预借差旅费 5 000 元，以现金支付。

③ 2 日　委托开户银行申请办理银行汇票 120 000 元，支付上海昌益公司购料款。

④ 3 日　收到去上海采购员交来购上海昌益公司塑片材料增值税专用发票 112 320 元，其中材料塑片 8000 千克，采购价格为 12 元/千克，共计 96 000 元，增值税率为 17%，计 16 320 元。交回多余银行汇票款 7 680 元。另外交来差旅费报销单 4 000 元。

⑤ 4 日　向上海顺达公司销售激光打印机 20 台，销售价格 1 800 元/台，共计 36 000 元，增值税率为 17%，计 6 120 元，以转账支票支付代垫运杂费 2 000 元，已办妥委托银行收款手续。随货出售不单独计价包装物 20 个（期末处理）。结转已销产品成本及包装物成本。

⑥ 5 日　向广州永康公司销售喷墨打印机 30 台，销售价格 1 600 元/台，现金折扣条件为 2/10，1/20，N/30，增值税率为 17%，产品交付并办妥托收手续。随货出售不单独计价包装物 30 个（期末处理）。并结转已销产品成本及包装物成本。

⑦ 6 日　开出银行汇款委托书，交 10 000 元存银行，申请办理银行汇票，以支付成都威尔公司购料欠款。

⑧ 8 日　收到上海顺达公司汇来货款总计 44 120 元。

⑨ 8 日　采用银行电汇方式预付重庆万隆公司供货款共计 12 000 元。

⑩ 8 日　缴纳上月未交增值税 68 000 元。

⑪ 10 日　广州永康公司按 2/10 现金折扣方式汇款 55 036.8 元，1 123.2 元作为财务费

用入账。银行已转来收账通知。

⑫ 10日　收到重庆万隆公司发来钢片1 000千克，计划成本20元/千克，实际采购价格为15元/千克。全部货款为15000元，税金为2 550元，应补付5 550元。发票账单已到，货物验收入库。

⑬ 10日　上海采购塑片及发票账单已到，验收入库（塑片计划成本10元/千克）。

⑭ 15日　提取现金19 647.40元，发放工资并会计处理相应扣除款项：水费115元、房租230、个人所得税29.60元。

⑮ 15日　购买一批劳保用品，增值税专用发票注明劳保用品价款10 750元，增值税1 827.50元，价税款以转账支票支付，劳保用品验收入库，劳保鞋计划成本35元/双，劳保服计划成本180元/套。

⑯ 17日　接受沈阳利宝投资公司投入的磨床机器设备一台，原价为150000元，预计使用年限，已使用两年，已提折旧37 500元，固定资产按净值评估确定价值为112 000元，该资产尚可使用期限8年，交付基本生产车间使用，采用年限平均法折旧（预计净残值率5％）。

⑰ 17日　购买机器润滑油1000千克，增值税专用发票注明机器润滑油价款38 000元，增值税6 460元，价税款以转账支票支付，润滑油验收入库，计划成本3.80元/千克。

⑱ 18日　购买一项生产打印机的专有技术，价值300 000元，法定使用寿命10年，款项通过转账支票支付。该专有技术直接交付基本生产车间使用。

⑲ 19日　转让沈阳万盛房地产开发公司土地使用权，取得价款150 000元存入银行，原土地使用权入账价值140 000元，累计摊销20 000元（营业税率为5％）。

⑳ 20日　以转账支票支付沈阳金桥公司本月特许权使用费8 000元。

㉑ 20日　接受各股东增资资产，其中沈阳长城公司以货币资金投资200 000元，光明公司以无形资产（专利权）投资，协商确认价值150 000元，该无形资产法定使用寿命10年。

㉒ 20日　购入伊利公司于2012年1月1日按面值发行3年期债券60 000元，年利率15％，按年支付利息。款项已用转账支票支付。该债券本公司准备持有至到期。

㉓ 20日　购入蒙牛公司发行的股票1 000股，准备短期持有，价格为52元/股，其中含已宣告但尚未领取的现金股利1元/股，佣金、过户费等500元，已办妥过户手续，定于3日按25日在册股东名单发放。

㉔ 20日　以转账支票预付2013年度企业财产保险费36 000元。

㉕ 21日　沈阳新星公司偿付本公司违约金100 000元，并已汇入本公司账户。

㉖ 22日　本企业将短期持有的利达公司股票20 000股转让其中10 000股，转让价为38元/股，款项已存入银行，同时支付相关税费790元。

㉗ 30日　本月计提固定资产折旧费（机制凭证）。

㉘ 30日　根据期初无形资产明细账余额及本月发生的经济业务资料编制无形资产摊销表，并进行摊销会计处理。

㉙ 30日　以现金支付购买企业办公用品6 370元，并按职能部门的使用情况分配办公用品费。

㉚ 30日　以托收承付的结算方式支付沈阳市沈河电信分局电话费11 000元，并按职能部门使用情况分配电话费。

㉛ 30日　开出转账支票一张，支付基本生产车间机器设备租赁费16 000元。

㉜ 30日　支付银行借款利息23 320元。

㉝ 30 日　开出转账支票支付本月的自来水费 34 221 元，并按职能部门使用情况分配水费。

㉞ 30 日　以转账支票支付沈阳电视台广告费 18 000 元。

㉟ 30 日　摊销本月报刊杂志费和财产保险费 7 000 元。

㊱ 30 日　本期计提银行借款利息 11 660 元，其中：短期借款利息 2 500 元，长期借款利息 9 160 元。

㊲ 30 日　本期以转账支票支付企业动力费，增值税专用发票注明价款 133 000 元，增值税 22 610 元，价税合计 155 610 元，并按职能部门使用情况分配电费。要求对于基本生产车间发生的动力费，按产品耗用工时进行分配。

㊳ 30 日　根据领料单编制发料凭证汇总表，并进行会计处理，其中基本生产车间材料消耗按产品数量比例分配。

㊴ 30 日　月末计算原材料及周转材料的综合材料成本差异率，将分摊前的材料成本差异在发出和结存的原材料及周转材料之间进行分配。

㊵ 30 日　制作工资表，分配工资费（机制凭证）。

㊶ 30 日　收到蒙牛公司现金股利 1 000 元，存入银行。

㊷ 30 日　结转本期辅助生产成本（自动转账）。

㊸ 30 日　分配并结转本期基本生产车间制造费用（自动转账）。

㊹ 30 日　本期生产激光打印机、喷墨打印机全部完工，并验收入产成品库（自动转账）。

㊺ 30 日　结转已销产品成本；结转随货出售不单独计价包装物成本，根据包装物出库单结转（包装物数量 50 个）。

㊻ 30 日　结转本月多交增值税（自动转账）。

㊼ 30 日　计提城市维护建设税及教育费附加（7%，3%）。

㊽ 30 日　计算并结转期末汇兑损益（机制凭证）。

㊾ 30 日　计提本期坏账准备。

㊿ 30 日　根据交易性金融资产在资产负债表日的公允价值情况，进行调整公允价值变动损益。

(51) 30 日　本期确认债券利息收入。

(52) 30 日　收入、费用类账户期末结转入本年利润账户（机制凭证）。

(53) 30 日　按全年利润总额的 25%计算并结转应交所得税。

(54) 30 日　按净利润的 10%提取法定盈余公积。

(55) 30 日　将本年利润贷方余额和利润分配借方余额转入利润分配——未分配利润账户。

(56) 30 日　自定义设计资产负债表表样，然后根据企业总账与明细账账户余额编制资产负债表。

(57) 30 日　自定义设计利润表表样，根据各损益类账户本年累计发生额编制利润表。

四、本实训所付原始凭证

①

②-1

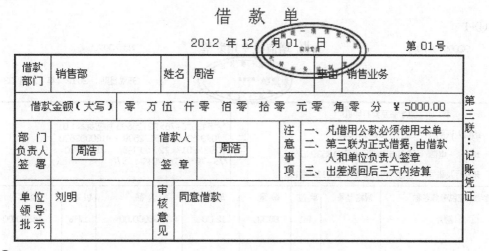

②-2

③

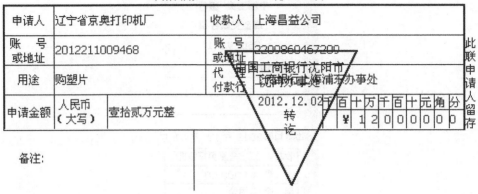

中国工商银行汇票申请书(存根)   第 01 号

申请日期 2012 年 12 月 02 日

申请人	辽宁省京奥打印机厂	收款人	上海昌益公司	
账号或地址	2012211009468	账号或地址	2209860467209	此联申请人留存
		代付款行	中国工商银行沈阳市沈河办事处上海浦东办事处	
用途	购塑片	转讫 2012.12.02	¥ 120000 00	
申请金额	人民币(大写) 壹拾贰万元整			

备注：

---

④-1

3200063170   **上海 增值税专用发票**   No 70978560

（发票联 专用章）

开票日期：2012 年 12 月 03 日

购货单位	名 称：	辽宁省京奥打印机厂	密码区	*-*5436*6+76>22126690 加密版本：01 /073-68-<9-/+5172599 3100083620 8796>2017<226<-13--8/ 01454880 77>+79*<*76479+9<>>//	第三联：发票联 购货方记账凭证
	纳税人识别号：	211103027017556			
	地址、电话：	沈阳市沈河区65号21358946			
	开户行及账号：	工行沈河办事处2012211009468			

货物或应税劳务名称	规格型号	单位	数量	单价	金额	税率	税额
塑片		千克	8000	12.00	96000.00	17%	16320.00
合计					¥96000.00		¥16320.00

价税合计（大写）	壹拾壹万贰仟叁佰贰拾元整	（小写） ¥112320.00	
销售单位	名 称： 上海昌益公司	备注	(上海昌益公司 发票专用章 203900876890664)
	纳税人识别号： 203900876890664		
	地址、电话： 上海市浦东新区32号25398706		
	开户行及账号： 工行上海浦东办事处2209860467209		

收款人：张红   复核：   开票人：马力   销货单位（章）：

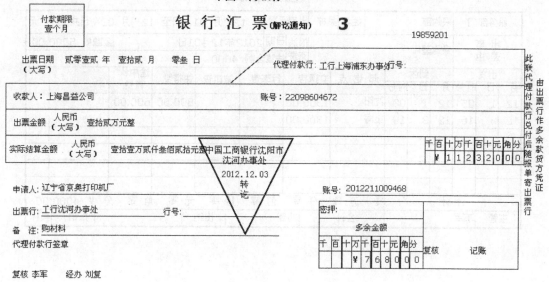

④-4

差旅费报销单

服务部门	采购部			姓名	吴林	出差天数	自 12 月 01 日至 12 月 03 日共 3 天				
出差事由	采购塑片					借旅支费	日期 2012年12月01日			金额¥ 5000.00	
							结算金额 4000				
出发		到达		起讫点	交通费	行李费	旅馆费	住宿费	途中伙食费		
月	日 时分	月	日 时分								
12	1 05	12	1 08	沈阳	1300.00			800.00	600.00		
12	3 16	12	3 19	上海	1300.00						
合计				零万肆仟零佰零拾零元零角零分						¥ 4000.00	
主管 李军				会计 刘复			出纳			报销人 吴林	

⑤-1

托收凭证 （受理回单） 1

委托日期 2012年 12月 04日

业务类型	委托收款（ □邮划、 ☑电划） 托收承付（ □邮划、 □电划）						
付款人	全 称	上海顺达公司		收款人	全 称	辽宁省京奥打印机厂	
	账 号	2300199600988			账 号	2012211009468	
	地 址	上海省	市县 开户行 工行中山办事处		地 址	辽宁省 沈阳	市县 开户行 工行沈河办事处
金额	人民币（大写）	肆万肆仟壹佰贰拾元整		亿 千 百 十 万 千 百 十 元 角 分 ¥ 4 4 1 2 0 0 0			
款项内容	销售激光打印机		托收凭据名称	发票、代垫运费	附寄单证张数	贰张	
商品发运情况	已发运			合同名称号码			
备注：			款项收妥日期		工行沈阳市沈河办事处 ★2012.12.04★ 托收专用章		
	复核 记账 刘复			年 月 日	收款人开户银行签章 年 月 日		

此联作收款人开户银行给收款人的受理回单

⑤-2

中国工商银行（辽）
转账支票存根
24609801

附加信息 _____
_____
_____

出票日期 2012 年 12 月 04 日

收款人	沈阳铁路局
金 额	￥2000.00
用 途	代垫运费

单位主管 李军　会计 刘复

⑤-3

3200063170　　　　**辽宁 增值税专用发票**　　　No 60972951

开票日期：2012 年 12 月 04 日

购货单位	名　称：	上海顺达公司	密码区	*-*5436*6+76>22126690 加密版本：01 /073-68-<9-/+5172599　3100083620 8796>2017<226<-13--8/　01454880 77>+79*<*76479+9<>>//
	纳税人识别号：	201406890044112		
	地址、电话：	上海中山区85号21098739		
	开户行及账号：	工行中山办事处2300199600988		

货物或应税劳务名称	规格型号	单位	数量	单价	金额	税率	税额
激光打印机		台	20	1800.00	36000.00	17%	6120.00
合　计					￥36000.00		￥6120.00

| 价税合计（大写） | 肆万贰仟壹佰贰拾元整 | （小写）￥42120.00 |

销售单位	名　称：	辽宁省京奥打印机厂	备注	（发票专用章）
	纳税人识别号：	211103027017556		
	地址、电话：	沈阳市沈河区65号21358946		
	开户行及账号：	工行沈河办事处2012211009468		

收款人：　　　复核：李军　　开票人：刘复　　销货单位（章）：

⑦

中国工商银行 汇票申请书(存根)　　第 02 号

申请日期 2012 年 12 月 06 日

申请人	辽宁省京奥打印机厂		收款人	成都威尔公司										
账 号 或地址	2012211009468		账 号 或地址	0000002546195										
用途	购塑片	汇兑方式 转汇	付款行	工商银行成都龙泉驿办事处										
申请金额	人民币 (大写)	壹万元整			千	百	十	万	千	百	十	元	角	分
								¥	1	0	0	0	0	0

备注：

（汇款人：中国工商银行沈河办事处 经办 2012.12）

此联申请人留存

⑧

托收凭证 （汇款依据或收账通知）　　4

委托日期 2012 年 12 月 08 日　　付款期限　年　月　日

业务类型	委托收款（□邮划、☑电划）　托收承付（□邮划、□电划）														
付款人	全 称	上海顺达公司		收款人	全 称	辽宁省京奥打印机厂									
	账 号	2300199600988			账 号	2012211009468									
	地 址	上海 省 　市县	开户行	工行中山办事处	地 址	辽宁 省 沈阳 市县		开户行	工行沈河办事处						
金额	人民币 (大写)	肆万肆仟壹佰贰拾元整				亿	千	百	十	万	千	百	十	元	角	分
									¥	4	4	1	2	0	0	0
款项内容	销售激光打印机		托收凭据名称	发票、代垫运费		附寄单证张数	贰张								
商品发运情况	已发运			合同名称号码											
备注：	上列款项已转回收款人账户内			★2012.12.08★ 托收专用章 收款人开户银行签章 年 月 日											
	复核　　记账 刘复														

此联付款人开户银行凭以汇款或收款人开户银行作收账通知

305

⑨

中国工商 银行电汇凭证（回单）   1

委托日期 2012 年 12 月 08 日

汇款人	全称	辽宁省京奥打印机厂	收款人	全称	重庆万隆公司
	账号	2012211009468		账号	1068277029584
	汇出地点	辽宁 省 沈阳 市/县		汇入地点	重庆市 省 双桥区 市/县
	汇出行名称	中国工商银行沈阳市支行和平办事处		汇入行名称	中国工商银行重庆双桥办事处

金额 人民币（大写）壹万贰仟元整　　　　　￥120000 0 0

中国工商银行沈阳市沈河办事处 2012.12.08 转讫

支付密码
附加信息及用途：

汇出行签章

此联汇出行给汇款人的回单

⑩

中华人民共和国 增值税 税收缴款书   第 016 号 国税

隶属关系：省属企业　　　　填发日期：2012 年 12 月 08 日
注册类型：有限公司　　　　　　　　　　征收机关：沈阳市国税局

缴款单位（人）	代号	0 1 5 6 7 9 8	电话	21358946	预算科目	编码	1124332
	全称	辽宁省京奥打印机厂				名称	增值税
	开户银行	工行沈河办事处				级次	中央75%地方25%
	账号	2012211009468				收款国库	中国人民银行沈阳市分行

税款所属日期 2012 年 11 月 1 日至11 月 30 日　　税款限缴日期 2012 年 12 月 08 日

品目名称	课税数量	计税金额或销售收入	税率或单位税额	已缴或扣除额	实缴税额
增值税		560000.00	95200.00		680000
					￥680000

人民币合计（大写）零佰零拾陆万捌仟零佰零拾零元零角零分

缴款单位（签章）财务专用章　　税务机关（盖章）征税专用章　　上列款项已收妥并划转收款单位账户

经办人(章)　　　　　国库(银行)盖章　　年　月　日

（无银行收讫章无效）　逾期不缴按税法规定加收滞纳金

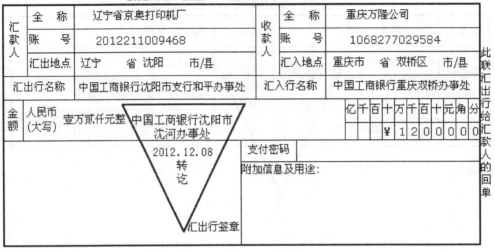

⑪

托收凭证 （汇款依据或收帐通知）　　4

委托日期 2012 年 12 月 10 日　　付款期限 2010 年 01 月 05 日

业务类型	委托收款(□邮划、 ☑电划)　托收承付(□邮划、 □电划)					
付款人	全 称	广州永康公司	收款人	全 称	辽宁省京奥打印机厂	
	账 号	0000008427365		账 号	2012211009468	
	地 址	广东省广州　市/县　开户行　工行中山北塔办事处		地 址	辽宁省沈阳　市/县　开户行　工行沈河办事处	
金额	人民币（大写）	伍万伍仟零叁拾陆元捌角整	亿千百十万千百十元角分			
			¥ 5 5 0 3 6 8 0			
款项内容	销售喷墨打印机	托收凭据名称	发票、代垫运费	附寄单证张数	贰张	
商品发运情况	已发运	合同名称号码				
备注：	上列款项已划转收入你方帐户内					
	复核　记账 刘复	收款人开户银行签章 2009 年 12 月 10 日	(中国工商银行沈阳沈河办事处 ★2012.12.10★ 托收专用章)			

⑫-1

中国工商 银行电汇凭证（回单）　　1

委托日期 2012 年 12 月 10 日

汇款人	全 称	辽宁省京奥打印机厂	收款人	全 称	重庆万隆公司	
	账 号	2012211009468		账 号	1068277029584	
	汇出地点	辽宁 省 沈阳 市/县		汇入地点	重庆市 省 双桥区 市/县	
	汇出行名称	中国工商银行沈阳市支行和平办事处		汇入行名称	中国工商银行重庆双桥办事处	
金额	人民币（大写）	伍仟伍佰伍拾元整	亿千百十万千百十元角分			
			¥ 5 5 5 0 0 0			
		(中国工商银行沈阳市沈河办事处 2012.12.10 转讫)	支付密码			
			附加信息及用途：上海采购专户			
		汇出行签章				

307

⑫-2

3200063170

重庆 增值税专用发票

No 60978564

发票联

开票日期： 2012 年 12 月 10 日

购货单位	名　称：	辽宁省京奥打印机厂	密码区	*-*5436*6+76>22126690 加密版本：01 /073-68-<9-/+5172599　3100083620 8796>2017<226<-13--8/　01454880 77>+79*<*76479+9<>>//
	纳税人识别号：	211103027017556		
	地址、电话：	沈阳市沈河区65号21358946		
	开户行及账号：	工行沈河办事处2012211009468		

货物或应税劳务名称	规格型号	单位	数量	单价	金额	税率	税额
钢片		千克	1000	15.00	15000.00	17%	2550.00
合计					￥15000.00		￥2550.00

价税合计（大写）	壹万柒仟伍佰伍拾元整	（小写） ￥17550.00

销售单位	名　称：	重庆万隆公司	备注	（重庆万隆公司发票专用章 212608027689066）
	纳税人识别号：	212608027689066		
	地址、电话：	重庆市双桥区惠民路26号237809657		
	开户行及账号：	工银行重庆双桥办事处1068277029584		

收款人：张红　　复核：　　开票人：马力　　销货单位（章）：

第三联：发票联 购货方记账凭证

⑫-3

收 料 单

2012 年 12 月 10 日　　　　　　　　　　　　编码：001

材料编号	材料名称	规格	材质	单位	数量		实际单价	材料金额	运杂费	合计 (材料实际成本)
					发货票	实收				
102	钢片			千克	1000	1000	15.00	15000.00		15000.00
供货单位	重庆万隆公司			结算方法	银行电汇		合同号		计划单位	材料/计划成本
备注									20.00	20000.00

主管：毛鑫　　质量检验员：张赢　　仓库验收：张赢　　经办人：吴林

第一联:仓库(黑色)　第二联:记账(红色)　第三联:送料人(绿色)

收 料 单

2012 年 12 月 10 日　　　　　　　　　　　　编码：002

材料编号	材料名称	规格	材质	单位	数量		实际单价	材料金额	运杂费	合计 (材料实际成本)
					发货票	实收				
101	塑片			千克	8000	8000	12.00	96000.00		96000.00
供货单位	上海昌益公司			结算方法	银行汇票		合同号		计划单位	材料/计划成本
备注									10.00	80000.00

主管：毛鑫　　质量检验员：张赢　　仓库验收：张赢　　经办人：吴林

第一联:仓库(黑色)　第二联:记账(红色)　第三联:送料人(绿色)

⑬-1

```
中国工商 银行 (辽)
现金支票存根
25079342                刘
附加信息
_____
_____
出票日期 2012 年 12 月 15 日
收款人  辽宁省京奥打印机厂
金　额  ¥19647.40
用　途  发放工资
单位主管李军    会计刘复
```

⑬-2

工资结算汇总表

2012 年 11 月

部门	编号	职工姓名	基本工资	岗位工资	交补	奖金	应发合计	扣水费	扣房租	个人所得税	扣款合计	实发合计
管理部门	1	刘明	2 296.00	50.00		200.00	2 546.00	5.00	10.00	29.60	44.60	2 501.4
	2	杨华	1 850.00	50.00		100.00	2 000.00	5.00	10.00		15.00	1 985.00
	3	李军	850.00	50.00		100.00	1 000.00	5.00	10.00		15.00	985.00
	4	刘复	750.00	50.00		100.00	900.00	5.00	10.00		15.00	885.00
	5	学生姓名	750.00	50.00		90.00	890.00	5.00	10.00		15.00	875.00
基本生产车间	6	王波	500.00			136.00	636.00	5.00	10.00		15.00	621.00
激光打印机	7	郭艳	500.00			135.00	635.00	5.00	10.00		15.00	620.00
	8	王一明	500.00			135.00	635.00	5.00	10.00		15.00	620.00
喷墨打印机	9	陈欣	500.00			135.00	635.00	5.00	10.00		15.00	620.00
	10	薛杰	500.00			135.00	635.00	5.00	10.00		15.00	620.00
	11	张春光	500.00			135.00	635.00	5.00	10.00		15.00	620.00
辅助生产车间	12	魏刚	500.00			98.00	598.00	5.00	10.00		15.00	583.00
	13	何立红	500.00			98.00	598.00	5.00	10.00		15.00	583.00
	14	马明伟	500.00			98.00	598.00	5.00	10.00		15.00	583.00
	15	黄宗涛	500.00			98.00	598.00	5.00	10.00		15.00	583.00
福利部门	16	李烨	500.00			98.00	598.00	5.00	10.00		15.00	583.00
	17	李萍	600.00			85.00	685.00	5.00	10.00		15.00	670.00
销售部门	18	周浩	700.00		100.00	100.00	900.00	5.00	10.00		15.00	885.00
	19	秋征	700.00		100.00	100.00	900.00	5.00	10.00		15.00	885.00
采购部	20	潘海	700.00		100.00	100.00	900.00	5.00	10.00		15.00	885.00
	21	吴林	700.00		100.00	100.00	900.00	5.00	10.00		15.00	885.00
仓库部	22	毛鑫	700.00			100.00	800.00	5.00	10.00		15.00	785.00
	23	张赢	700.00			100.00	800.00	5.00	10.00		15.00	785.00
合计			16 796.00	250.00	400.00	2 576.00	20 022.00	115.00	230.00	29.60	374.60	19 647.40

⑭-1

辽宁增值税专用发票

No 50379561

3200063170

开票日期：2012 年 12 月 15 日

第三联：发票联 购货方记账凭证

购货单位	名　称：	辽宁省京奥打印机厂				
	纳税人识别号：	21110302701755 6				
	地址、电话：	沈阳市沈河区65号21358946				
	开户行及账号：	工行沈河办事处2012211009468				

密码区： *-*5436*6+76>22126690 加密版本：01
/073-68-<9-/+5172599　3100083620
8796>2017<226<-13-8/　01454880
77>+79*<*76479+9<>>//

货物或应税劳务名称	规格型号	单位	数量	单价	金额	税率	税额
劳保鞋		双	50	35.00	1750.00	17%	297.50
劳保服		套	50	180.00	9000.00	17%	1530.00
合　计					¥ 10750.00		¥ 1827.50

价税合计（大写） 壹万贰仟伍佰柒拾柒元伍角整　（小写） ¥ 12577.50

销售单位	名　称：	沈阳家乐福超市	备注
	纳税人识别号：	201100866890746	
	地址、电话：	沈阳北杭区23号23308906	
	开户行及账号：	工行北杭办事处21088644462769	

（家乐福百货超市 沈阳 发票专用章 2110023460 32009）

收款人：于莉　　复核：　　开票人：张岚　　销货单位（章）：

⑭-2

⑭-3

收 料 单

2012 年 12 月 15 日　　　　　　　　　　　　　编码：003

材料编号	材料名称	规格	材质	单位	数量		实际单价	材料金额	运杂费	合计 (材料实际成本)
					发货票	实收				
20202	劳保鞋			双	50	50	35.00	1750.00		1750.00
供货单位	沈阳家乐福超市			结算方法	转账支票		合同号		计划单位	材料/计划成本
备注									35.00	1750.00

主管：毛蠡　　质量检验员：张赢　　仓库验收：张赢　　经办人：吴林

第一联:仓库(黑色)　第二联:记账(红色)　第三联:送料人(绿色)

⑭-4

收 料 单

2012 年 12 月 15 日　　　　　　　　　　　　　编码：004

材料编号	材料名称	规格	材质	单位	数量		实际单价	材料金额	运杂费	合计 (材料实际成本)
					发货票	实收				
20203	劳保服			套	50	50	180.00	9000.00		9000.00
供货单位	沈阳家乐福超市			结算方法	转账支票		合同号		计划单位	材料/计划成本
备注									180.00	9000.00

主管：毛蠡　　质量检验员：张赢　　仓库验收：张赢　　经办人：吴林

第一联:仓库(黑色)　第二联:记账(红色)　第三联:送料人(绿色)

⑮-1

沈阳阳光会计师事务所文件

沈阳 [2012] 字第 108 号

资产评估报告

辽宁省京奥打印机厂：

    我所受贵单位的委托，依据《中华人民共和国国有资产评估办法》、《中华人民共和国注册会计师法》和《工业企业会计制度》等的规定，对贵公司接受利宝投资公司投入的磨床一台进行评估。原始价值150 000元，已使用两年，已提折旧37 500元，固定资产按净值评估确定价值为112 000元。

评估员：张怡

中国注册会计师：郝威

⑮-2

固定资产转移单

投出单位：利宝投资公司　　　2012 年 12 月 17 日

投入单位：辽宁京奥打印机厂　　　　　　　　　　　　单位：基本生产车间

转移原因或依据				投资					
固定资产名称	计量单位	数量		预计使用年限	尚可使用年限	原始价值	已提折旧	账面净值	双方确认价值
磨床	台	1		10	8	150000.00	37500.00	112500.00	112000.00

投出单位	（利宝投资公司 业务专用章）	投入单位	（辽宁省京奥打印机厂 业务专用章）
财务：陈宇　经办：孟德明		财务：李军　经办：刘复	

---

⑯-1

3200063170　　　　　**辽宁 增值税专用发票**　　　　No 30698460

开票日期：　2012 年 12 月 17 日

购货单位	名　称：	辽宁省京奥打印机厂		密码区	*-*5436*6+76>22126690 加密版本：01 /073-68-<9-/+5172599　3100083620 8796>2017<226<-13-8/　01454880 77>+79*<*76479+9<>>//	
	纳税人识别号：	211103027017556				
	地址、电话：	沈阳市沈河区65号21358946				
	开户行及账号：	工行沈河办事处2012211009468				

货物或应税劳务名称	规格型号	单位	数量	单价	金额	税率	税额
润滑油		千克	10000	3.80	38000.00	17%	6460.00
合计					¥38000.00		¥6460.00

价税合计（大写）	肆万肆仟肆佰陆拾元整	（小写）　¥44460.00

销售单位	名　称：	沈阳市物资公司	备注	（沈阳市物资公司 发票专用章 213856036849446）
	纳税人识别号：	213856036849446		
	地址、电话：	沈阳苏家屯区90号25348906		
	开户行及账号：	工行上苏家屯办事处2104164429009		

收款人：何静　　复核：　　开票人：周游　　销货单位（章）：

⑯-2

收 料 单

2012 年 12 月 17 日　　　　　　　　　　　　　　　　　　　编码：005

材料编号	材料名称	规格	材质	单位	数量		实际单价	材料金额	运杂费	合　计 (材料实际成本)
					发货票	实收				
20301	润滑油			千克	10000	10000	3.80	38000.00		38000.00
供货单位	沈阳市物资公司			结算方法	转账支票		合同号		计划单位	材料/计划成本
备注									3.80	38000.00

主管：毛鑫　　　质量检验员：张赢　　　仓库验收：张赢　　　　　　经办人：吴林

第一联：仓库（黑色）　第二联：记账（红色）　第三联：送料人（绿色）

⑯-3

中国工商 银行（辽）
转账支票存根
24609803

刘

附加信息
_____
_____
_____

出票日期 2012年12月17日

收款人	沈阳市物资公司
金　额	￥44460.00
用　途	润滑油

单位主管李军　会计刘复

⑰-1

中国工商 银行（辽）
转账支票存根
24609804

刘

附加信息
_____
_____
_____

出票日期 2012年12月18日

收款人	沈阳机器设备研究所
金　额	￥300000.00
用　途	打印机改进技术

单位主管李军　会计刘复

⑰-2

沈阳市技术贸易专用发票
发票联

付款单位（人）：辽宁省京奥打印机厂　　开票日期 2012 年 12 月 18 日

合同项目名称	打印机生产线改进专利											
合同类别	合同登记号	支付方式	技术交易额	合同成交额								
				百	十	万	千	百	十	元	角	分
技术类	00890	转账支票	300000.00	￥	3	0	0	0	0	0	0	0
合计金额大写	叁拾万元整			财务专用章								

收款单位（盖章有效）　　　收款人：韩旭　　复核人：　　　制票人：韩旭

土地使用权转让协议

甲方：辽宁省京奥打印机厂

乙方：沈阳万盛房地产开发公司

经各方友好协商，本着平等、自愿、有偿、诚实信用原则，就土地转让事宜达成协议如下：

一、地块概况

1. 该地块位于沈阳市沈河区65号，土地面积为800平方米（折1.2亩）。

2. 现该地块的用途为商住用地，属开发用地。

二、转让方式

1. 土地的转让价为12.5万元/亩（包括级差地租、开发补偿费、土地管理费），转让总价为人民币15万元。

2. 乙方同意一次性向甲方支付土地价款，协议签订日付清全部款项。

3. 甲方有义务协助乙方办理土地过户工作。

三、违约责任

1. 乙方未能取得该地块，甲方愿意双倍返还协议价，计30万元，甲方应在确认乙方不能取得该地块的土地使用权之日起20个工作日内支付此款。

2. 乙方未能按时支付地价款，应以每日未付部分的万分之三作滞纳金支付给甲方。如未能按时付款超过20个工作日，视同终止履行本协议，乙方一次性支付违约金30万元。

四、其他

1. 在土地出让过程中，乙方仅承担应由受让方承担的土地契税和交易费用，其他有关营业税等均由甲方另行承担。

2. 本协议未尽事宜，须经各方协商解决，并签订相应的补充协议，补充协议与本协议具有同等法律效力。

3. 本协议在执行过程中发生矛盾、争议，经协商无效时，提请法院裁决。

4. 本协议经各方代表签字盖章后生效。

5. 本协议一式四份，双方各执两份。

甲方（盖章）： 乙方（盖章）：

代表：刘阳 代表：张高

2012年12月19日 2012年12月19日

⑱-2

（中国工商银行）进账单(回单)

2012 年 12 月 19 日

付款人	全 称	沈阳万盛房地产开发公司	收款人	全 称	辽宁省京奥打印机厂	千百十万千百十元角分
	账 号	2089056743901		账 号	2012211009468	
	开户行	工行和平办事处		开户行	工行沈河办事处	
金 额	人民币(大写) 壹拾伍万元整					¥ 1 5 0 0 0 0 0 0
票据种类	转账支票					
票据张数	壹张					
	复核　　记账　刘复				开户银行签章	

（此联是开户银行交给持票人的回单）

中国工商银行沈阳市沈河办事处 2012.12.19 转讫

⑱-3

专 用 收 款 收 据

(2012)　№1810732

收款日期　2012 年 12 月 19 日

付款单位（交款人）	沈阳万盛房地产开发公司	收款单位（领款人）	辽宁省京奥打印机厂	收款项目	土地使用权转让费									
人民币（大写）	壹拾伍万元整			千	百	十	万	千	百	十	元	角	分	结算方式
				¥		1	5	0	0	0	0	0	0	转账支票
收款事由	转让土地使用权			经办	部门	业务部								
					人员	刘芳								
上述款项照数收讫无误 收款单位财会专用章 （领款人签章）		会计主管		稽核	出纳	交款人								
					刘复	刘芳								

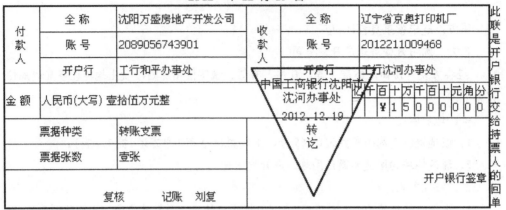

⑱-4

转让土地使用权应交营业税计算表

2012年12月19日

转让土地使用权应交营业税=150 000.00×5%=7 500.00元

⑲-1

专用收款收据

(2012) №4850601

收款日期 2012 年 12 月 19 日

付款单位（交款人）	辽宁省京奥打印机厂	收款单位（领款人）	沈阳金桥公司	收款项目	特许经营权使用费								
人民币（大写）	捌仟元整			千	百	十	万	千	百	十	元	角	分	结算方式
							¥	8	0	0	0	0	0	转账支票
收款事由	转让土地使用权			经办	部门	财务部							
					人员	刘复							
上述款项照数收讫无误 收款单位财会专用章 （领款人签章）		会计主管		稽核		出纳		交款人					
						刘洪		刘复					

（财务专用章：沈阳金桥公司）

⑲-2

中国工商 银行 （辽）

转账支票存根

24609805

附加信息

出票日期 2012 年 12 月 20 日

收款人 沈阳金桥公司

金　额 ¥8000.00

用　途 特许权使用费

单位主管 李军　会计 刘复

⑳-3

沈阳阳光会计师事务所文件

沈阳 [2012] 字第 111 号

资产评估报告

辽宁省京奥打印机厂：

　　我所受贵单位的委托，依据《中华人民共和国国有资产评估办法》、《中华人民共和国注册会计师法》和《工业企业会计制度》等的规定，对贵公司接受沈阳光明公司投入的产品专利权进行评估，产品专利权评估确定价值为 150 000 元。

评估员：张怡

中国注册会计师：郝威

沈阳阳光会计师事务所

2012 年 12 月 19 日

⑳-4

无形资产转移单

投出单位：沈阳光明公司　　　　2012 年 12 月 20 日

投入单位：辽宁省京奥打印机厂　　　　　　　　　　　　单位：企业厂部

转移原因或依据	投资					
无形资产名称	预计使用年限	法定使用年限	原始价值	已提摊销	账面净值	双方确定价值
专利权			150000.00		150000.00	150000.00
投出单位　财务：张雪　经办：李季		投入单位　财务：李军　经办：刘复				

㉑

投资银行有价证券代保管单

2012 年 12 月 20 日　　　　№ 0345678

申请保管人	辽宁省京奥打印机厂	单位及电话	21358946	保管明细表		
面值总额	（大写）：陆万元整		¥ 600000 00（十万千百十元角分）	名称	张数	面值
保管期限	自 2012 年 12 月 20 日至 2014 年 12 月 31 日止			伊利公司企业债券	1200	50
保管费率		保管费		债券利率	15%按年付息	
备注： 1.一年为一个保管期，不足一年按一年收费，逾期不足一年，逾期时间按一年算。 2.本保管单不得流通、抵押、转让。 3."名称"栏内应注明何种债券及具体发债单位。 4.提取证券时凭身份证办理。		受托单位 （盖章） 经办员： 复核员： （银行沈阳市投资分行业务专用章）				

④ 领取保管券凭证

㉒

成交过户交割凭单

买

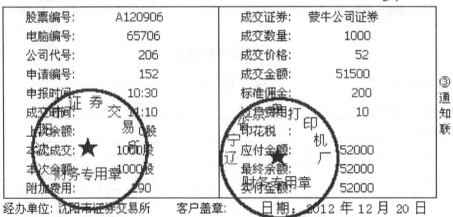

③ 通知联

股票编号：	A120906	成交证券：	蒙牛公司证券
电脑编号：	65706	成交数量：	1000
公司代号：	206	成交价格：	52
申请编号：	152	成交金额：	51500
申报时间：	10:30	标准佣金：	200
成交时间：	11:10	过户费用：	10
上期余额：		印花税：	
本次成交：	1000股	应付金额：	52000
本次余额：	1000股	最终余额：	52000
附加费用：	290	实付金额：	52000

经办单位：沈阳市证券交易所　　客户盖章：　　日期：2012 年 12 月 20 日

㉓-1

中国太平洋保险公司 沈阳分公司

被保险人：辽宁省京奥打印机厂　投保人：辽宁省京奥打印机厂

应缴月份	2013 年度	险种	财产险	主险保费	36000.00 元
扣缴日期	2012 年 12 月 20 日				
保户须知	请您于每期应缴日 10 日前在您的账户中存入足够的金额，我公司将于应缴月的 10 日在您的账户中划账收取保费；如划账未成功，应在缴月的 20 日或月底补划一次，望您注意。			中国工商银行沈河办事处 业务清讫 2012年12月20日	

㉓-2

中国工商 银行 （辽）
转账支票存根
24609807

附加信息 _____

出票日期 2012 年 12 月 20 日

收款人 太平洋保险沈阳分公司
金　额 ￥36000.00
用　途 保险费

单位主管 李军　　会计 刘复

㉔

中国工商 银行 （辽）
转账支票存根
24609808

附加信息 _____

出票日期 2012 年 12 月 30 日

收款人 沈阳市融资公司
金　额 ￥16000.00
用　途 设备租赁费

单位主管 李军　　会计 刘复

㉕-1

（中国工商银行）进账单(回单)　　　1

2012 年 12 月 21 日

付款人	全 称	沈阳新星公司	收款人	全 称	辽宁省京奥打印机厂	此联是开户银行交给持票人的回单
	账 号	2164052643441		账 号	2012211009468	
	开户行	工行沈河办事处		开户行	工行沈河办事处	
金 额	人民币(大写) 壹拾万元整				千百十万千百十元角分 ¥ 1 0 0 0 0 0 0 0	
票据种类		转账支票				
票据张数		壹张				
					开户银行签章	
	复核　　记账　刘复					

（中国工商银行沈阳市沈河办事处 2012.12.19 转讫）

㉕-2

专 用 收 款 收 据

(2012) №1810732

收款日期　2012 年 12 月 21 日

付款单位 (交款人)	沈阳新星公司	收款单位 (领款人)	辽宁省京奥打印机厂	收款项目	违约金		
人民币 (大写)	壹拾万元整			千百十万千百十元角分 ¥ 1 0 0 0 0 0 0	结算方式	转账支票	
收款事由	收取违约金			经办	部门	业务部	
					人员	刘芳	
上述款项照数收讫无误 收款单位财会专用章 （领款人签章）				稽核	出纳	交款人	
		会计主管			刘复	刘芳	

（辽宁省京奥打印机厂 财务专用章）

㉖

成交过户交割凭单

卖

股票编号：	A210346	成交证券：	利达公司证券
电脑编号：	45706	成交数量：	10000
公司代号：	286	成交价格：	38.00
申请编号：	179	成交金额：	380000.00
申报时间：	09：30	标准佣金：	200.00
成交时间：	10：30	过户费用：	10.00
上期余额：	20000股	印花税：	380.00
本次成交：	10000股	应付金额：	
本次余额：	10000股	最终余额：	
附加费用：	200.00	实付金额：	379210.00

经办单位：沈阳市证券交易所　　客户盖章：　　日期：2012 年 12 月 22 日

㉗

固定资产折旧计算表
2012 年 12 月　　　　　　　　　　　　　　　　　　　　　单位：元

固定资产类别	资产名称	预计使用年限	预计净残值	月折旧率	企业厂部 原值	企业厂部 月折旧额	基本生产车间 原值	基本生产车间 月折旧额	辅助生产车间 原值	辅助生产车间 月折旧额	销售部 原值	销售部 月折旧额	合计 原值	合计 月折旧额
房屋建筑物	企业办公大楼	50 年	5%	0.001 6	12 000 000	19 200	1 500 000	2 400	1 500 000	2 400			15 000 000	24 000
运输设备	货车	10 年	5%	0.007 9							210 000	1 659	210 000	1 659
机器设备	车床	6 年	4%	0.013 3			82 500	1 097.25					82 500	1 097.25
机器设备	钻床	5 年	4%	0.016 0					56 250	900			56 250	900
合计					12 000 000	19 200	1 582 500	3 497.25	1 556 250	3 300	210 000	1 659	15 348 750	27 656.25

㉘

无形资产摊销表

2012 年 12 月 30 日　　　　　　　　　　　　　　　　　　　　　　　　　单位：元

无形资产名称	费用项目	使用年限	本月摊销额
专有技术		10 年	
专利权		10 年	
合计	—	—	

㉙-1

沈阳市商业企业专用发票

发票联

发票代码 135020710135
发票号码 33029018

2012 年 12 月 30 日

客户：辽宁省京奥打印机厂

编号	商品名称	规格	单位	数量	单价	金额 十万千百十元角分
039	办公用钢笔		只	150	20.00	3 0 0 0 0 0
012	办公笔记本		本	150	12.00	1 8 0 0 0 0
022	打印用纸		箱	10	157.00	1 5 7 0 0 0
			合计			¥ 6 3 7 0 0 0

大写金额：⑪⑩⑩②③④⑥⑩③②⑩⑨ 零拾零万陆仟叁佰柒拾零元零角零分

开票单位(盖章)　　　　　　　　　　开票人：王丽　　收款人：王丽

㉙-2

办 公 费 分 配 表

2012 年 12 月 30 日

使用部门	办公费分配额
基本生产车间	1 280.00
辅助生产车间	1 280.00
企业厂部	3 170.00
销售部门	640.00
合计	6 370.00

制单人：刘复

㉚-1

托收凭证 （付款通知）

5

委托日期 2012 年 12 月 30 日　　　付款期限 2013 年 01 月 02 日

业务类型	委托收款（ □ 邮划、 □ 电划） 托收承付（ □ 邮划、 ☑ 电划）													
付款人	全 称	辽宁省京奥打印机厂		收款人	全 称	沈阳市沈河电信分局								
	账 号	2012211009468			账 号	2030049960098								
	地 址	辽宁 省 沈阳 市县 开户行 工行沈河办事处			地 址	辽宁 省 沈阳 市县 开户行 工行和平办事处								
金额	人民币（大写）	壹万壹仟元整				亿	千	百	十万	千	百	十	元	角	分
									¥1	1	0	0	0	0	0

款项内容	电话费	托收凭据名称	托收凭证	附寄单证张数	壹张
商品发运情况			合同名称号码		

备注：

付款人开户银行收到日期　　　　　　　　付款人开户银行签章
　　年　月　日　　　　　　　　　　　　　　年　月　日
　　复核　　记账

★2012.12.30★ 托收专用章

付款人注意：1.根据支付人结算办法，上列委托收款（托收承付）款项在付款期限内未提出拒付，即视同同意付款，以此代付款通知。2.如需提出全部或部分拒付，应在规定期限内，将拒付理由书并附债务证明退交开户银行。

㉚-2

辽宁省京奥打印机厂电话费分配表

2012 年 12 月 30 日　　　　　　　　　　单位：元

职能部门	电话号码	电话费
企业厂部	21 358 946	3 000.00
销售部	21 358 956	5 000.00
基本生产车间	21 358 966	3 000.00
合 计	—	11 000.00

㉛

专用收款收据

(2012)　　№ 2830612

收款日期　2012 年 12 月 30 日

付款单位 （交款人）	辽宁省京奥打印机厂	收款单位 （领款人）	沈阳市融资公司	收款项目	基本生产车间设备租赁费									
人民币 （大写）	壹万陆仟元整			千	百	十	万	千	百	十	元	角	分	结算方式
						¥	1	6	0	0	0	0	0	转账支票
收款事由	转让土地使用权			经办	部门	业务部								
					人员	刘复								
上述款项照数收讫无误 收款单位财会专用章 （领款人签章）		财务专用章	会计主管	稽核		出纳		交款人						
						张丽		刘复						

㉜

中国工商银行沈河办事处　贷款利息凭证

2012年12月30日

收款单位	账号	116	付款单位	账号	2012211009468	付款凭证
	户名	营业收入		户名	辽宁省京奥打印机厂	
	开户银行	工行沈河办事处		开户银行	工行沈河办事处	
积数：			利率：2012.12.30	利息：¥23200.00		
长短期借款 户第 四 季度利息			科目 对方科目 复核员：	记账员：		

㉝-1

12月份自来水费收据

2012年12月30日

用户名称	辽宁省京奥打印机厂	地址	沈阳市沈河区65号								
水价	上月指针	本月指针	当月用量	项目	金额						
					万	千	百	十	元	角	分
2.2元/m³	34000	49555	15555	自来水费		3	4	2	2	1	0	0
10%				附加费							
0.7元/m³				水资源费							
合计 人民币（大写）：壹万肆仟玖佰陆拾元整 收费专用章						3	4	2	2	1	0	0

自来水公司　　　　　　　　　　　　　　　　　　收费员：李美玉

㉝-2

水 费 分 配 表
2012 年 12 月 30 日

使用部门		用水量/m³	水费分配额(2.2元/m³)/元
基本生产车间	激光打印机	7 275	16 005.00
	喷墨打印机	4 545	9 999.00
辅助生产车间		1 365	3 003.00
企业厂部		1 815	3 993.00
销售部门		555	1 221.00
合计		15 555	34 221.00

制单人：刘复

㉝-3

中国工商 银行 （辽）
转账支票存根
24609809
附加信息
出票日期 2012年12月30日
收款人 沈阳市自来水公司
金　额 ￥34221.00
用　途 水费
单位主管李军　会计刘复

㉞-1

中国工商 银行 （辽）
转账支票存根
24609810
附加信息
出票日期 2012年12月30日
收款人 沈阳市电视台
金　额 ￥18000.00
用　途 广告费
单位主管李军　会计刘复

㉞-2

辽宁省沈阳市 服务业统一发票

日期： 2012 年 12 月 30 日　　　　　　　　　　发票代码 235020870011
客户：辽宁省京奥打印机厂　　　　　　　　　　发票号码71982064

项目	单位	数　量	单价	金额 万千百十元角分	备注
广告费				1 8 0 0 0 0 0	
合计人民币(大写)　壹万捌仟零佰零拾零元零角零分				1 8 0 0 0 0 0	

（盖章：沈阳市电视台广告公司 发票专用章）

收款单位(发票专用章)：　　　　　财务：　　　填票：张红　　　收款：王明德

第二联：发票联

㉟

待摊费用分摊表

2012年12月30日　　　　　　　　　　　　　　　　单位：元

项目＼部门	财产保险费			报刊杂志费			合计
	实际支付	分摊期	本期计提	实际支付	分摊期	本期计提	
企业厂部	2 000	2	1 000	1 000	2	500	1 500
基本生产车间	2 000	2	1 000	1 000	1	1 000	2 000
辅助生产车间	2 000	2	1 000	1 000	1	1 000	2 000
销售部门	2 000	2	1 000	1 000	2	500	1 500
合　　计	8 000		4 000	4 000		3 000	7 000

会计主管：李军　　　　　审核：李军　　　　制表：刘复

计算银行借款利息费用

2012年12月30日

单位：元

项目	种类	用途	借款时间	借款金额	还款时间	利率	还款方式	利息
短期借款	流动资金借款		2012年4月1日	1 000 000	2013年3月30日	3.84%	到期一次还本按季付息	3 200.00
长期借款	技术改造借款		2011年1月1日	1 832 000	2014年12月30日	6%	到期一次还本付息	9 160.00
合 计				2 832 000				12 360.00

会计主管：李军　　　　审核：李军　　　　制表：刘复

辽宁 增值税专用发票

No 30698460

开票日期：2012 年 12 月 30 日

购货单位	名　称：	辽宁省京奥打印机厂			密码区	*-*5436*6+76>22126690 加密版本：01 /073-68-<9·/+5172599　3100083620 8796>2017<226<-13-8/　01454880 77>+79*<*76479+9<>>//		
	纳税人识别号：	211103027017556						
	地址、电话：	沈阳市沈河区65号21358946						
	开户行及账号：	工行沈河办事处2012211009468						

货物或应税劳务名称	规格型号	单位	数量	单价	金额	税率	税额
动力费		度	133000	1.00	133000.00	17%	22610.00
合　计					￥133000.00		￥22610.00

价税合计（大写）　　壹拾伍万伍仟陆佰壹拾元整　　　　　　（小写）￥155610.00

销售单位	名　称：	沈阳市电业局供电分局	备注	
	纳税人识别号：	211098003447865		
	地址、电话：	沈阳苏家屯区90号21300988		(销售单位章：沈阳市电业局供电分局发票专用章 211098003447865)
	开户行及账号：	工行上苏家屯办事处20132190096 68		

收款人：王艳静　　复核：　　开票人：张福顺　　销售单位（章）：

㊲-2

```
中国工商 银行 （辽）
转账支票存根
24609811                刘

附加信息 _____
       _____
       _____

出票日期 2012年12月30日
收款人 沈阳市电业局供电分局
金  额 ¥155610.00
用  途 动力费

单位主管 李军    会计 刘复
```

㊲-3

动 力 费 分 配 表

2012年12月30日　　　　　　　　　单位：元

使用部门		分配标准生产工时	用电量	电费分配额
企业管理部门			5 000	5 000.00
基本生产车间	激光打印机	4 000	96 000	96 000.00
	喷墨打印机	1 000	24 000	24 000.00
	小计	5 000	120 000	120 000.00
辅助生产车间			3 000	3 000.00
销售部门			5 000	5 000.00
合　计			133 000	133 000

制单人：刘复

㉘-1

领 料 单

（三联式）　　　0204109

领料部门：基本生产车间
用　途：生产打印机　　2012 年 12 月 08 日　　字第 001 号

材料			单位	数量		成本									材料账页
						单价	总价								
编号	名称	规格		请领	实发		百	十	万	千	百	十	元	角	分
101	塑片		KG	2000	2000	10.00		2	0	0	0	0	0	0	
合计							¥	2	0	0	0	0	0	0	

第二联：会计部门记账

主管：李军　　会计：刘复　　记账：刘复　　保管：张赢　　发料：张赢　　领料：王波

㉘-2

领 料 单

（三联式）　　　0204109

领料部门：辅助生产车间
用　途：物料消耗　　2012 年 12 月 20 日　　字第 002 号

材料			单位	数量		成本									材料账页
						单价	总价								
编号	名称	规格		请领	实发		百	十	万	千	百	十	元	角	分
101	塑片		KG	1000	1000	10.00		1	0	0	0	0	0	0	
合计							¥	1	0	0	0	0	0	0	

第二联：会计部门记账

主管：李军　　会计：刘复　　记账：刘复　　保管：张赢　　发料：张赢　　领料：魏刚

㊳-3

领 料 单
（三联式）

0204109

领料部门：基本生产车间
用　途：生产打印机
2012 年 12 月 12 日
字第 003 号

材料			单位	数量		成本									材料账页
编号	名称	规格		请领	实发	单价	总价								
							百	十	万	千	百	十	元	角	分
102	钢片		千克	100	100	20.00			2	0	0	0	0	0	
合计							¥		2	0	0	0	0	0	

第二联：会计部门记账

主管:李军　　会计:刘复　　记账:刘复　　保管:张赢　　发料:张赢　　领料:王波

㊳-4

领 料 单
（三联式）

0204109

领料部门：基本生产车间
用　途：一般消耗
2012 年 12 月 12 日
字第 004 号

材料			单位	数量		成本									材料账页
编号	名称	规格		请领	实发	单价	总价								
							百	十	万	千	百	十	元	角	分
102	钢片		千克	10	10	20.00				2	0	0	0	0	
合计							¥			2	0	0	0	0	

第二联：会计部门记账

主管:李军　　会计:刘复　　记账:刘复　　保管:张赢　　发料:张赢　　领料:王波

㊳-5

领 料 单

（三联式）　　　　　　0204109

领料部门：辅助生产车间
用　途：物料消耗
2012 年 12 月 15 日　　字第 005 号

材料			单位	数量		成本	
编号	名称	规格		请领	实发	单价	总价 百十万千百十元角分
102	钢片		千克	100	100	20.00	2 0 0 0 0 0
合计							¥ 2 0 0 0 0 0

主管：李军　　会计：刘复　　记账：刘复　　保管：张赢　　发料：张赢　　领料：魏刚

第二联：会计部门记账

㊳-6

领 料 单

（三联式）　　　　　　0204109

领料部门：基本生产车间
用　途：生产打印机
2012 年 12 月 20 日　　字第 006 号

材料			单位	数量		成本	
编号	名称	规格		请领	实发	单价	总价 百十万千百十元角分
103	铝片		千克	2000	2000	10.00	2 0 0 0 0 0
合计							¥ 2 0 0 0 0 0

主管：李军　　会计：刘复　　记账：刘复　　保管：张赢　　发料：张赢　　领料：王波

第二联：会计部门记账

㊉-7

领 料 单
（三联式）

No. 0204109

领料部门：基本生产车间
用　途：物料消耗
2012 年 12 月 20 日
字第 007 号

材料			单位	数量		成本									材料账页
						单价	总价								
编号	名称	规格		请领	实发		百	十	万	千	百	十	元	角	分
104	润滑油		千克	250	250	3.80					9	5	0	0	0
合　计										¥	9	5	0	0	0

第二联：会计部门记账

主管：李军　　会计：刘复　　记账：刘复　　保管：张赢　　发料：张赢　　领料：王波

㊉-8

领 料 单
（三联式）

No. 0204109

领料部门：辅助生产车间
用　途：物料消耗
2012 年 12 月 20 日
字第 008 号

材料			单位	数量		成本									材料账页
						单价	总价								
编号	名称	规格		请领	实发		百	十	万	千	百	十	元	角	分
104	润滑油		千克	250	250	3.80					9	5	0	0	0
合　计										¥	9	5	0	0	0

第二联：会计部门记账

主管：李军　　会计：刘复　　记账：刘复　　保管：张赢　　发料：张赢　　领料：魏刚

⑧-9

领 料 单
（三联式）

0204109

领料部门：基本生产车间
用　途：低值易耗品摊销
2012 年 12 月 20 日
字第 009 号

材料			单位	数量		成本										材料账页
						单价	总价									
编号	名称	规格		请领	实发		百	十	万	千	百	十	元	角	分	
20201	专用工具		个	2	2	200				4	0	0	0	0		
合计										¥4	0	0	0	0		

主管:李军　　会计:刘复　　记账:刘复　　保管:张赢　　发料:张赢　　领料:王波

第二联：会计部门记账

---

⑧-10

领 料 单
（三联式）

0204109

领料部门：辅助生产车间
用　途：低值易耗品摊销
2012 年 12 月 20 日
字第 010 号

材料			单位	数量		成本										材料账页
						单价	总价									
编号	名称	规格		请领	实发		百	十	万	千	百	十	元	角	分	
20201	专用工具		个	1	1	200				2	0	0	0	0		
合计										¥2	0	0	0	0		

主管:李军　　会计:刘复　　记账:刘复　　保管:张赢　　发料:张赢　　领料:魏刚

第二联：会计部门记账

㊳-11

领 料 单
（三联式）

No. 0204109

领料部门：基本生产车间　　　2012 年 12 月 20 日　　　字第 011 号
用　途：低值易耗品摊销

材料			单位	数量		成本									材料账页
编号	名称	规格		请领	实发	单价	总价								
							百	十	万	千	百	十	元	角	分
20202	劳保鞋		双	10	10	35.00					3	5	0	0	0
20203	劳保服		套	10	10	180.00				1	8	0	0	0	0
合　计							¥			2	1	5	0	0	0

主管:李军　　会计:刘复　　记账:刘复　　保管:张赢　　发料:张赢　　领料:王波

第二联：会计部门记账

㊳-12

领 料 单
（三联式）

No. 0204109

领料部门：辅助生产车间　　　2012 年 12 月 20 日　　　字第 012 号
用　途：低值易耗品摊销

材料			单位	数量		成本									材料账页
编号	名称	规格		请领	实发	单价	总价								
							百	十	万	千	百	十	元	角	分
20202	劳保鞋		双	10	10	35.00					3	5	0	0	0
20203	劳保服		套	10	10	180.00				1	8	0	0	0	0
合　计							¥			2	1	5	0	0	0

主管:李军　　会计:刘复　　记账:刘复　　保管:张赢　　发料:张赢　　领料:魏刚

⑧-13

出 库 单 N.o 00131

物资类别	材料								

2012 年12 月 04 日　　连续号 002

提货单位或领货部门	销售部	发票号码或生产单号码	60972951	发出仓库	周转材料库	出库日期	12月04日

编号	名称及规格	单位	数量 要数	数量 实发	单价	金额	备注
20101	包装箱	个	20	20	50.00	1000.00	
合 计							

财会部门主管 李军　记账 刘复　保管部门主管 毛鑫　发货 张赢　单位部门主管 周洁　制单 秋征

(一)留存联

⑧-14

出 库 单 N.o 00131

物资类别	材料

2012 年12 月 05 日　　连续号 004

提货单位或领货部门	销售部	发票号码或生产单号码	60972952	发出仓库	周转材料库	出库日期	12月05日

编号	名称及规格	单位	数量 要数	数量 实发	单价	金额	备注
20101	包装箱	个	30	30	50.00	1500.00	
合 计							

财会部门主管 李军　记账 刘复　保管部门主管 毛鑫　发货 张赢　单位部门主管 周洁　制单 秋征

(一)留存联

发料凭证汇总表

2012年12月30日

㊴

领料部门及用途		原材料								包装物			低值易耗品						合计	
		塑片		钢片		铝片		润滑油		包装箱		专用工具		劳保鞋		劳保服			
		计划成本	成本差异	计划成本	成本差异	计划成本	成本差异	计划成本	成本差异	计划成本	成本差异	计划成本	成本差异	计划成本	成本差异	计划成本	成本差异	计划成本	成本差异
基本生产成本	激光打印机																		
	喷墨打印机																		
	小计																		
辅助生产成本																				
制造费用																				
合　计																				
材料成本差异率																				

职工薪酬分配表
2012年12月份

单位：元

部门	编号	职工姓名	基本工资	岗位工资	交补	奖金	应发合计	扣水费	扣房租	扣款合计	个人所得税	实发合计
管理部门	1	刘 明	2 296.00	50.00		200.00	2 546.00	5.00	10.00	15.00	29.60	2 501.4
	2	杨 华	1 850.00	50.00		100.00	2 000.00	5.00	10.00	15.00		1 985.00
	3	李 军	850.00	50.00		100.00	1 000.00	5.00	10.00	15.00		985.00
	4	刘 复	750.00	50.00		100.00	900.00	5.00	10.00	15.00		885.00
基本生产车间	5	学生姓名	750.00	50.00		90.00	890.00	5.00	10.00	15.00		875.00
激光打印机	6	王 波	500.00			136.00	636.00	5.00	10.00	15.00		621.00
	7	鄂 艳	500.00			135.00	635.00	5.00	10.00	15.00		620.00
	8	王一明	500.00			135.00	635.00	5.00	10.00	15.00		620.00
喷墨打印机	9	陈 欣	500.00			135.00	635.00	5.00	10.00	15.00		620.00
	10	薛 杰	500.00			135.00	635.00	5.00	10.00	15.00		620.00
	11	张春光	500.00			98.00	598.00	5.00	10.00	15.00		583.00
辅助生产车间	12	魏 刚	500.00			98.00	598.00	5.00	10.00	15.00		583.00
	13	何立红	500.00			98.00	598.00	5.00	10.00	15.00		583.00
	14	马明伟	500.00			98.00	598.00	5.00	10.00	15.00		583.00
	15	黄宗涛	500.00			98.00	598.00	5.00	10.00	15.00		583.00
福利部门	16	李 烨	600.00			85.00	685.00	5.00	10.00	15.00		670.00
销售部门	17	李 萃	700.00		100.00	100.00	900.00	5.00	10.00	15.00		885.00
	18	周 浩	700.00		100.00	100.00	900.00	5.00	10.00	15.00		885.00
采购部	19	秋 征	700.00		100.00	100.00	900.00	5.00	10.00	15.00		885.00
	20	潘 海	700.00		100.00	100.00	900.00	5.00	10.00	15.00		885.00
仓库部	21	吴 林	700.00			100.00	800.00	5.00	10.00	15.00		785.00
	22	毛 鑫	700.00			100.00	800.00	5.00	10.00	15.00		785.00
	23	张 赢											
合计			16 796.00	250.00	400.00	2 576.00	20 022.00	115.00	230.00	345.00		19 647.40

㊶-1

（ 中国工商 银行 ）进账单(回单)

2012 年 12 月 30 日

付款人	全 称	蒙牛股份公司	收款人	全 称	辽宁省京奥打印机厂										
	账 号	2090052643881		账 号	2012211009468										
	开户行	工行包头开发区办事处		开户行	工行沈河办事处	亿	千	百	十	万	千	百	十	元	角	分
金 额		人民币(大写) 壹仟元整									￥	1	0	0	0	0	0
	票据种类	转账支票														
	票据张数	壹张														
		复核　　记账　刘复				开户银行签章										

(中国工商银行沈阳市沈河办事处 2012.12.30 转讫)

此联是开户银行交给持票人的回单

㊶-2

　　蒙牛公司发布根据12月25日在册股东发放的现金股利,本公司依据持有股票份额应得现金1 000元。

财务主管：李军
2012 年 12 月 30 日

㊷

将本期发生的辅助生产成本全部结转入制造费用。

2012 年 12 月 30 日

㊸

制造费用分配表

车间：基本生产车间　　　　2012年12月30日　　　　　　　单位：元

分配对象	分配标准 （生产工人工资）	分配率 （%）	分配金额
合　　计			

会计主管：李军　　　审核：王明　　　制表：刘复

㊹-1

完工产品成本计算表

2012年12月30日　　　　　　　　单位：元

成本项目	激光打印机（250台）		喷墨打印机（150台）	
	总成本	单位成本	总成本	单位成本
直接材料				
直接人工				
制造费用				
合　　计				

财务主管：李军　　审核：李军　　制表：刘复

㊹-2

入　库　单

N.o 0028501

2012 年12 月30 日　　　连续号 01

物资类别	产成品								

交来单位及部门	基本生产车间	发票号码或生产单号码	01	验收仓库	成品库	入库日期	12月30日

编号	名称及规格	单位	数量		实际价格		计划价格		价格差异
			交库	实收	单价	金额	单价	金额	
301	激光打印机	台	250	250					
合　　计			250	250					

（二）记账联

财务部门主管　李军　　记账　刘复　　保管部门主管　毛鑫　　验收　张赢　　单位部门主管　王波　　缴库　王波

㊹-3

入 库 单

N.o 0028501

2012 年 12 月 30 日　　　连续号 02

物资类别	产成品

交来单位及部门	基本生产车间	发票号码或生产单号码	02	验收仓库	成品库	入库日期	12月30日

编号	名称及规格	单位	数量		实际价格		计划价格		价格差异
			交库	实收	单价	金额	单价	金额	
302	喷墨打印机	台	150	150					
合　　　计			150	150					

（三）记账联

财务部门主管　李军　　记账　刘复　　保管部门主管　毛鑫　　验收　张赢　　单位部门主管　陈欣　　缴库　陈欣

㊺-1

已销产品成本计算表

2012年12月30日　　　　　　单位：元

产品名称	计量单位	月初结存		本月入库		本月销售	
		数量	总成本	数量	总成本	数量	总成本
合　　计							

会计主管：李军　　　　　审核：王明　　　　　制表：刘复

㊺-2

出 库 单

N.o 00131

2012 年 12 月 04 日　　连续号 001

物资类别	产成品								
提货单位或领货部门	销售部	发票号码或生产单号码	60972951	发出仓库	成品库	出库日期	12月04日		
编号	名称及规格	单位	数量		单价	金额	备注		
			要数	实发					
301	激光打印机	台	20	20	1000.00	20000.00	(一)留存联		
	合　计								

财会部门主管 李军　记账 刘复　保管部门主管 毛鑫　发货 张赢　单位部门主管 周洁　制单 秋征

㊺-3

出 库 单

N.o 00131

2012 年 12 月 05 日　　连续号 003

物资类别	产成品								
提货单位或领货部门	销售部	发票号码或生产单号码	60972952	发出仓库	成品库	出库日期	12月05日		
编号	名称及规格	单位	数量		单价	金额	备注		
			要数	实发					
302	喷墨打印机	台	30	30	500.00	15000.00	(一)留存联		
	合　计								

财会部门主管 李军　记账 刘复　保管部门主管 毛鑫　发货 张赢　单位部门主管 周洁　制单 秋征

㊻

本期应交增值税计算表
2012 年 12 月 30 日

本期应交增值税＝

㊼

城市维护建设税及教育费附加计算表

2012 年 12 月 30 日

当期应交城市维护建设税＝(当期应交增值税额＋当期应交营业税＋当期应缴消费税)×城建税税率
＝
当期应交教育费附加＝(当期应交增值税额＋当期应交营业税＋当期应缴消费税)×征收比率
＝

㊽

计算并结转本期的汇兑损益。

2012 年 12 月 30 日

㊾

坏 账 准 备 计 算 表

2012 年 12 月 30 日　　单位：元

应收账款余额	计提比例	计提坏账准备
	5‰	

制表：刘复

㊿

交易性金融资产公允价值情况表

2012 年 12 月 30 日

交易性金融资产	初始投资成本	公允价值
蒙牛公司股票	51 元/股	50 元/股
利达公司股票	10 元/股	38 元/股

(51)

债 券 利 息 收 入 表

2012 年 12 月 30 日　　单位：元

企业债券	应收利息
伊利公司债券	
乐胜公司债券	
合计	

㊷

损益类账户期末余额

2012年12月30日

科目名称	借方余额	贷方余额
主营业务收入		
其他业务收入		
营业外收入		
投资收益		
公允价值变动损益		
主营业务成本		
营业税金及附加		
其他业务成本		
销售费用		
管理费用		
财务费用		
资产减值损失		
营业务支出		
合　　计		

会计主管：李军　　审核：李军　　制表人：刘复

㊼

所得税计算表

2012年12月30日

项目	金额
税前会计利润	
应纳税所得额	
所得税税率	
本期应交所得税	
本期所得税费用	
备注	

会计主管：李军　　审核：李军　　制表人：刘复

(54)

利润分配计算表

2012年12月30日

利润分配项目	分配比率	分配额
提取一般盈余公积金		

会计主管：李军　审核：李军　制表人：刘复

(55)

将本年利润贷方余额和利润分配借方余额转入利润分配——未分配利润账户。

2012年12月30日

五、现行会计制度下企业会计报表表样

(一) 损益表

损益表

2012年12月

项目	上年数	本年数
一、营业收入		
减：营业成本		
营业税金及附加		
销售费用		
管理费用		
财务费用		
资产减值损失		
加：公允价值变动损益(损失以"—"填列)		
投资收益(损失以"—"填列)		
其中：对联营企业和合营企业的投资收益		
二、营业利润		
加：营业外收入		
减：营业外支出		
其中：非流动资产处置损失		
三、利润总额(亏损总额以"—"填列)		
减：所得税费用		
四、净利润(净亏损以"—"填列)		
五、每股收益		
(一)基本每股收益		
(二)稀释每股收益		

（二）资产负债表

资产负债表
2012 年 12 月 31 日

单位：元

资产	行次	年初数	期末数	负债及所有者权益	行次	年初数	期末数
流动资产：				流动负债			
货币资金	1			短期借款	37		
交易性金融资产	2			交易性金融负债	38		
应收票据	3			应付票据	39		
应收账款	4			应付账款	40		
预付账款	5			预收账款	41		
应收利息	6			应付职工薪酬	42		
应收股利	7			应交税费	43		
其他应收款	8			应付利息	44		
存货	9			应付股利	45		
待摊费用	10			应付利润	46		
一年内到期的非流动资产	11			其他应付款	47		
其他流动资产	12			预提费用	48		
	13			一年内到期的非流动负债	49		
	14			其他流动负债	50		
流动资产合计	15			流动负债合计	51		

资产负债表

2012年12月31日

单位：元

资产	行次	年初数	期末数	负债及所有者权益	行次	年初数	期末数
非流动资产：				非流动负债：			
可供出售金融资产	16			长期借款	52		
持有至到期投资	17			应付债券	53		
长期应收款	18			长期应付款	54		
长期股权投资	19			专项应付款	55		
投资性房地产	20			预计负债	56		
固定资产	21			递延所得税负债	57		
减：累计折旧	22			其他流动负债	58		
固定资产净额	23						
在建工程	24			非流动负债合计	59		
工程物资	25			负债合计	60		
固定资产清理	26			所有者权益(或股东权益)：			
无形资产	27			实收资本	61		
减：累计摊销	28			资本公积	62		
无形资产净额	29			减：库存股	63		
研发支出	30			盈余公积	64		
商誉	31			未分配利润	65		
长期待摊费用	32						
递延所得税资产	33						
其他非流动资产	34			所有者权益合计	67		
非流动资产合计	35			负债和所有者权益总计	68		
资产总计	36						

349

参 考 文 献

[1] 李昕,王晓霜. 会计电算化. 大连：东北财经大学出版社, 2012.
[2] 付得一. 会计信息系统. 第2版. 北京：中央广播电视大学出版社, 2012.
[3] 会计从业资格考试大纲辅导教材组. 会计基础. 大连：东北财经大学, 2012.
[4] 刘兆军,赵杰. 会计电算化财务软件应用. 沈阳：辽宁民族出版社, 2012.
[5] 周晓娟. 会计电算化实务. 北京：化学工业出版社, 2016.